AF473742

IL SORPASSO

QUANDO L'ITALIA SI MISE A CORRERE 1946-1961
OVERTAKING. WHEN ITALY HIT THE ACCELERATOR

a cura di / edited by
ENRICO MENDUNI e /and GABRIELE D'AUTILIA

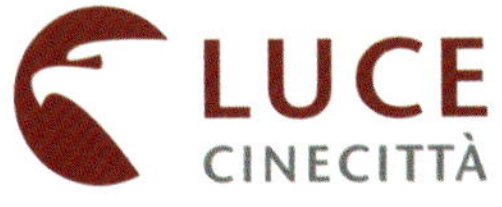

SilvanaEditoriale

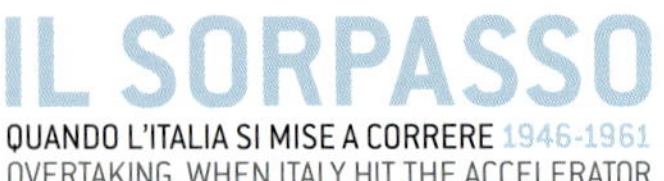

Roma, Museo di Roma - Palazzo Braschi
12 ottobre 2018 - 3 febbraio 2019

Roma Capitale

Sindaca
Virginia Raggi

Vice Sindaco con delega alla Crescita culturale
Luca Bergamo

Sovrintendenza Capitolina ai Beni Culturali

Sovrintendente Capitolino ai Beni Culturali ad interim
Claudio Parisi Presicce

Ufficio Comunicazione e Relazioni Esterne
Teresa Franco
Filomena La Manna
con Luca D'Orazio

Servizio Mostre e Attività Espositive e Culturali
Federica Pirani, *Responsabile*
Monica Casini
Mara Minasi

Direzione Interventi su Edilizia Monumentale
U.O.Tecnica di progettazione
Antonello Fatello, *Direttore*

Progetto di allestimento
Lucia Pierlorenzi
con Simonetta De Cubellis
e Maria Cucchi

Museo di Roma

Direzione Musei Archeologici e Storico-Artistici
Claudio Parisi Presicce, *Direttore*

Ufficio Mostre
Simonetta Tozzi
Federico De Martino

Ufficio Iconografico
Simonetta Sergiacomi
Marina De Carolis

Laboratorio Fotografico
Alfredo Valeriani

Revisione Conservativa delle Opere
Ombretta Bracci
con Elda Occhinero

Ufficio Catalogo
Rossella Leone

Servizi Museali
Simonetta Tozzi

Comunicazione e Promozione dei Servizi Educativi
Fulvia Strano

Istituto Luce - Cinecittà

Roberto Cicutto
Presidente e Amministratore Delegato

Enrico Bufalini
Direttore Archivio, Cinema, Affari Generali

Giancarlo Di Gregorio
Direttore Comunicazione Istituzionale e Relazioni Pubbliche

Claudio Ranocchi
Direttore Amministrazione Finanze e Controllo

Maria Gabriella Macchiarulo
Organizzazione generale

Regia videoinstallazione
Roland Sejko
Montaggio
Luca Onorati

Restauro digitale e controllo qualità immagini fotografiche
Paola Angelucci

In collaborazione con
Stefania Basile

Ricerche iconografiche
Emiliano Guidi

Ricerche iconografiche CSAC
Chiara Di Stefano

Sviluppo commerciale e rapporti con gli archivi
Cristiano Migliorelli

Legale ed Enti Istituzionali
Fabiola Solvi

Segreteria
Maria Lepre

Laboratorio pellicola
Fabrizio Micarelli

Tecnico di laboratorio
Mario Damico

Scanning and Recording Operator
Massimiliano Forcina

Libreria digitale
Maurizio Prece

Coordinamento lavorazione filmati e controllo qualità
Davide Maggi
Lavorazione filmati
Orlando Siddi

Ufficio Stampa
Marlon Pellegrini

Promozione e Pubblicità
Ester Brioschi

Acquisti e Compliance
Daniele Giammaria
Acquisti
Cristiana Scipioni

Tesoreria
Maria Pia Chiarelli

CSAC – Università degli studi di Parma

Presidente
Francesca Zanella

Conservatori
Paolo Barbaro
Claudia Cavatorta

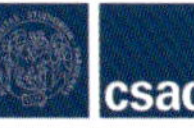
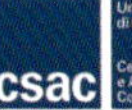

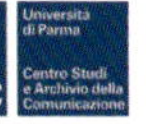

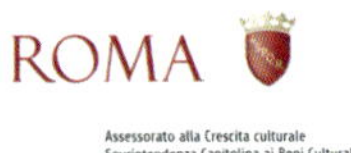

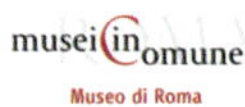

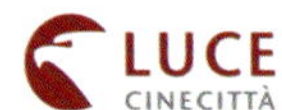

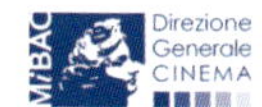

Con il patrocinio di

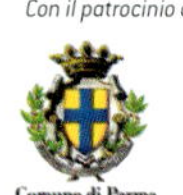

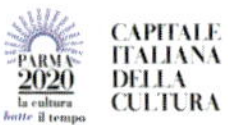

Zètema Progetto Cultura

Presidente
Francesca Jacobone

Amministratore Delegato
Remo Tagliacozzo

Direttore Generale
Roberta Biglino

Coordinamento
Claudio Di Biagio
con Claudia Di Lorenzo
e Francesca Plonski

Promozione e Comunicazione
Patrizia Morici *con* Gabriella Gnetti, *Ufficio Stampa*
Luisa Fontana *con* Francesca Lino, *Promozione*
Patrizia Bracci *con* Marta Barberio Corsetti, *Relazioni Pubbliche*

Stampe fotografiche e cornici
Rosini Cornici

Allestimento
B & B Allestimenti
Tagi2000

Traduzioni
Adrian Bedford

Progetto grafico

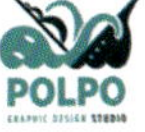

Service video audio

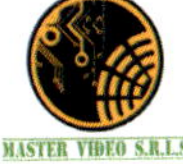

Mostra e catalogo a cura di
Enrico Menduni
Gabriele D'Autilia

Fonti Immagini Fotografiche

Archivio Storico - Istituto Luce - Cinecittà (Fondo attualità - Fondo VEDO - Fondo Dial - Fondo Giustizia - Fondo Cinema - Fondo Caio Mario Garrubba - Fondo Settimana Incom)
Centro Studi e Archivio della Comunicazione (CSAC) dell'Università di Parma (Fondo Publifoto - Fondo Studio Villani - Fondo Carrese Attualità)
Roma Capitale, Archivio Fotografico Storico dell'Ufficio Stampa
Museo di Roma, Archivio Fotografico
Archivio Storico Eni
Rai Teche
Centro Storico Fiat, Torino
Archivio Ing. Luciano Righetti
Eboli Archivio Digitale (EBAD - Fondo Gallotta)
Cineteca del Friuli
Biblioteca comunale Montevarchi (Fondo Vestri)
Cecilia Mangini - visioni e passioni a cura di Claudio Domini e Paolo Pisanelli (per gentile concessione di Fondo Cecilia Mangini, Archivio Cinema del reale, Erratacorrige, OfficinaVisioni, BigSur)
Pepi Merisio
Tazio Secchirаroli\David Secchiaroli
Fondazione Fulvio Roiter
Archivi Alinari, Firenze
Archivio storico Olivetti
Archivio Romano Cagnoni

Ufficio Storico Polizia di stato - Archivio Fotografico

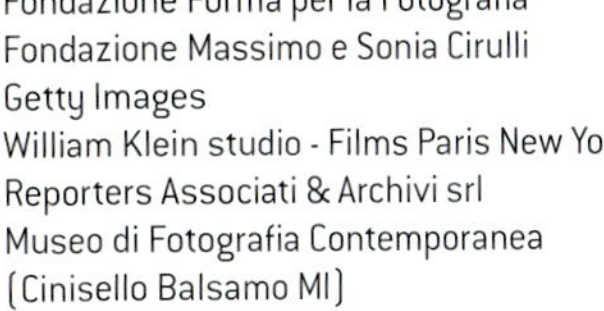

Fondazione Forma per la Fotografia
Fondazione Massimo e Sonia Cirulli
Getty Images
William Klein studio - Films Paris New York
Reporters Associati & Archivi srl
Museo di Fotografia Contemporanea (Cinisello Balsamo MI)

Si ringraziano

Lucia Alberton, Associazione Archivio Storico Olivetti, Ivrea (TO)
Maria Pia Ammirati, Direttore Rai Teche
Paola Benassi, Eni
Adalberto Beribè
Stefano Bertozzi
Marco Biasucci
Rita Borione, Archivio Alinari
Barbara Caccia, Ministero dell'Interno, Dipartimento della P.S.
Massimo Cariello Sindaco di Eboli
Maddalena Cerletti, Museo di Fotografia Contemporanea, Cinisello Balsamo (MI)
Patricia Franceschetti Cagnoni, Pietrasanta (LU)
Gianfranco Gentile, FCA
Roberto Kock Contrasto
Vito Leso Weboli
Cecilia Mangini
Alessandra Mauro Contrasto
Lucia Nardi, Archivio Storico Eni
Maria Rosaria Pacelli
Paolo Pisanelli
Luciano Righetti, Castiglione dei Pepoli (BO)
Daniela Scamuzzi, Archivio Storico Eni
David Secchiaroli
Massimo Serra
Carlotta Tarelli
Sergio Toffetti, Presidente Museo del Cinema di Torino
Maurizio Torchio, Centro Storico Fiat, FCA
Rossella Valentini, Responsabile Biblioteca e Archivi storici, Comune di Montevarchi

Sponsor mostra

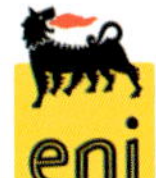

Sponsor sistema musei In comune

Con il contributo tecnico di

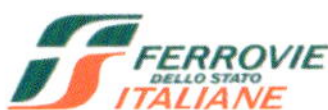

Media partner

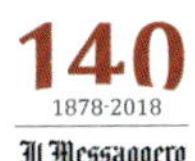

Organizzazione

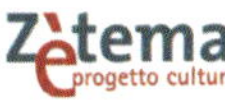

Catalogo
SilvanaEditoriale

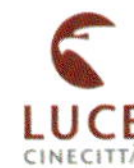

Nel 1945, al termine della Seconda guerra mondiale, l'Italia è un paese distrutto e diviso, che cerca di ricostruire l'identità del Paese in mezzo a mille problemi: la ricostruzione degli alloggi, delle infrastrutture, delle industrie; la scelta fra monarchia e repubblica e l'edificazione di un nuovo stato democratico; un oneroso trattato di pace; i reduci, gli orfani, i profughi, i dispersi; la carenza di cibo, medicinali, materie prime; la criminalità e il banditismo.

Tuttavia su tutto prevale una grande voglia di vivere e di voltare pagina: anche sui forti contrasti politici di un Paese che, con la Resistenza e un Esercito italiano rinnovato, aveva contribuito alla liberazione, ma adesso si divideva tra forze politiche contrapposte, nella nuova frattura tra l'Occidente e l'Unione Sovietica sancita dalla guerra fredda. Dunque grandi tensioni e contrasti, nella politica e nelle piazze, ma anche una rapidissima e condivisa ricostruzione, il comune desiderio di recuperare sul piano culturale e civile (e nel cinema, nel ballo, nell'intrattenimento) tutto ciò che le chiusure del ventennio fascista ci avevano fatto perdere e infine un grande **baby boom**: chiudere con i lutti e le lacrime e fare tanti bambini.

L'Italia dunque sprizza energia e cultura. Il neorealismo cinematografico non rappresenta, come dicevano alcuni benpensanti, i panni sporchi che sarebbe meglio lavare in casa, senza farli conoscere all'estero, ma una forma di cultura vitale che stupisce il mondo. Nel 1950 si torna al livello di reddito anteguerra; nel decennio successivo il PIL cresce a ritmi mai visti prima (e neanche dopo): il 5,8%. Il debito pubblico non supera mai il 30% del PIL. La ricostruzione fisica del paese (strade, ferrovie, opere pubbliche) si considera conclusa nel 1953. Da quello stesso anno le esportazioni superano le importazioni. Alla lira è assegnato l'Oscar delle valute per il 1959. La diversità e il contrasto delle idee sembrano non essere un ostacolo ma una risorsa del "miracolo economico" italiano.

Sono anni di lavoro duro ma anche di forte controllo sociale. Allo sviluppo materiale non corrisponde ancora, nel costume e nella legislazione, una crescita dei diritti civili. Il benessere non è ancora condiviso ma è annunciato dalla commedia cinematografica italiana e dalla televisione.

Un filo sottile ma resistente unisce le privazioni e le fatiche del dopoguerra con il boom economico che esploderà anche in forme sgargianti negli anni Sessanta.

Il sorpasso non è solo il richiamo a un film (1962) che fa stabilmente parte della cultura popolare. È l'idea di un Paese che accelera e guadagna posizioni – anche con tratti di aggressività, di volgarità e di vanagloria – e in qualche modo sorpassa se stesso, riesce ad andare avanti nonostante enormi problemi sociali che spesso lascia irrisolti, o che sono generati dalle stesse forme convulse dello sviluppo.

Come il cinema, la fotografia è testimone di questi eventi, che descrive talvolta in modo trionfale, più spesso in forma agrodolce o apertamente critica. Abbiamo voluto qui rappresentare questa pluralità di sguardi, italiani e internazionali, d'autore come di anonimi fotografi di agenzia, accanto alla produzione istituzionale, ma attenta, dell'Istituto Luce. Non si prescinde del tutto dalla politica, ma il focus è prevalentemente sulle persone comuni e le loro vicende, la vita quotidiana, gli stili di vita. Lasciando lo spazio maggiore alle emozioni, compresa la tenerezza e la nostalgia; con un finale che si colloca all'inizio del nuovo decennio e alla fine di un'epoca, tra le Olimpiadi di Roma (1960), il completamento della rete televisiva (1960) e l'Autostrada del Sole (1964).

In 1945, at the end of World War II, Italy was a broken and divided country striving to rebuild its identity in the face of incalculable difficulties: the reconstruction of housing, infrastructure, and industries; monarchy or republican government, the foundation of a new democratic State; a burdensome peace treaty; veterans, orphans, refugees, missing persons; food shortages, medical supplies and raw materials; crime and banditry.

Greater than any of these was the will to live and to start afresh: even more so than the powerful political conflicts in a country that, with the Resistance and a reformed Italian Army, had contributed to the Liberation but was now divided between opposing political forces in the new rift between the West and the Soviet Union that was the Cold War. It was a time of marked tension, both in politics and on the streets, but also one of rapid and collaborative reconstruction; there was a shared wish for recovery on the cultural and social levels (as well as in film, pop music, and entertainment): everything of which the twenty years of Fascist closure had deprived us. Lastly, there was the baby boom: the time had come to put an end to mourning and tears and start making babies – lots of them.

Italy was bursting with energy and culture. Neorealist cinema did not "hang out the dirty linen that it would be better to wash in private and keep from the eyes of the rest of the world" as some right-thinking folk claimed; it was a vibrant cultural expression that stunned audiences across the globe. By 1950, income figures had returned to their pre-war levels, and over the next decade the GDP grew at a rate never seen before (or since) – 5.8%. The public debt never exceeded 30% of the GDP. The physical reconstruction of the country (roads, railways, public works) was considered complete in 1953, and from that same year exports exceeded imports. The lira was recognized as the strongest currency in 1959. Diversity and opposing thought did not seem to be an obstacle but rather a resource for the Italian "economic miracle".

These were years of hard work but also of robust social control. Material development was not yet matched by changing mores or legislation, nor by greater civil rights. Prosperity was not yet widespread, but it was propagandized in Italian film comedy and on television.

A fine but resilient thread links the privation and hardship of the post-war period with the economic boom that would burst forth in even strident tones throughout the sixties.

Overtaking is not only a reference to the 1962 film *The Easy Life* (originally released with the Italian title *Il sorpasso,* literally "overtaking"), now firmly embedded in popular culture. It evokes the idea of a country that accelerates, vying for a position – not without some show of aggression, vulgarity, and swagger – one that somehow overtakes itself, managing to forge ahead despite the enormous social problems it often leaves unsolved or are created by the rapid pace of development itself.

Like cinema, photography is a witness to these events – sometimes triumphalist but more often adopting bittersweet or openly critical forms. The aim of this exhibition is to represent precisely such a plurality of vision, one that is both Italian and international, the work of professionals as well as anonymous agency photographers, alongside the institutional but attentive output of the Istituto Luce. While not leaving politics totally aside, our main focus is ordinary people and their stories, their daily lives and lifestyles, especially their emotions, including those of warmth and nostalgia, and culminating in the opening of the new decade, the end of an era, with the Rome Olympics (1960), the completion of the television network (1960), and the motorway connecting Milan and Naples, the *Autostrada del Sole* (1964).

Sommario / Contents

ENRICO MENDUNI

Affreschi senza nome di un'Italia in bianco e nero

L'ascesa della fotografia

L'arco temporale della mostra *Il sorpasso*, 1946-1961, coincide con un capitolo entusiasmante della fotografia in Italia. Essa è finalmente un'arte e una pratica che respira l'aria di libertà di un paese che si è liberato dalle censure del fascismo. Nuovi censori filogovernativi non tarderanno ad appalesarsi, ma senza mai raggiungere la cappa di piombo imposta dal fascismo alla stampa.

Le riviste settimanali a rotocalco, con ampie campiture fotografiche e un uso attivo della fotonotizia (in cui il testo si è ridotto a didascalia di foto di grande formato), hanno un'ampia diffusione. Circolavano nel mondo già negli anni Trenta: "Life", che sarà il più famoso e più spesso preso a modello, era nato in America nel 1936. In Italia i rotocalchi avevano incontrato ostacoli nel fascismo: di questi periodici di nuovo genere non c'era stato un lancio, ma un'uscita cauta e guardinga. La soppressione di "Omnibus" da parte del regime nel 1939 viene considerata una prova della sua diffidenza verso i nuovi formati dell'informazione. In realtà "Omnibus" era sì un giornale "frondista" (così si chiamava la cauta opposizione interna), ma il ruolo della fotografia era al suo interno ancora convenzionale e limitato; i messaggi che "Omnibus" intendeva mandare al Paese avevano prevalentemente forma scritta. Come in altri campi della produzione culturale il fascismo non si era tirato indietro rispetto all'innovazione, ma aveva cercato di curvarla su un profilo di propaganda. Un tentativo solo parzialmente riuscito con "Tempo", settimanale illustrato di Mondadori (1939-1943), esplicitamente esemplato su "Life" per l'abbondanza e la complessità della copertura fotografica, ma soggetto agli imperativi della propaganda a cui era difficile sottrarsi. Anche per la concorrenza del periodico illustrato della Wehrmacht, "Signal" (1940-1945), fin dall'inizio diffuso anche in lingua italiana (oltre in molte altre lingue europee).

A "Tempo" collaborarono, a vario titolo, molti nomi che ritroveremo nell'editoria e nel cinema del dopoguerra, come Federico Patellani e Lamberti Sorrentino, Cesare Zavattini e Alberto Lattuada. Editori come Angelo Rizzoli e Arnoldo Mondadori e testate come "Oggi" e "Tempo" saranno parte fondante dei rotocalchi del dopoguerra. Ciò nonostante, la frattura con il passato, nel 1945, non avrebbe potuto essere più forte, anche perché la sede degli editori era Milano, la vera capitale dei seicento giorni della Repubblica sociale di Mussolini. La soppressione dei giornali e la censura sempre più fobica e impaurita di un regime agonizzante si erano congiunte con i bombardamenti, la penuria della carta come di ogni altra materia prima, con gli arresti e le torture. Un solco profondissimo si era creato tra il prima e il dopo. Il sostanziale fermo della stampa periodica negli ultimi mesi della Repubblica di Salò aveva consentito anche a editori (e giornalisti) che avevano collaborato con il regime di rimanere fermi e in attesa, magari nella vicina Svizzera, e di presentarsi con

ENRICO MENDUNI

Nameless Frescoes in an Italy in Black and White

The Rise of Photography

The time span of the *Il Sorpasso* exhibition, 1946-1961, coincided with an exciting chapter in Italian photography. It was, at last, an art and an activity that could breathe the air of freedom in a country that had liberated itself from Fascist censorship. New pro-government censors would soon appear, but they would never reach the levels of control with which Fascism had exerted its stranglehold on the press.

Weekly illustrated magazines, with large picture backgrounds and an active use of photo news (where the text was nothing but captions for the large format photos), were extremely popular. They were already a global phenomenon in the 1930s: the best-known of these, *Life*, which was often taken as a model, came out in the USA in 1936. In Italy, glossy magazines had a hard time under Fascism: this new kind of periodical saw no boom but was released cautiously and with circumspection. The regime's suppression of *Omnibus* in 1939 is considered proof of its suspicion of novel news formats. In reality, *Omnibus* was indeed something of a "*frondeur*" (as the cautious domestic opposition was called) publication, but its use of photography was still conventional and limited; the messages that it aimed to send out to the nation were mainly in written form. As in other fields of cultural output, Fascism showed no reluctance in embracing innovation, but tried to bend it for propaganda purposes. This was only partially successful in the case of *Tempo*, Mondadori's illustrated weekly magazine (1939-1943), explicitly modelled on *Life* as far as the abundance and complexity of its photographic coverage was concerned, but it was still subject to the almost unavoidable imperatives of propaganda. Another problem for *Tempo* was competition from the Wehrmacht's illustrated periodical, *Signal* (1940-1945), distributed in Italian (and many other European languages) since its inception.

Tempo had many names that we would meet again in post-war publishing and cinema on its books, including Federico Patellani, Lamberti Sorrentino, Cesare Zavattini, and Alberto Lattuada. Publishers like Angelo Rizzoli and Arnoldo Mondadori, and magazines like *Oggi* and *Tempo*, would become the model for the post-war generation of magazines. Nevertheless, the break with the past that took place in 1945 could not have been more drastic, also because the heart of publishing was Milan, the true capital of the six-hundred days of Mussolini's Social Republic. The suppression of newspapers and the increasingly anxious and fearful censorship of a regime in its death throes coincided with bombing, the scarcity of paper and all other raw materials, arrests, and torture. A very deep fissure was created between the pre- and post-war years. The virtual halt of press output in the last months of the Republic of Salò also allowed publishers (and journalists) who had collaborated with the regime to pull out and wait, perhaps in nearby Switzerland, and to present themselves again in a different guise in

un volto rinnovato nel 1945. Tutti insomma volevano voltare pagina e guardare agli esempi dei rotocalchi americani, ma anche delle grandi foto che Albe Steiner, grafico geniale, impaginava sul "Politecnico" di Elio Vittorini (1945-1947).

Il visitatore de *Il sorpasso* troverà conferma, nelle foto esposte, dei racconti che tutti abbiamo ascoltato da genitori e nonni: un paese distrutto materialmente ma anche moralmente, sconfitto e diviso, e tuttavia animato da un fortissimo desiderio di rinascere, di rimettersi in piedi mentre si rialzavano le case bombardate e si suturavano le ferite, materiali e morali. L'editoria non solo osserva questi sentimenti popolari, ma ne è parte, in un'epoca in cui la radio (la principale concorrente) è penalizzata dalla distruzione degli impianti di trasmissione, e soprattutto in cui l'azione intellettuale e l'impegno politico sono congiunti da un nodo intricato di esperienze di vita, di ideologie, di sentimenti. Il pubblico richiede storie drammatiche del dopoguerra per arricchire la propria esperienza quotidiana, ricerca avidamente i casi di cronaca nera che il fascismo non aveva mai permesso di narrare, si appassiona per vicende e amori delle teste coronate, della nobiltà, delle attrici (i VIP dell'epoca).

Non si tratta però soltanto di questo. Inizia anche in Italia un'era profondamente visuale, e presto audiovisiva. Anche questo era stato portato dalle jeep dell'esercito americano. Come abbiamo cercato di descrivere in una nostra precedente mostra, *War is Over! L'Italia della Liberazione nelle immagini del U.S. Signal Corps e dell'Istituto Luce, 1943-1946*, la fotografia di guerra prodotta dagli americani – molto più che dagli inglesi – è mirata a conquistare le *cover story* dei rotocalchi dei rotocalchi statunitensi, ma sa guardare lontano, a un'Italia liberata e rinnovata che sarà collocata nell'area di influenza occidentale che proprio in quei giorni (tra la conferenza di Yalta e quella di Teheran) si stava disegnando a fianco di quella sovietica, con l'Italia proprio sul confine. La pubblicità, l'abbondanza di beni di consumo, il cinema, i frigoriferi e i televisori avrebbero completato l'azione dei liberatori e corroborato la collocazione occidentale e atlantica dell'Italia.

L'affermazione della cultura visuale è dunque una forma della liberazione dell'Italia e, insieme, un suo prolungamento. Essa si sviluppa su tre direttrici: il cinema, l'editoria, la pubblicità. Il cinema racconta l'Italia contemporanea: con il massimo di consapevolezza e di impegno nel cinema neorealista, ma certo non solo in questo. Anche i drammi popolari e i film sentimentali (un melodramma che diventa pellicola filmica e spettacolo di massa) condividono una simile istanza di realtà, anche se poi la declinano in modo diverso e, soprattutto, con finali più edificanti e buonisti. Il cinema è realista attraverso il film di finzione, che è tale anche quando afferma – come fa il neorealismo più coerente – di prendere dalla realtà della vita personaggi e interpreti.

Una non scritta divisione del lavoro attribuisce al cinema la rappresentazione realistica dell'Italia attraverso il racconto di finzione, e alla carta stampata la narrazione *factual*, scaturita dalla cronaca, dall'attualità, dalla battaglia delle idee. Una spartizione di fatto, in un sistema comunicativo (narrativo ed emozionale) a vasi comunicanti, all'insegna di una medesima estetica, che declina il realismo in forma più o meno critica; tingendosi dei colori forti della polemica sociale, o di quelli più manierati del melodramma. La visualità è forse per la prima volta in Italia il linguaggio e il medium più popolare. Nelle condizioni tecniche e sociali della stampa, è nel settimanale a rotocalco che la cultura visuale trova la sua migliore espressione, mentre le foto sui quotidiani solo in grandi dimensioni, accompagnate da titoli a caratteri di scatola, riescono a essere efficaci e dotate di una qualità tecnica sufficiente alla loro riconoscibilità. C'è poi un genere intermedio, una specie di porto franco per i transiti dell'immagine, che è costituito dai fotoro-

1945. Essentially, everyone wanted to turn over a new leaf and look to the example of the American glossies, but also to the great photos that Albe Steiner, a brilliant graphic artist, was publishing in Elio Vittorini's *Politecnico* (1945-1947).

Visitors to the *Il Sorpasso* exhibition will find that the photos displayed there will confirm the stories that the Italians have all heard from their parents and grandparents: tales of a country devastated not only on the material but also on the moral planes, defeated and divided, and at the same time animated by a yearning for rebirth, to get back on its feet, as air-raided homes were being rebuilt and wounds – both material and moral – were being stitched up. Publishing not only observed these shared feelings, but was a very part of them, at a time when the radio (its main competitor) was hindered by the destruction of broadcasting facilities, and especially in a period when intellectual activity and political commitment were intricately linked in a cluster of life experiences, ideologies, and feelings. The public needed post-war drama stories to enrich their daily lives, greedily on the lookout for the crime news that Fascism had firmly kept out of the newspapers. They were passionate about the lives and loves of crowned heads, the aristocracy, and actresses (the VIPs of the day).

But not only this. In Italy too a profoundly visual – and soon audiovisual – era had begun, brought by American army jeeps. As we tried to show in one of our previous exhibitions, *War is Over! Italy during the Liberation in the photographs of the U.S. Signal Corps and the Istituto Luce, 1943-1946*, American war photography – much more so than the British – aimed to clinch that cover story in the American press, but using a long-distance lens, looking to a liberated and renewed Italy that would come under the area of Western influence that, at precisely that time (with the Yalta and Tehran conferences), was being defined alongside the Soviet area, with Italy right on the border. Advertising, the abundance of consumer goods, cinema, refrigerators, and television sets completed the work of the liberators and confirmed Italy's Western and Atlantic position.

The consolidation of visual culture was therefore a form of Italian liberation and, at the same time, an extension of it. It developed along three axes: cinema, publishing, and advertising. The cinema tells the story of contemporary Italy, and neorealist cinema would represent, though not exclusively, its greatest level of awareness and commitment. Popular dramas and sentimental films (melodrama that became film and entertainment for the masses) also shared in a similar slice of reality, even if they expressed it in a different way and, above all, with more edifying, feel-good endings. Cinema is realist through fiction, and it is always fiction, even when it claims – as the most coherent neorealism does – to take its characters and actors from the reality of life.

An unwritten division of labour entrusted the realistic representation of Italy to the cinema through fiction, while *factual* narration, was assigned to the printed press through news stories, current events, and the battle of ideas. This was a *de facto* division, in an interconnected (narrative and emotional) system of communication, under the banner of a single aesthetics, expressing realism in a varyingly critical form, assuming the strong hues of social critique or the more mannered tones of melodrama. Perhaps for the first time in Italy, the visual became the most popular language and medium. With the technical and social advances enjoyed by the press, visual culture found its best expression in the weekly rotogravure magazine, while only large-sized photos in newspapers, accompanied by titles in huge letters, managed to be effective and to have sufficient technical quality to be recognizable. There also existed an intermediate genre, a kind of free port for the transit of images: the photo-story. These were romantic photo-stories that came out in series and in very large runs,

manzi: racconti fotografici a fumetti, di natura seriale e a grandi tirature, in cui vicende sentimentali di tipo cinematografico si intersecano alla vita quotidiana delle persone più semplici, con maggiore frequenza rispetto alla pur diffusissima fruizione dello spettacolo cinematografico in prime, seconde e terze visioni, parrocchiali e arene all'aperto; nelle sezioni di partito e nei circoli ricreativi.

Quanto alla pubblicità, l'alta cultura dell'epoca non ha gli strumenti culturali per comprenderne il potenziale comunicativo, il possibile pregio artistico, il suo stesso valore economico, e continua a definirla con un termine ottocentesco, *la réclame*. Nel disinteresse degli intellettuali la pubblicità percorre il paese, viaggia attraverso la stampa, ma soprattutto abita i muri delle città, che in tante immagini d'epoca ci appaiono letteralmente tappezzati di manifesti di ogni tipo. Non dimentichiamo che Antonio Ricci (non il creatore di *Striscia la notizia* ma il personaggio principale di *Ladri di biciclette*, capolavoro del neorealismo), di mestiere fra proprio l'attacchino. Anche il cinema del resto deve parte della sua grande riconoscibilità alla pubblicità: i manifesti disegnati e le "fotobuste" fotografiche, costruite con fotogrammi del film. La pubblicità, insomma, partecipa in pieno all'affermazione di una nuova cultura visuale che è in atto.

La visualità di questo quindicennio è prevalentemente in bianco e nero, al cinema e in fotografia. Ragioni tecniche (maggior costo e difficoltà di processo) ma soprattutto estetiche confluiscono in questa scelta che è sempre più netta man mano che ci si avvicina all'alta cultura, all'arte, all'impegno. Diversamente dalla pittura, la fotografia appare credibile soltanto se ci restituisce un mondo in bianco e nero, per certi aspetti più drammatico. I rotocalchi adottano cautamente il colore, stampando con modalità diverse i vari sedicesimi di cui si compone la rivista: la copertina e alcune pagine sono a colori, e lì si concentrano le pubblicità che adottano colori vivaci, marca distintiva di ciò che è industriale e commerciale. Anche nella nostra mostra, le poche immagini a colori provengono dagli archivi Fiat e Olivetti. Com'è noto, sarà il cinema a rendere popolare il colore, sulla spinta della produzione americana, convincendo poi i rotocalchi a colorarsi integralmente: ma sarà materia degli anni Sessanta, fra sbarchi sulla Luna e bandiere rosse del '68.

Fotografi senza nome

Vi è quindi un grande fabbisogno di immagini per alimentare una clientela sempre più vasta di editori giornalistici, di aziende, di agenzie: foto di cronaca rosa e di nera, immagini documentarie della realtà italiana in anni così difficili, foto di sport, copiose immagini di cinema (oltre ai fotogrammi dei film, le foto di scena, i ritratti dei protagonisti e narrazione delle loro vicende sentimentali) e anche del teatro, soprattutto nelle sue forme più popolari e a volte trasgressive (il teatro di rivista, il varietà). Ad esse si aggiungono le foto di una nuova politica fatta di partiti che nascono o si ricostituiscono, di manifestazioni di piazza, comizi, cortei, di campagne elettorali strenuamente combattive e divisive, e anche di riti parlamentari di cui il Paese aveva perso traccia e memoria. Tutte insieme costituiscono una galleria di ritratti di una classe dirigente completamente nuova.

Le fotografie non sono pagate tanto, ma attorno ai giornali c'è molto movimento, molte possibilità di lavoro per i più intraprendenti. Ne esce una trasformazione radicale del mestiere del fotografo. I giornali come sempre hanno (come dipendenti o collaboratori) i propri fotografi, ma le agenzie fotografiche (Publifoto, Farabola, Vedo e molte altre) coprono buona parte del mercato con loro collaboratori e corrispondenti. Fotografi indipendenti e di avventura prosperano soprattutto dove c'è un'alta concentrazione di attori, attrici, cantanti, te-

where cinema-style love stories intersected with the daily life of the ordinary people, even more so than the very popular cinema screenings, watched either at first, second, or third showings; these were often organized by local churches, at open-air theatres, or by the local Party branch or social club.

As for advertising, the high culture of the time had no cultural means to understand its communicative potential, its possible artistic or even economic value, and continued to refer to it using the nineteenth-century term *réclame*. Ignored by the intellectuals, advertising spread across the country, travelling via the press, but – and above all – it became a standard feature on the walls of the city, which in many vintage images appear to be literally plastered with posters of every kind. Let us not forget that Antonio Ricci, the main character in the neorealist masterpiece *Ladri di biciclette*, (*Bicycle Thieves*) was a bill poster. The cinema too owed part of its success to advertising, through hand-drawn or photographic posters, the latter made using screenshots from films. Basically, advertising played a fully active part in the affirmation of a new visual culture in the making.

The visuality of these fifteen years was mainly black and white, both at the cinema and in photographs. Technical reasons (such as higher costs and processing problems), but above all aesthetic considerations, combined to dictate this choice, even more so for the realms of high culture, art, and *engagement*. Unlike painting, photography only appeared credible if it reflected a world in black and white, one that was, in some respects, more dramatic. The magazines cautiously adopted colour, printing the various pages using different methods: the cover and some of the pages were in colour, with a concentration of advertisements in bright tones, the trademark of all that was industrial and commercial. In our exhibition too, the few colour images on display come from the Fiat and Olivetti archives. Of course, under pressure from American production, the cinema would make colour popular, so that the magazines eventually followed suit too, shifting to full colour: but this would be a matter for the 1960s, with the Moon landings and the red flags of 1968.

Nameless Photographers

There was thus a great demand for images to feed an increasingly broad clientele of newspaper publishers, companies, and agencies, such as crime news and the women's press, documentary images of Italian life in these difficult years, sports photos, copious images from the cinema (not only frames from the films but photos from the set, portraits of the actors and reports of their love lives) as well as the theatre, especially in its most popular and sometimes risqué forms (revue, variety). In addition to these, there were photographs showing a new political reality, with Parties springing up or reconstituting themselves, street demonstrations, rallies, marches, fiercely combative and divisive electoral campaigns, and parliamentary rituals of which the country had lost all trace and memory. Together, they make up a portrait gallery of a totally new ruling class.

Photographs did not bring in much money, but the world of information was very dynamic, and there were many job opportunities for the more enterprising. The photographic profession would thus undergo a dramatic change. Newspapers, as always, had their own photographers (in-house or external), but the photographic agencies (Publifoto, Farabola, VEDO, and many others) covered a large part of the market thanks to their consultants and correspondents. Independent and adventurous photographers thrived, especially in places with a high concentration of actors, actresses, singers, crowned heads and aristocrats, and wealthy foreign tourists, both in Rome and its extraterritorial seasonal enclaves: places like Venice, Capri, Spoleto, the Ligurian Riviera, Cortina, and Forte dei Marmi.

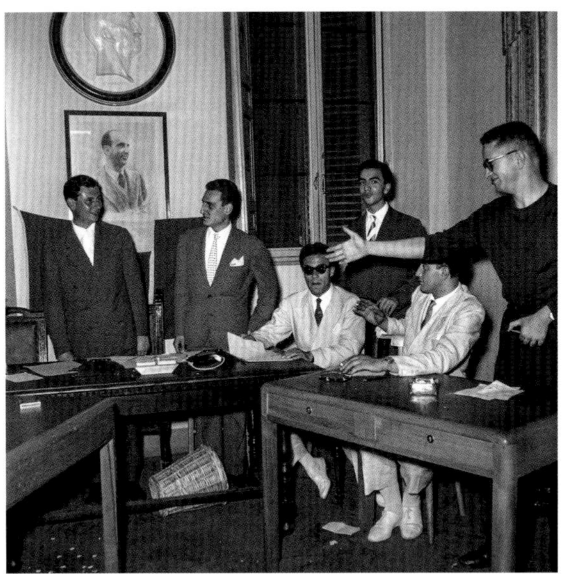

Gioventù Monarchica, riunione del Direttivo
Tra ritratti dei reali, cicche in terra, cestini rovesciati.
Archivio Fotografico LUCE, Fondo VEDO

The Monarchist Youth Movement, meeting of the Board of Directors
Amid portraits of the royal family, cigarette ends on the ground, and knocked-over litter bins.
Fotografico LUCE, Fondo VEDO

ste coronate e nobiliari, facoltosi turisti stranieri, quindi a Roma e nelle sue enclave extraterritoriali stagionali: luoghi come Venezia, Capri, Spoleto, la Riviera Ligure, Cortina, Forte dei Marmi.

Non si è riflettuto a sufficienza su quanto questa nuova sete di immagini modifichi in Italia la professione del fotografo, con tratti che somigliano alla Parigi degli anni Trenta, quando giovani avventurosi e un po' bohémien come Endre Friedmann e Gerta Pohorylle cercavano la fortuna e si cambiavano il nome, come gli attori americani, diventando Robert Capa e Gerda Taro. Prima della seconda guerra mondiale erano già presenti in Italia fotografi di nuovo tipo, impresari della distribuzione di immagini realizzate da loro stessi o dai loro collaboratori, come Vincenzo Carrese e Adolfo Porry Pastorel, ma i fotografi prevalentemente erano artigiani, con propri studi e spesso negozi, che praticavano una economia di varietà. Realizzavano ritratti, fotografavano matrimoni e feste patronali, partite di calcio e corse in bicicletta, e venivano convocati a "immortalare" (così si diceva allora) vicende politiche e sociali del luogo. E poi naturalmente vendevano e riparavano apparecchi, sviluppavano le immagini per i dilettanti, erano un punto di riferimento per tutti coloro che in quella città o paese erano interessati alla fotografia.

Vi erano dunque molti studi fotografici artigianali, a volte a conduzione familiare, con un mestiere e uno stile che passava di padre in figlio. In vari casi fortunati i patrimoni di questi studi fotografici non sono stati dispersi, ma sono stati raccolti da istituzioni pubbliche. In mostra ne abbiamo due esempi: un corteo nuziale tra le macerie della guerra, di Luigi Gallotta, fotografo di Eboli che, oltre alle manifestazioni del regime fascista (per le quali aveva un incarico ufficiale) aveva ritratto l'intera città. La collezione dello studio è stata poi acquisita dal Comune di Eboli (1985) che l'ha interamente digitalizzata. E poi abbiamo un pranzo su un viadotto della ferrovia Roma-Firenze, a Bucine (Arezzo), per festeggiarne la ricostruzione, scattata dallo Studio Vestri di Montevarchi. Guido Vestri, fotografo, era anche sindaco della città, circostanza che sottolinea la funzione sociale della fotografia nelle comunità (anche Adolfo Porry Pastorel sarà sindaco del suo paese, Castel San Pietro Romano). Nella cerimonia sul ponte, tra le bandiere rosse delle cooperative costruttrici che appaiono grigie nel bianco e nero, Guido Vestri probabilmente era fra i commensali. Non sappiamo se la foto la scattò lui stesso, o la figlia Giuseppina che ne avrebbe proseguito il mestiere donando poi, in tarda età, la collezione al Comune (1999), che poi l'avrebbe assegnata alla Biblioteca comunale. Non ci appare casuale però che il contributo di questi studi fotografici artigianali sia limitato, nelle foto esposte in mostra, ai primi anni del dopoguerra.

I fotografi di tipo nuovo, infatti, lavoreranno in condizioni e influenze molto diverse. Vi è intanto una influenza

Not enough attention has been given to how much this new thirst for images would change the profession of photographer in Italy, which sometimes resembled the Paris of the thirties, when young, adventurous, and slightly Bohemian figures like Endre Friedmann and Gerta Pohorylle sought their fortunes, changing their names as American actors did, to become Robert Capa and Gerda Taro. Italy already had its new type of photographer before the Second World War, entrepreneurs distributing their own images or those of their collaborators, such as Vincenzo Carrese and Adolfo Porry Pastorel. But photographers were generally artisans, with their own studios and even shops, running a business that could count on a variety of products. They did portraits, photographed weddings and patronal festivals, or football matches and cycle races, and they were called upon to "immortalize" (as they used to say) local political and society events. And then, of course, they sold and repaired cameras, developed photos for amateur photographers, and were a point of reference for everyone interested in photography in their town or city.

There were many small, sometimes family-run, studios, their trade and style having been handed down from father to son. Fortunately, the stock of these photographers' studios has not always been lost, sometimes coming under the care of public institutions. There are two such examples in the exhibition: a wedding procession through wartime rubble, by Luigi Gallotta, a photographer in Eboli who, in addition to immortalizing Fascist parades and events (for which he was officially appointed), photographed the whole city. The studio collection was acquired by the Municipality of Eboli (1985), which digitalized it in its entirety. Then there is a lunch on a railway bridge in Bucine (Arezzo) along the Rome-Florence railway, organized to celebrate its reconstruction, photographed by Studio Vestri of Montevarchi. Photographer Guido Vestri was also mayor of the city, which underlines the social function of photography within communities (Adolfo Porry Pastorel also became mayor of his village, Castel San Pietro Romano). Guido Vestri was probably

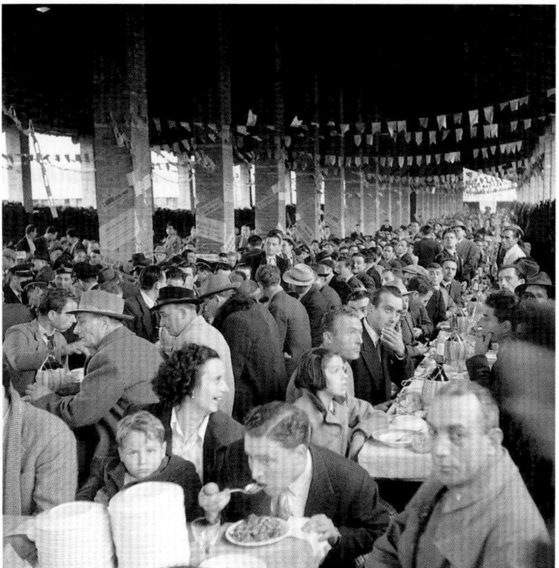

Festa in fabbrica con autorità in visita. Cavriglia (AR), 1950
I lavoratori al gran completo per il pranzo sociale, con mogli e figli. Per l'impianto termoelettrico di Cavriglia, danneggiato dalla guerra, il sostegno delle autorità governative è determinante.
Archivio Fotografico Luce, Fondo Attualità

Factory party with visiting authorities. Cavriglia (AR), 1950
Workers all present and correct for their company lunch, complete with wives and children. The support of the Government authorities was crucial for the Cavriglia thermoelectric plant, which had undergone damage during the war.
Fotografico Luce, Fondo Attualità

among the diners at the ceremony on the bridge, amid the red flags (that looked grey in the black and white image) of the building cooperatives. We do not know if it was he who took the photo, or his daughter Giuseppina, who later took over his job. In her old age, she donated the collection to the City (1999), which then housed it in the Municipal Library. It is no coincidence, however, that the contribution of these artisanal photographic studies is limited, in our exhibition, to the early post-war years.

The new kind of photographer would, in fact, work in very different conditions and undergo very different influences. In the meantime, there was an international influence, and, correspondingly, a circulation of – and market for – pictures that was less and less limited by regional tra-

internazionale cui corrispondono anche una circolazione e un mercato delle immagini sempre meno limitato dalle tradizioni regionali o dai confini nazionali. I fotografi internazionali frequentano ormai stabilmente l'Italia, sentono l'influsso del neorealismo e a loro volta influenzano la fotografia: nei suoi nomi più noti (oggetto del saggio di Gabriele D'Autilia in questo catalogo), ma anche nella fotografia più commerciale – mi permetto di chiamarla così – delle agenzie e dei fotografi di avventura, tra cui coloro che il cinema chiamerà paparazzi. È un'influenza indiretta perché i fotografi internazionali, a cominciare dai membri di Magnum, lavorano soprattutto per la stampa internazionale, solo "di risulta" per le riviste italiane, tra cui primeggia "Epoca". Ma le loro foto, tra gli addetti ai lavori, passano di mano in mano.

Certo i fotografi italiani delle agenzie non frequentano gli ambienti degli intellettuali, che amano conversare con il fotografo straniero di passaggio e magari condurlo, con singolari escursioni antropologiche, a vedere un'Italia diversa, nelle borgate dell'immigrazione o in luoghi archeologici lontani dagli itinerari turistici più battuti. Se passano da caffè e trattorie, fanno il giro dei locali notturni, o corrono all'aeroporto fra arrivi e partenze, i fotografi italiani lo fanno per esigenze professionali, per scattare foto consenzienti e talvolta rubate: talvolta fintamente rubate con scazzottate vere o presunte dei soggetti colti in attività ludico-ricreative di vario ordine e grado. Si muovono in gruppi, con rapporti reciproci di tipo composito in cui si alternano competizione e cooperazione: necessaria quanto meno per decidere i turni di scatto ed evitare che l'onorevole inauguri le case popolari in mezzo a una folla di fotografi col flash, invece che nella reverente gerarchia: il nastro tricolore, le forbici argentate. Sorridente l'uomo del governo e composto il vescovo che benedice il tutto, e in secondo piano la fila composta dei futuri assegnatari, doverosamente commossi e grati alle autorità, nei loro vestiti della festa.
Al termine dell'inaugurazione ciascuno dei fotografi tornerà alla sua agenzia, consegnerà i rullini e sostanzialmente da allora perderà ogni diritto, anche intellettuale, su quelle foto che ha prodotto. Di tutte le foto del servizio ne saranno scelte alcune, giudicate le migliori, tagliate, ritoccate se necessario, e diffuse come foto dell'agenzia. A sua volta il giornale ritaglierà, scontornerà, ritoccherà secondo i suoi gusti e le esigenze. Il nome dell'autore scompare, sostituito dal marchio della ditta, e risalire al nome di chi ha materialmente realizzato lo scatto è impresa ardua e oggi spesso impossibile; spesso manca anche la data. Di conseguenza, quando le foto vengono acquisite da qualche archivio pubblico o privato (dall'Archivio Luce ad Alinari e Getty) rimarranno anonime. I corrispondenti di guerra avevano narrato spesso di rullini inviati ai loro giornali senza sapere bene cosa c'era dentro, e della sorpresa di apprendere, in seguito, che tra quelle immagini fortunosamente scattate c'era un capolavoro (come accadde a Joe Rosenthal, il fotografo di Iwo Jima): ma allora c'era una guerra, e un oceano, in mezzo. Qui, più semplicemente, dopo lo scatto ogni successivo livello di significazione era precluso alla persona che lo aveva realizzato. Per questo vogliamo chiamarli fotografi anonimi, senza nome, e per questo esclusi dai fenomeni di culto che hanno riguardato negli ultimi anni i fotografi che nella loro epoca erano abbastanza autorevoli da poter firmare le proprie opere, diventando loro stessi un brand, che le riviste e le aziende erano ben liete di esibire. Ma è venuto il momento di ristabilire la loro piena dignità, anche artistica, di autori.

I fotografi anonimi non sono dei produttori di "fotocopie della realtà", hanno un elevato livello di qualità e di personalizzazione (indispensabile per potersi sostenere sul mercato) e uno stile che in molti casi risalta negli interstizi del mestiere, in scatti poi sacrificati dai loro committenti. Talvolta in questi interstizi, in questi scarti si cela una finezza e un senso dell'epoca che sono risultati preziosi per comporre la mostra *Il sorpasso*, e che oggi ci dicono molto di più del loro tempo rispetto alle foto a suo tempo selezionate e allo stesso incarico commissionato al fotografo.

ditions or national borders. International photographers were now regular visitors to Italy, and they fell under the spell of neorealism. They in turn would influence photography: one thinks, of course, of the big names (discussed by Gabriele D'Autilia in his essay published in this catalogue), but also the more commercial photography, if I may refer to it as such – of the agencies and freelance photographers, including those to whom the cinema would give the name of paparazzi. Theirs would be an indirect influence because international photographers, not least those with Magnum, mainly worked for the international press, and only in passing for Italian magazines, a notable example of which was *Epoca*. But their photos passed from hand to hand among the insiders.

Of course, Italian agency photographers did not frequent intellectual circles, who loved to converse with passing foreign photographers, perhaps taking them on unique anthropological excursions, to see a different Italy, to the townships where immigrants settled, or to archaeological sites well off the beaten track. If they did the rounds of cafes and *trattorias*, hanging around nightclubs, or rushing to the airport to catch the various arrivals and departures, the Italian photographers did so for professional reasons, to take authorized, or sometimes illicit photos. Sometimes they were simply made to look stolen, and the scuffles with those caught in leisure activities of various kinds may have been real or perhaps staged. They moved in groups, with a kind of solidarity whereby they were sometimes in competition and sometimes cooperated, a necessary condition for organizing photo-shots and avoiding His Excellency having to inaugurate, for example, the new social housing development in the midst of a crowd of flash-toting photographers rather than in solemn order, with the obligatory green-white-and-red ribbon and silver scissors. The institutional authority is all smiles, and the bishop imparts his blessing. In the background the future assignees, all togged out in their Sunday best, stand duly moved and grateful to the authorities.
After the ceremony, each of the photographers would head back to his agency to hand over the film and, from that point on, would substantially waive all rights, including intellectual property rights, over their pictures. Just a handful of what were considered the best photos would be selected before being cut, retouched if necessary, and distributed as agency photos. The newspapers too would crop, cut out, and retouch them according to their tastes and requirements. The name of the author disappeared, to be replaced by the company trademark, and it was difficult, and today almost impossible, to identify the person who actually took the picture. So when the photos were acquired by a public or private archive (such as the Istituto Luce, Alinari, or Getty), they remained anonymous. War correspondents often spoke of rolls of film being sent to their newspapers without knowing what was on them, and then described their surprise upon learning that among those images there happened to be a masterpiece (as happened to Joe Rosenthal, the photographer at Iwo Jima): but at that time there was a war – and an ocean – between them. Here, after the shot, the person who took it had no say in any further level of meaning. This is why we would prefer to call them anonymous, nameless, photographers, excluded from the cult status recently enjoyed by the photographers who were considered authoritative enough in their own day to be able to sign their work, becoming a sort of brand in themselves, that magazines and companies were happy to exhibit. But the time has come to grant them their due as *auteurs*.

The anonymous photographers did not produce "photocopies of reality". Their work shows a high degree of quality and personalization (without which they would not have been able to survive on the market) and a style that in many cases shows through much more in their off-duty, incidental, shots discarded by the clients. Sometimes, these off-topic snaps, these rejects, are of such high quality and express such a sense of their era that they have proved invaluable in putting together *The Overtaking*, and today they can tell us much more about their times than

Qualche esempio: un anonimo fotografo dell''agenzia DIAL fu spedito, nel dicembre 1959, in mezzo alla neve di Rivisondoli, in Abruzzo, per "immortalare" le vacanze sciatorie dell'allora presidente della Camera Giovanni Leone e famiglia. L'Archivio Luce conserva 12 scatti del servizio, tutti evidentemente scattati con una Rollei 6 x 6: forse il fotografo aveva una dotazione minima, una macchina sola, del tipo più congeniale ai ritratti che ci si proponeva di realizzare. Vi sono pose dell'onorevole Leone in costume alpinistico da solo, con la famiglia, con amici e notabili locali; in trattoria, per le strade del borgo, in una elegante casa di montagna o forse un albergo. Nessuna di queste immagini ha particolare significato per noi, né valore artistico. Ma a un certo punto, tallonando l'onorevole nel freddo di dicembre, attento a non scivolare sul ghiaccio che copre i lastricati del borgo, il fotografo coglie una scena: dal portale gotico di una vecchia chiesa sta uscendo, timida, una bambina vestita di bianco che ha appena fatto la prima comunione, con il fratellino più piccolo, i parenti, un chierichetto. Un frammento di religiosità popolare in pieno inverno, con la neve che arriva alla soglia della chiesa. Dell'onorevole Leone non c'è traccia, la foto sarà stata inesorabilmente scartata, dimenticata in un archivio, ma esprime lo spirito del tempo molto più di tante altre.

Anche la foto, sempre anonima, che abbiamo scelto come copertina del catalogo e come manifesto della mostra ha una storia consimile. È una foto dell'Agenzia VEDO (Visioni Editoriali Diffuse Ovunque) fondata da Adolfo Porry Pastorel, e mostra l'attrice cubana Chelo Alonso che atterra all'aeroporto di Ciampino (1959). Apparentemente la foto appartiene a un genere ben conosciuto: l'arrivo di una diva straniera in Italia. Tuttavia Chelo è solo un'attrice di *peplum* e di B-movies non proprio indimenticabili: i fotografi e gli addetti stampa sono tutti lì per il regista Billy Wilder e magari per la più nota Bella Darvi. Chelo con l'ingombrante cappelliera e i troppi bagagli è in un angolo del parcheggio dell'aeroporto, seduta su una valigia. Forse attende qualcuno che non è ancora arrivato e l'uomo vicino a lei è distratto da altre incombenze. Ma quanto desiderio di affermarsi, quanta voglia di sorpassare, c'è in quel sorriso un po' tirato. Il fotografo anonimo passa, vede, impugna la sua Rollei e scatta. Di tutte quelle immagini convenzionali, questa è l'unica che rimane, ci fa sorridere, ci fa pensare.

Riferimenti bibliografici

Alan Brinkley, *The Publisher. Henry Luce and His American Century*, New York, Knopf, 2010.

Giovanna Calvenzi (a cura di), *Henri Cartier-Bresson e gli altri: i grandi fotografi e l'Italia*, Roma, Contrasto, 2015.

Vincenzo Carrese, *Professione fotoreporter: l'Italia dal 1934 al 1970 nelle immagini della Publifoto di Vincenzo Carrese*, Milano, Baldini, 1983.

Vincenzo Carrese, *Un album di fotografie. Racconti*, Milano, Il diaframma, 1970.

C'era anche lei... : rassegna di quindici anni di vita italiana presentata dalla Publifoto. Circolo della stampa di Milano, 11 novembre-5 dicembre 1961, Milano, Pizzi, 1961.

Gabriele D'Autilia, *l'Archivio fotografico dell'Istituto Luce*, in appendice a: *L'indizio e la prova. La storia nella fotografia*, Milano, Bruno Mondadori, 2005.

Raffaele De Berti, *Il nuovo periodico. Rotocalchi tra fotogiornalismo, cronaca e costume*, in Raffaele De Berti, Irene Piazzoni (a cura di), *Forme e modelli del rotocalco italiano tra fascismo e guerra*, Quaderni di Acme n. 115, Milano, Cisalpino-Monduzzi, 2009, pp. 3-64.

Uliano Lucas e Tatiana Agliani, *La realtà e lo sguardo. Storia del fotogiornalismo in Italia*, Torino, Einaudi, 2015.

Giuliana Scimé (a cura di), *Fotografia di una giovane repubblica: Italia 1946-1966: Publifoto, Luxardo, De Biasi, Berengo Gardin, Secchiaroli*, Milano, Mazzotta, 1996.

the photos that were actually commissioned and selected. Just to mention a few examples: in December 1959, an anonymous photographer working with the DIAL agency was sent to Rivisondoli in Abruzzo to "immortalize" the skiing holiday of the then Speaker of the Italian Chamber of Deputies, Giovanni Leone, and his family. The Luce Archive contains 12 pictures from the photoshooting, all clearly taken using a Rollei 6 x 6: perhaps the photographer only had minimal equipment – just one camera – the most suitable type for the photos he wanted to take. There are some shots with Mr Leone posing in mountaineering gear by himself, with his family, friends, and local notables – in a *trattoria*, in the streets of the village, in a fine house in the mountains, or perhaps a hotel. None of these pictures mean much to us, nor do they have any artistic value. But then, one cold December day as he was trailing the Speaker of the Chamber, trying not to slip on the icy cobblestones of the village streets, our photographer captured a special moment: a little girl dressed in white having just made her first communion, shyly emerging from the gothic gateway of an ancient church, accompanied by her younger brother, some relatives, and an altar boy. A slice of popular mid-winter religiosity, with snow reaching the very threshold of the church. There is no trace whatsoever of Mr Leone. The photo was discarded for ever and lay forgotten in an archive, but it expresses the spirit of the age far better than so many others.

The picture, again anonymous, that we have selected for the exhibition poster and as the cover photo for the catalogue, has a similar history. The shot comes from the Agenzia VEDO (Visioni Editoriali Diffuse Ovunque (literally, "Editorial Visions Disseminated Everywhere"), founded by Adolfo Porry Pastorel, and shows Cuban actress Chelo Alonso landing at Ciampino Airport (1959). At first sight, the photo seems to belong to a well-known genre: the arrival of a foreign *diva* in Italy. However, Chelo had only appeared in sword-and-sandal films and in some hardly unforgettable B-movies: the photographers and journalists were all there for director Billy Wilder and perhaps the more famous Bella Darvi. Chelo is sitting on a suitcase in a corner of the airport carpark, with a cumbersome hat box and far too much luggage. She is perhaps waiting for someone who is yet to arrive, and the man next to her is taken up with other matters. But how her desire to be known, to get ahead, shows through in that slightly forced smile! The anonymous photographer walks by, sees her, points his Rollei, and shoots. Out of all the conventional images of that photoshooting, this is the one that lasts, making us smile – and reflect.

Bibliographical References

Alan Brinkley, *The Publisher. Henry Luce and His American Century* (New York: Knopf, 2010).
Giovanna Calvenzi (ed.), *Henri Cartier-Bresson e gli altri: i grandi fotografi e l'Italia* (Rome: Contrasto, 2015).
Vincenzo Carrese, *Professione fotoreporter: l'Italia dal 1934 al 1970 nelle immagini della Publifoto di Vincenzo Carrese* (Milan: Baldini, 1983).
Vincenzo Carrese, *Un album di fotografie. Racconti* (Milan: Il diaframma, 1970).
C'era anche lei... : rassegna di quindici anni di vita italiana presentata dalla Publifoto. Circolo della stampa di Milano, 11 novembre-5 dicembre 1961 (Milan: Pizzi, 1961).
Gabriele D'Autilia, *l'Archivio fotografico dell'Istituto Luce*, annexed to: *L'indizio e la prova. La storia nella fotografia* (Milan: Bruno Mondadori, 2005).
Raffaele De Berti, *Il nuovo periodico. Rotocalchi tra fotogiornalismo, cronaca e costume*, in Raffaele De Berti, Irene Piazzoni (eds), *Forme e modelli del rotocalco italiano tra fascismo e guerra*, Quaderni di Acme n. 115 (Milan: Cisalpino-Monduzzi, 2009), pp. 3-64.
Uliano Lucas, Tatiana Agliani, *La realtà e lo sguardo. Storia del fotogiornalismo in Italia*, (Turin: Einaudi, 2015).
Giuliana Scimé (ed.), *Fotografia di una giovane repubblica: Italia 1946-1966: Publifoto, Luxardo, De Biasi, Berengo Gardin, Secchiaroli* (Milan: Mazzotta, 1996).

GABRIELE D'AUTILIA

Etica ed estetica nello sguardo d'"autore"

Gli anni Cinquanta, che rappresentano il cuore di questa mostra, si possono considerare senza esagerare, nella storia fotografica italiana, il periodo più ricco dell'intero Novecento. In verità si tratta, più in generale, di anni centrali per la società, l'economia e la cultura italiane, che prepareranno il terreno alle trasformazioni dei decenni successivi, anche se sul piano politico sono dominati dal centrismo democristiano e da uno scontro "di classe" che spesso finiranno nella storiografia successiva per oscurare le novità in corso.
La fotografia è spesso uno straordinario indicatore non solo dei gusti e degli interessi dei suoi produttori, ma anche di molti altri aspetti della contemporaneità e in particolare, sul piano umano, è un rivelatore di gesti ed espressioni che sono il segno sia di antropologie tradizionali che di nuovi modi si essere in via di definizione; chi li ha saputi raccontare sono stati soprattutto i grandi autori, anche se certamente non sono stati i soli.
Gli studi sulla fotografia si sono spesso concentrati sul contributo di maestri indiscussi che hanno lasciato un'impronta importante nella storia dell'immagine ottica, non di rado trascurando il valore di fotografie di carattere istituzionale o finalizzate a scopi non espressivi che in molti casi sono state capaci di interpretare singole realtà in modo altrettanto efficace. In altri casi alcuni fotografi (ad esempio quelli di agenzia o quelli al servizio di grandi aziende) che pure hanno considerato la fotografia un mezzo di espressione, non sono stati riconosciuti come autori dai loro stessi committenti o dalla stampa (che ad esempio non ha segnalato i loro nomi accanto alle immagini); aspetti trattati nel saggio di Enrico Menduni in questo catalogo. Per questi motivi quello di "autore", in campo fotografico, a parte un certo numero di casi riconosciuti, è – si può dire da sempre – un concetto problematico, anche perché, va ricordato, in quanto produttori di immagini i fotografi hanno costituito una pericolosa concorrenza (anche questo da sempre) a pittori e disegnatori, che invece hanno spesso meritato un riconoscimento autoriale.
D'altra parte l'individuazione di uno sguardo personale, se non necessariamente artistico, in una produzione vasta e articolata come quella fotografica non è affatto semplice, o comunque non sempre supportata da categorie consolidate nella ricerca e nella critica; ciononostante, è piuttosto comune, in archivi istituzionali o tecnici, scovare immagini di eccezionale valore espressivo o tagli del tutto originali, qualità che i fotografi "artisti" perseguono consapevolmente. Inoltre, bisogna aggiungere, sul piano storico alcune forme fotografiche, alcuni soggetti o modi di fotografare sono appartenuti a specifici periodi storici (e, in questi, ad alcune aree culturali) e non ad altri: ad esempio un soggetto come le categorie più disagiate – i contadini o gli abitanti dei quartieri più degradati delle grandi città – non sono state considerate un interessante soggetto fotografico fino almeno agli anni Dieci del Novecento, quando alcuni fotografi, spesso con obiettivi civili più che artistici, hanno voluto documentarne le condizioni di vita. Questo significa che l'"originalità", in campo fotografico, è una categoria che va anche storicizzata, attribuita cioè a un contesto dove obiettivamente può essere cercata, ma in cui si registrano di frequente anticipazioni e ritardi.

GABRIELE D'AUTILIA

Ethics and Aesthetics in the Authorial Gaze of the Photographer

Without the risk of exaggeration, the fifities – the key years covered by this exhibition – may be considered the richest period in the entire history of twentieth-century Italian photography. Broadly speaking, this was a fundamental period for Italian society, economics, and culture, paving the way for the transformations that would take place in the decades that followed, marked by both Christian Democratic political centrism and class conflict. Later historiography, however, would tend to focus more on the conflictual aspects of the politics of the period than on social and economic innovations.

Photography is often an extraordinary indicator not only of the tastes and interests of the people taking the pictures; it also reveals many other aspects of contemporary life and, at the human level, it highlights the gestures and expressions that signal traditional anthropologies and emergent ways of being. The great photographers of the day were able to capture this reality, but they were by no means the only ones to do so.

Studies in photography have often focused on the contribution of the undisputed master photographers who have left their mark on the history of the optical image but have not infrequently underestimated the value of institutional and non-artistic images that are often equally effective in interpreting individual realities. In other cases, photographers (e.g. agency photographers or those working for big companies) who perhaps saw their photography as a means of expression were not, however, treated as *authors* by either their clients or the press (their names did not appear alongside the photos), as pointed out by Enrico Menduni in his essay published in this catalogue). Thus, the concept of authorship in the field of photography, with the exception of a handful of well-known cases, is – we can safely say – a problematic one, because, as producers of images, photographers are (and have always been) dangerous rivals to painters and designers who often receive recognition as true artists.

Identifying a personal, if not necessarily artistic, vision in such a vast and many-faceted field as photography is far from easy, and at any rate, is not always supported by the established categories of research and criticism. Nonetheless, it is quite common to find images of exceptional expressive value or with a wholly original slant even in institutional or technical archives, exhibiting the qualities that "art photographers" consciously pursue. Moreover, it must not be forgotten that, historically speaking, some forms of photography, some subjects or photographic styles, belonged to specific historical periods (and, within them, to specific cultural areas) rather than others. For example, subjects pertaining to the more disadvantaged categories, such as peasants or big-city slum dwellers, were not considered subjects worthy of photography until at least the second decade of the twentieth century, when some photographers, often with social rather than artistic goals in mind, sought to document their living conditions. This means that photographic "originality" is a category in need of historicization; it needs to be attributed to a context where it can be objectively sought, and where some are ahead of their time, and others somewhat slower.

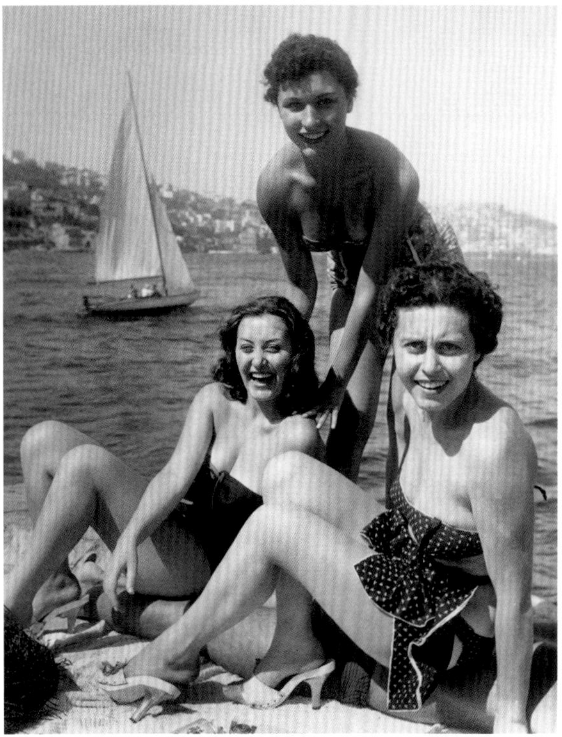

Napoli 1956. Una giornata al mare
In una spiaggia privata c'è più libertà rispetto ai comuni mortali al mare.
Centro Studi e Archivio della Comunicazione dell'Università di Parma, Fondo Publifoto

Naples 1956. A day at the beach
In a private beach there's more freedom than at the seaside with the ordinary folk.
Centro Studi e Archivio della Comunicazione dell'Università di Parma, Fondo Publifoto

Vale dunque la pena di osservare, per ciò che riguarda anche le immagini di questa mostra, che, nell'incredibile moltiplicazione degli obiettivi fotografici che si verifica nel dopoguerra (quando il mestiere trova numerose nuove opportunità), gli sguardi "d'autore" sull'Italia sono molteplici, per molti versi "sfumati" e talvolta paradossalmente anonimi: se ci sono certamente, nel lavoro di molti fotografi, differenti modi di fotografare e ben individuabili opinioni e giudizi sulla società, ci sono anche semplici immagini di documentazione che non suggeriscono alcuna chiave di lettura; tra queste due categorie si possono riconoscere infinite declinazioni intermedie.

Negli anni del fascismo la fotografia italiana aveva avuto interessanti opportunità, anche se il contesto culturale era stato condizionato negativamente dal regime totalitario: mentre nel mondo si diffondeva il verbo modernista e la fotografia aveva per la prima volta la possibilità di rivendicare, soprattutto in America, una sua specificità artistica distinguendo radicalmente le proprie modalità espressive da quelle della pittura, in Italia giungevano solo alcuni echi (sia pure importanti, come nel campo della pubblicità o dell'architettura) di una idea diversa di fotografia, che non fosse pura documentazione o un'anacronistica imitazione dell'arte ottocentesca. Alle soglie della guerra il panorama fotografico era, a grandi linee, così costituito: c'erano i reporter (a volte di grande talento) al servizio se non solo dell'Istituto Luce (che pretendeva un impossibile monopolio della documentazione ottica della "nuova Italia" fascista), comunque del regime, nella misura in cui anche le grandi testate giornalistiche avevano interiorizzato i dettami della censura sia per il giornalismo della penna che per quello delle immagini; c'erano poi numerosi fotografi di settore, alcuni dei quali andavano sviluppando un loro linguaggio specifico, come appunto in architettura e nella pubblicità, ma anche nella moda o nel cinema; c'erano poi i fotografi amatoriali, che nel ristretto perimetro di circoli esclusivi tentavano a volte sperimentazioni ardite o comunque reclamavano a loro modo un ruolo artistico.

La guerra rappresentò certamente un cesura importante, ma molte cose in questo campo si erano già messe in moto prima di questa nella direzione di un cambiamento; ora, in più, c'erano le numerose opportunità che la democrazia favoriva: è una generale libertà di espressione che si manifesta anche nell'espressione individuale dei fotografi, e riviste di ogni genere, da quelle di settore ai rotocalchi più popolari, nuovi mestieri e circoli più aperti alle influenze internazionali, garantiscono le possibilità di dialogo e le occasioni per farsi conoscere.

Sono proprio gli anni di cui ci occupiamo dunque quelli più stimolanti per la nostra cultura fotografica, poiché si passa da una relativa uniformità, come era quella in-

It is therefore worth noting, also with regard to the photographs making up this exhibition, that in the remarkable proliferation of subjects of interest to photographers after the war (when various professional opportunities were beginning to emerge), there were any number of "artistic", and in many ways "blurred" and sometimes paradoxically anonymous perspectives. Alongside the work of numerous photographers illustrating a range of approaches to photography, some of them expressing explicit opinions and social judgements, there are also instances of merely documentary images leaving absolutely no room for interpretation. Between these two categories exists an infinite range of possibilities.

The Fascist period offered Italian photographers an endless range of possibilities, despite the negative impact of the totalitarian regime on the cultural context: with the global spread of modernism, and photography claiming for the first time an artistic specificity of its own, especially in America, where it developed an expressive language so radically different from that of painting, in Italy, there were very few (albeit important, as in the fields of advertising or architecture) signs that photography might be understood as anything other than a form of documentation or an anachronistic imitation of nineteenth-century art. On the eve of war, the world of the Italian photographers was largely structured as follows: reporters (some of whom were very talented), if they were not at the exclusive service of the Istituto Luce (which claimed an impossible monopoly over the photographic documentation of Fascist "New Italy"), at least served the Regime, as even the major newspapers adopted the dictates of censorship in their articles and their illustrations. In addition, there were numerous specialist photographers, some of whom were developing their own specific language, e.g., in architecture and advertising, or else in fashion or cinema. Then there were the amateur photographers, who, within the narrow perimeter of their exclusive circles, sometimes attempted daring experiments or at least laid some claim, in their own way, to an artistic vocation.

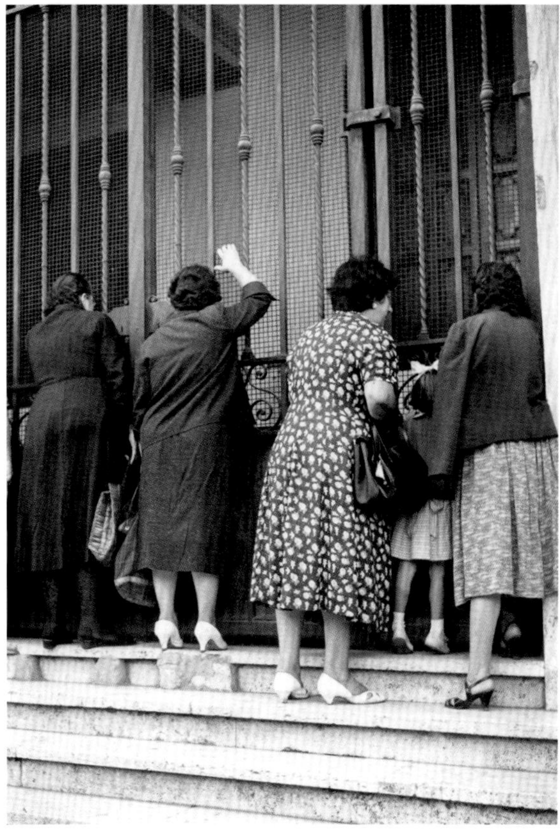

Le mamme davanti alla scuola elementare
L'attesa fuori dei cancelli, con la sorellina ancora piccola, sperando che in classe sia andato tutto bene, 1956.
Centro Studi e Archivio della Comunicazione dell'Università di Parma, Fondo Publifoto

Mothers in front of the elementary school
Waiting outside the gates, with her younger daughter, hoping that everything has gone well in class, 1956.
Centro Studi e Archivio della Comunicazione dell'Università di Parma, Fondo Publifoto

The war was certainly an important turning point, but many elements signalling change in this field had already been set in motion in the pre-war years, and democracy now favoured a number of new opportunities, one of which was a general freedom of expression also manifest in the individual expression of photographers and magazines of all kinds, from the highly specialized to the most popular weeklies; there were new trades and environments more open to international influence, providing

coraggiata e assecondata dal regime fascista, a una ricchezza di proposte che all'inizio degli anni Sessanta sarà in certo modo completa e anzi, con la progressiva affermazione della televisione, quello spazio fondamentale di diffusione di linguaggi e stili che era stato costituito dalle riviste illustrate (di ogni livello) comincia progressivamente a venire meno fino quasi a scomparire con gli anni Ottanta.

In effetti, se pure nelle sezioni di questa mostra troviamo fotografie prodotte con differenti motivazioni personali o professionali – dalla documentazione industriale alla pura ricerca individuale –, bisogna dire che gran parte di esse appartiene al genere che negli anni Cinquanta sa esprimere forse meglio di altre forme lo spirito dei tempi: il fotogiornalismo. Figlio (tra molte altre cose) sia della rivoluzione surrealista che di quella sorta di "modernismo sociale" di cui erano stati maestri gli americani negli anni Trenta, il fotogiornalismo postbellico è un fenomeno transnazionale, attraversa le frontiere in modo naturale così come avevano fatto tra le due guerre e soprattutto durante l'ultimo conflitto mondiale i reporter di ogni paese, che si inoltravano sui fronti di battaglia e tra le rovine che questi lasciavano alle loro spalle senza chiedersi a quale schieramento appartenesse l'umanità che andavano a fotografare; e quindi proprio di "umanesimo" si parlerà a proposito di questi fotografi dotati di talento e di empatia per i loro soggetti, uomini e donne di un mondo che aveva fallito ogni progetto di convivenza e che ora si apprestava a ricostruire spesso dal nulla.

Tra etica ed estetica, sono dunque spesso fotogiornalisti questi "autori" di fotografia. Tra questi, Henri Cartier-Bresson, che sarà considerato un modello, anche in Italia, da più di una generazione. Già attivo prima della guerra e successivamente dato per disperso, il fotografo francese era ricomparso in grande stile (anche se con la consueta discrezione) soprattutto con la mostra che gli fu dedicata al MoMA di New York nel 1947 e che lo consacrò appunto "documentary humanist". Si tratta di un nodo centrale anche per le immagini, tutte le immagini, di questa mostra: gli italiani conoscono la fotografia di Cartier-Bresson con la pubblicazione, in lingua originale, di due libri fondamentali, *Images à la sauvette*, del 1952, e *Les Européens*, del 1955. Nella diffusione di una cultura sfuggente come quella fotografica, il libro fotografico è spesso uno dei pochi punti di riferimento abbastanza precisi, e tuttavia è difficile dire quanto queste pubblicazioni abbiano influenzato la nostra visualità: è impossibile collocare la ricezione delle immagini in modo esatto, ma, si potrebbe dire, un precedente era stato creato, anche se comunque il verbo umanista in Italia fu praticato anche per influenza di altri fotografi o grazie a una creatività e a una solidarietà verso i loro soggetti che troviamo anche tra alcuni fotografi dell'Istituto Luce durante la guerra. Ciò che è certo è che Cartier-Bresson, con gli americani Paul Strand (un modernista della prima ora) e il rivoluzionario William Klein, sarà una presenza fondamentale nel nostro paese[1].

Il 1947 poi è anche l'anno di fondazione dell'agenzia Magnum, che si potrebbe definire una scuola di stile e di etica fotografica di portata mondiale, e i cui promotori elessero in più occasioni come soggetto l'Italia degli anni di cui ci occupiamo: dallo stesso Cartier-Bresson a David Seymour, da Herbert List a Werner Bischof[2].

Va ricordato che la Magnum viene fondata proprio allo scopo di rivendicare le scelte autoriali dei fotografi, per contrastare le selezioni e i tagli arbitrari che le redazioni quasi sempre operavano sui loro scatti; era ciò che anche avveniva in Italia: ai nostri fotografi veniva spesso chiesto di assecondare gli obiettivi istituzionali, a volte politici, a volte solo commerciali, delle riviste.

Per quanto riguarda gli "autori" italiani, se è vero che molti di quelli qui selezionati sono stati in qualche modo, più o meno consapevolmente, influenzati dal modello Magnum, che è poi la *koinè* comune umanista, i loro percorsi sono stati spesso del tutto individuali e le loro scelte stilistiche e la loro capacità di "raccontare storie" attraverso un unico scatto deriva a volte da un'esperienza che nasce dal vissuto di un paese alla ricerca di una nuova identità, e quindi anche di nuove forme per esprimerla. E allora, la capacità di riconoscere nei volti degli italiani eroismo e miseria, pa-

occasions for dialogue and opportunities to become better known.

These are precisely the years that interest us, the most inspiring for our photographic culture, years that testify to a move away from the relative uniformity encouraged and sustained by the Fascist regime, to a range of offer that would be more or less complete by the early sixties. With the growing popularity of television, the fundamental space for the spread of languages and styles that had been the province of illustrated magazines (at all levels) gradually began to wane, practically vanishing in the eighties.

Although the different sections of this exhibition display photographs produced for a variety of personal or professional reasons – from industrial documentation to mere individual curiosity – it must be said that most of them belong to the genre that perhaps best expressed the spirit of the 1950s: photojournalism. Spawn of the surrealist revolution (among many other factors) and the "social modernism" of which the Americans were masters in the 1930s, post-war photojournalism was a transnational phenomenon that crossed borders in as natural a way as reporters from all countries had done between the wars, and especially WWII, braving the front and walking through the devastation without stopping to ask which side the human beings they were photographing belonged to. And it is for this reason that we speak of "humanism" when we speak of these photographers, rich in talent and empathy for their subjects: men and women from a world where any idea of coexistence had failed and was now preparing for reconstruction, often from scratch. These photographic *authors* were therefore often photojournalists with an ethical and aesthetic sensitivity of their own. One of these was Frenchman Henri Cartier-Bresson; he was considered a model for over a generation in Italy too. He had been active before the war and was later believed to have gone missing, but he reappeared in style (and with his usual discretion), especially with the 1947 exhibition that the MoMA dedicated to him in New York, where, in fact, they referred to him as a "documentary humanist". This is a key concept running through the images – all the images – in this exhibition: Italians came to know the photography of Cartier-Bresson through the publication, in French, of two key volumes: the 1951 *Images à la sauvette*, and *Les Européens*, published in 1955. The photography book is often one of the few precise points of reference in the proliferation of a culture as elusive as photography, yet it is hard to assess how much these publications have actually influenced our way of seeing: it is an impossible task to place the reception of images with any degree of precision, but, we might say, a precedent had been set, even if the humanist approach was adopted in Italy in part thanks to the influence of other photographers or to a creativity and solidarity towards their subjects that we may also find among Istituto Luce photographers during the war. What is certain is that Cartier-Bresson, like Americans Paul Strand (an early modernist) and the revolutionary William Klein, would make an important mark in Italy[1].

1947 was also the year the Magnum agency was founded. We might consider it a world-class school of style and photographic ethics, whose promoters, from Cartier-Bresson himself to David Seymour, from Herbert List to Werner Bischof[2], made the Italy of the fifties their subject on several occasions.

We might recall that Magnum was founded with the precise aim of protecting the authorial choices of photographers and to counteract the arbitrary selections and cuts that their work almost always suffered at the hands of editors. And Italy was no exception. Italian photographers were often asked to support the corporate goals – at time political, sometimes only commercial – of magazines.

As for the Italian "authors", while it is true that many of those we have selected here were in some way, and in varying degrees consciously, influenced by the Magnum model, which constituted a humanist *koinè*, their careers were often wholly their own, and their stylistic choices, their ability to "tell stories" in a single shot, were sometimes the result of an experience shared with that of a country in search of a new identity, and with it also new

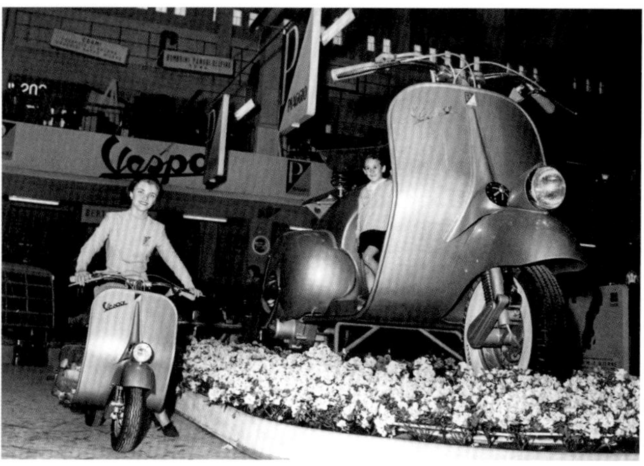

Vespa gigante in Fiera
Una trasparente metafora della straordinaria crescita di questo scooter, nato tra le macerie dello stabilimento di Pontedera (1946). Nel 1951, l'anno di questa foto, la Vespa si produce già anche in Germania, Francia e Inghilterra. Nel 1956 raggiungerà il primo milione di esemplari.
Centro Studi e Archivio della Comunicazione dell'Università di Parma, Fondo Publifoto

A giant wasp at the fair
An obvious metaphor for the extraordinary growth in the popularity of the Vespa ("wasp") scooter, born from the rubble of the plant in Pontedera in 1946. By 1951, the year this photo was taken, the Vespa was already being produced in Germany, France, and England. It totalled its first million units in 1956.
Centro Studi e Archivio della Comunicazione dell'Università di Parma, Fondo Publifoto

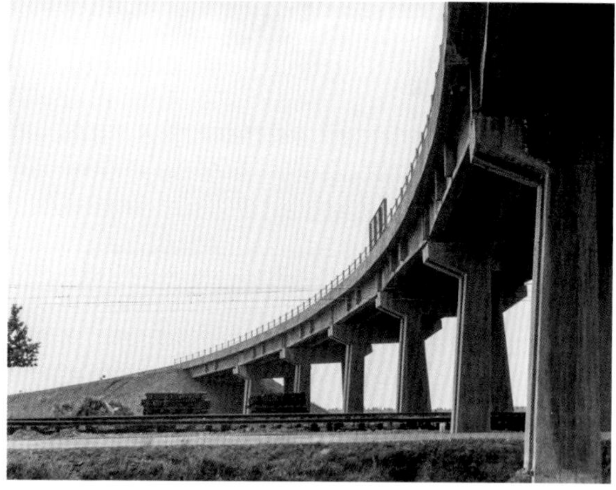

Il viadotto
Foto di Italo Insolera
I ponti in cemento che scavalcano strade e ferrovie, eliminano incroci, superano dislivelli e avvallamenti sorgono ovunque. Anch'essi contribuiscono a modificare per sempre il paesaggio italiano, anni Sessanta.
Archivio Insolera, Roma Capitale

Flyovers
Photo by Italo Insolera
Concrete bridges over roads and railways did away with crossroads and solved the frequent problems caused by differences in level and depressions. They too contributed to changing the Italian landscape forever, sixties.
Archivio Insolera, Roma Capitale

zienza e opportunismo, nel periodo relativamente breve che li conduce dalle rovine della guerra a un benessere mai più raggiunto in futuro, rende il lavoro di questi autori, senza distinzione italiani e stranieri, un unico grande affresco collettivo dove le differenze di stile sono poco rilevanti. Nelle strade della provincia italiana, dal nord al sud, in questi anni incrociano i loro percorsi fotografi di ogni provenienza (spesso giovani che improvvisano il mestiere) alla ricerca di mondi da scoprire con l'occhio dell'antropologo o del giornalista d'inchiesta, ma anche solo per esaltarne la bellezza "povera", per scoprire una diversa estetica e una diversa etica, così come fanno per qualche anno anche i registi neorealisti: come loro, questi fotografi sono narratori si storie "vere", nel senso di autentiche, che sanno trasmettere in pochi scatti fotografici, spesso potenti ed emozionanti.

La prosaica realtà documentaria acquista dunque significato attraverso la soggettività dell'autore: è questo in estrema sintesi il senso di queste fotografie, in diversi casi chiaramente distinguibili, a un solo colpo d'occhio, dalla documentazione corrente del Luce o anche da quella più ambiziosa di Publifoto; in altri casi però no, grazie al talento "modesto", si potrebbe dire, di tanti fotografi invisibili al grande pubblico o agli ambienti fotografici. E del resto un'agenzia presto affermata come Publifoto non è certo insensibile allo sguardo d'autore: avvia subito la costruzione di una rete di sedi su tutto il territorio nazionale, chiude accordi con i principali settimanali, e vuole inoltre la collaborazione di fotografi professionisti al punto di siglare una convenzione per la distribuzione in Italia delle immagini della stessa Magnum.
Tra le molte sfumature dello sguardo però, una differenza

ways of expressing it. Thus, the ability to recognize heroism and poverty, patience and opportunism, in the faces of the Italians in the relatively short period that would see them leave behind the ravages of war and move towards a wealth that would never again be achieved in the future makes the work of these Italian and foreign authors one large collective fresco where differences in style are not particularly relevant. In the streets of the Italian provinces, from north to south, this was a time when photographers from all backgrounds (often young people learning the trade as they went along) crossed paths in search of worlds to be discovered through the eyes of the anthropologist or the investigative journalist. Otherwise they simply sought to enhance the "poor" beauty of these worlds, in search of a different aesthetic and ethics, as the neorealist directors would for a number of years: like them, these photographers are narrators of "true" stories, authentic stories, which they can convey in a few often powerful and exciting photographs.

The prosaic reality of documentary acquires meaning through the subjectivity of the photographer: this, essentially, is also the meaning of these photographs. Very often they can be distinguished at a glance from the documentary images of the Istituto Luce of that time, and even from the more ambitious work of Publifoto. This is not always the case though, thanks to the "modest" talent of many photographers invisible to the general public or to the photographic world. After all, an agency that established itself as quickly as Publifoto was certainly not insensitive to the authors' vision: it immediately began to set up a network of offices across the country, signing contracts with the major weeklies and seeking the collaboration of professional photographers; they even signed a contract to distribute Magnum's pictures in Italy.

There are, however, a number of different nuances to the approach of the various photographers, and the client, the illustrated weekly, was somehow responsible for this: its commercial goals sometimes fed a rhetoric of poverty that would soon become a cliché, highlighting the difference between this poverty and the spontaneous empathy and irony that some international (and Italian) photographers brought to the world as an antidote to the rhetoric of laborious post-war rebirth.

Viewing the images in the exhibition, each observer can judge for him/herself – depending on one's personal response – to what extent each photograph, whether the work of an *auteur* or an anonymous photographer, communicates spontaneous intimacy with the subject, sympathetic irony, a severe judgment, or a merely rhetorical formula. The richness of photography is also this.

In the fifties, many foreign photographers, including a number of Magnum photographers, travelled to Italy, attracted by the ancient charm of its outlying areas and the vitality of its streets, as well as the results of the quest for wealth[3]. Alien to any group or shared mentality was the "Pasolinian" William Klein, with his alienating photographic gaze. Feltrinelli published his *Rome* in 1959, marking in some way a turning point in the way the capital was represented. Irony was not enough for Klein: to the anti-rhetorical tone of the Magnum bigshots he added the polemical spirit of Pasolini, who also had a hand in creating the book, speaking out against a world in decline beset by tourism and where Romans behaved like stage characters, glorified by grainy photographs that leapt off the page[4]. This was a decisive step, that photography – even that of *auteurs* – would not always be able to illustrate: a transition to a wealth not only manifest in refrigerators and beach holidays, but also in a loss of identity, moral poverty, and bewilderment (as illustrated by Federico Fellini in his 1960 *La dolce vita*, and also by some of the Italian comedy directors). Among the many agency photographs illustrating political life, Klein's Communist rally that we see here, has nothing of the solid faith of the Party photographers nor the complicit participation of Magnum. What we have here is a stunned gaze at a suspended world, with all its convictions but also its uncertainties.

Then there were the Italian photographers: Italian photojournalism was often "militant", but in a truly transversal sense. The photographers (like those who frequented the legendary Jamaica bistro in Milan at that time) were re-

c'è, e ne è in qualche modo responsabile il committente, il settimanale illustrato: i suoi scopi commerciali alimentano a volte una retorica della povertà che diventa presto un cliché, marcando la differenza con l'empatia spontanea e anche l'ironia che alcuni fotografi internazionali (e italiani) insegnano al mondo come antidoto appunto alla retorica della faticosa rinascita del dopoguerra.

Osservando le immagini della mostra, ognuno potrà valutare secondo la propria sensibilità in che misura ogni fotografia, d'autore o anonima, trasmetta una spontanea vicinanza con il soggetto, un'ironia comprensiva, un giudizio severo, o solo una formula retorica. Sta anche in questo la ricchezza della fotografia.

Sono numerosi i fotografi stranieri che negli anni qui considerati percorrono l'Italia attratti dal fascino arcaico delle sue provincie, dalla vitalità delle sue strade, e anche dagli effetti della ricerca del benessere[3], tra cui diversi autori della Magnum. Fuori da ogni gruppo o spirito condiviso è però il "pasoliniano" William Klein, con il suo sguardo straniante. L'editore Feltrinelli pubblica nel 1959 il suo *Rome*, segnando per certi versi una svolta nella rappresentazione della capitale; a Klein non basta l'ironia: all'antiretorica dei maestri della Magnum aggiunge la polemica di Pasolini, che collabora al volume, nei confronti di un mondo in decadenza oppresso dal turismo e dove i romani si comportano come teatranti, esaltato da fotografie sgranate che fuoriescono dalla pagina[4]. È un passaggio decisivo, che la fotografia, anche quella d'autore, non sarà sempre in grado di raccontare: il passaggio verso un benessere che non è solo fatto di frigoriferi e vacanze al mare, ma anche di perdita di identità, a volte di miseria morale, di stordimento (come quello messa in scena un anno dopo, nel 1960, da *La dolce vita* di Federico Fellini e anche da alcuni registi della commedia italiana). Tra tante fotografie d'agenzia che raccontano l'entusiasmo dell'appartenenza politica, nel comizio comunista di Klein che qui vediamo non c'è né la fede granitica dei fotografi di partito né la partecipazione complice della Magnum, ma uno sguardo stralunato su un mondo sospeso, fatto di convinzioni ma anche di incertezze.

E poi ci sono i fotografi italiani: il fotogiornalismo italiano è spesso "militante", ma in senso molto trasversale; i suoi fotografi (come quelli che frequentano il mitico bar milanese Jamaica in questi anni) sono vagabondi e trasgressivi, fanno le cose a modo loro, vogliono tirar fuori il bello e anche il brutto, guardano a Magnum e a Cartier-Bresson, esplorano la povertà e il Mezzogiorno senza retorica e sono capaci di raccontare i difetti della nuova borghesia del boom. Sono Caio Mario Garrubba, Franco Pinna, Nicola Sansone, Mario Dondero, Ugo Mulas, Alfa Castaldi, Ermanno Rea, e altri, che preferiscono pubblicare – se possibile – su testate in qualche modo impegnate (non necessariamente sul piano politico) come "L'Espresso", "Il Lavoro", "Noi Donne", "Il Mondo", "Vie Nuove", ma anche su "The Guardian" o l'"Observer". È uno sguardo internazionale il loro, non solo nel senso che fanno scoprire ai lettori italiani i misteri dell'Europa dell'Est comunista così come quelli della Sardegna, terra straniera per molti, ma per la loro adesione a un verbo fotografico internazionalista[5]. Caio Mario Garrubba prova persino a fondare con altri un'associazione di fotografi autosufficienti, come era la Magnum, per lavorare in autonomia, e infatti è lui a proporre le foto alle redazioni di mezza Europa; è questo spirito a informare le sue immagini, come quella del ballo in Calabria per soli uomini, di fede comunista, o, in un contesto del tutto opposto (ma solo politicamente), il biliardo popolare in un circolo cattolico.

Non è questo il luogo per approfondire le differenze tra fotogiornalismo e fotografia amatoriale, ma va detto che quest'ultimo settore, dove si coltivano la ricerca formale e la sperimentazione visiva, ha avuto in Italia un ruolo storico di notevole importanza; diversi fotogiornalisti italiani passano al professionismo a partire da una passione coltivata individualmente e in ogni caso si tratta di mondi separati ma comunicanti.

Gianni Berengo Gardin è un fotografo "di strada", cerca, come Cartier-Bresson, il momento in cui la realtà si mostra nella sua composizione migliore, non si considera un fotografo d'arte anche se inizia la sua attività alla

bellious vagabonds: they did things their own way, and they sought to show not only the beautiful but also the ugly. They looked to Magnum and Cartier-Bresson, exploring poverty and the South with no trace of rhetoric, also pinpointing the shortcomings of the new boomtime middle classes. Names include Caio Mario Garrubba, Franco Pinna, Nicola Sansone, Mario Dondero, Ugo Mulas, Alfa Castaldi, Ermanno Rea, and many others. They preferred to publish, where possible, in newspapers that were somehow *engagé* (and not necessarily in the political sense), such as *L'Espresso*, *Il Lavoro*, *Noi Donne*, *Il Mondo*, *Vie Nuove*, but also in *The Guardian* or the *Observer*. They had an international outlook, not only because they introduced Italian readers to the mysteries of Communist Eastern Europe and Sardinia, which was a foreign land for many, but because they embraced an internationalist spirit in their work[5]. Caio Mario Garrubba – with some others – even tried to set up an association of self-sufficient photographers, like Magnum, to work independently, and he was the one who proposed the photos for half the editorial offices in Europe. This was the spirit that informed his images, like his photo of the men-only Communist Party dance in Calabria, or, in a completely antithetical context (but only from the political point of view), "billiards for the people" at a Catholic social club.

This is not the arena for a detailed discussion of the differences between photojournalism and amateur photography, but it must be said that the latter, cultivating formal research and visual experiment, has played a role of considerable importance in Italy; several Italian photojournalists turned their personal passion for photography into a career – all things considered, these are separate but communicating worlds.

Gianni Berengo Gardin, a street photographer, was on the lookout like Cartier-Bresson, for the moment when reality is revealed as a perfect composition; he did not consider himself an art photographer, despite starting out with the La Gondola photographers' club in Venice in the mid-1950s. He was most certainly a reporter, but he belongs most of all to the more contemplative world

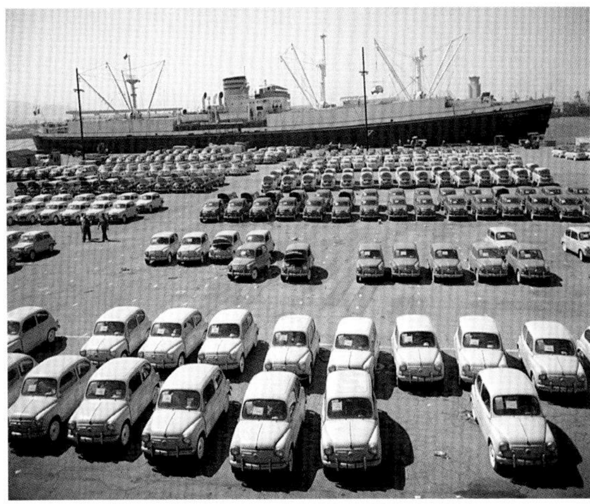

L'esportazione italiana
Automobili Fiat pronte all'imbarco per raggiungere i mercati stranieri, fine anni Cinquanta
Centro storico Fiat

Italian export
Fiat cars ready to board ship for foreign markets, late fifties
Centro storico Fiat

of the photography book (of which he published over one-hundred-and-fifty). His incongruous juxtaposition of Mussolini's anachronistic imperatives geared to persuading Italians to accept unjustified sacrifices with the modest industriousness of a post-war couple belong to the humanist school, while his colossal cranes in Genoa harbour, in a composition of lines and shadows, show the strength and solidity of Italian development over the next decade. In his stylistically refined volumes and *reportages*, Fulvio Roiter was able to capture both the magic of Venice, a city whose most intimate fabric his lens almost seemed to rediscover after an uninterrupted century of photographic tourism, and the dramatic dimension of the South, embodied here by a miner whose statuesque power highlights, as though in marble, the unacceptable violence of exploitation. Ferruccio Leiss too shows us Venice; this time through the typically Italian confidences of two ladies aboard a *vaporetto*. Then there is the attention to detail that reveals the less virtuous, hidden side of development that we find in Roma-

metà degli anni Cinquanta proprio in un circolo, quello veneziano de La Gondola; certo è un reporter, ma appartiene soprattutto al mondo più riflessivo del libro fotografico (ne pubblicherà più di centocinquanta): il suo incongruo accostamento tra gli anacronistici imperativi mussoliniani miranti a far accettare agli italiani sacrifici ingiustificati e la modesta laboriosità di una coppia del dopoguerra, appartengono proprio alla scuola umanista, mentre i suoi colossali impianti del porto di Genova esprimono in un gioco di linee e ombre la forza e la solidità dello sviluppo italiano del decennio successivo. Fulvio Roiter è stato capace di restituire in libri e reportage di grande finezza formale sia la magia di Venezia, città che il suo obiettivo sembra come riscoprire nel suo tessuto più intimo dopo un secolo ininterrotto di turismo fotografico, sia la dimensione drammatica del Mezzogiorno, incarnata qui da un minatore la cui forza scultorea restituisce come sa fare il marmo la violenza inaccettabile dello sfruttamento. Anche Ferruccio Leiss racconta Venezia, e lo fa attraverso le confidenze in stile tutto italiano di due signore sul vaporetto. O ancora, l'attenzione al dettaglio significante per svelare i segreti meno nobili dello sviluppo, nelle fotografie del degrado sociale e ambientale di Romano Cagnoni o di Cecilia Mangini; quest'ultima in particolare si muove tra fotografia e cinema documentario affrontando temi "pasoliniani" come le periferie cittadine o le trasformazioni portate nella società dal boom economico; sapendo però raccontare anche le sopravvivenze più tenaci: come nella foto del 1959 in cui a Firenze alcuni uomini sulla soglia di un bar osservano spavaldamente una ragazza sentendosi in diritto di giudicarla.

Del 1952 infine è il ritratto della schermitrice italiana Irene Camber, medaglia d'oro di fioretto alle olimpiadi di Helsinki di quell'anno – ritratta per di più da un'altra donna, la modernissima, già negli anni Trenta, Wanda Wultz: la giovane atleta sembra sfidare il mondo e il futuro, proprio come l'Italia uscita sconfitta e umiliata da una guerra che aveva voluto ma capace di risollevarsi grazie alla tenacia e alla laboriosità di un popolo che in alcuni momenti storici sembra saper trovare risorse straordinarie per dare il meglio di sé.

La fotografia, negli anni di cui ci occupiamo, ha avuto un ruolo centrale nella cultura italiana, ha costruito una cultura visiva che è cultura *tout court*: gli italiani, che non sono mai stati lettori appassionati di giornali quotidiani, divennero invece nel dopoguerra insaziabili consumatori di settimanali illustrati; le loro opinioni politiche, le loro idee sul mondo, i loro giudizi, si sono formati su questi rotocalchi certo ammiccanti ma anche ricchi di riflessioni in forma fotografica, creazioni di fotografi celebri ma anche di giovani talenti anonimi; anche nel contesto rumoroso del rotocalco, pieno di pubblicità, di bellezze, di scoop, di rubriche di ogni genere, la fotografia ha avuto l'occasione per alcuni anni di esercitare un ruolo di strumento di conoscenza e di coscienza.

Poi è arrivata la televisione.

1 C. Colombo, *A piena pagina, libri e riviste fotografiche in Italia dal 1945 al 2002*, in N. Stringa (a cura di), *Fotologie, scritti in onore di Italo Zannier*, Il poligrafo, Padova 2006, p. 71.

2 Tra i molti studi sulla Magnum suggeriamo in particolare: R. Miller. *I primi cinquant'anni della leggendaria agenzia fotografica*, Contrasto, Roma 2016.

3 Sullo sguardo dei fotografi stranieri in Italia vedi G. Calvenzi (a cura di), *Henri Cartier-Bresson e gli altri: i grandi fotografi e l'Italia*, Contrasto, Roma 2015.

4 Cfr. W. Klein, *Rome*, Feltrinelli, Milano 1959.

5 U. Lucas, T. Agliani, *L'immagine fotografica 1945-2000*, in U. Lucas (a cura di), *L'immagine fotografica 1945-2000, Annali 20*, p. 15.

no Cagnoni and Cecilia Mangini's images of social and environmental deprivation. Mangini especially moves freely between photography and documentary cinema, addressing "Pasolinian" themes such as the rundown areas on the edge of the city, or the social changes brought by the economic boom. At the same time, she also captured old ways that were slow to die out, as in her 1959 photo of a group of men at the entrance to a café in 1959 Florence, blatantly eyeing up a passing girl, fully convinced of their right to judge her.

Lastly, we focus on the 1952 portrait of Italian fencer Irene Camber, gold medallist in individual foil at the Helsinki Olympics that year, portrayed, moreover, by another woman, Wanda Wultz – a very modern artist even in the 1930s. This young athlete seems to challenge the world and the future, just like Italy itself, defeated and humiliated in a war it had been keen to join. It was able to recover thanks to its tenacity and industriousness as a nation that, at specific moments throughout its history, has always seemed able to call upon extraordinary resources and to acquit itself at its best.

During the years we have examined here, photography has played a central role in Italian culture; it has built up a visual culture that is culture *tout court*. After the war, the Italians, who have never been passionate readers of daily newspapers, became insatiable consumers of illustrated weeklies; their political views, their ideas about the world, and their opinions, were formed through these magazines, which, while certainly being alluring, also contained a wealth of reflections in photographic form – the work of famous photographers but also of young anonymous talents. Even in the feverish context of the glossy magazine, brimming with adverts, beauty, scoops, and every imaginable column, for several years, photography was able to be both a source of knowledge and conscience.

Then came television.

1 C. Colombo, *A piena pagina, libri e riviste fotografiche in Italia dal 1945 al 2002*, in N. Stringa (ed.), *Fotologie, scritti in onore di Italo Zannier* (Padua: Il poligrafo, 2006), p. 71.

2 Among the many studies on Magnum, we especially recommend: R. Miller. *I primi cinquant'anni della leggendaria agenzia fotografica* (Rome: Contrasto, 2016).

3 On foreign photographers working in Italy, see G. Calvenzi (ed.), *Henri Cartier-Bresson e gli altri: i grandi fotografi e l'Italia* (Rome: Contrasto, 2015).

4 See W. Klein, *Rome* (Milan: Feltrinelli, 1959).

5 U. Lucas, T. Agliani, *L'immagine fotografica 1945-2000*, in U. Lucas (ed.), *L'immagine fotografica 1945-2000*, *Annali 20*, p. 15.

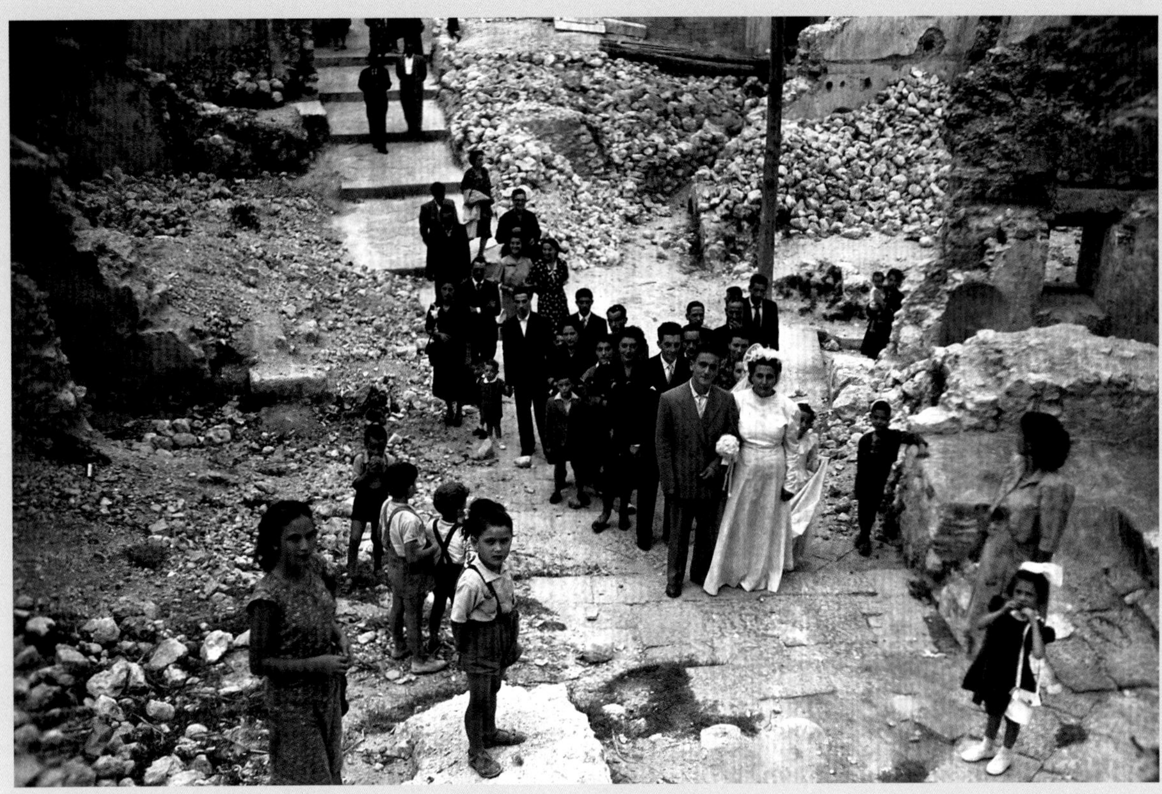

Corteo nuziale tra le macerie
Fotografia di Luigi Gallotta
Le case sono ancora distrutte, ma la voglia di ricominciare è tanta.
Comune di Eboli, Eboli Archivio Digitale (EBAD), Fondo Gallotta

Wedding procession through the rubble
Photo by Luigi Gallotta
Houses are still in ruins, but the will to start again is strong.
Comune di Eboli, Eboli Archivio Digitale (EBAD), Fondo Gallotta

Rinascere

Il paese è distrutto, le ferite sono profonde, ma la voglia di rinascere è tanta. Abbattuti i simboli del fascismo, mentre gli Alleati rimpatriano gradualmente i loro soldati (ma l'Italia è ancora militarmente occupata), gli italiani affrontano gli infiniti problemi del dopoguerra: procurarsi un alloggio e qualcosa da mangiare, accogliere reduci, profughi, feriti e ex internati nei campi di concentramento, mentre si cerca di ripristinare strade e ferrovie, in gran parte distrutte, e di far funzionare lo Stato e le industrie essenziali. Migliaia di bambini orfani o sbandati, tanti dispersi, molti scomparsi. Non si trova nulla di ciò che è necessario (pane, carne, medicinali, benzina) ma alla "borsa nera", a prezzi altissimi, c'è quasi tutto. Gli aiuti – prima di tutto alimentari – del piano Marshall saranno un aiuto prezioso e allo stesso tempo un elemento essenziale per la stabilizzazione dell'Italia in chiave atlantica e occidentale.

Una tensione politica fortissima si accompagna – per una magica alchimia – a un comune desiderio di aprire un'altra pagina e di rialzare con rapida e corale energia case, monumenti, officine; ma anche nuovi ideali, l'onore del paese, un diverso immaginario.

Rebirth

The country is in a state of devastation, the wounds are deep, but the hunger for rebirth is phenomenal. The symbols of Fascism have been toppled, and the Allies are gradually repatriating their soldiers (although Italy is still an occupied territory). Italians are facing up to the countless problems of the aftermath of war: finding shelter and food, accommodating veterans, refugees, the wounded, and the former internees of concentration camps, at the same time trying to rebuild the largely ruined road and railway networks, as well as trying to make the State and the essential industries work. Thousands of children are orphaned or left to their own devices – many missing, others disappeared. None of the essentials are available (bread, meat, medicines, fuel), but just about anything can be had on the black market – at a price. The aid, and especially the food aid provided by the Marshall Plan will be a valuable resource and will also play an essential role in the stabilization of Italy along Western and Atlantic lines.

Through some magical alchemy, fierce political tension runs alongside a shared longing to start afresh and a race to build houses, monuments, workshops, and, at the same time, new ideals, a new national dignity, a different self-image.

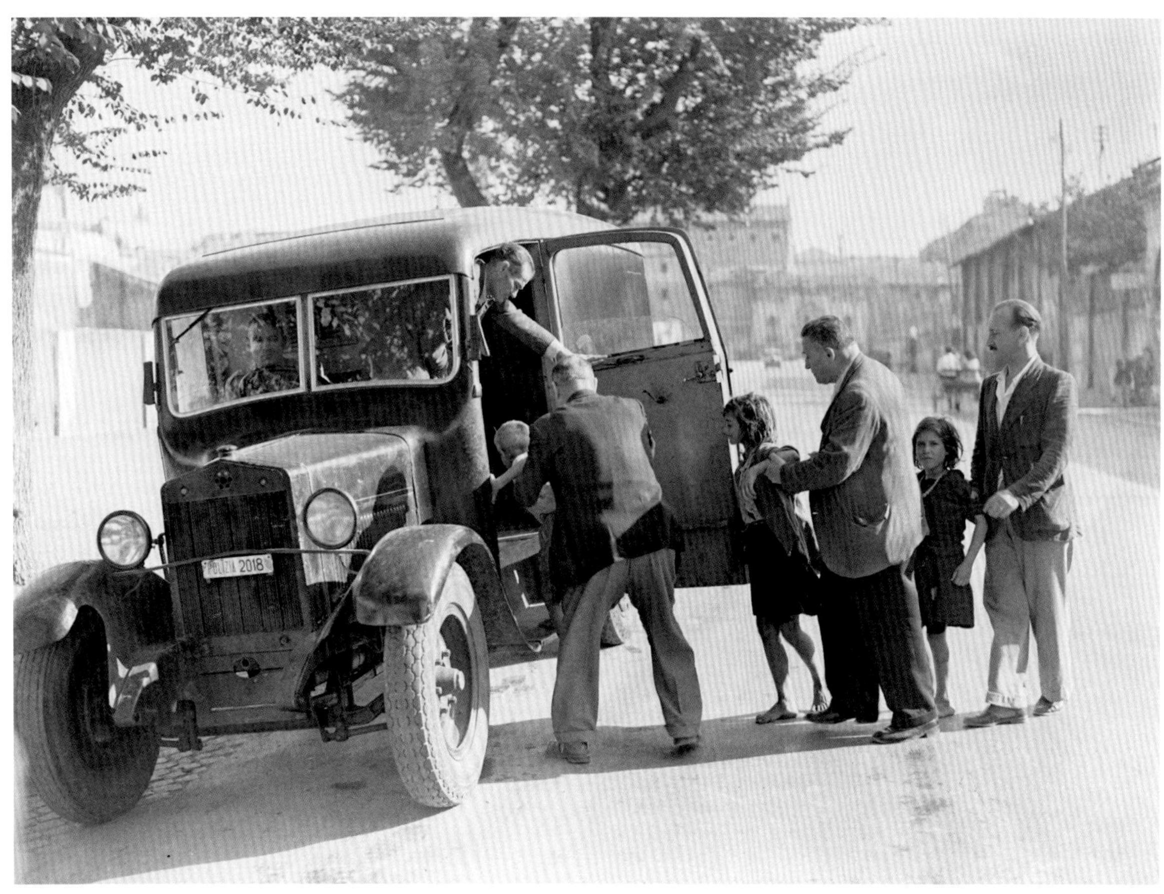

Soccorso ai bambini sperduti e sbandati, 1946
Migliaia di bambini sono rimasti orfani, si sono sperduti, sono stati reclutati per il contrabbando e la criminalità. Un altro problema del dopoguerra.
Archivio Fotografico Luce, Fondo Attualità

Rescuing lost and dispersed children, 1946
Thousands of children were orphaned, went missing, or were recruited for smuggling and other crimes. Yet another post-war problem.
Archivio Fotografico Luce, Fondo Attualità

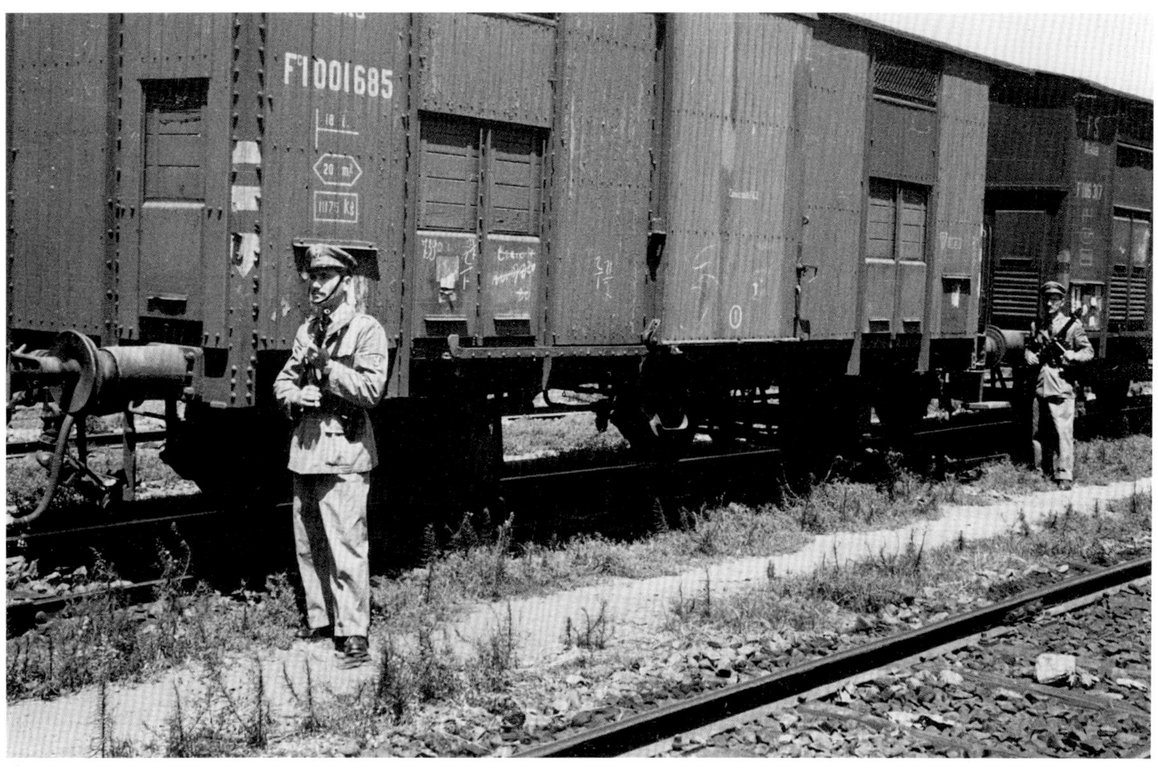

I treni merci viaggiano scortati contro furti e rapine
Non solo le ferrovie, ma anche le strade sono infestate da banditi. Si viaggia in convogli scortati dalla polizia almeno fino al 1948
Ufficio Storico Polizia di Stato, Archivio Fotografico

Freight trains travel escorted against theft and robbery
Not only the railways, but the roads too are overrun with bandits. Both were escorted by the police until at least 1948
Ufficio Storico Polizia di Stato, Archivio Fotografico

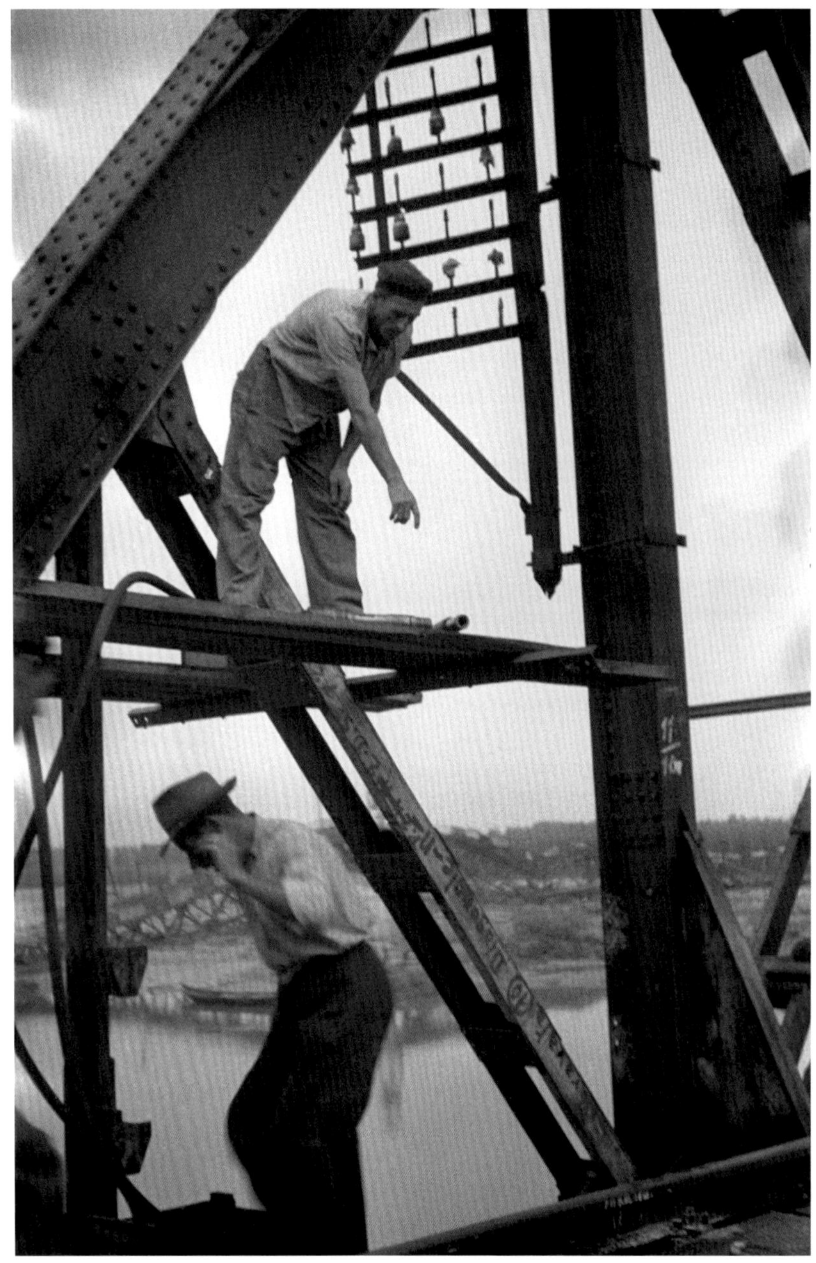

Si ripara il ponte sul Po. Piacenza, estate 1945
Fotografia di Federico Patellani
La ricostruzione fisica delle infrastrutture distrutte per i bombardamenti alleati e le mine tedesche è rapida e contiene in sé un istinto di sopravvivenza.
Cinisello Balsamo, Museo di Fotografia Contemporanea, Fondo Archivio Federico Patellani

Repairing the bridge over the River Po. Piacenza, summer 1945
Photo by Federico Patellani
Reconstruction of the infrastructure destroyed by Allied air raids and German mines was rapid, showing an instinct for survival.
Cinisello Balsamo, Museo di Fotografia Contemporanea, Fondo Archivio Federico Patellani

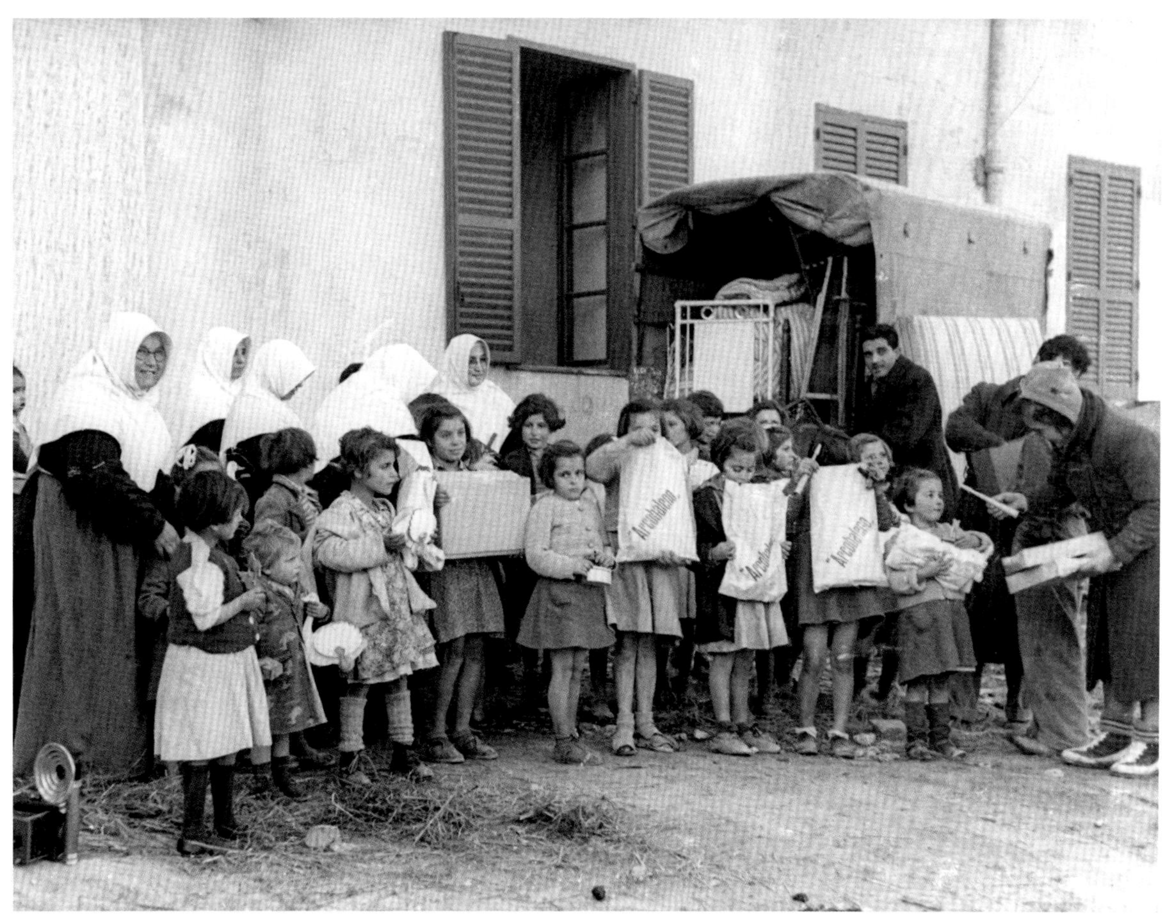

Arrivano i pacchi dono della trasmissione RAI "Arcobaleno". Cassino (FR), 1946
La rete dei trasmettitori RAI ha subito gravi danni ma la radio svolge da subito una insostituibile funzione civile.
Centro Studi e Archivio della Comunicazione dell'Università di Parma, Fondo Publifoto

The gift packages from the RAI TV "Arcobaleno" programme arrive. Cassino (FR), 1946
The RAI transmitter network had suffered serious damage but the radio played an irreplaceable social role right from the start.
Centro Studi e Archivio della Comunicazione dell'Università di Parma, Fondo Publifoto

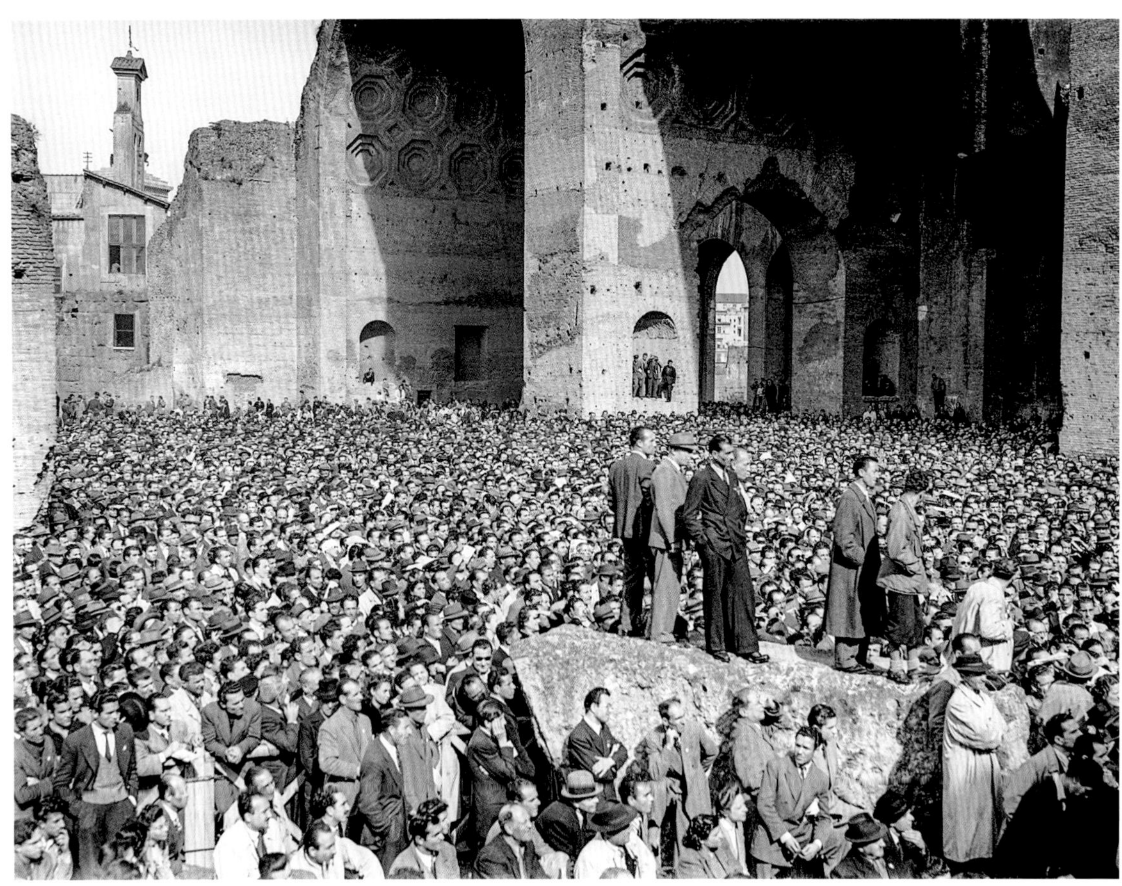

Comizio del colonnello Valerio (Walter Audisio). Roma, 1947
Una grande folla occupa gli androni e le nicchie dell'antica Basilica di Massenzio per ascoltare il partigiano a cui è attribuita la fucilazione di Mussolini.
Archivio Fotografico Luce, Fondo Attualità

Rally with Colonel Valerio (Walter Audisio). Rome, 1947
A large crowd fills the halls and niches of the ancient Basilica of Maxentius to listen to the partisan said to have executed Mussolini.
Archivio Fotografico Luce, Fondo Attualità

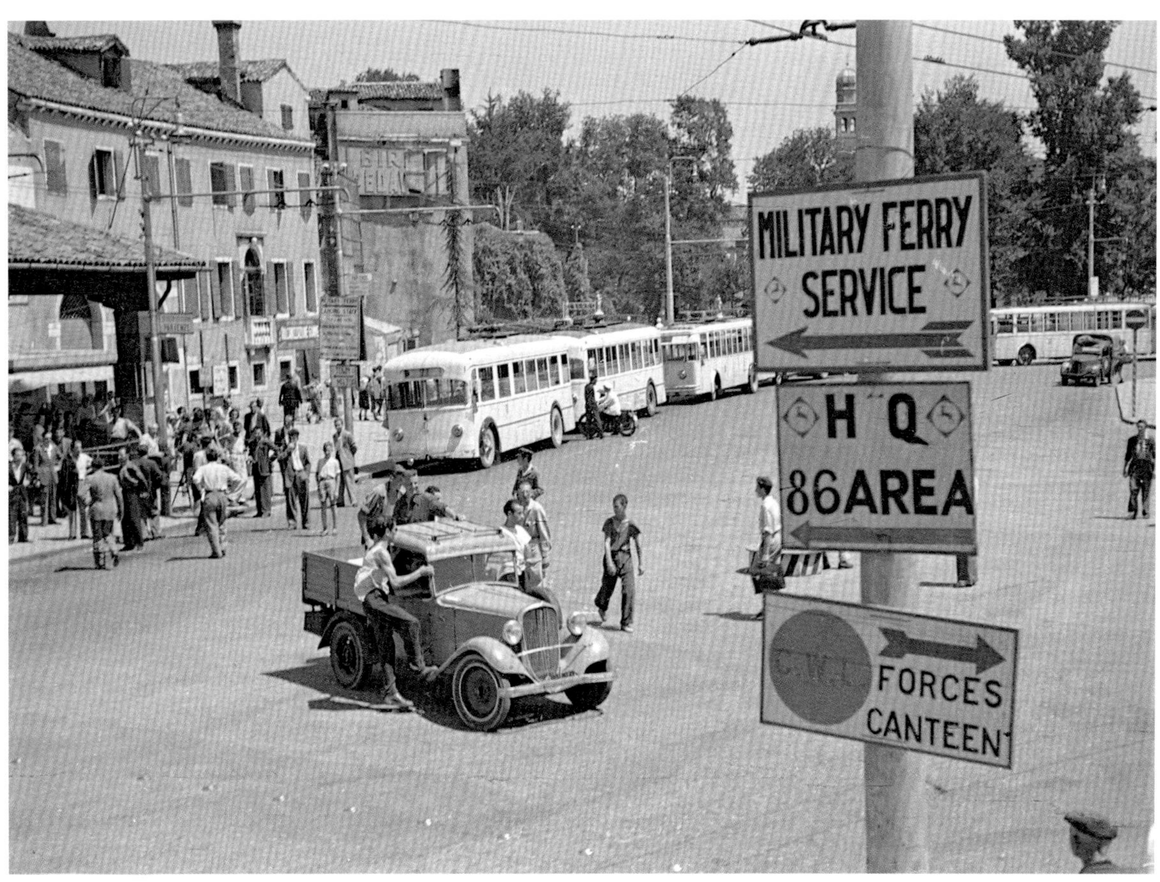

Venezia, Piazzale Roma, 1946
Qui comincia il lungo ponte che congiunge Venezia alla terraferma.
I cartelli stradali mostrano un luogo militarmente occupato, molto diverso dall'immagine convenzionale e turistica della città.
Archivio Fotografico Luce, Fondo Attualità

Venice, Piazzale Roma, 1946
This is the start of the long bridge connecting Venice to the mainland.
The road signs show an area occupied by the armed forces, very unlike the conventional touristic image of the city.
Archivio Fotografico Luce, Fondo Attualità

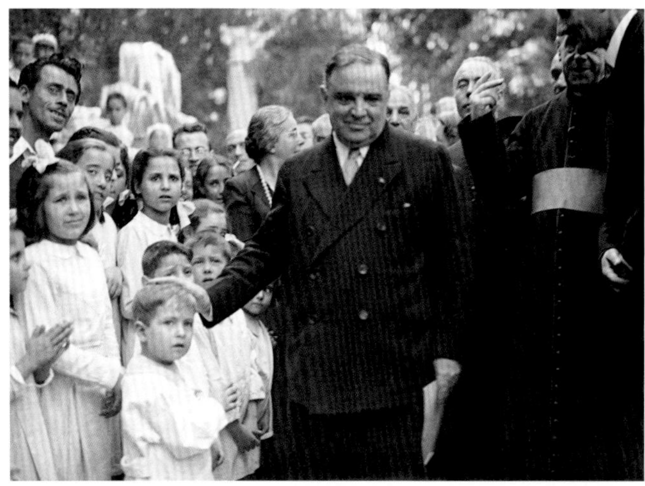

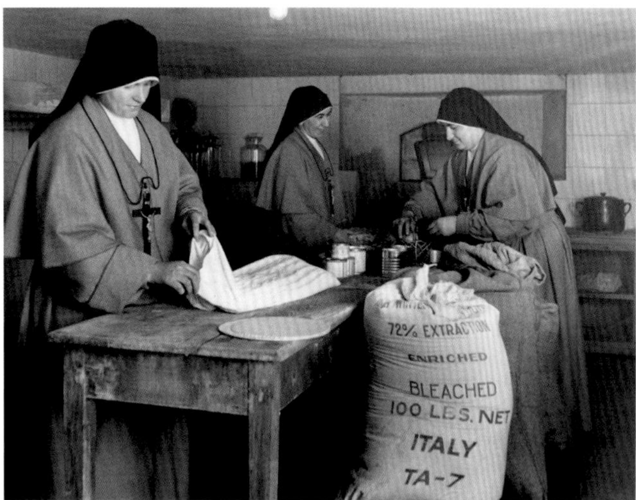

Fiorello La Guardia, già sindaco di New York, direttore del Piano Marshall, 1946
Di origini italiane, con una madre ebrea, La Guardia, poliglotta ed efficiente amministratore, è un simbolo del legame tra l'America e l'Italia e insieme punto di riferimento per gli ebrei dell'Europa Centrale sopravvissuti all'Olocausto. La Guardia era la scelta migliore, ma morirà di cancro nel 1947. C'è una speciale dolcezza nella carezza a quel bambino: forse sapeva già di essere malato.
Archivio Fotografico Luce, Fondo Attualità

Fiorello La Guardia, former mayor of New York, director of the Marshall Plan, 1946
La Guardia, a polyglot and efficient administrator, of Italian origins with a Jewish mother, was a symbol of the link between America and Italy; he was also a point of reference for the Jews of Central Europe who survived the Holocaust. La Guardia was the best choice, but he died of cancer in 1947. There is a special sweetness in the way he strokes the child: perhaps he was already aware of his illness.
Archivio Fotografico Luce, Fondo Attualità

Suore distribuiscono gli aiuti del Piano Marshall
L'appoggio della Chiesa è determinante per la distribuzione degli aiuti alimentari americani e, con la sua perfetta conoscenza del territorio, per evitare che cadano in mani sbagliate.
Centro Studi e Archivio della Comunicazione dell'Università di Parma, Fondo Publifoto

Nuns distribute Marshall Plan aid
The Church provided invaluable support in the distribution of American food aid and, thanks to a perfect knowledge of the territory, was able to prevent it from falling into the wrong hands.
Centro Studi e Archivio della Comunicazione dell'Università di Parma, Fondo Publifoto

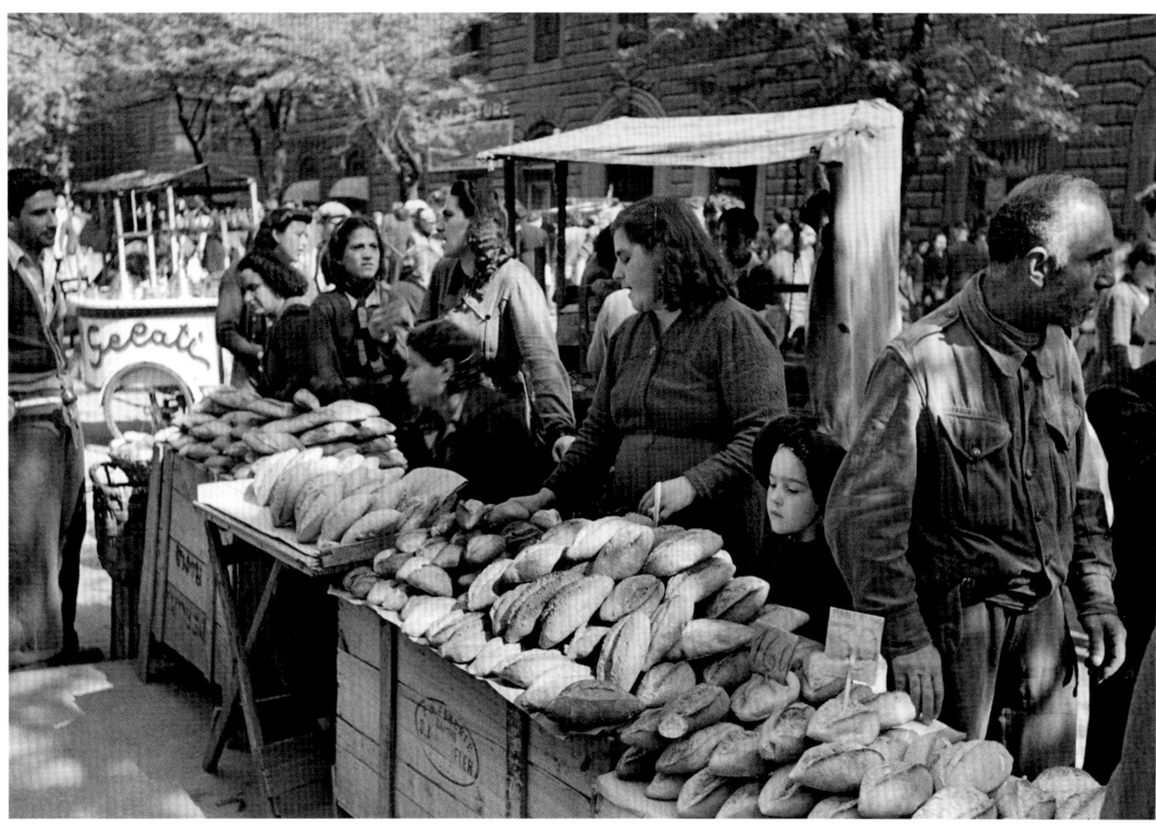

Alfred Eisenstaedt, Borsa nera
Il grande fotografo americano scatta una foto del mercato illegale all'aperto per la vendita a caro prezzo di generi alimentari, medicinali e ogni genere di oggetti introvabili. La foto era realizzabile solo da chi fosse protetto da due robusti Military Police. Un italiano sarebbe stato picchiato, o peggio, e la sua preziosa macchina fotografica sarebbe stata distrutta.
Getty Images, LIFE Picture Collection

Alfred Eisenstaedt, Black Market
The American master photographer photographs the illegal outdoor market, where food, medicines, and all sorts of otherwise unobtainable items were available at a price. The photo could not have been taken without the protection of two strong Military Policemen. An Italian would have been beaten up or worse, and his precious camera would have been smashed to pieces.
Getty Images, LIFE Picture Collection

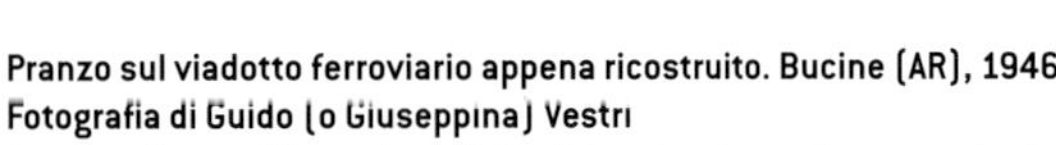

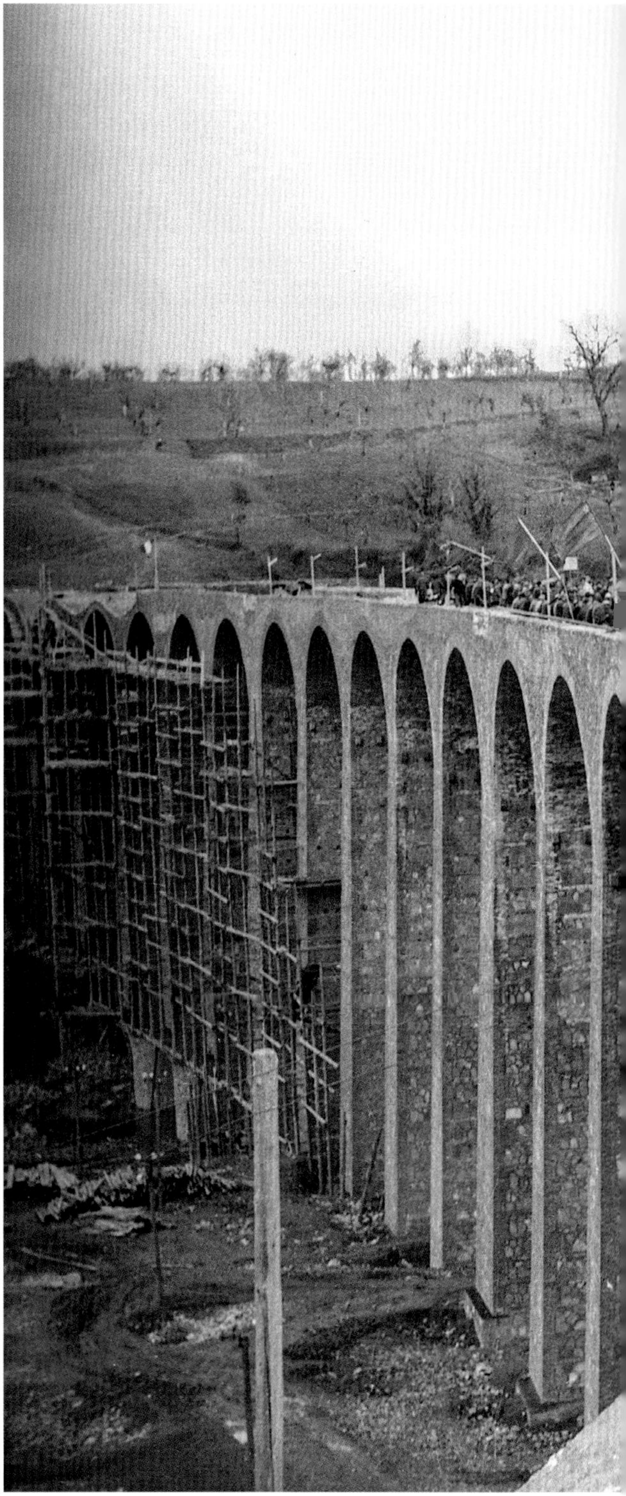

Pranzo sul viadotto ferroviario appena ricostruito. Bucine (AR), 1946
Fotografia di Guido (o Giuseppina) Vestri
A tempo di record il grande viadotto, determinante per il percorso tra Roma e Firenze, è stato ricostruito. Si festeggia con un grande pranzo; sventola il tricolore ma anche le bandiere rosse delle cooperative che hanno effettuato i lavori: nella foto b/n appaiono più modestamente grigie. Guido Vestri, il fotografo, era sindaco di Montevarchi e probabilmente sedeva tra i commensali. Non sappiamo se sia lui l'autore del servizio, o la figlia Giuseppina che proseguì l'attività dello studio.
Comune di Montevarchi (AR), Biblioteca comunale, Fondo Vestri

Lunch on the newly rebuilt railway bridge. Bucine (AR), 1946
Photo by Guido (or Giuseppina) Vestri
The great railway bridge essential for travel between Rome and Florence was rebuilt in record time. A huge lunch was organized to celebrate its completion; we note the waving tricolour, but also the red flags of the cooperatives who had done the work: in the black and white photo they appear a more modest grey. Guido Vestri, the photographer, was Mayor of Montevarchi and was probably sitting among the guests. It is not known whether he or his daughter Giuseppina, who continued the activity of the studio, was the author of the photoshooting.
Comune di Montevarchi (AR), Biblioteca comunale, Fondo Vestri

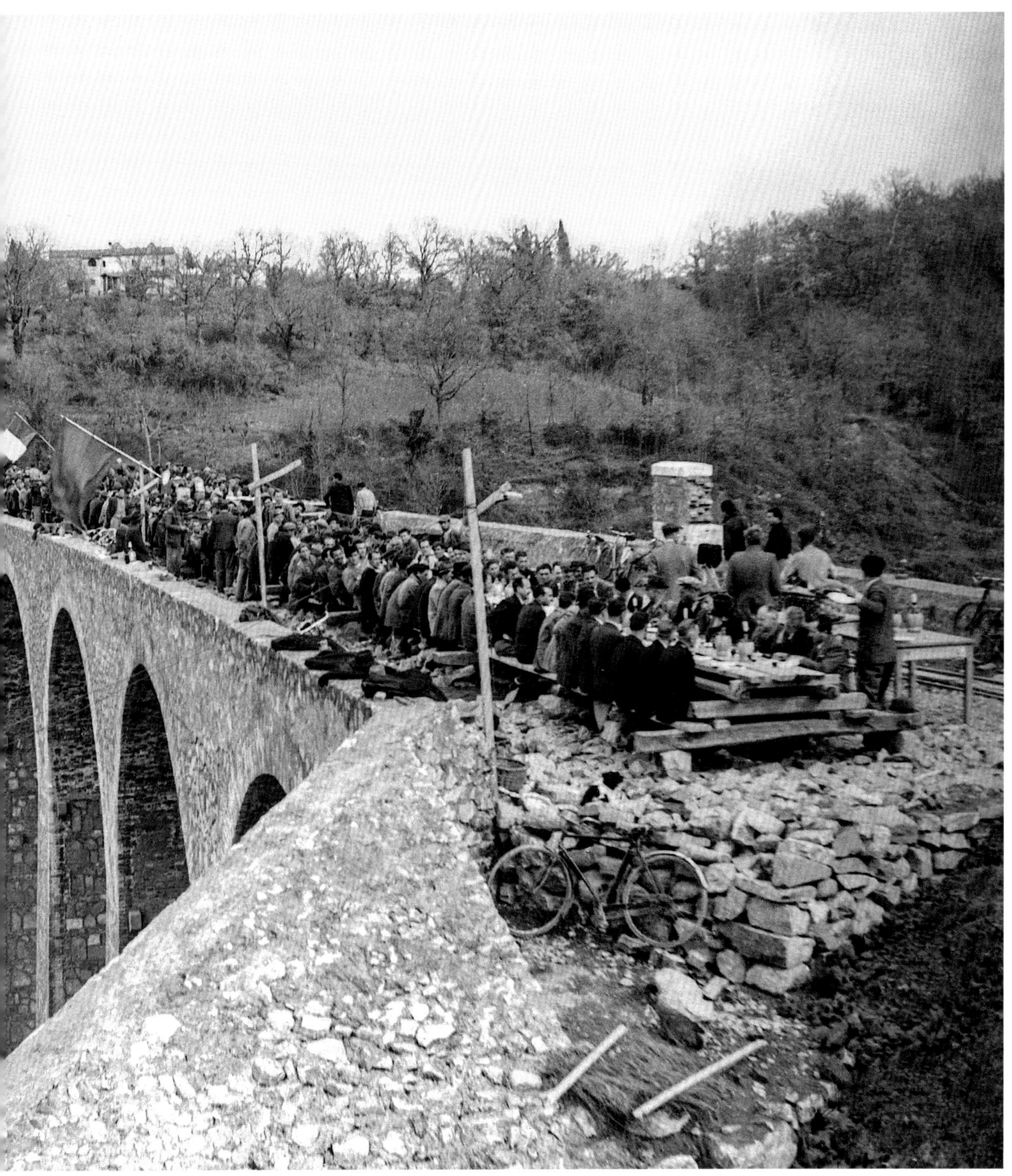

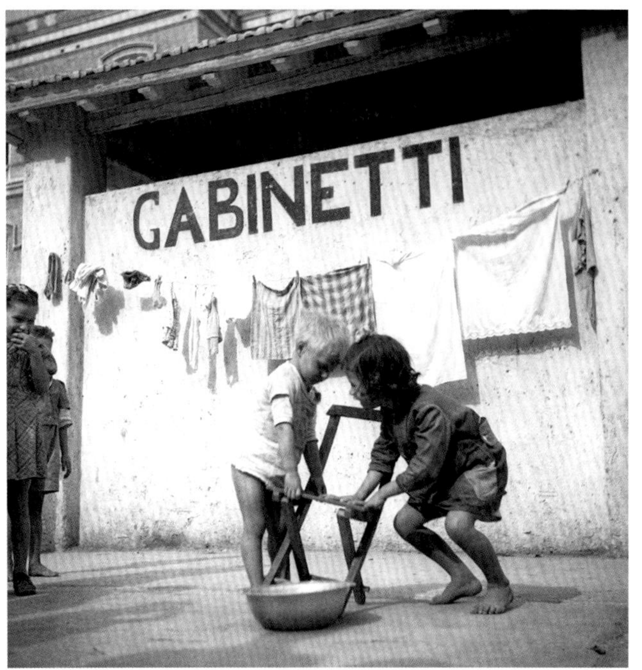

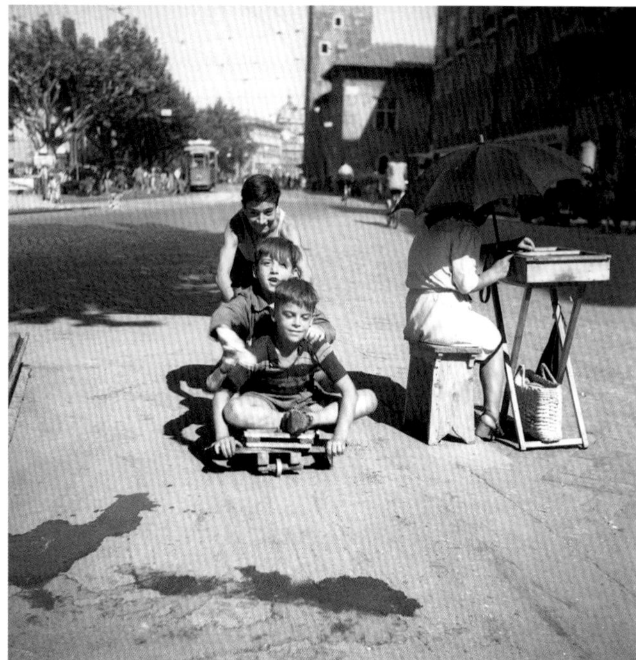

Sfollati ospitati alla meglio nelle caserme, 1946
Sono le caserme di Santa Croce in Gerusalemme a Roma, oggi una sede del Ministero per i beni e le attività culturali.
Centro Studi e Archivio della Comunicazione dell'Università di Parma, Fondo Publifoto

Displaced persons in makeshift barracks accommodation, 1946
The Santa Croce in Gerusalemme barracks in Rome, today part of the Ministry of Cultural Heritage and Activities buildings.
Centro Studi e Archivio della Comunicazione dell'Università di Parma, Fondo Publifoto

Sigarette di contrabbando
I bambini giocano accanto alla venditrice di sigarette, in una città imprecisata. Sono più fortunati di altri bambini, impiegati nello smercio di sigarette anche per fare compassione ai clienti e perché non punibili.
Centro Studi e Archivio della Comunicazione dell'Università di Parma, Fondo Publifoto

Contraband cigarettes
Children play near the cigarette seller in an unspecified city. They are luckier than other children, employed as cigarette sellers as they were able to invoke the compassion of customers and because they could not be prosecuted.
Centro Studi e Archivio della Comunicazione dell'Università di Parma, Fondo Publifoto

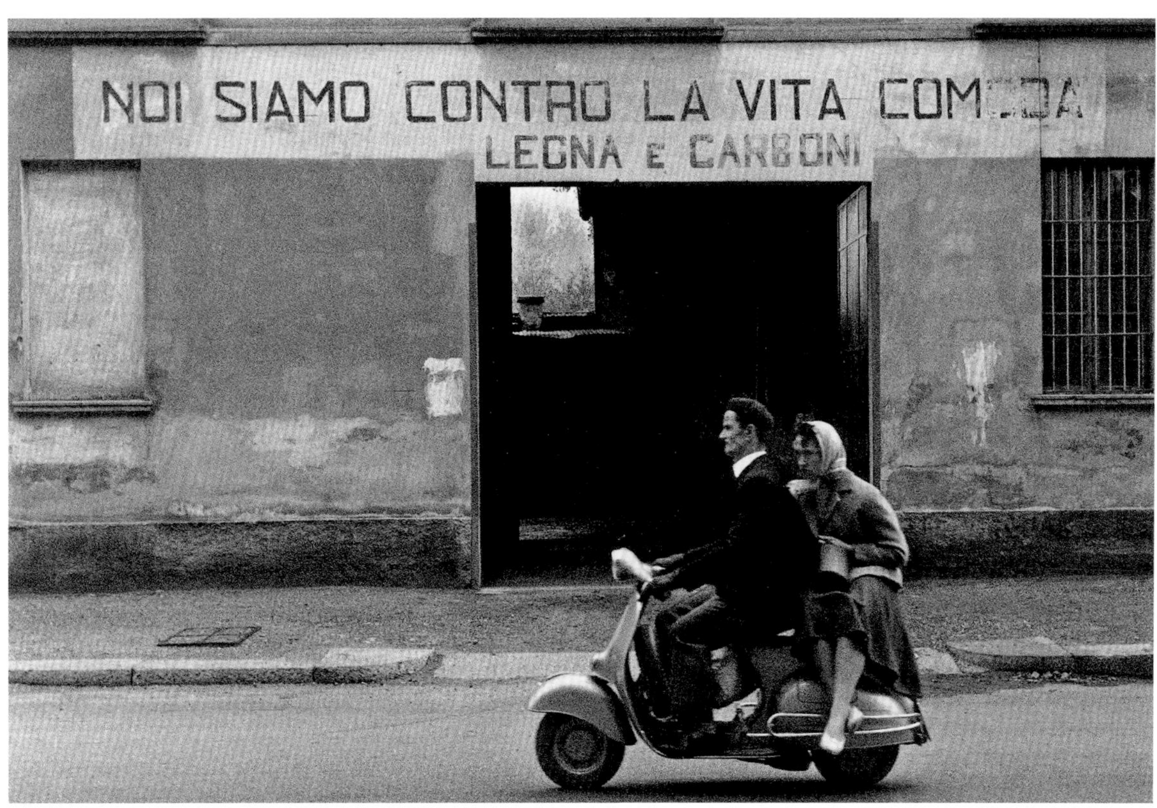

Noi siamo contro la vita comoda. Milano 1960
Fotografia di Gianni Berengo Gardin
Ancora nel 1960 una vecchia scritta del regime fascista viene adattata nell'insegna di un modesto spaccio di legna e carbone. Persistenza di un vecchio linguaggio, modificato e riciclato per corrispondere ai nuovi tempi.
Contrasto progetti per la fotografia, Archivio Gianni Berengo Gardin

We are Against Comfortable Life. Milan 1960
Photo by Gianni Berengo Gardin
Again in 1960, an old inscription from the Fascist regime was adapted for the sign of a modest wood and coal shop. We see the persistence of an old form of language, modified and recycled to fit in with the new times.
Contrasto progetti per la fotografia, Archivio Gianni Berengo Gardin

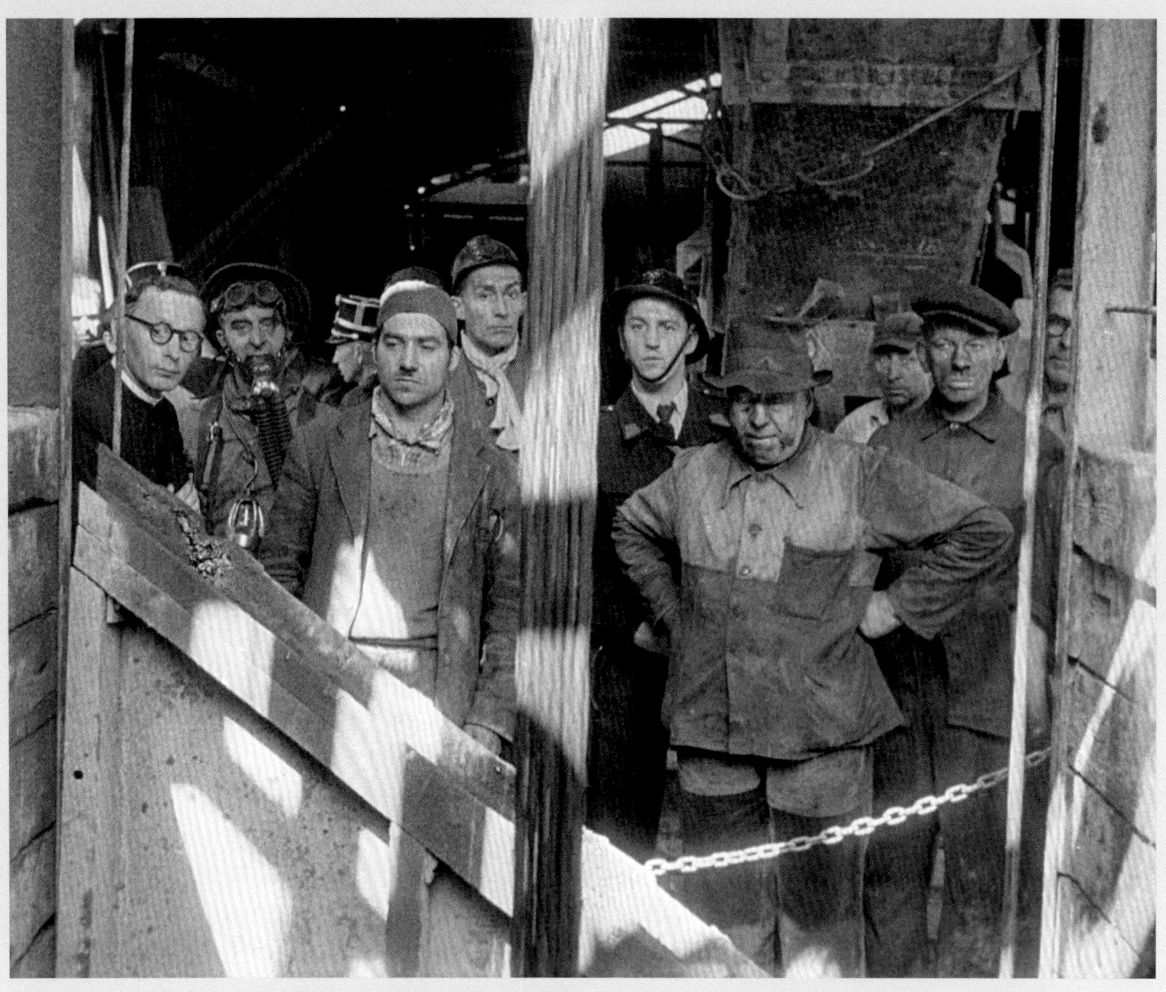

Fuori della miniera in cui sono intrappolati i minatori. Marcinelle, 1956
Una tragedia dell'emigrazione. L'8 agosto 1956 nella miniera belga di Marcinelle, mentre 274 minatori sono al lavoro, scoppia un colossale incendio in un pozzo molto profondo. 262 persone morirono; 136 erano italiani.
Archivio cinematografico LUCE, cinegiornale "La Settimana Incom"

Outside the mine where the miners are trapped. Marcinelle, 1956
A tragedy linked to emigration. On August 8th, 1956 a colossal fire broke out in a very deep shaft at the Belgian mine of Marcinelle, where 274 miners were at work. 262 people died, 136 of whom were Italians.
Archivio cinematografico LUCE, newsreel *La Settimana Incom*

Unirsi

Cosa unisce l'Italia? Pur fra tanti contrasti vi sono passioni comuni, eventi felici a cui tutti si sentono di partecipare e qualche dramma che richiede una partecipazione corale. Eventi in cui tutti, pur con i necessari distinguo, si sono trovati dalla stessa parte. La grande passione sportiva: il ciclismo che, con il Giro d'Italia, porta lo spettacolo tra le case di ogni città, di ogni villaggio; più ancora del calcio è questo sport itinerante, fatto di fatica, di campioni e umili gregari, di impervie salite e folli discese a ruota libera, che appassiona (e rappresenta) il Paese, pronto a schierarsi per Coppi o per Bartali. Il ritorno di Trieste all'Italia (1954), pur valutato diversamente dalle forze politiche, è stato molto sentito dagli Italiani. E poi ci sono gli eventi luttuosi: l'alluvione del Polesine (1951) non fu soltanto il primo di una lunga serie di disastri naturali, ma sviluppò una inedita gara di solidarietà che coinvolse l'intero Paese, che pochi anni dopo dovette piangere per la tragedia mineraria di Marcinelle, in Belgio (262 morti tra cui 136 immigrati italiani) e si commosse per l'affondamento della bella nave Andrea Doria, speronata da un mercantile svedese (1956) al largo delle coste americane.

Nel 1954 arrivò la televisione. Un elettrodomestico per pochi: gli altri si affollavano davanti alle vetrine dei negozi, nel salotto dei vicini, nei locali pubblici, cinematografi e teatri compresi. Gli eventi successivi, come la XVII Olimpiade di Roma con il trionfo di Livio Berruti sui 200 piani (1960), hanno unito gli italiani davanti a uno schermo acceso.

Unity

What unites Italy? Among the many contrasts there are also shared passions, happy events that everyone feels they are part of, as well as a number of tragedies where all rally round, events where everyone, in some way, finds themselves on the same side. One great passion is sport, especially bicycle races, which, thanks to the Giro d'Italia, pass by the homes of every town and village. Even more so than football, this itinerant sport, with all the exertion, its champions and humble followers, exhausting climbs and breakneck freewheel descents, is the one that most fascinates (and represents) the Italians, ready to side with either Coppi or Bartali. Trieste's return to Italy (1954), despite the divided sentiments of the political forces, is something that touches the Italians profoundly. And then there are the catastrophes: the flooding that hit the Polesine region (1951) was not only the first of a long series of natural calamities; it also sparked an unprecedented show of solidarity involving the whole country, which, only a few years later would be dismayed by the colliery disaster at Marcinelle in Belgium (with 262 deaths, including 136 Italian immigrants) and moved by the sinking of the beautiful ocean liner SS Andrea Doria, rammed by a Swedish merchant ship (1956) off the American coast.

Television arrived in 1954. It was an appliance for the select few: the rest would crowd in front of shop windows, in the living rooms of neighbours or in public places, including cinemas and theatres. Later events, such as the 17th Rome Olympics, with Livio Berruti's triumph in the 200-metre dash (1960), succeeded in drawing Italians together in front of the screen.

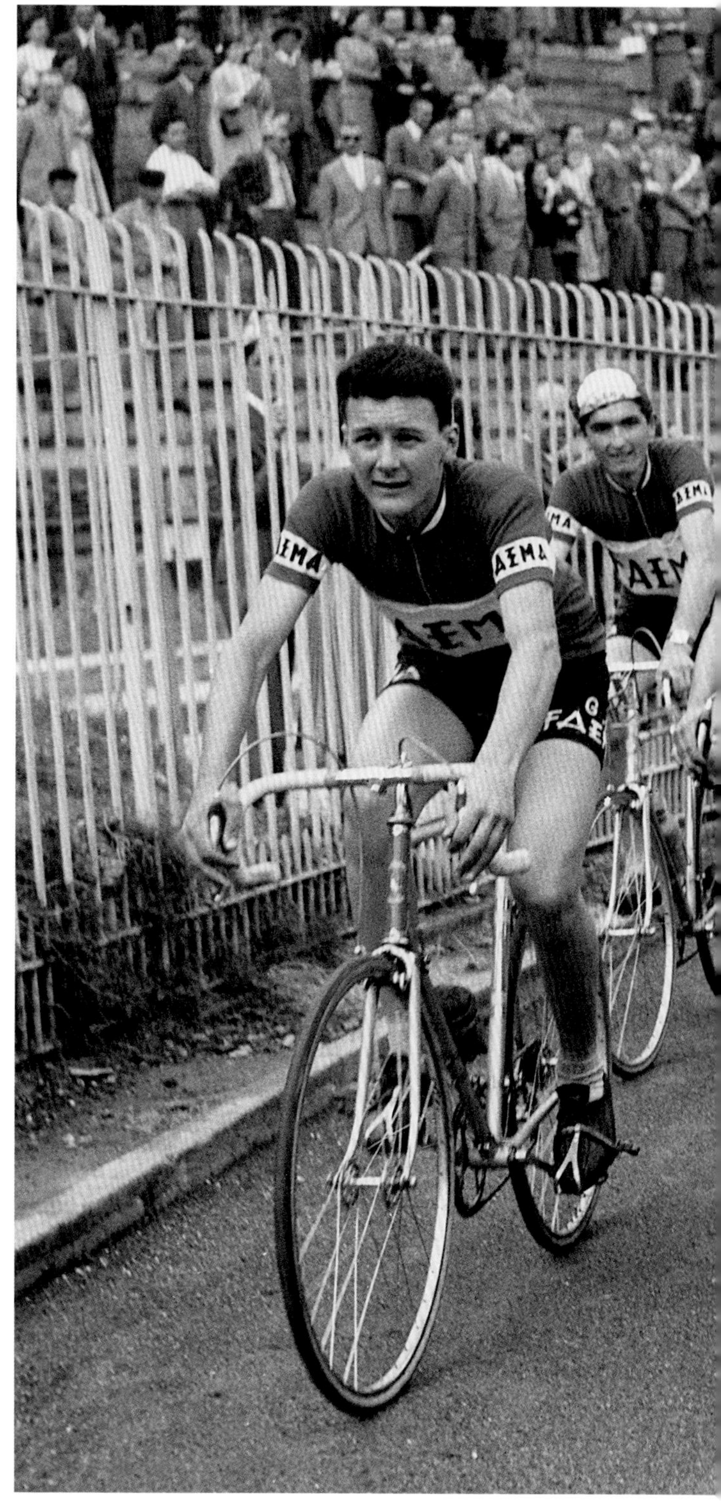

Il ciclismo
Prima del calcio, lo sport che ha unito gli italiani. Non avevano ancora il televisore in casa, ma il Giro d'Italia portava la competizione sotto le finestre delle case.
Centro Studi e Archivio della Comunicazione dell'Università di Parma, Fondo Publifoto

Cycling
The sport that united the Italians before football. Homes were as yet without television, but the Giro d'Italia brought the competition to the streets of many Italian towns.
Centro Studi e Archivio della Comunicazione dell'Università di Parma, Fondo Publifoto

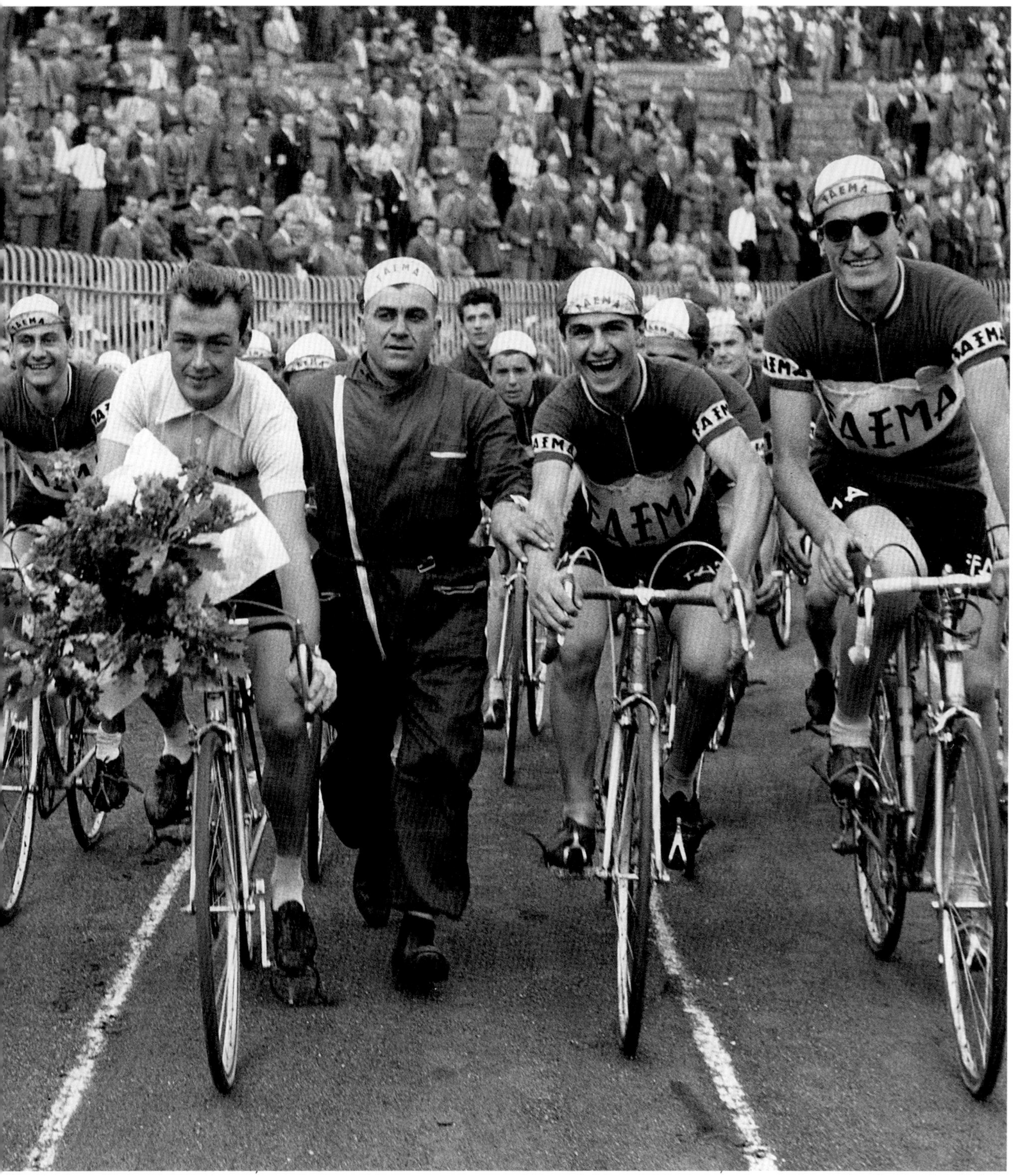
FAEMA

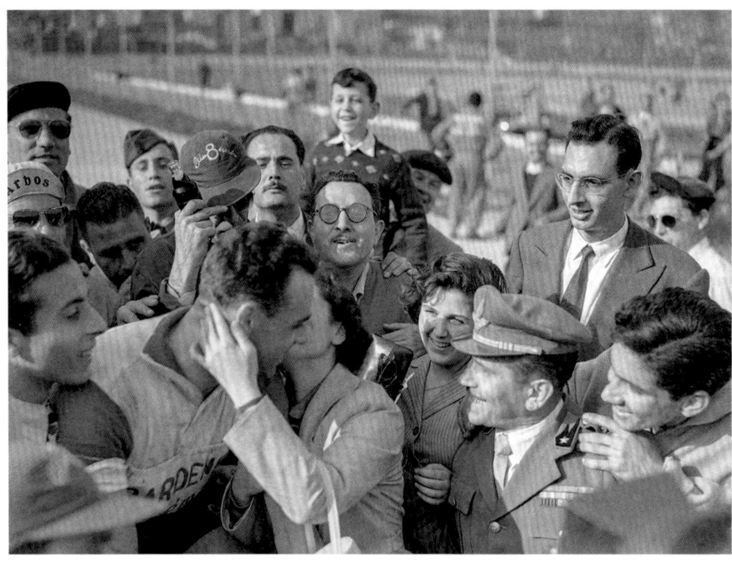

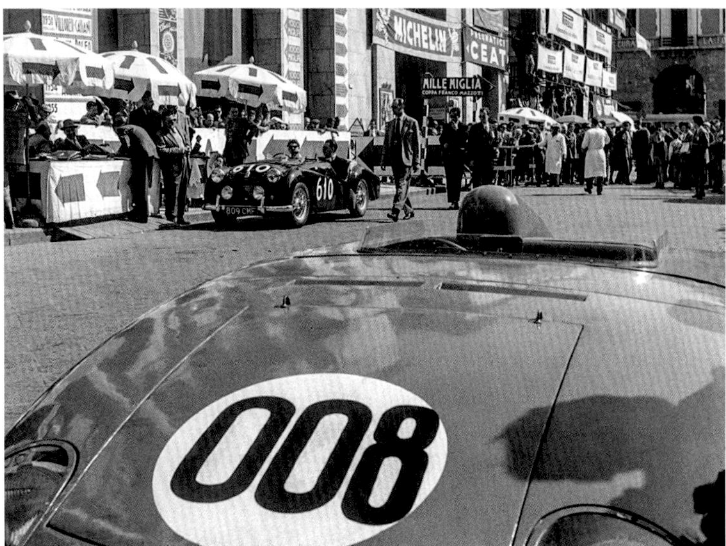

L'abbraccio al campione
Gli eroi del ciclismo soffrono la fatica, il caldo, il freddo come i braccianti. Non giocano in un bel prato verde ma pedalano per montagne e pianure.
Archivio Fotografico Luce, Fondo Attualità

Hugging the champion
Cycling heroes suffer from fatigue, heat, and cold, just like labourers. They do not play in beautiful green meadows but cycle through mountains and plains.
Archivio Fotografico Luce, Fondo Attualità

Partenza della Mille Miglia, 1955
Le automobili rombanti sulle tortuose e sconnesse strade d'Italia suscitavano grande entusiasmo e tecnologica curiosità. Un altro spettacolo itinerante che traversa l'intero paese; la motorizzazione privata sta per decollare.
Centro Studi e Archivio della Comunicazione dell'Università di Parma, Fondo Publifoto

The start of the Mille Miglia, 1955
The cars roaring down Italy's winding and uneven roads aroused great enthusiasm and curiosity about technology. Another travelling show that crossed the entire country; private car ownership was about to take off.
Centro Studi e Archivio della Comunicazione dell'Università di Parma, Fondo Publifoto

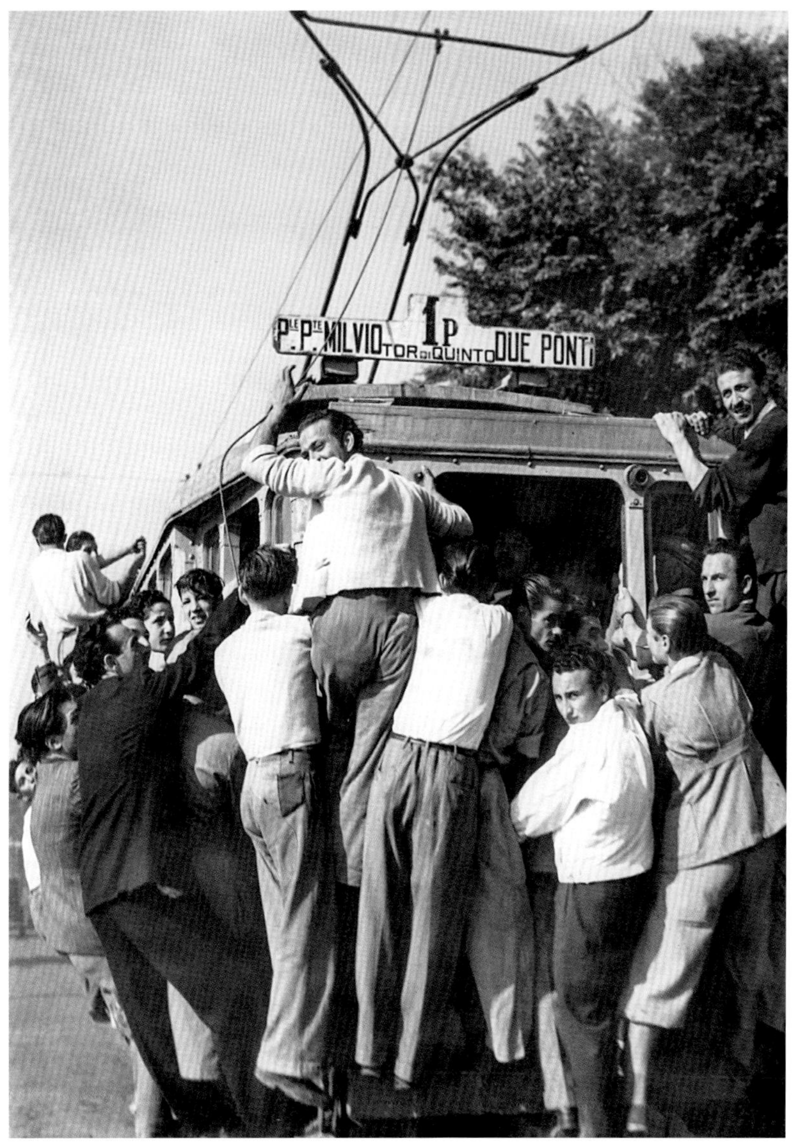

Una folla di sportivi si reca alla partenza della tappa del Giro d'Italia. Roma, 1949
Il tram stracarico di passeggeri è un'immagine ricorrente del dopoguerra. Ancora una volta è lo sport a muovere masse di persone di ogni età, soprattutto uomini.
Centro Studi e Archivio della Comunicazione dell'Università di Parma, Fondo Publifoto

A crowd of fans heads for the start of one of the stages of the Giro d'Italia. Rome, 1949
Trams bursting with passengers are a recurring image in the post-war period. Once again, sport is a driving force for masses of people of all ages, especially men.
Centro Studi e Archivio della Comunicazione dell'Università di Parma, Fondo Publifoto

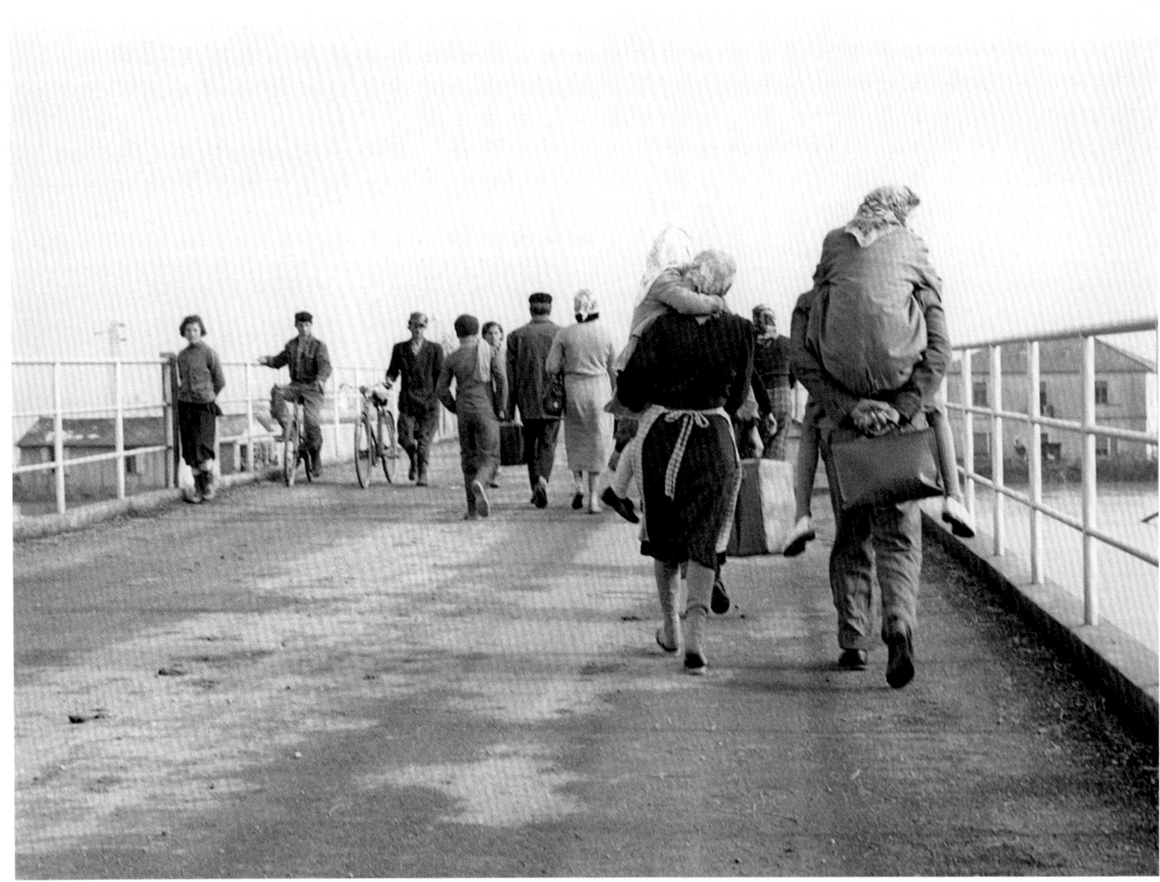

Via dal Polesine allagato
L'alluvione del 1951, con la rottura degli argini del Po, primo di una serie di disastri ambientali, efficacemente documentato da una stampa e da una radio senza le censure del fascismo, genera una grande gara di solidarietà.
Centro Studi e Archivio della Comunicazione dell'Università di Parma, Fondo Publifoto

Leaving Polesine after flooding
The flood of 1951, which broke the banks of the River Po, was the first of a series of environmental disasters to be fully documented by the press and radio without Fascist censorship. It led to a great show of solidarity.
Centro Studi e Archivio della Comunicazione dell'Università di Parma, Fondo Publifoto

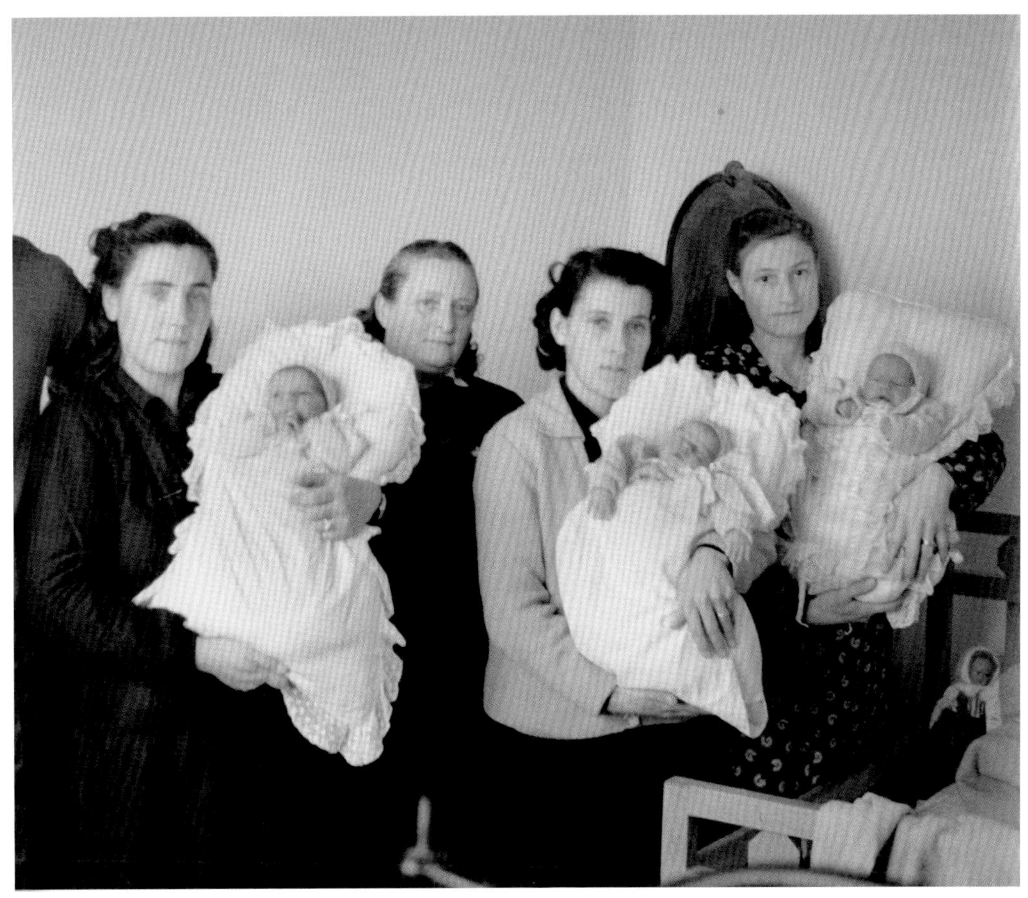

I nuovi nati dopo il Polesine, 1951
L'alluvione non è riuscita a fermare la voglia di vivere e di fare bambini.
Archivi Alinari

New-born babies after Polesine, 1951
The flood failed to dull the wish to live and have children.
Archivi Alinari

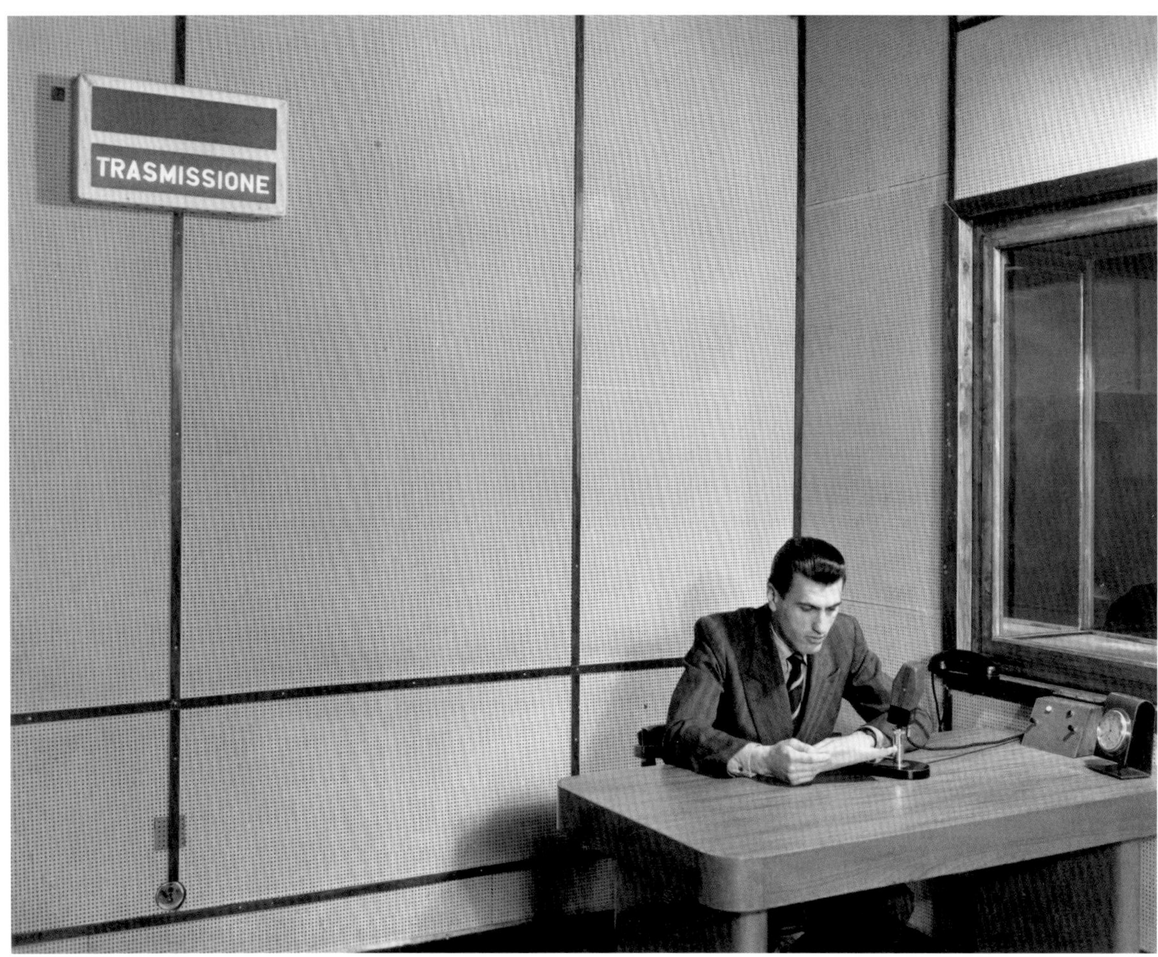

Rai, annunciatore della radio, 1949
La voce della radio giunge nelle case di milioni di famiglie nei momenti difficili, come l'alluvione del Polesine, ma anche nella vita quotidiana, con la musica e l'intrattenimento.
Centro Studi e Archivio della Comunicazione dell'Università di Parma, Fondo Studio Villani

The RAI radio announcer, 1949
The voice of the radio reached the homes of millions of families even in the most difficult times, such as the flood in Polesine, but also in everyday life, bringing music and entertainment.
Centro Studi e Archivio della Comunicazione dell'Università di Parma, Fondo Studio Villani

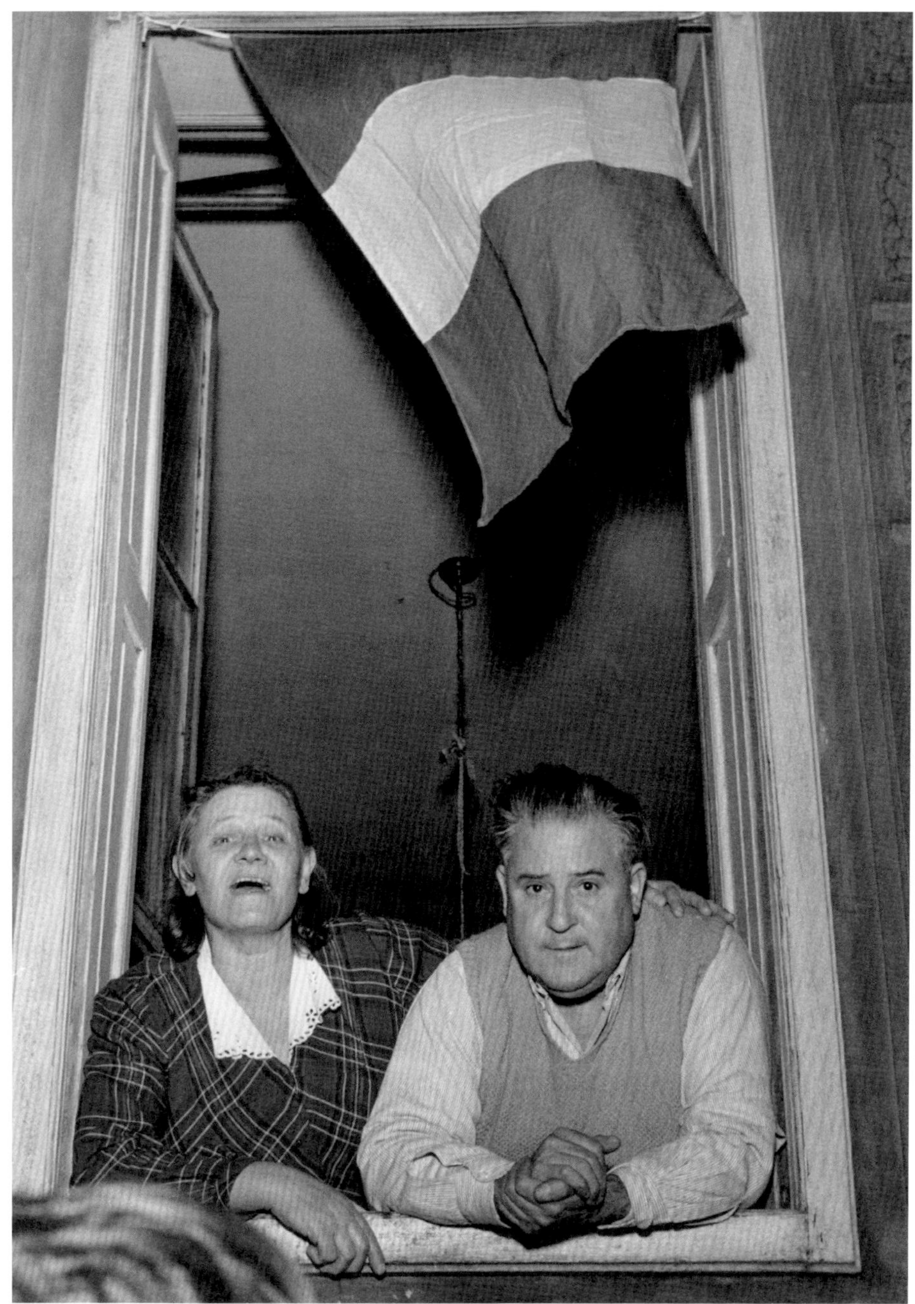

Sentirsi italiani. Trieste, 1953
Pur tra divisioni e strumentalizzazioni politiche, il ritorno di Trieste all'Italia (1954) fu intensamente desiderato e suscitò una grande gioia.
Centro Studi e Archivio della Comunicazione dell'Università di Parma, Fondo Publifoto

Feeling Italian. Trieste, 1953
Despite divisions and political exploitation, Trieste's return to Italy (1954) was something people wanted very much. It was a source of great joy.
Centro Studi e Archivio della Comunicazione dell'Università di Parma, Fondo Publifoto

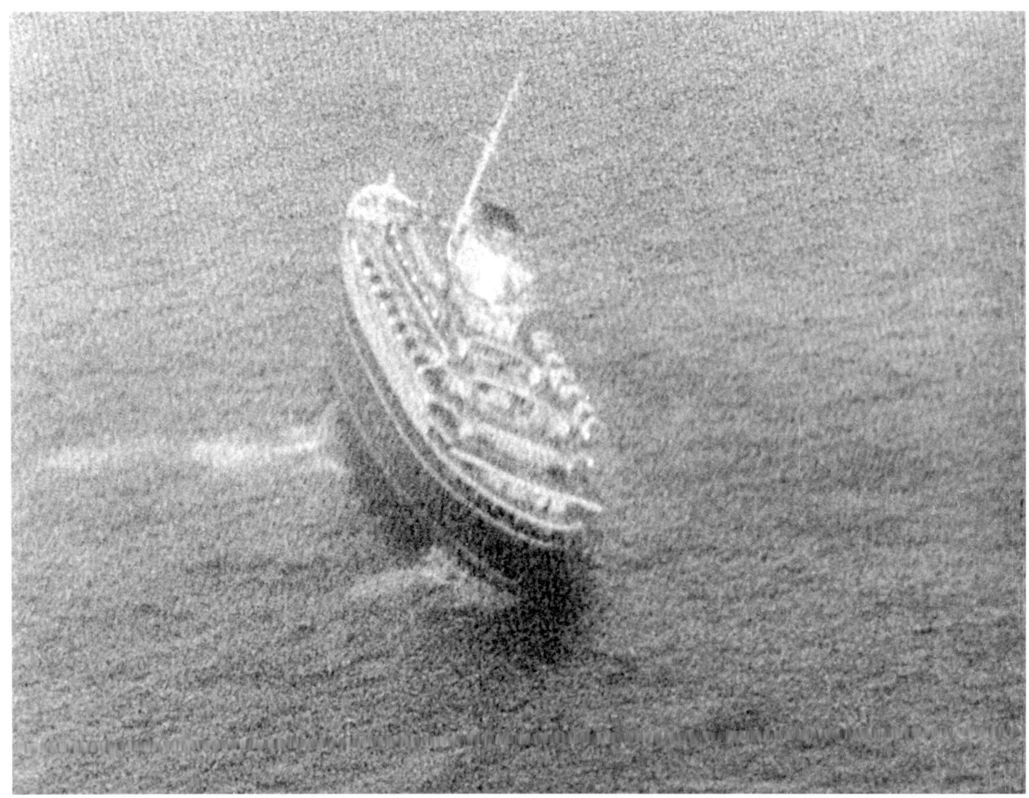

L'affondamento dell'"Andrea Doria", 1956
La perdita della elegante bellissima nave, speronata da un mercantile svedese nell'Atlantico la sera del 25 luglio 1956, apparve come una dolorosa ingiustizia, non solo come una tragedia del mare.
Archivio cinematografico LUCE, cinegiornale "La Settimana Incom", fotogramma

The sinking of the "Andrea Doria", 1956
The loss of the beautiful ocean liner, rammed by a Swedish merchant ship in the Atlantic on the evening of 25th July 1956, was seen not only as a tragedy at sea but as a painful injustice.
Archivio cinematografico LUCE, newsreel *La Settimana Incom*, screenshot

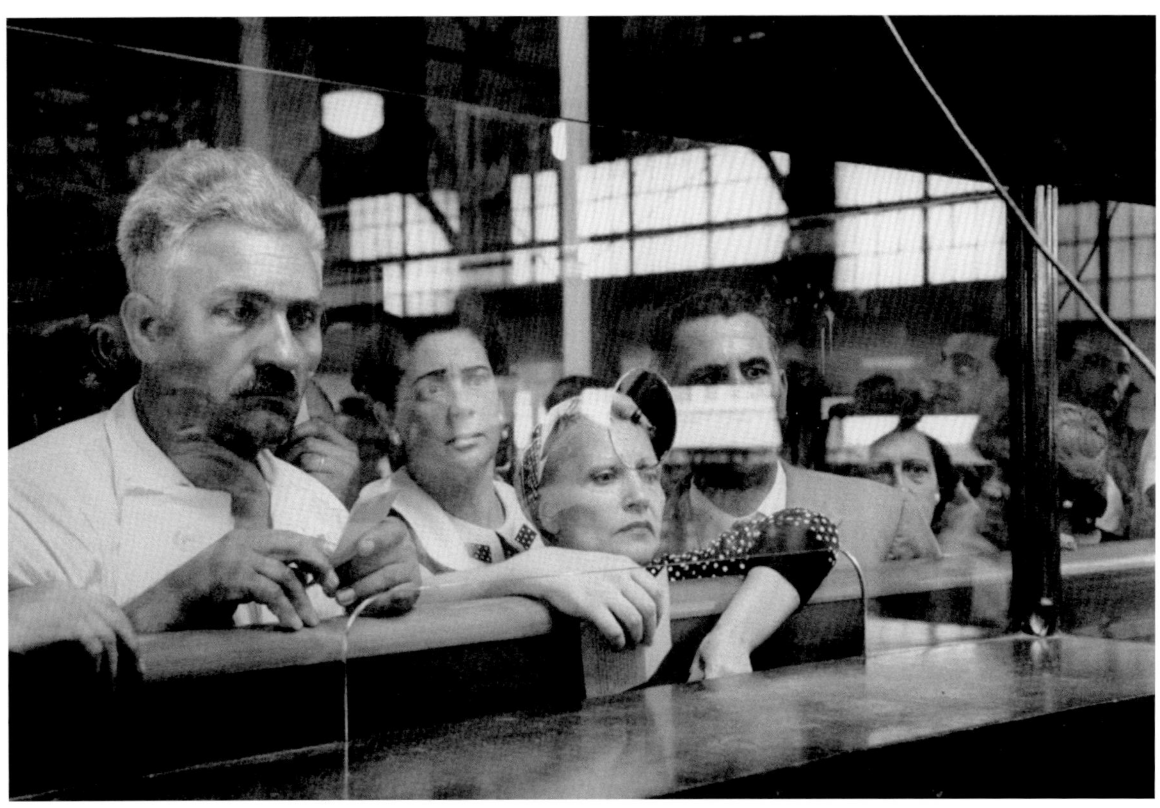

Ascoltando l'elenco dei sopravvissuti dell'"Andrea Doria"
Fotografia di Gordon Parks
Un vetro riflettente separa il fotografo dalla folla spaurita, assiepata in un edificio portuale di New York, che spera di poter rivedere i propri congiunti che viaggiavano sulla nave.
Getty Images, LIFE Picture Collection

Listening to the list of survivors from the "Andrea Doria"
Photo by Gordon Parks
Reflective glass separates the photographer from the bewildered crowd, gathered in a New York port building in the hope of seeing once again their relatives who had been on board the vessel.
Getty Images, LIFE Picture Collection

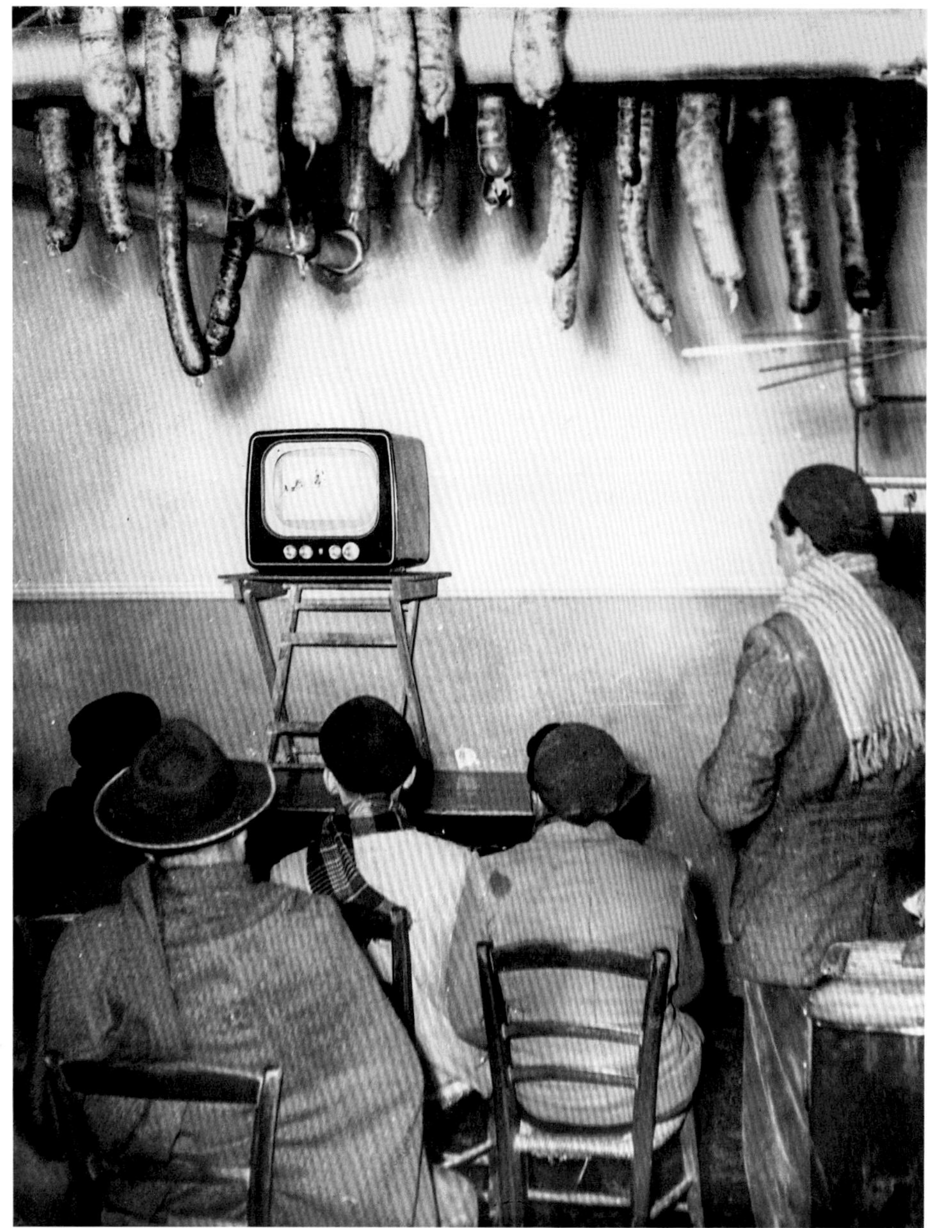

Vedere la televisione tutti insieme
La televisione è un grande fattore di unificazione linguistica e culturale. Il televisore costa moltissimo e poche famiglie lo posseggono, ma la tv si guarda tutti insieme: nei cinema, davanti alle vetrine dei negozi, e magari in un salumificio.
Rai Teche

Watching television all together
Television played a key role in linguistic and cultural unification. Television sets were very expensive, and few families owned one, but people watched television all together in cinemas, in front of shop windows, and even at the delicatessen.
Rai Teche

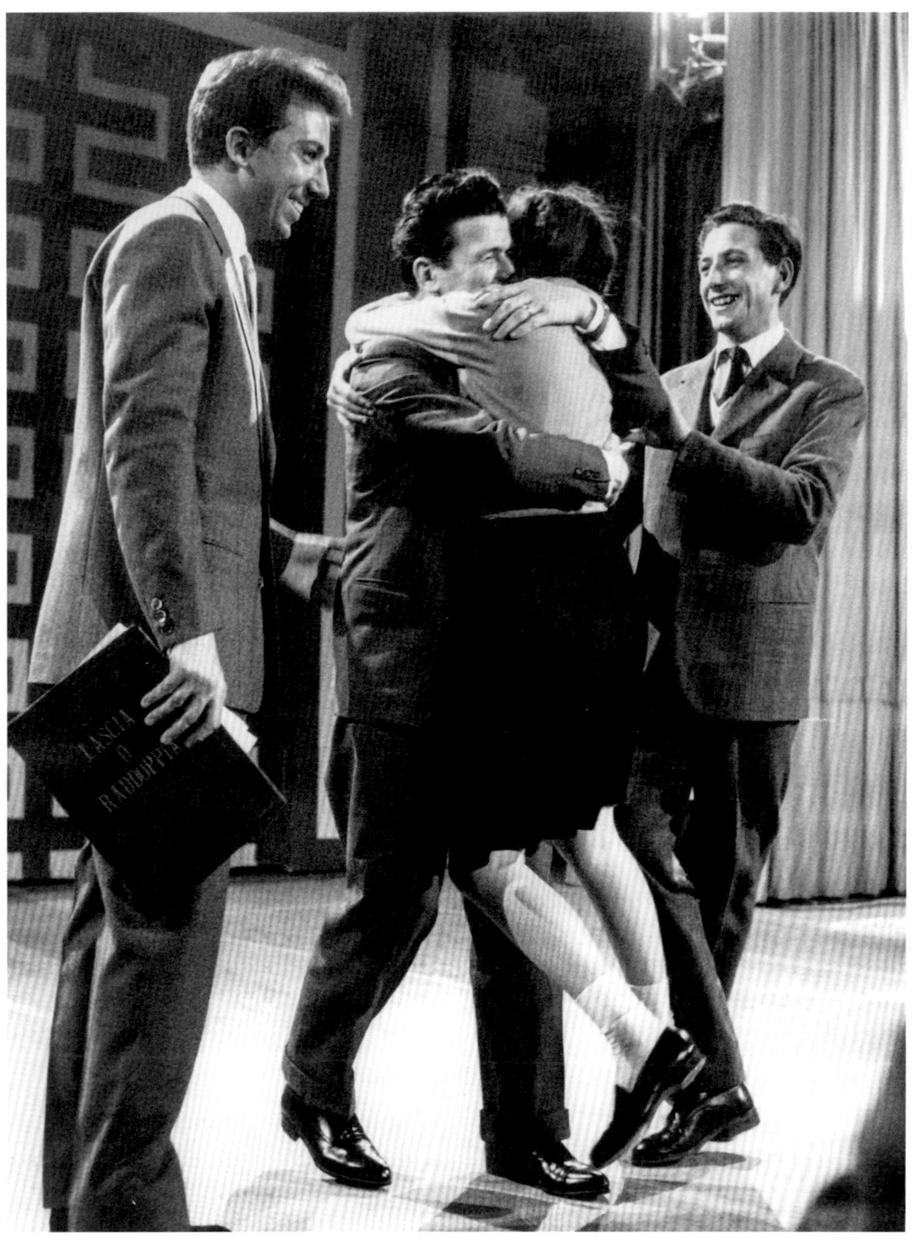

L'abbraccio tra il vincitore di "Lascia o Raddoppia?" Vittorio Ciari di Reggello e sua figlia Giovanna. Milano, 1956
Il quiz "Lascia o Raddoppia?" fu accompagnato da una grande partecipazione popolare e incollò le persone, ogni giovedì, davanti allo schermo. Anche i cinema dovettero installare un televisore per non avere la sala vuota al giovedì. Nei primi due anni della trasmissione, le domande degli aspiranti concorrenti furono 307.906.
Centro Studi e Archivio della Comunicazione dell'Università di Parma, Fondo Publifoto

Vittorio Ciari from Reggello, the winner of "Lascia o Raddoppia?" and his daughter Giovanna embrace. Milan, 1956
The game show "Lascia o Raddoppia?" (based on the US quiz show The $64,000 Question) was extremely popular, gluing huge numbers of people to the screen each Thursday evening. Even cinemas had to install a television set if they were to avoid an empty house on Thursdays. 307,906 aspiring candidates applied for the first two seasons of the programme.
Centro Studi e Archivio della Comunicazione dell'Università di Parma, Fondo Publifoto

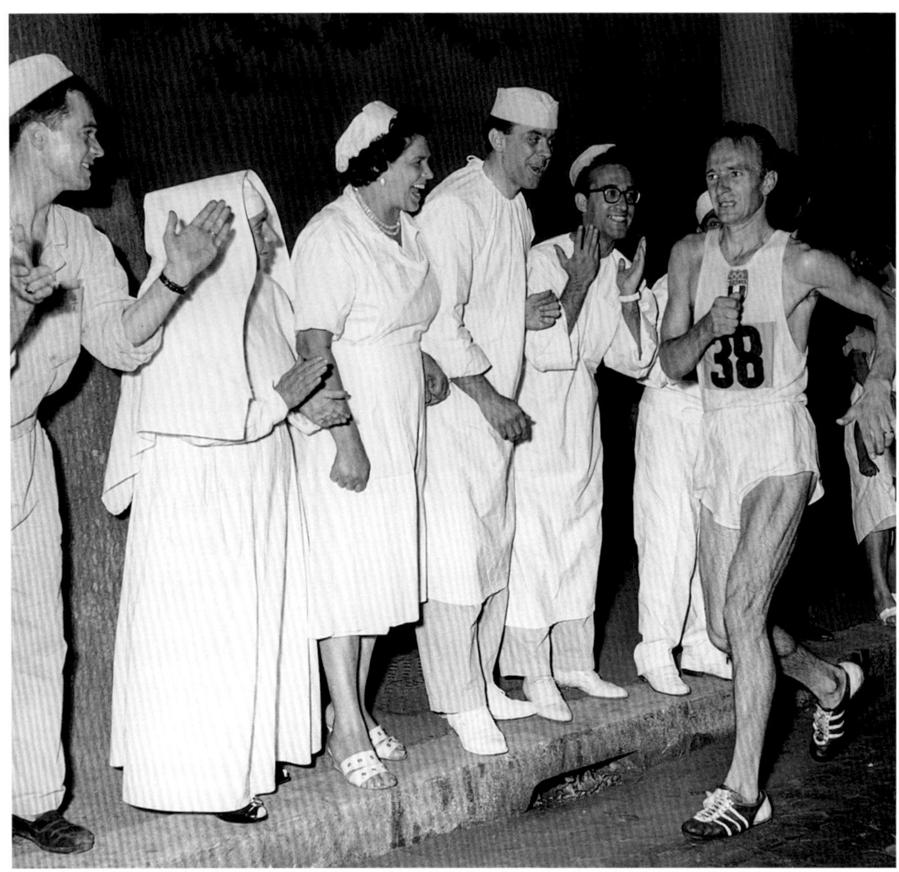

Olimpiadi di Roma, 1960, il marciatore Abdon Pamich
La XVII Olimpiade è un grande evento internazionale; ma ancora mantiene il carattere di una sagra paesana, come in questo gruppo di medici e infermieri festanti, probabilmente un presidio sanitario allestito lungo il percorso della gara.
Centro Studi e Archivio della Comunicazione dell'Università di Parma, Fondo Publifoto

The Rome Olympics, 1960, race-walker Abdon Pamich
The XVII Olympiad was a great international event, yet it still retained something of the air of a village fête, as this festive group of doctors and nurses show. They were probably a Health and Safety unit along the route of the race.
Centro Studi e Archivio della Comunicazione dell'Università di Parma, Fondo Publifoto

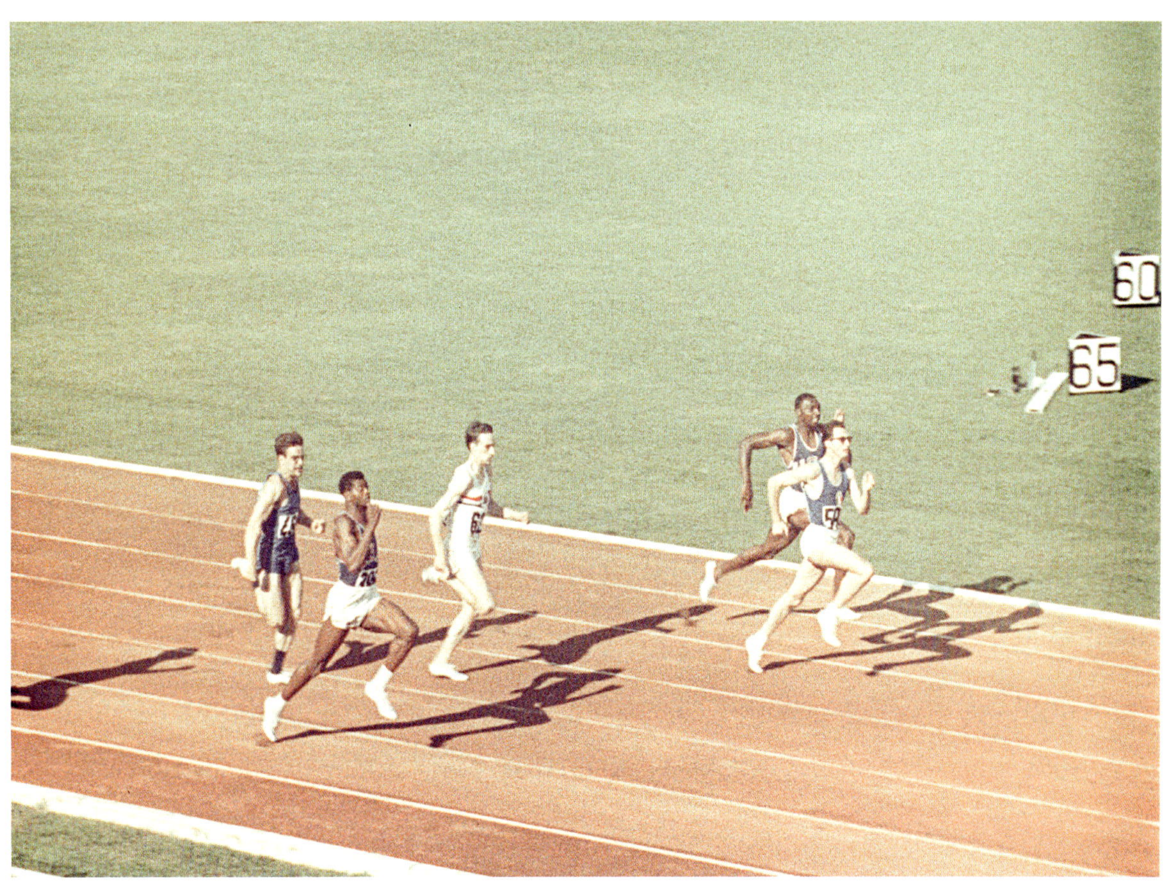

Olimpiadi di Roma, 1960, la vittoria di Livio Berruti nei 200 piani
La più celebrata vittoria italiana, un simbolo, con tanti concorrenti da sorpassare.
Archivio cinematografico LUCE, "La grande Olimpiade" di Romolo Marcellini, 1961, fotogramma

Rome Olympics, 1960, Livio Berruti's 200-metre dash
The most famous Italian victory, a symbol, overtaking numerous other competitors.
Archivio cinematografico LUCE, "La grande Olimpiade" di Romolo Marcellini, 1961, screenshot

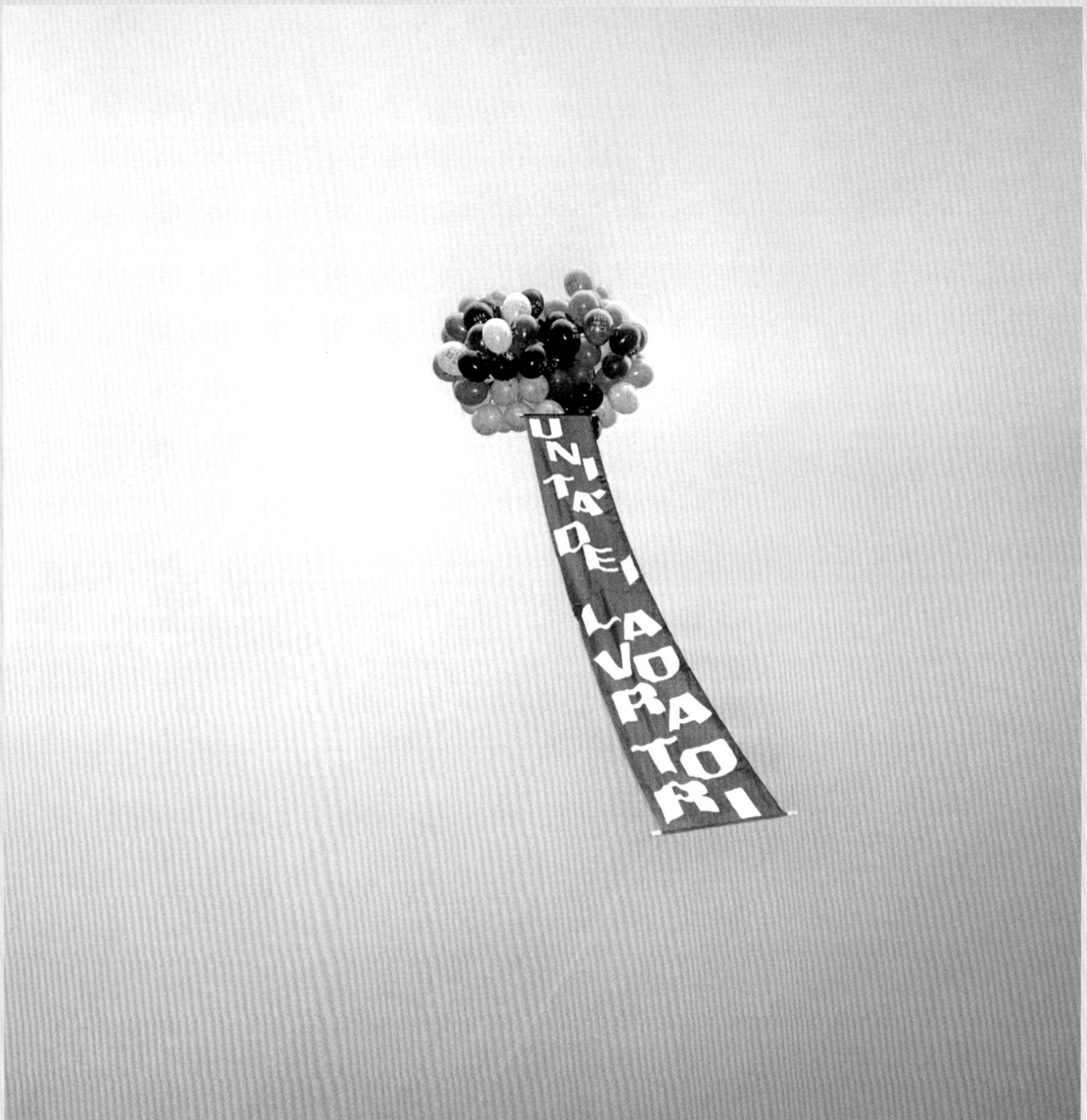

La volatile unità dei lavoratori
Si fa vedere da tutti un pallone librato nel cielo della piazza dove si tiene la manifestazione politica, ma è anche un simbolo di fragilità e vaghezza.
Archivio Fotografico LUCE, Fondo VEDO

The evanescent unity of the workers
All can see the balloon floating in the sky above the square where the political rally takes place, but it is also a symbol of fragility and elusiveness.
Fotografico LUCE, Fondo VEDO

Dividersi

L'Italia continua a dividersi, anche in modo cruento, nelle piazze e nelle fabbriche. Si divide in politica: i democristiani al governo con liberali, socialdemocratici, repubblicani. All'opposizione socialisti e comunisti; e poi ci sono, a destra, gli eredi del fascismo e della monarchia. Si divide nei sindacati, secondo i confini delle forze politiche, e tra lavoratori e industriali. Il comizio è la forma tipica di estenuanti conflitti oratori, ma c'è dell'altro. La polizia, soprattutto nel suo corpo più duro ed energico, la "Celere", interviene nei conflitti di lavoro e nelle dimostrazioni di piazza, in cui si ebbero morti e feriti. L'attentato a Togliatti, nell'estate del 1948, provocò scioperi e manifestazioni anche armate; Abbadia San Salvatore, sul Monte Amiata, fu espugnata con le autoblindo. La minoranza neofascista inscenava a sua volta manifestazioni, spesso violente. La mafia appare ancora un fenomeno siciliano, con una lunga catena di omicidi ed evidenze di controllo del territorio, anche in cerimonie religiose e imponenti funerali.
I conflitti non finiscono qui: ci sono le tensioni allo stadio fra tifosi avversari, e anche quelli festivalieri. Anche i cantanti hanno i loro sostenitori, nell'aspra disfida tra melodici e urlatori.

Divisions

Italy continues to diverge, sometimes even violently, in the squares and factories. It is divided over politics: the Christian Democrats are in government with the Liberals, Social Democrats, and Republicans. Socialists and Communists form the opposition. On the right are the heirs to Fascism and the monarchy. The country was divided by the unions, according to political allegiance, as well as fragmented between workers and industrialists. The rally is the typical platform for intense friction between speakers, but this is not the whole story. The police, especially its toughest and most dynamic corps, the "Celere", intervenes in labour conflicts and street demonstrations, often scenes of death and injury. The attack on Togliatti, in the summer of 1948, triggered strikes and demonstrations, some of which involving arms; Abbadia San Salvatore, on Monte Amiata, was subdued thanks to the deployment of armoured vehicles. The Neo-Fascist minority also staged demonstrations that often turned violent. The mafia still appears to be a Sicilian phenomenon, with a long chain of murders and indications of territorial control, even through religious ceremonial and impressive funerals.
These are not the only areas of conflict: tensions break out between opposing supporters at the football ground, as they do among music fans. Singers too have their champions in the bitter rivalry between the proponents of the melodic style and the advocates of the belters.

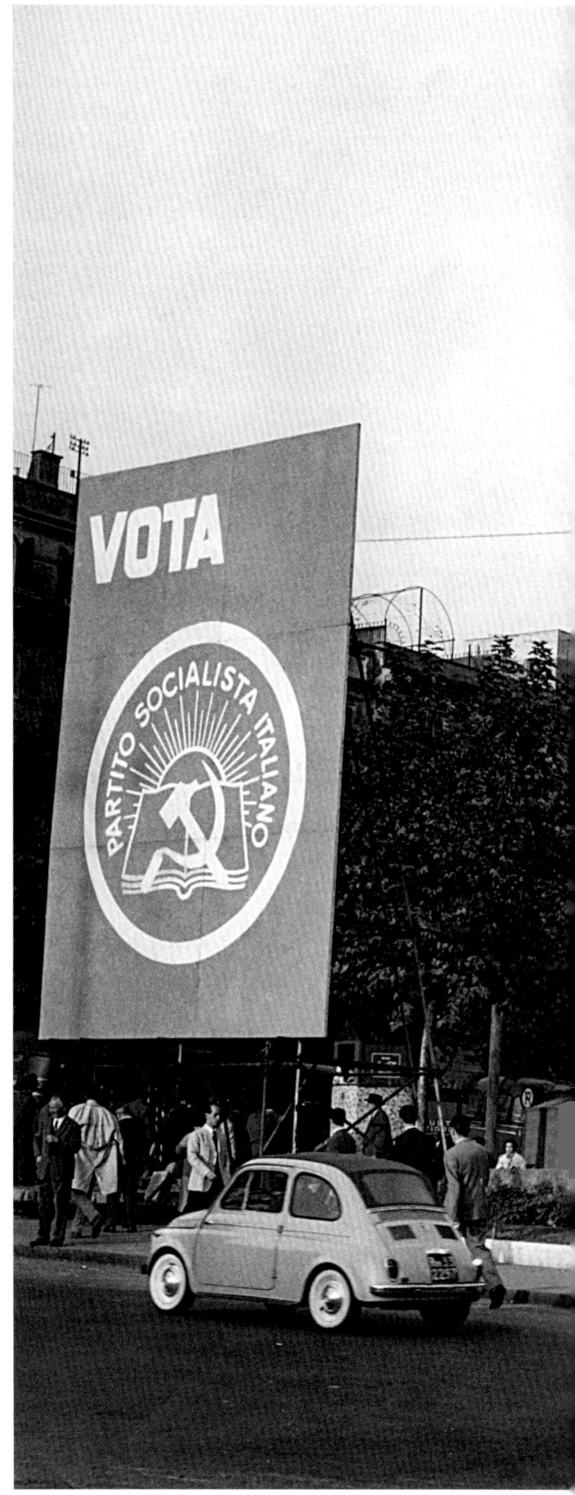

S. Francesco tra socialismo e comunismo. Roma, 1960
Le grandi istallazioni della propaganda elettorale, in un'epoca in cui la pubblicità costituisce un termine di paragone anche per la comunicazione politica, permettono al fotografo di individuare ironici accostamenti.
Centro Studi e Archivio della Comunicazione dell'Università di Parma, Fondo Publifoto

Saint Francis between socialism and communism. Rome, 1960
At a time when advertising was also a benchmark for political communication, the large installations used for election propaganda allowed photographers to pick up on ironic juxtapositions.
Centro Studi e Archivio della Comunicazione dell'Università di Parma, Fondo Publifoto

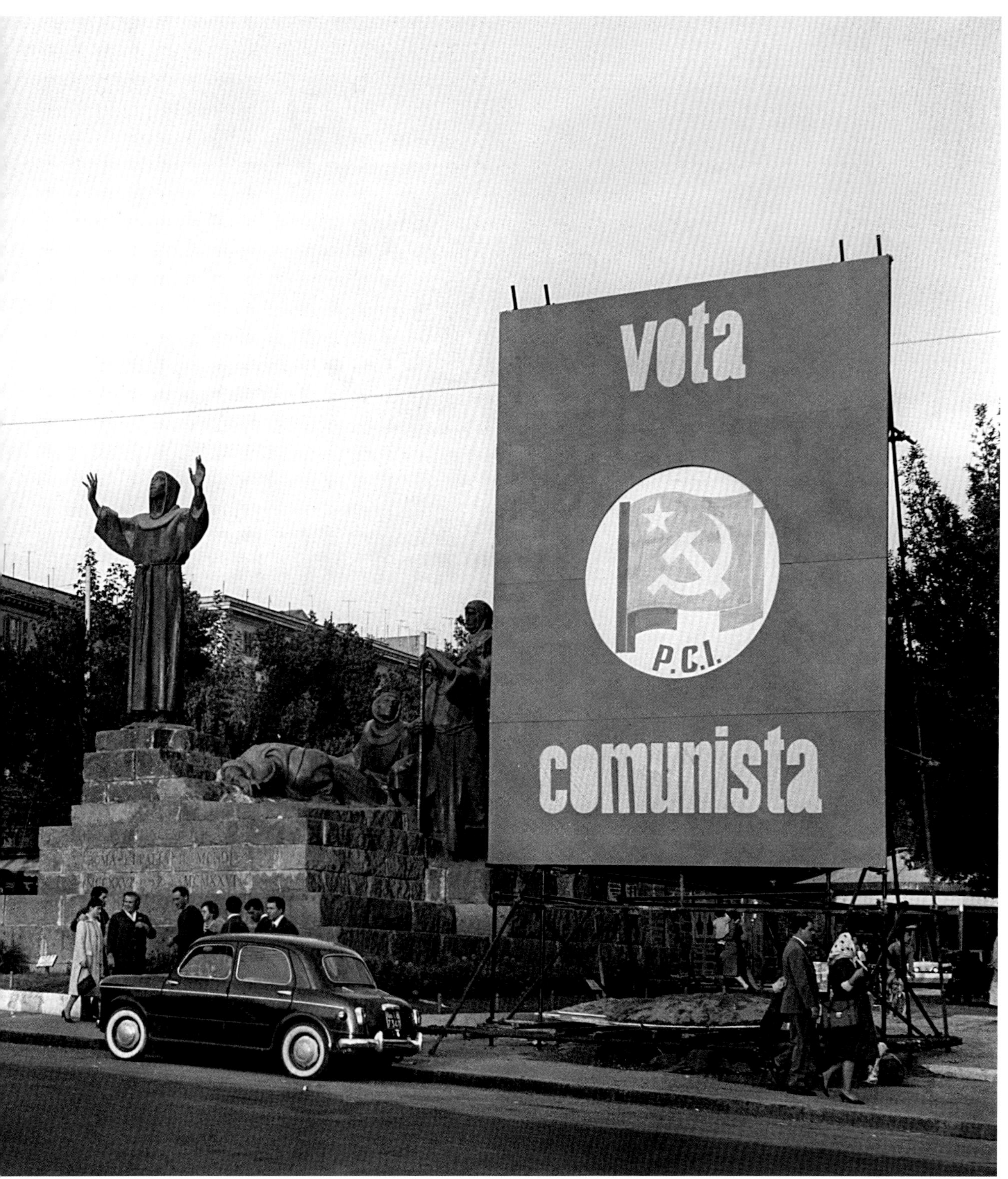
vota
P.C.I.
comunista

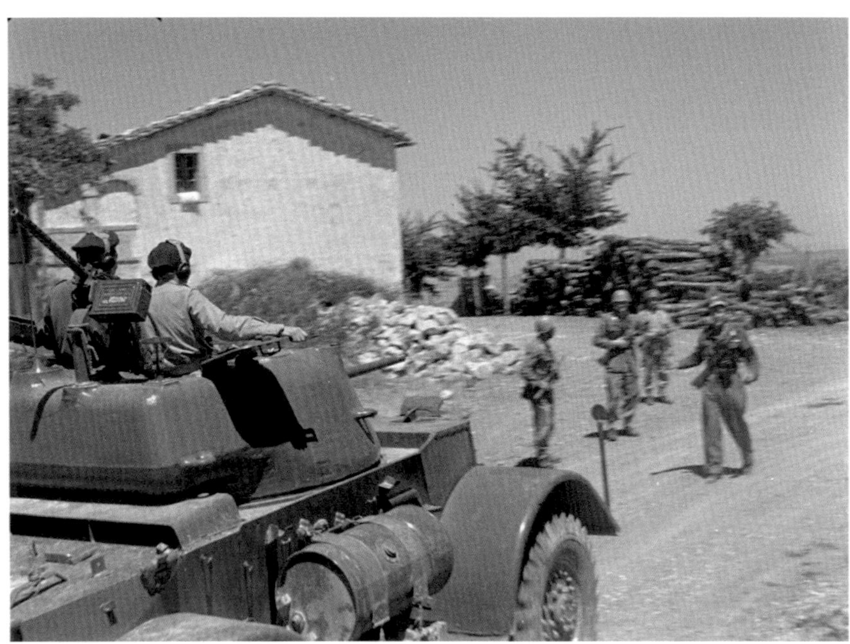

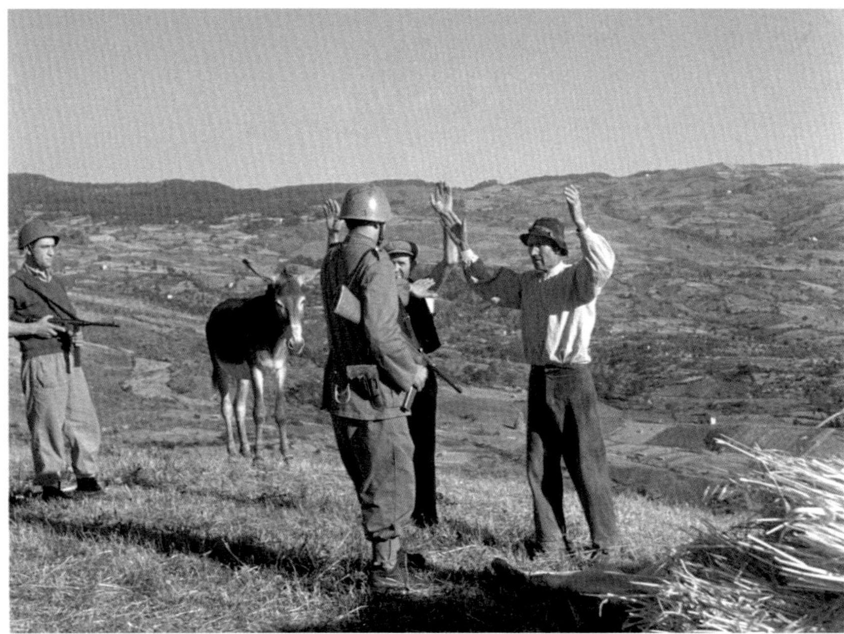

Tumulti dopo l'attentato a Togliatti (14 luglio 1948). L'intervento delle autoblindo ad Abbadia San Salvatore (SI)
A pochi mesi dalla sconfitta del Fronte popolare nelle elezioni politiche, l'attentato a Palmiro Togliatti, capo dei comunisti italiani, fece divampare tese manifestazioni di protesta in cui confluì anche l'amarezza per il risultato elettorale. Ad Abbadia San Salvatore, occupata dai manifestanti, furono fatte intervenire le autoblindo. La protesta rientrò a fatica; il Pci evitò di cadere nella trappola.
Archivio cinematografico LUCE, cinegiornale "La Settimana Incom", fotogrammi

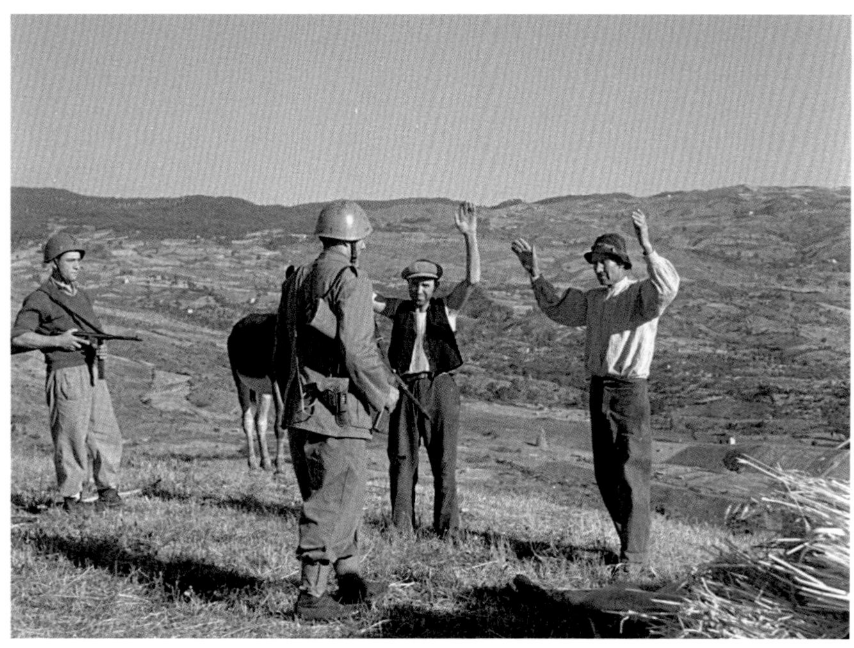

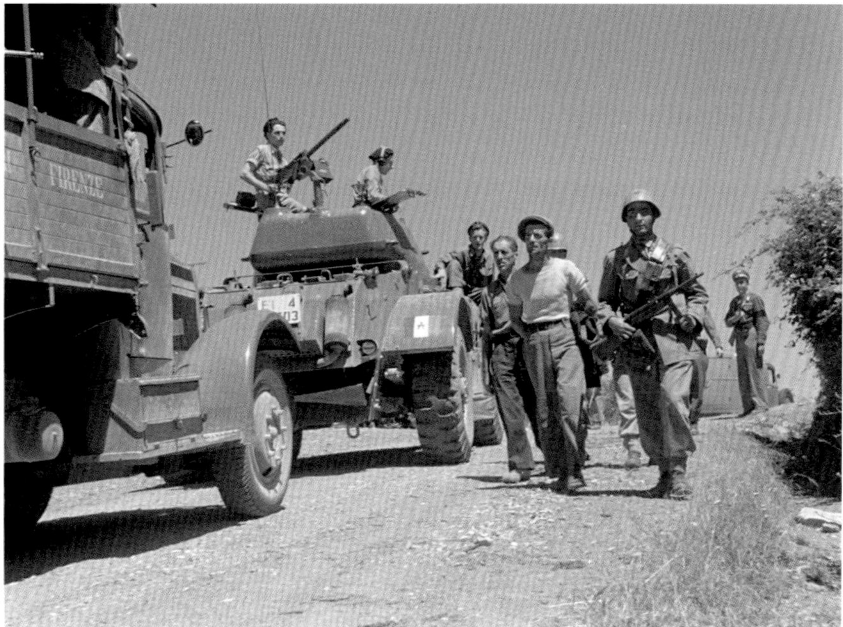

Disorder after the attack on Togliatti (14th July 1948). Using an armoured car in Abbadia San Salvatore (SI)
A few months after the defeat of the Popular Front in the political elections, the attack on Italian Communist leader Palmiro Togliatti led to tense demonstrations which also expressed the bitterness people felt over the election result. Armoured vehicles were brought in at Abbadia San Salvatore, which was occupied by demonstrators. The protest came to an end after some difficulties; the PCI managed to avoid falling into the trap.
Archivio cinematografico LUCE, newsreel *La Settimana Incom*, screenshots

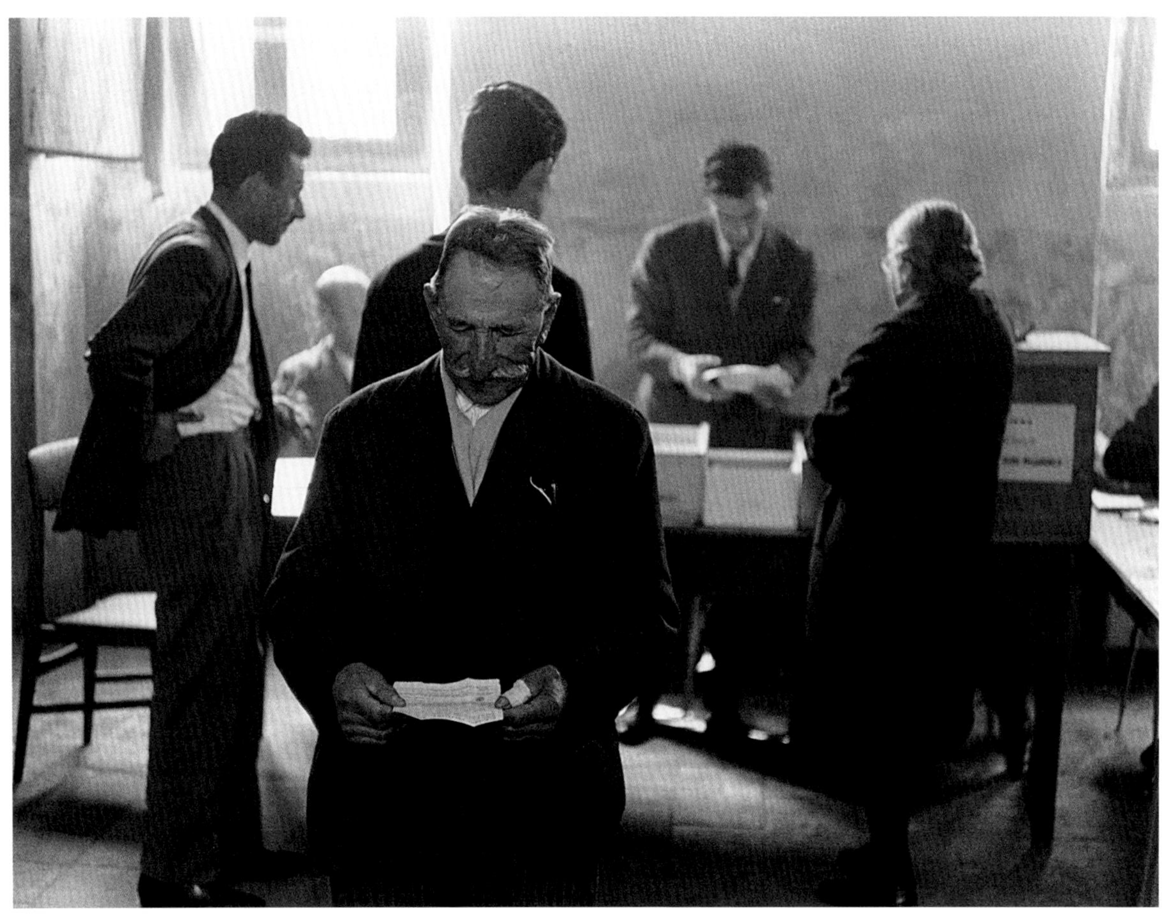

Pepi Merisio, Elezioni
Lo scetticismo del vecchio contadino. Ho votato, ho seguito le indicazioni, ma chissà…
Pepi Merisio, Bergamo

Pepi Merisio, Elections
The scepticism of the old farmer. I voted, I followed the instructions, but who knows…
Pepi Merisio, Bergamo

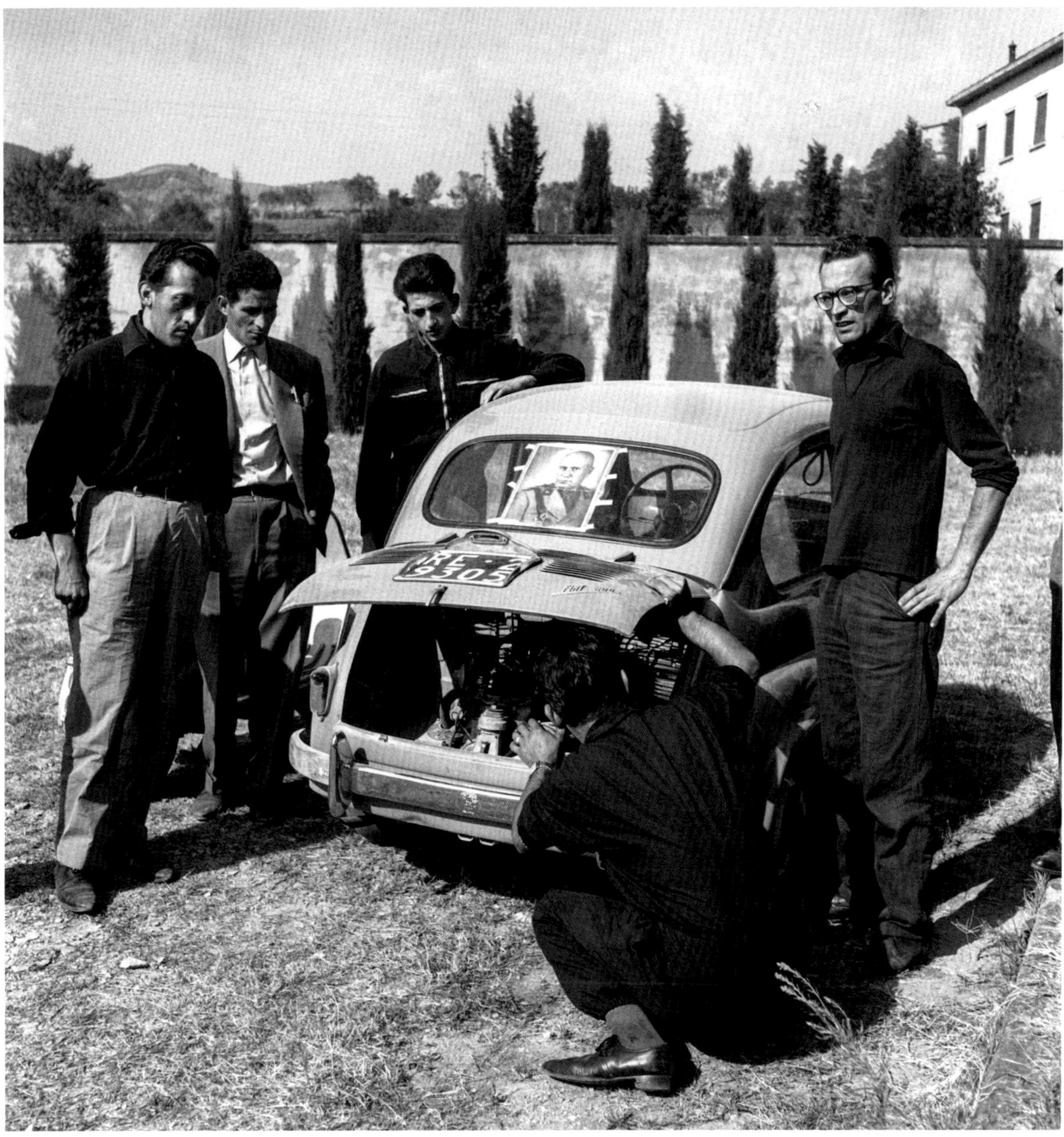

Neofascisti in panne. Predappio, 1957
Il governo guidato da Adone Zoli (conterraneo del duce) concesse nel 1957 che Benito Mussolini fosse sepolto nel paese di origine. Nacque così la frequentazione dei nostalgici e neofascisti nel piccolo paese romagnolo, diventato per loro luogo di culto, come lo è ancora oggi. Un guasto all'automobile, con tanto di ritratto mussoliniano sul lunotto, era un'eventualità deprecabile.
Archivio Fotografico Luce, Fondo VEDO

Neo-Fascists in a breakdown. Predappio, 1957
In 1957, the Government led by Adone Zoli (a man from the Duce's hometown) granted permission for Benito Mussolini to be buried in his country of origin. This is how the nostalgic and the Neo-Fascists came to frequent the small town of Romagna, which became a sort of place of pilgrimage for them, as it still is today. The car breaking down, complete with Mussolini's portrait on the rear window, was a shameful occurrence.
Archivio Fotografico Luce, Fondo VEDO

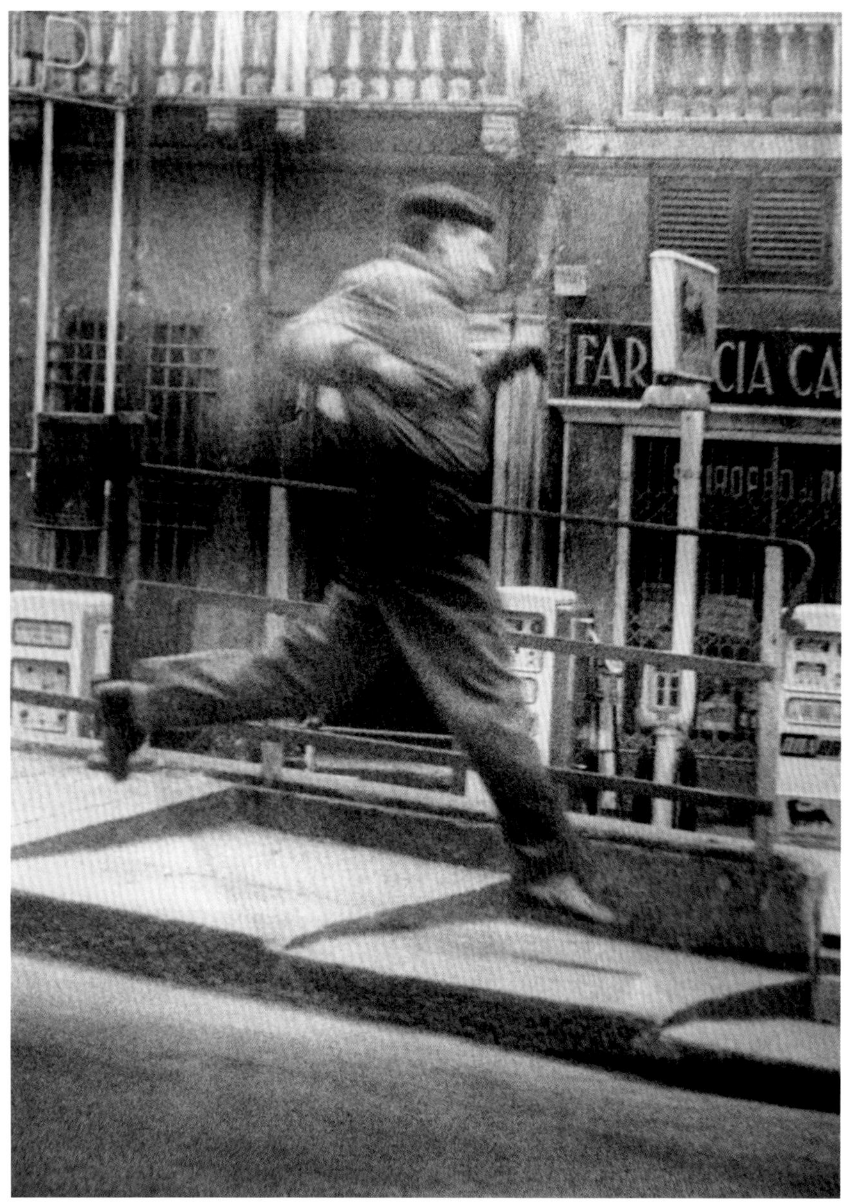

Tafferugli al termine di un comizio del MSI. Genova, 1958
Spesso nelle manifestazioni di piazza contrastate o contenute dalle forze dell'ordine nascevano tafferugli, e poi un fuggi fuggi in cui i manifestanti si mescolavano con i passanti per non farsi arrestare. Frequentemente gli uni erano scambiati per gli altri, e viceversa.
Centro Studi e Archivio della Comunicazione dell'Università di Parma, Fondo Publifoto

Scuffles at the close of an MSI meeting. Genoa, 1958
Street brawls often broke out during demonstrations against, or contained by, the forces of law and order, as in this neo-fascist rally in Genoa. A stampede would ensue, in which demonstrators mingled with by-standers in order to escape arrest. Demonstrators would often be taken for by-standers, and vice versa.
Centro Studi e Archivio della Comunicazione dell'Università di Parma, Fondo Publifoto

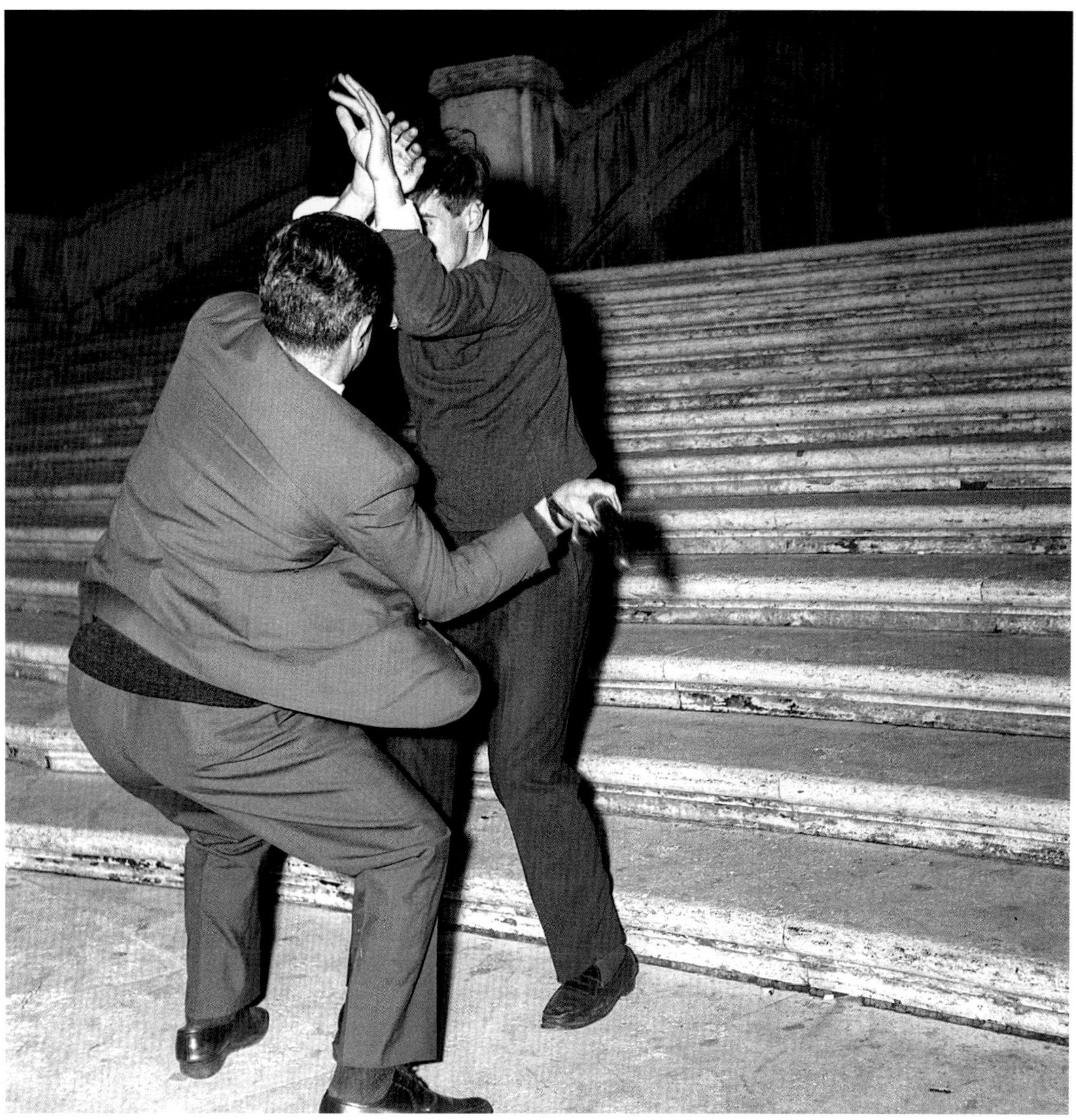

Poliziotto in borghese con sfollagente, 1962
Una rara immagine scattata a suo tempo da un fotografo dell'agenzia VEDO (Visioni Editoriali Diffuse Ovunque).
Archivio Fotografico Luce, Fondo Vedo

Plainclothes policeman with truncheon, 1962
A rare image taken by a photographer from the VEDO (lit. Editorial Visions Disseminated Everywhere) Agency.
Archivio Fotografico Luce, Fondo Vedo

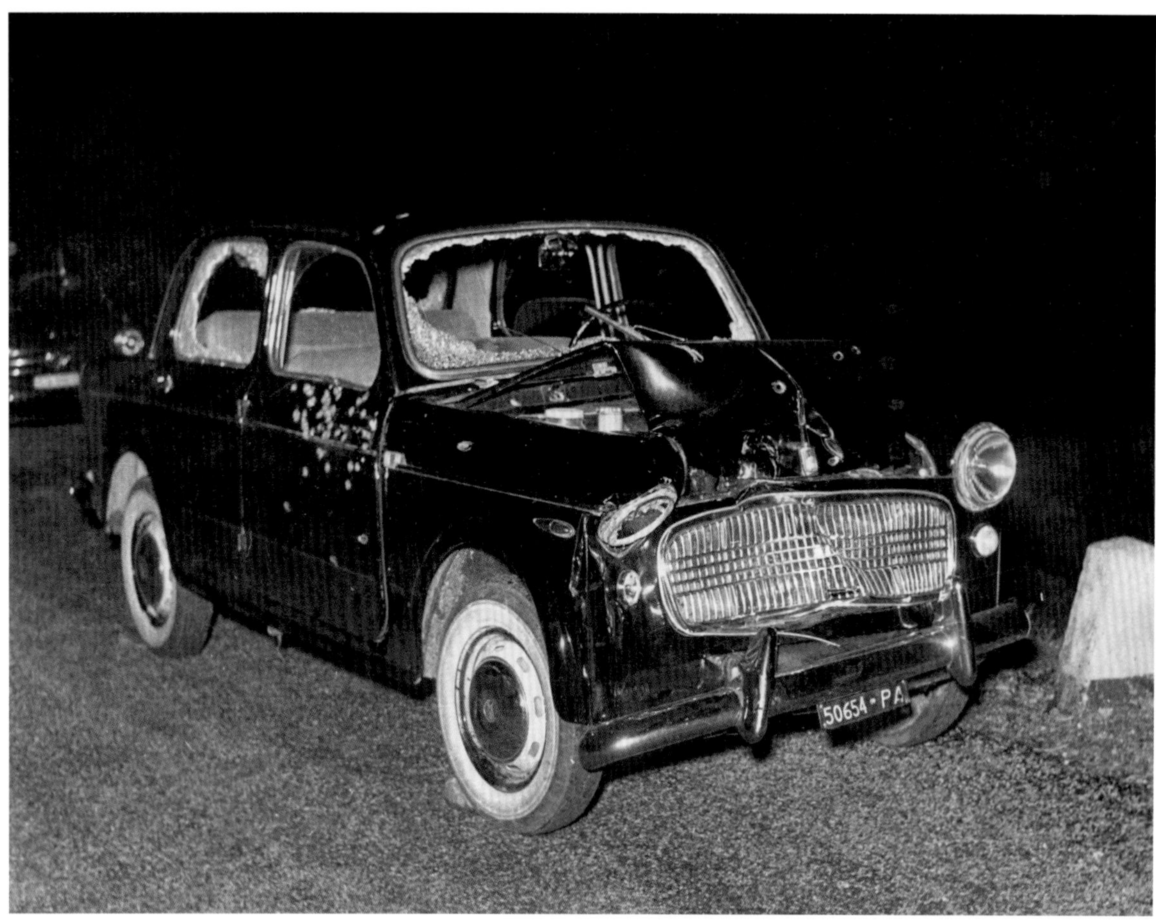

Per la prima volta la mafia uccide un medico, Michele Navarra, 1958
Un salto di qualità per la mafia siciliana, che coinvolge adesso anche i "colletti bianchi". L'atteggiamento da tenere nei confronti della malavita organizzata divide le forze politiche.
Centro Studi e Archivio della Comunicazione dell'Università di Parma, Fondo Publifoto

The mafia kills a doctor the first time, Michele Navarra, 1958
A whole new level for the Sicilian mafia, which now also involves white-collar workers. The attitude to be taken towards organized crime divides the political forces.
Centro Studi e Archivio della Comunicazione dell'Università di Parma, Fondo Publifoto

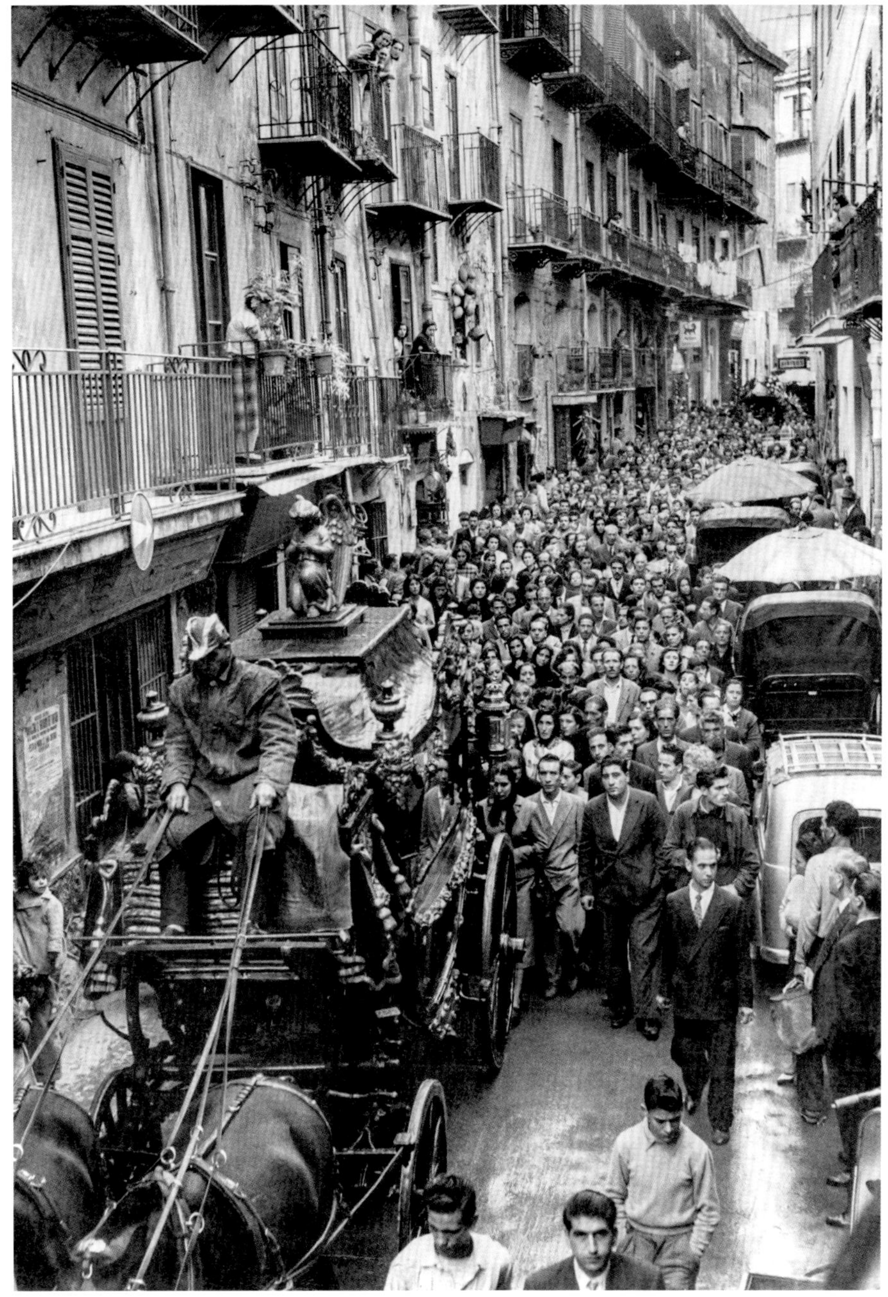

Funerale a Palermo, 1960
Il controllo del territorio si esprime anche in cerimonie pompose e affollate come questa.
Centro Studi e Archivio della Comunicazione dell'Università di Parma, Fondo Publifoto

Funeral in Palermo, 1960
Control of the territory was also expressed through pompous crowd-pulling ceremonies like this one.
Studi e Archivio della Comunicazione dell'Università di Parma, Fondo Publifoto

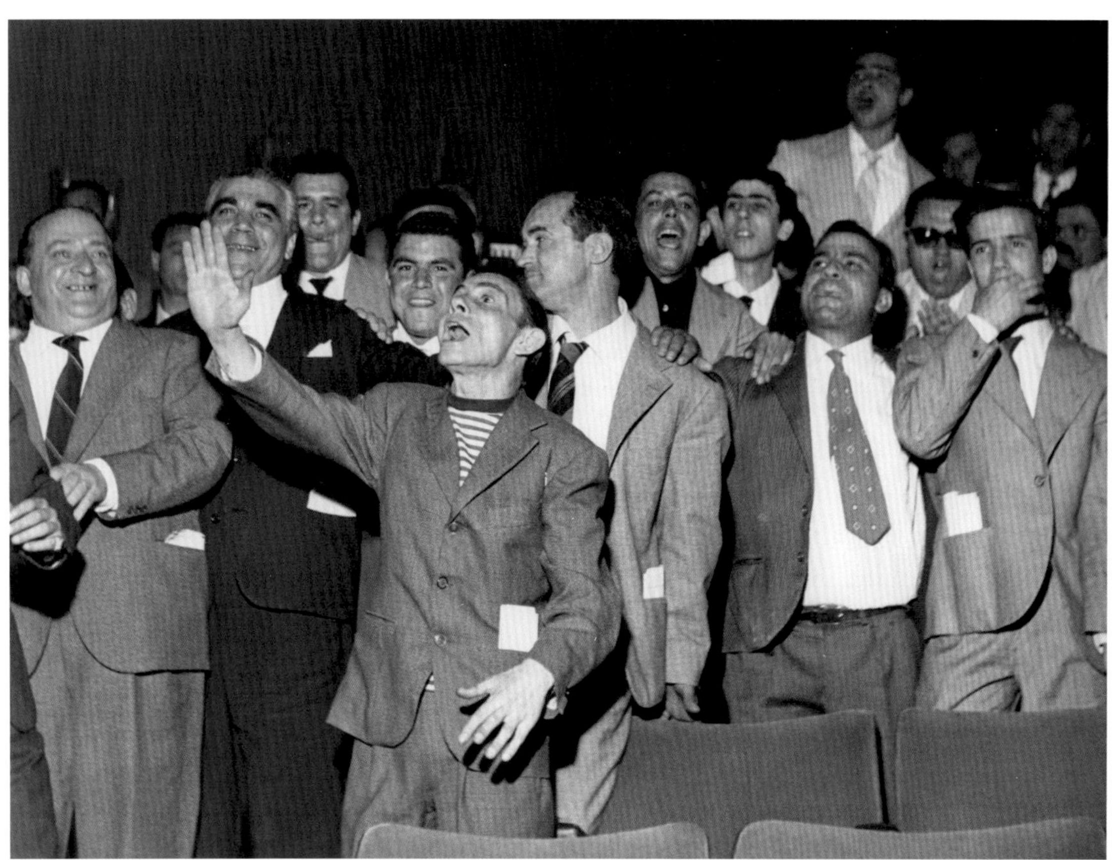

Proteste al Festival di Napoli, 1959
La canzone napoletana ha una centralità nel panorama melodico dell'epoca, e il Festival della Canzone napoletana ne è il tempio, ma ciascuno fa il tifo per i propri beniamini.
Centro Studi e Archivio della Comunicazione dell'Università di Parma, Fondo Publifoto

Protests at the Naples Film Festival, 1959
The Neapolitan song held centre stage in the melodic music scene of the period, and the Festival of Neapolitan Song was its temple, but everyone supported his own hero.
Centro Studi e Archivio della Comunicazione dell'Università di Parma, Fondo Publifoto

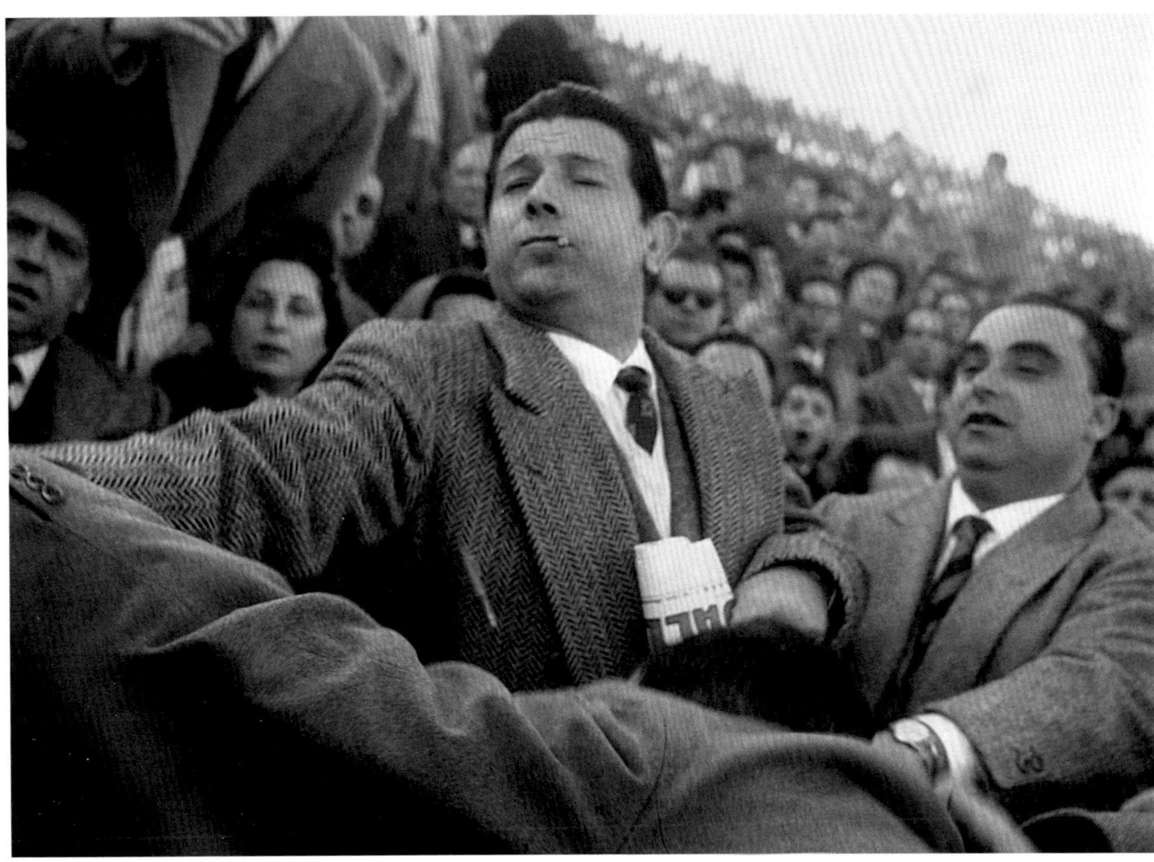

Discussioni allo stadio. Roma, 1957
Il calcio diventa in era televisiva lo sport più importante e meglio rappresentato sullo schermo. Il tifo calcistico ha una sempre maggiore presenza e legittimazione, con forti contrasti specie nelle città in cui vi sono due squadre (come Milano, Torino, Genova, Roma).
Centro Studi e Archivio della Comunicazione dell'Università di Parma, Fondo Publifoto

Disputes at the stadium. Rome, 1957
With the advent of the television era, football became the most important, and best represented, sport on the screen. Here, football fans were given increasing space and legitimacy, and there was much rivalry, especially in cities with two teams (such as Milan, Turin, Genoa, and Rome).
Centro Studi e Archivio della Comunicazione dell'Università di Parma, Fondo Publifoto

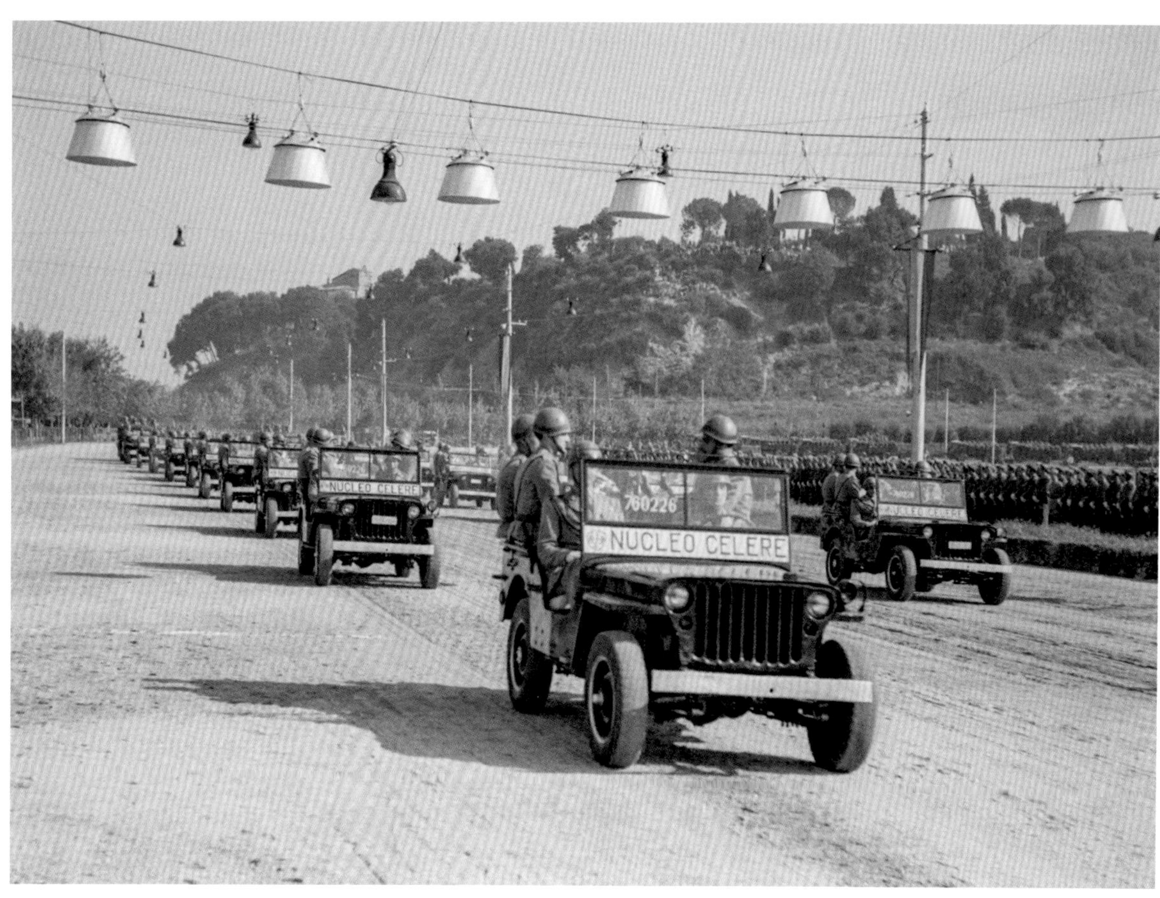

La Celere
È un corpo scelto della Polizia, specializzato nel contrasto alle manifestazioni di piazza, che si sposta velocemente da una città all'altra. Nel dopoguerra farà largo uso delle Jeep lasciate dagli eserciti alleati per disperdere le folle, un compito prima svolto dalla cavalleria.
Archivio Fotografico LUCE, Fondo Attualità

La Celere riot police
La Celere (lit. The Fast Unit) is a crack police corps, specialized in handling street demonstrations. It moves quickly from one city to another. After the war, they made extensive use of the Jeeps left by the Allied armies to disperse the crowds, a task previously carried out by the cavalry.
Archivio Fotografico LUCE, Fondo Attualità

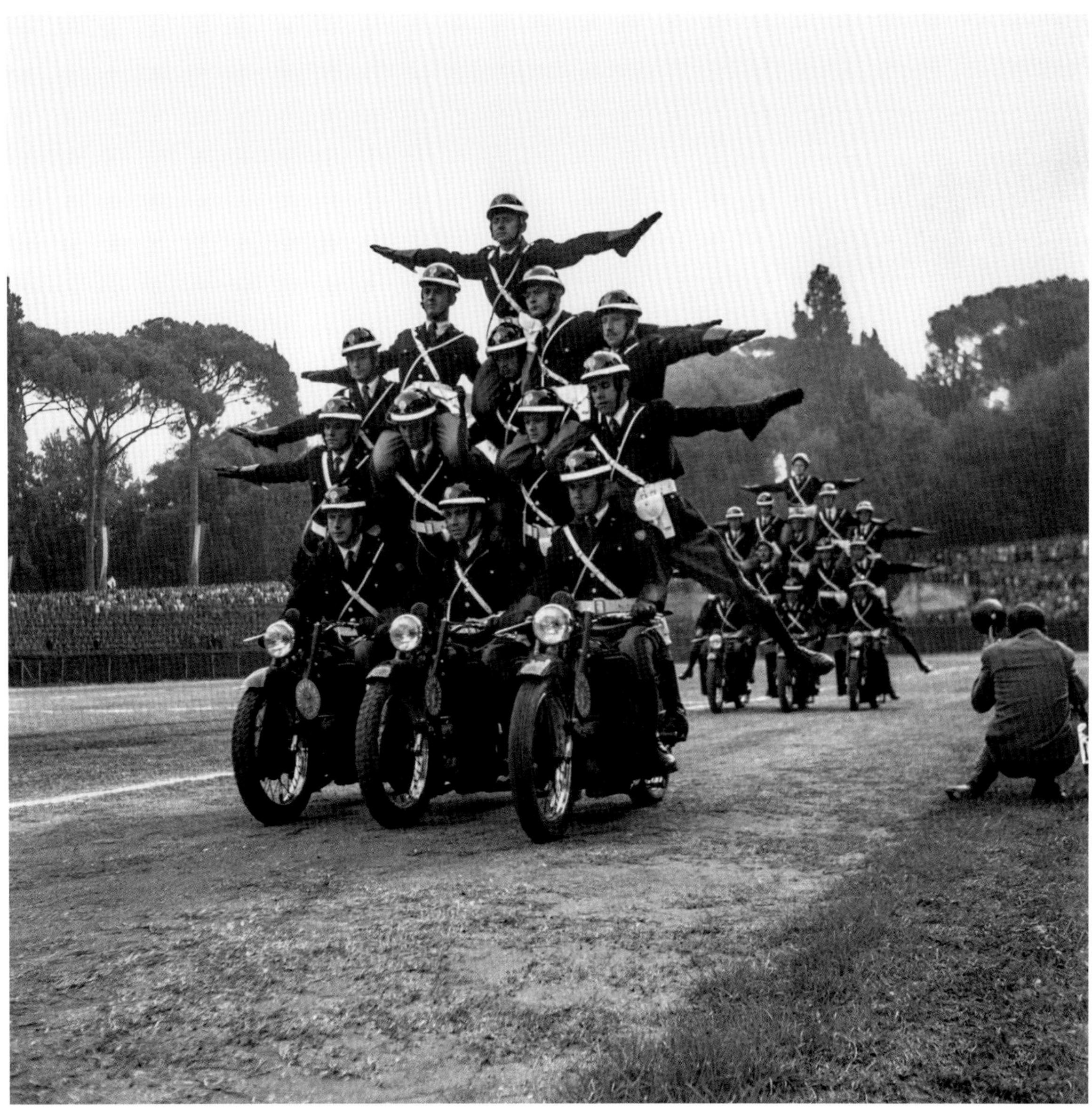

Motociclisti acrobatici alla Festa della Polizia
Se la Celere è temuta dai manifestanti, la Polizia ha i suoi estimatori e la Festa annuale è l'occasione per applaudirla.
Archivio Fotografico LUCE, Fondo VEDO

Stunt riders at the police festival
Although the Celere was feared by demonstrators, the police force also had its admirers, and the annual festival was an opportunity to applaud it.
Fotografico LUCE, Fondo VEDO

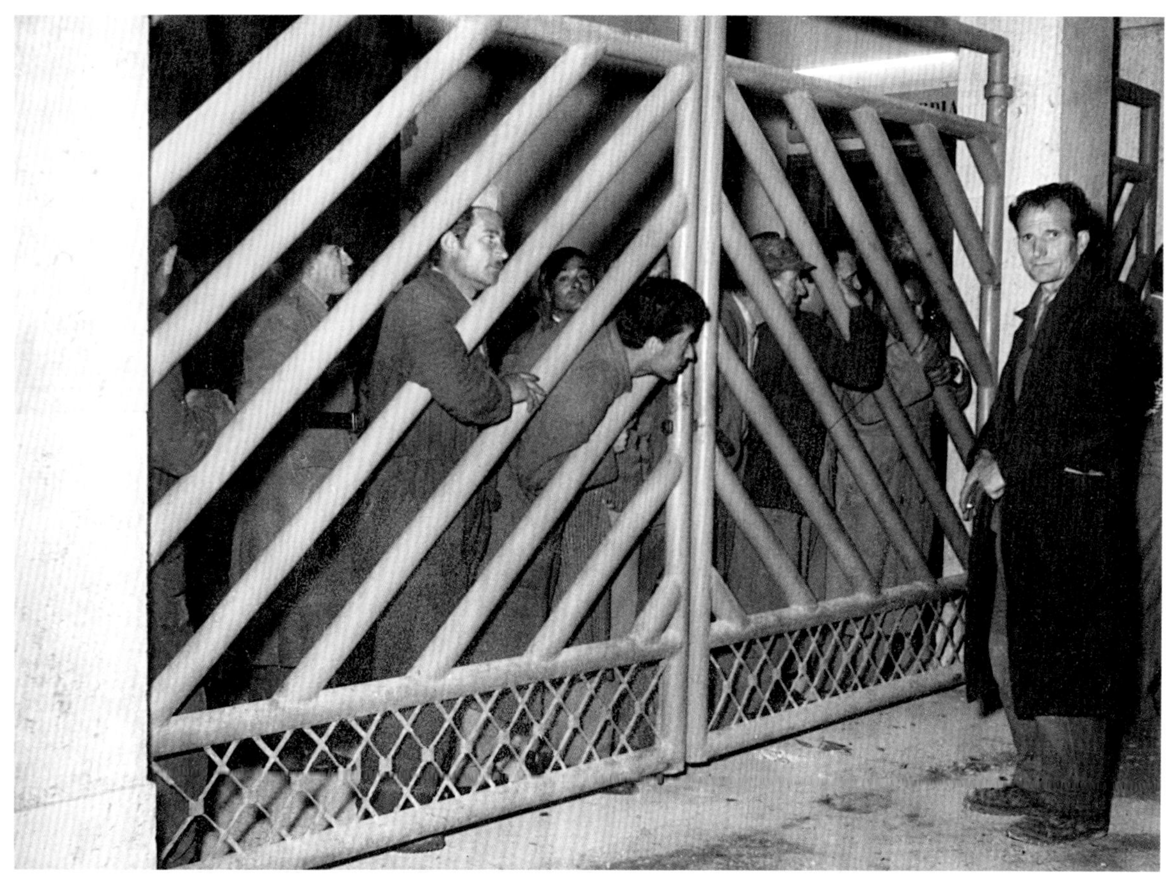

Gli operai hanno occupato la fabbrica. Bagni di Tivoli, 1958
I conflitti di lavoro all'epoca sono frequenti e aspri; talvolta l'occupazione dello stabilimento è l'ultima possibilità. La fabbrica è qui il Polverificio Stacchini (fabbrica di munizioni) a Tivoli, poi dismesso, oggi un'enorme discarica e baraccopoli di disperati.
Centro Studi e Archivio della Comunicazione dell'Università di Parma, Fondo Publifoto

The workers take over the factory. Bagni di Tivoli, 1958
Labour conflicts at this time were frequent and acrimonious; occupation of the factory was sometimes the last resort. The factory here is the later abandoned Polverificio Stacchini, an ammunition factory. Today it is a vast dump and shantytown for the desperate.
Centro Studi e Archivio della Comunicazione dell'Università di Parma, Fondo Publifoto

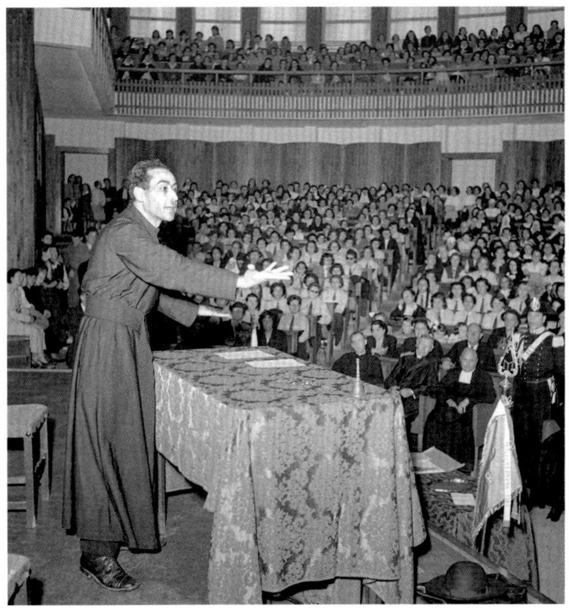

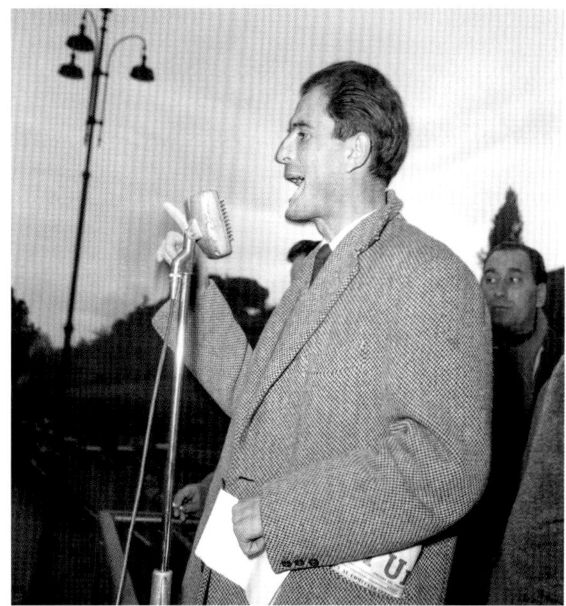

Gli oratori
Grandi differenze di pubblico e di stile tra l'oratore cattolico e il comunista.
Archivio Fotografico LUCE, Fondi Attualità [sin.] e VEDO

Speakers
Remarkable differences between the audiences and style of Catholic and Communist speakers.
Fotografico LUCE, Fondi Attualità [sin.] e VEDO

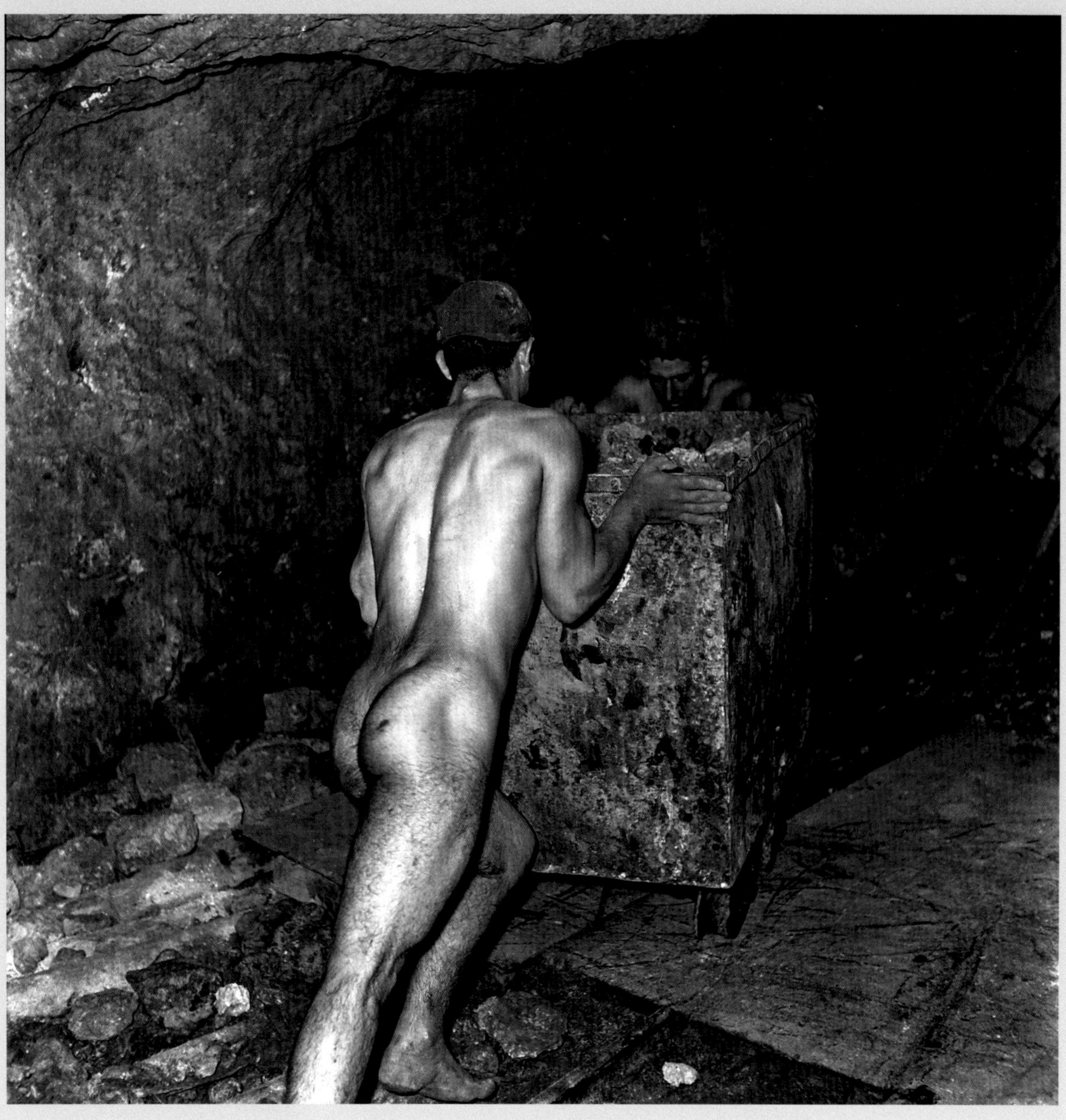

In miniera
Fotografia di Fulvio Roiter
Le forme estreme del lavoro sotterraneo, con un caldo soffocante.
Fondazione Fulvio Roiter

Down the Mine
Photo by Fulvio Roiter
Extreme forms of underground work in suffocating heat.
Fondazione Fulvio Roiter

Italia Mia

I rapidi cambiamenti degli anni Cinquanta si confrontano con un Paese per molti tratti ancora arcaico, con profonde differenze fra sud e nord e tra città e campagna, tra singole regioni e una molteplicità di dialetti e tradizioni locali. Dal sud molti giovani emigrano in Germania, Belgio, Svizzera in cerca di lavoro, o varcano ancora l'oceano verso le due Americhe.

I cambiamenti impattano con gerarchie sociali e costumi consolidati; discendono da atti decisi dall'alto, in un processo decisionale privo di alternative e di contrappesi. Si affermano perché offrono lavoro e sono promossi con forza dall'amministrazione statale e dall'industria sia pubblica che privata, avvalendosi dei fondi e delle tecnologie del piano Marshall; ma si realizzano con una strana miscela di innovazione e antiche subalternità. Alcune istituzioni statali rimangono quasi immutate. Tra esse, la giustizia e la prigione.

Homeland

The rapid changes of the fifties are in sharp contrast with a country that, in many respects, still lives in the past. There are profound differences between North and South, and between urban and rural areas, as well as the various regions with their wealth of dialects and local traditions. Many young people from the South emigrate to Germany, Belgium, and Switzerland in search of work, or continue to cross the ocean to North and South America.

The changes clash with the established social hierarchies and customs; they stem from measures decided from above in a decision-making process that admits of no alternative or review. They are able to assert themselves because they provide jobs and are strongly promoted by both the Government and public and private enterprise, exploiting capital and technology brought by the Marshall Plan. Yet they do so with a strange mixture of innovation and ingrained subordination. Some State institutions, such as the justice and prison systems remain almost unchanged however.

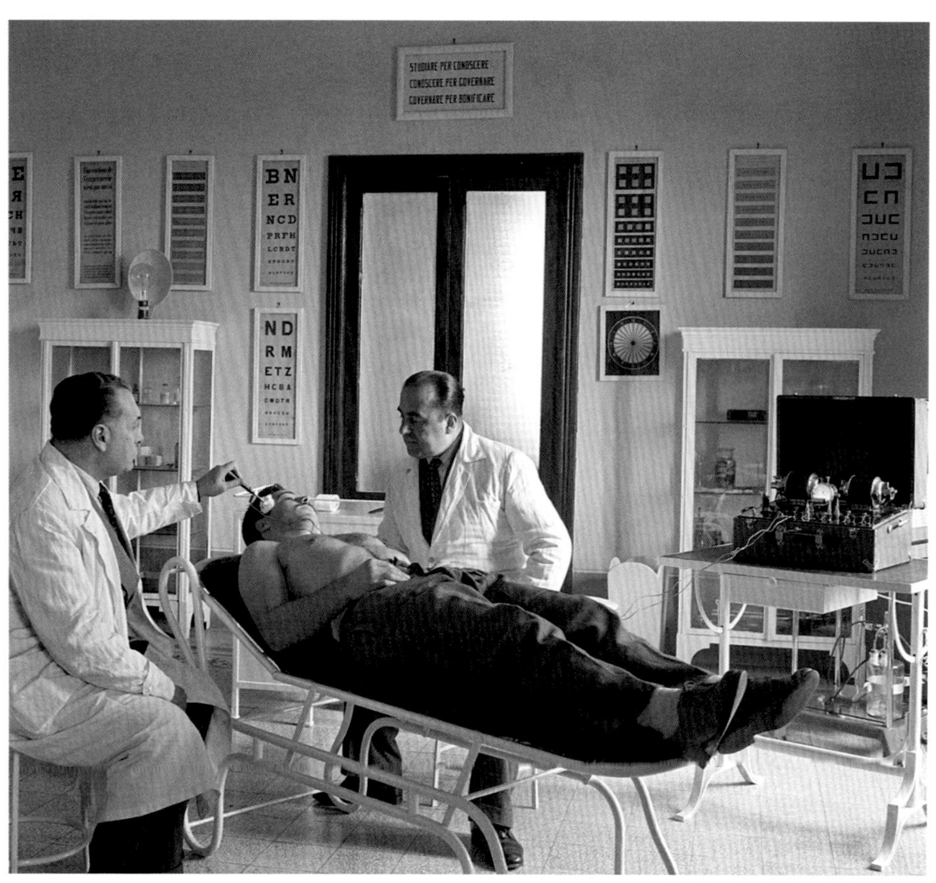

Manicomio criminale di Aversa. Elettroshock, 1951
Al servizio della cura o della sorveglianza e della punizione?
Archivio Fotografico Luce, Fondo Giustizia

Criminal asylum in Aversa. Electroshock, 1951
A care service or a system of surveillance and punishment?
Archivio Fotografico Luce, Fondo Giustizia

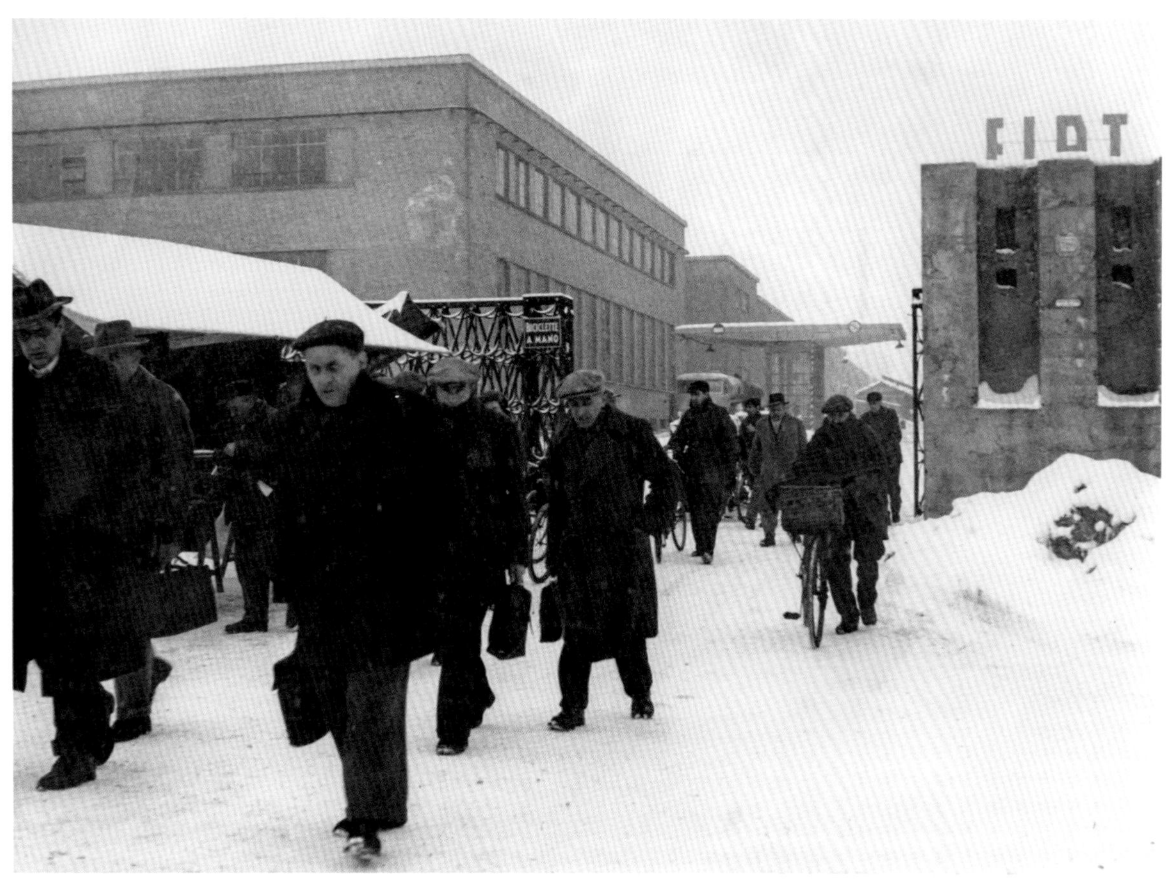

L'uscita degli operai dalle officine Fiat di Torino
In mezzo alla neve.
Centro Studi e Archivio della Comunicazione dell'Università di Parma, Fondo Publifoto

The workers leaving the Fiat workshops in Turin
In the snow.
Studi e Archivio della Comunicazione dell'Università di Parma, Fondo Publifoto

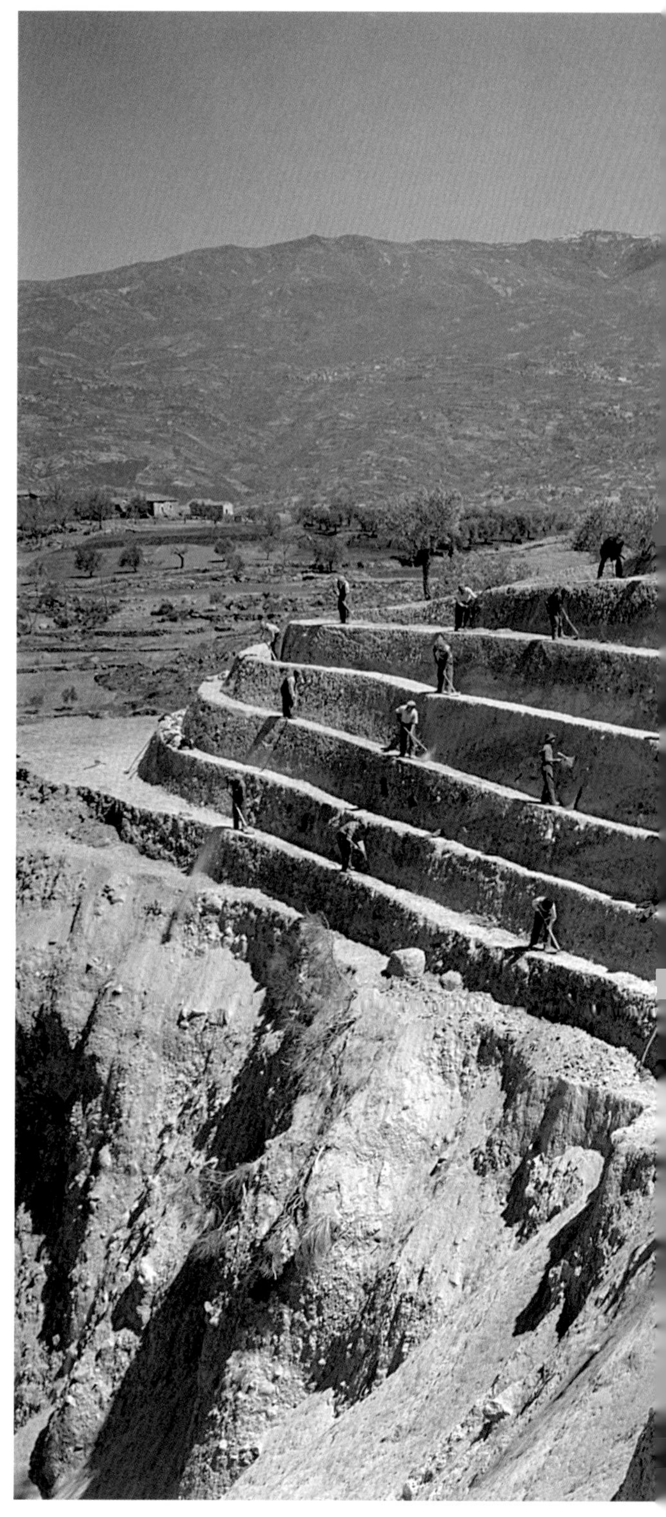

Lavori forestali in Calabria promossi dalla Cassa del Mezzogiorno, 1951
Si tenta di trasformare la natura, ma l'aspetto è quello di un girone infernale.
Archivio Fotografico Luce, Fondo Attualità

Forestry work in Calabria promoted by the Cassa del Mezzogiorno funds for the South, 1951
Attempts are made to transform nature, but the scene looks like something from Dante's Inferno.
Fotografico Luce, Fondo Attualità

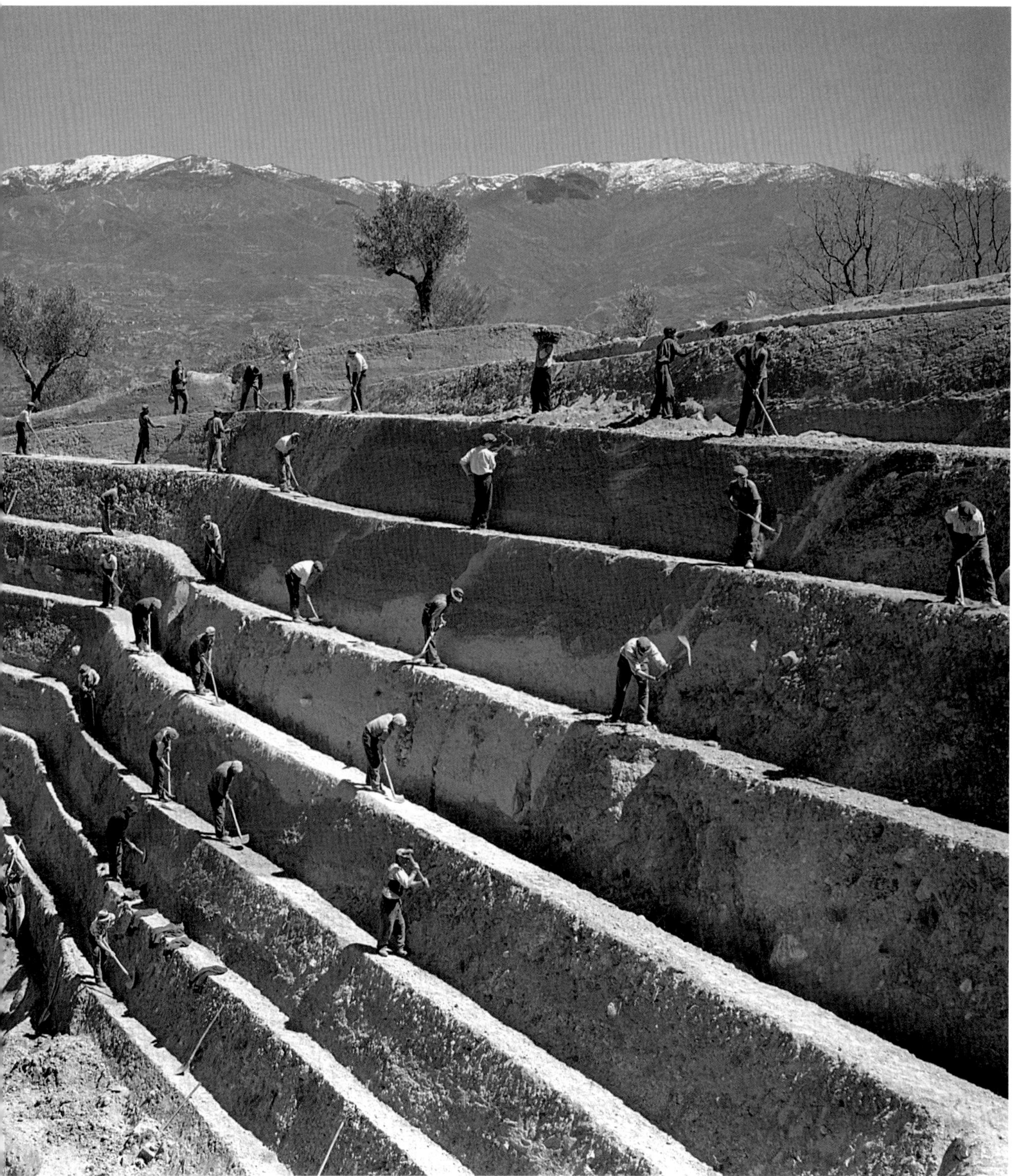

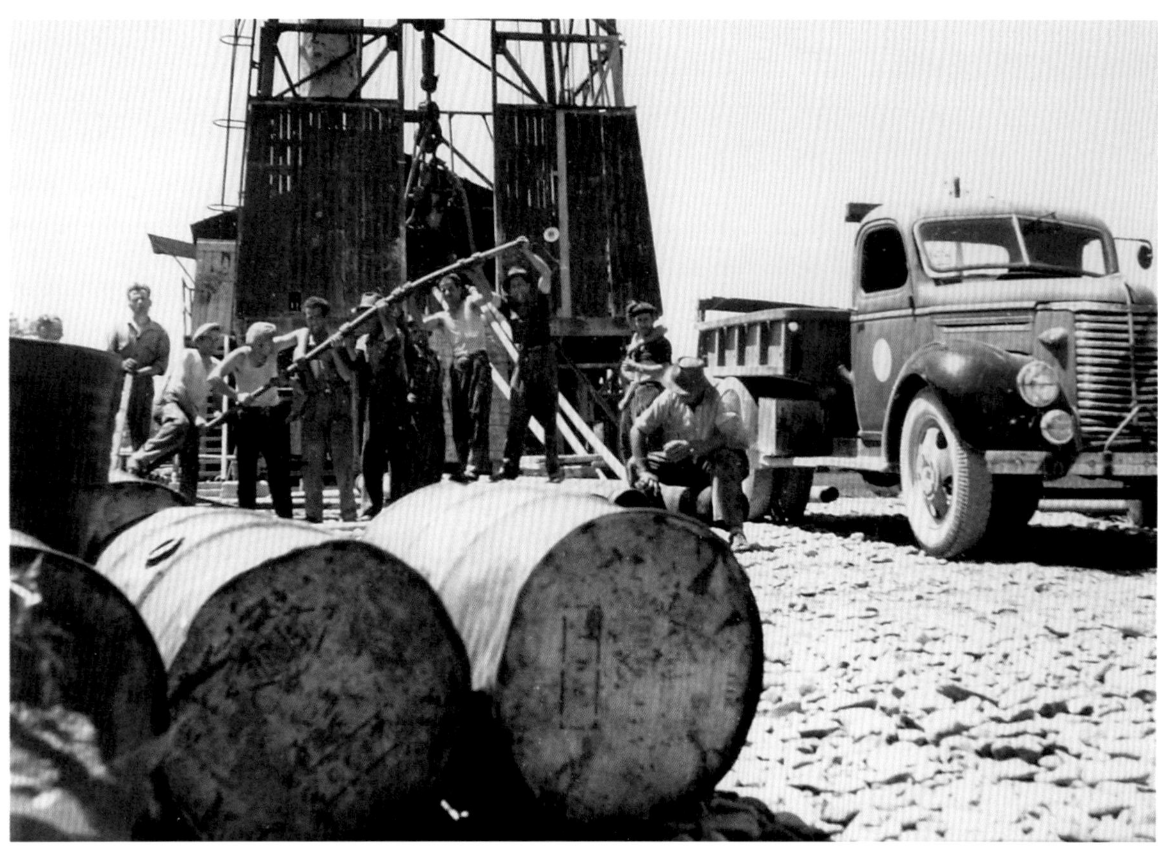

Escavazioni petrolifere dell'AGIP a Cortemaggiore (CR), 1950
Fotografia di Bruno Munari
La liquidazione dell'Agip (ex ente autarchico del fascismo) sarà scongiurata grazie a ritrovamenti di Cortemaggiore. Per molti anni il carburante dell'Agip si chiamerà "Supercortemaggiore, la potente benzina italiana".
Fondazione Massimo e Sonia Cirulli, San Lazzaro di Savena (BO), Fondo Bruno Munari

AGIP Oil Excavations in Cortemaggiore (CR), 1950
Photo by Bruno Munari
Agip (a former autarkic company from the Fascist period) avoided going into receivership thanks to the discovery of oil and gas at Cortemaggiore. For many years, Agip fuel would be called "Supercortemaggiore, the powerful Italian gasoline".
Fondazione Massimo e Sonia Cirulli, San Lazzaro di Savena (BO), Fondo Bruno Munari

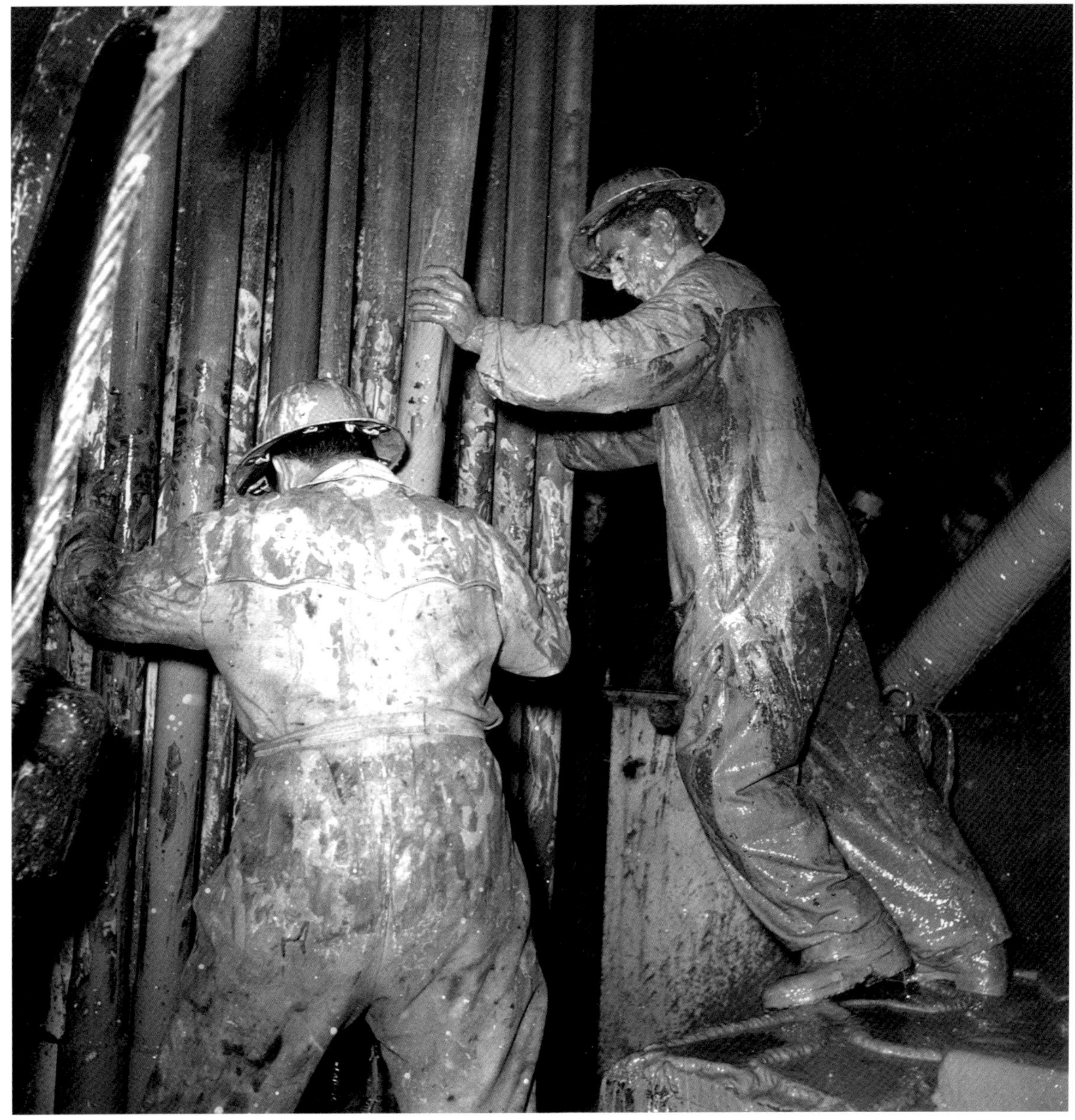

Alla ricerca di idrocarburi. Trivellazioni Agip a Sant'Arcangelo di Romagna (RN), 1956
Enrico Mattei sfida il monopolio delle "sette sorelle" del petrolio. Ma è un lavoro durissimo.
Archivio storico Eni

In search of oil and gas. Agip drilling in Sant'Arcangelo di Romagna (RN), 1956
Enrico Mattei challenges the monopoly of the "seven sisters" of oil. But it is a very strenuous task.
Archivio storico Eni

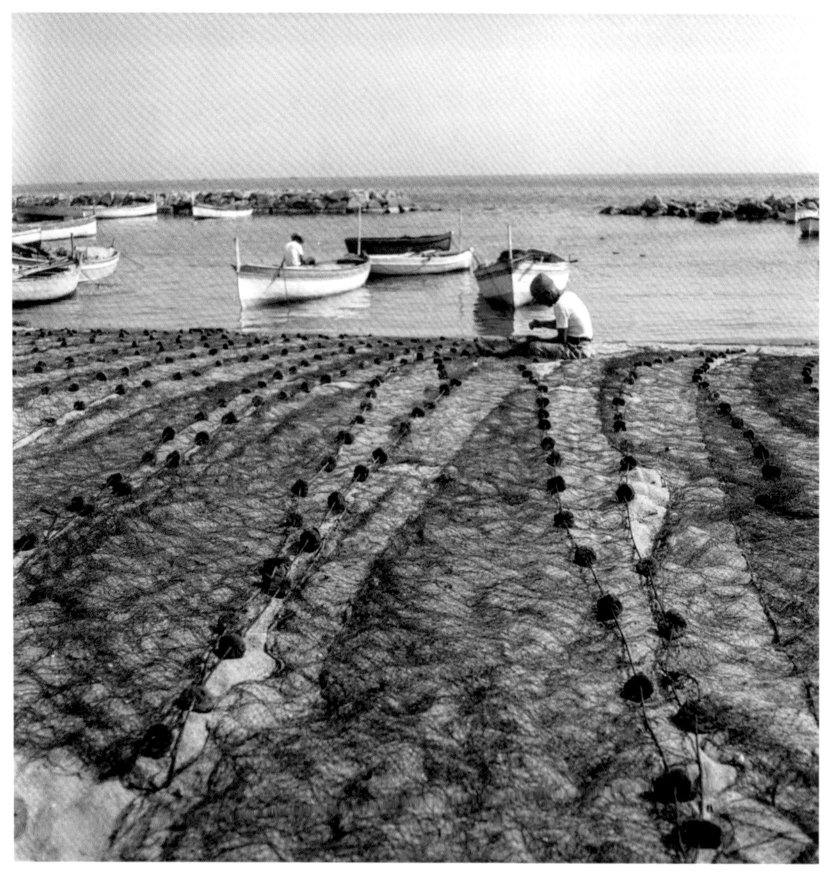

Pescatori. Campania, 1957
I vecchi mestieri resistono. Si riparano le reti in riva al mare.
Archivio Fotografico Luce, Fondo VEDO

Fishermen. Campania, 1957
The old trades persist. Repairing nets by the sea.
Archivio Fotografico Luce, Fondo VEDO

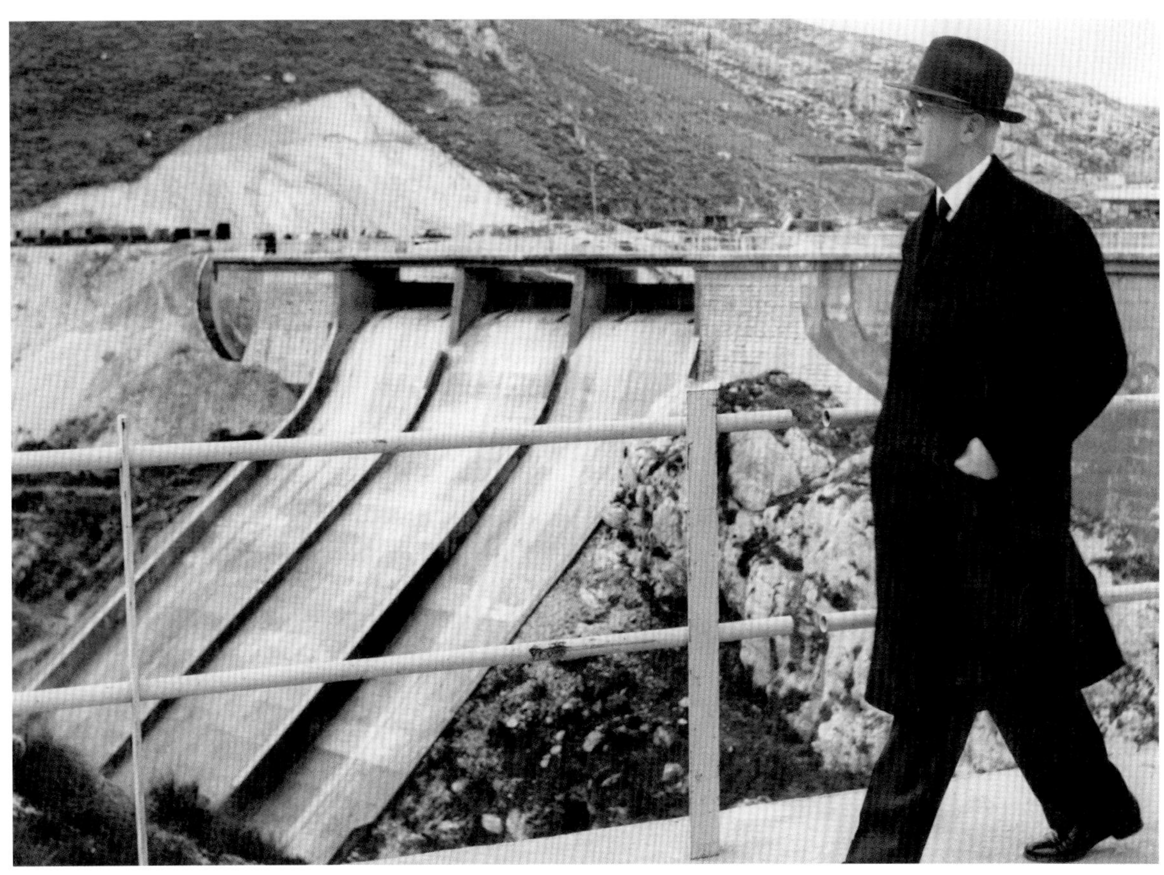

Mr Parker in visita al nuovo bacino artificiale del Carboi (AG), 1952
Non è stato rintracciato chi fosse Mr Parker, ma certo il suo sorriso esprimeva soddisfazione per il lavoro fatto dagli italiani grazie agli aiuti del Piano Marshall.
Centro Studi e Archivio della Comunicazione dell'Università di Parma, Fondo Publifoto

Mr Parker visiting the new Carboi reservoir (AG), 1952
The identity of Mr Parker has never been ascertained, but his smile certainly expressed satisfaction for the work done by Italians thanks to the help of the Marshall Plan.
Centro Studi e Archivio della Comunicazione dell'Università di Parma, Fondo Publifoto

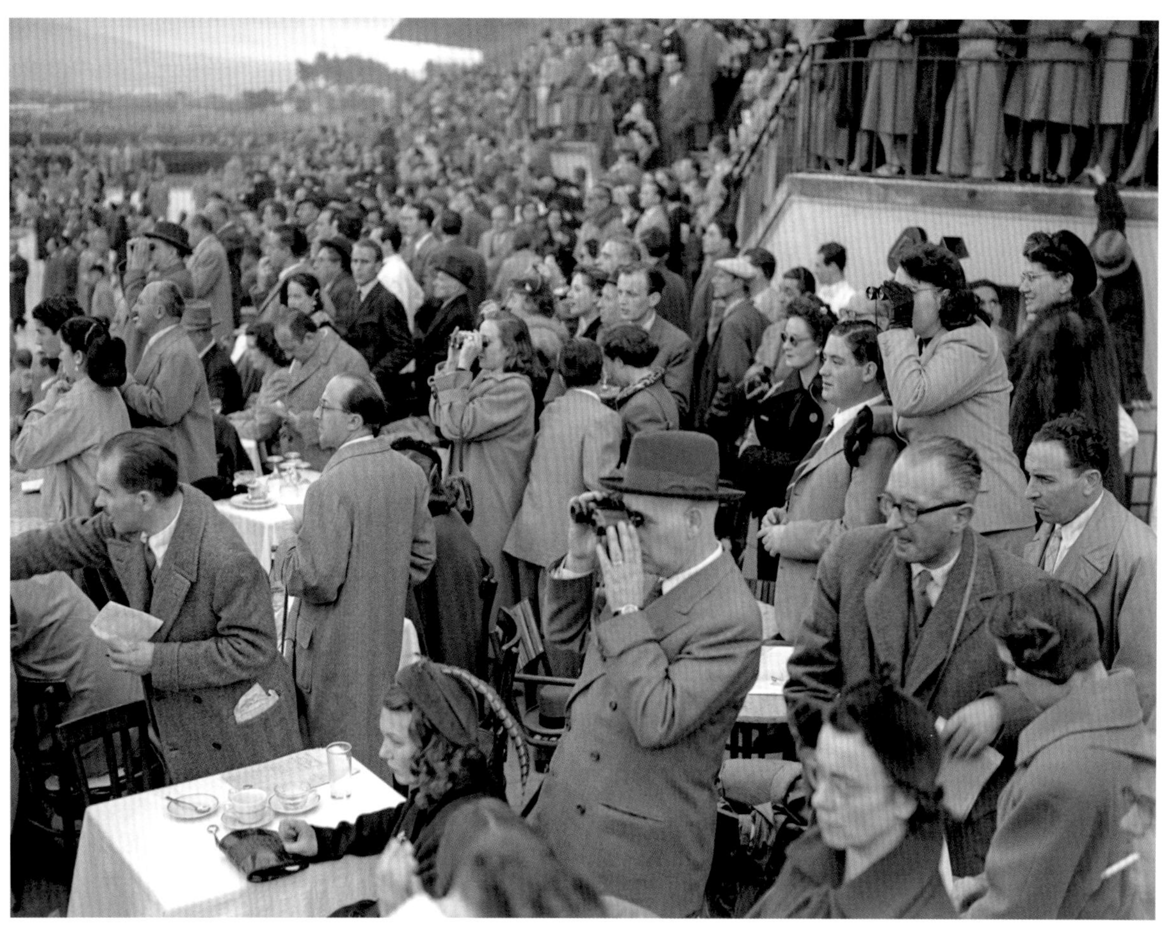

Alle corse, 1950
Riti borghesi all'ippodromo. Le scommesse sui cavalli hanno anche un seguito popolare.
Archivio Fotografico Luce, Fondo Attualità

At the races, 1950
The rituals of the bourgeoisie at the racecourse. Betting on horses also had a following among the working classes.
Archivio Fotografico Luce, Fondo Attualità

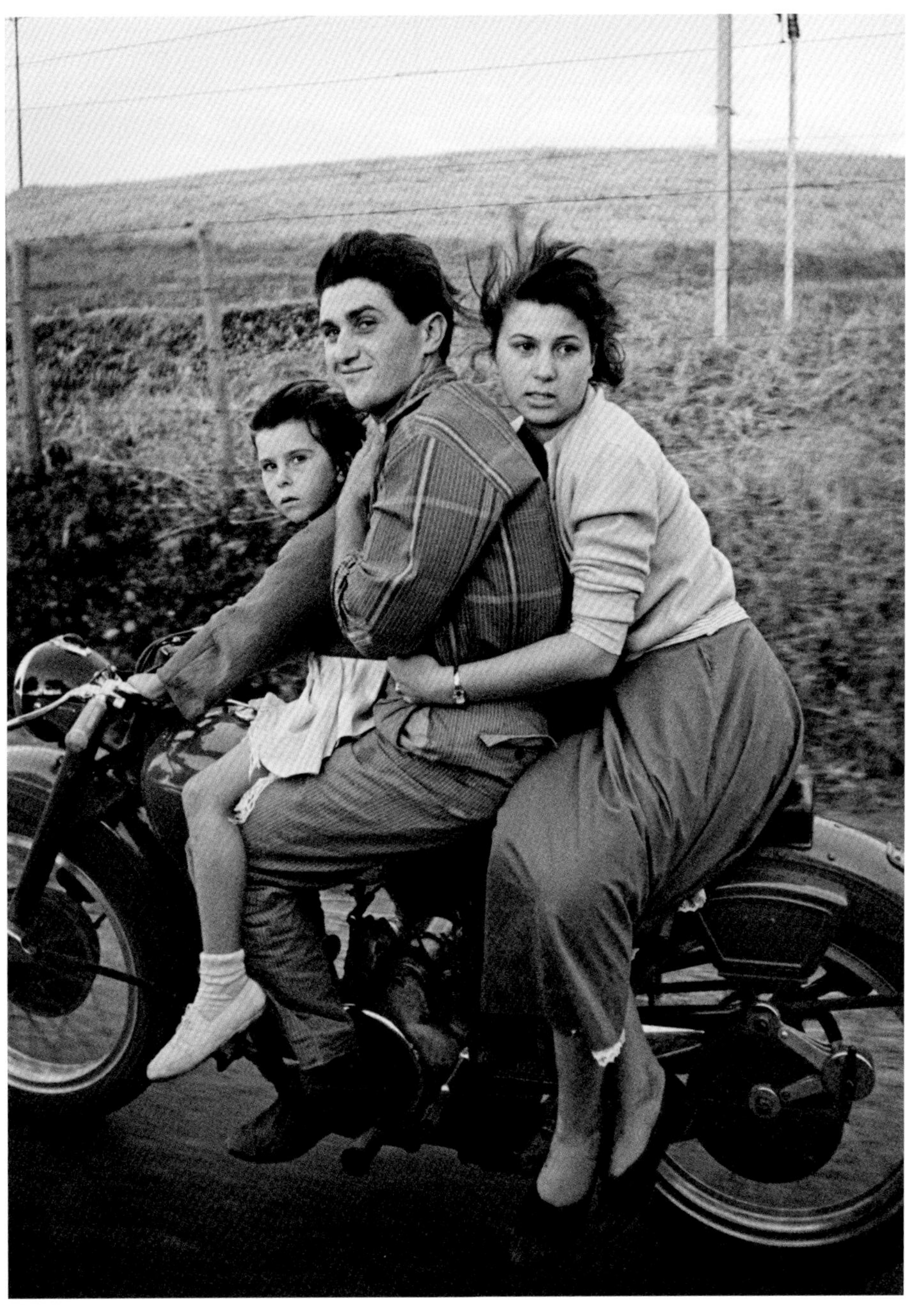

Famiglia in moto, 1956
Fotografia di William Klein
Una gita domenicale per tutta la famiglia, con pochi soldi, sulla moto.
William Klein

Family on the motorbike, 1956
Photo by William Klein
A low-cost Sunday trip on a motorbike for the whole family.
William Klein

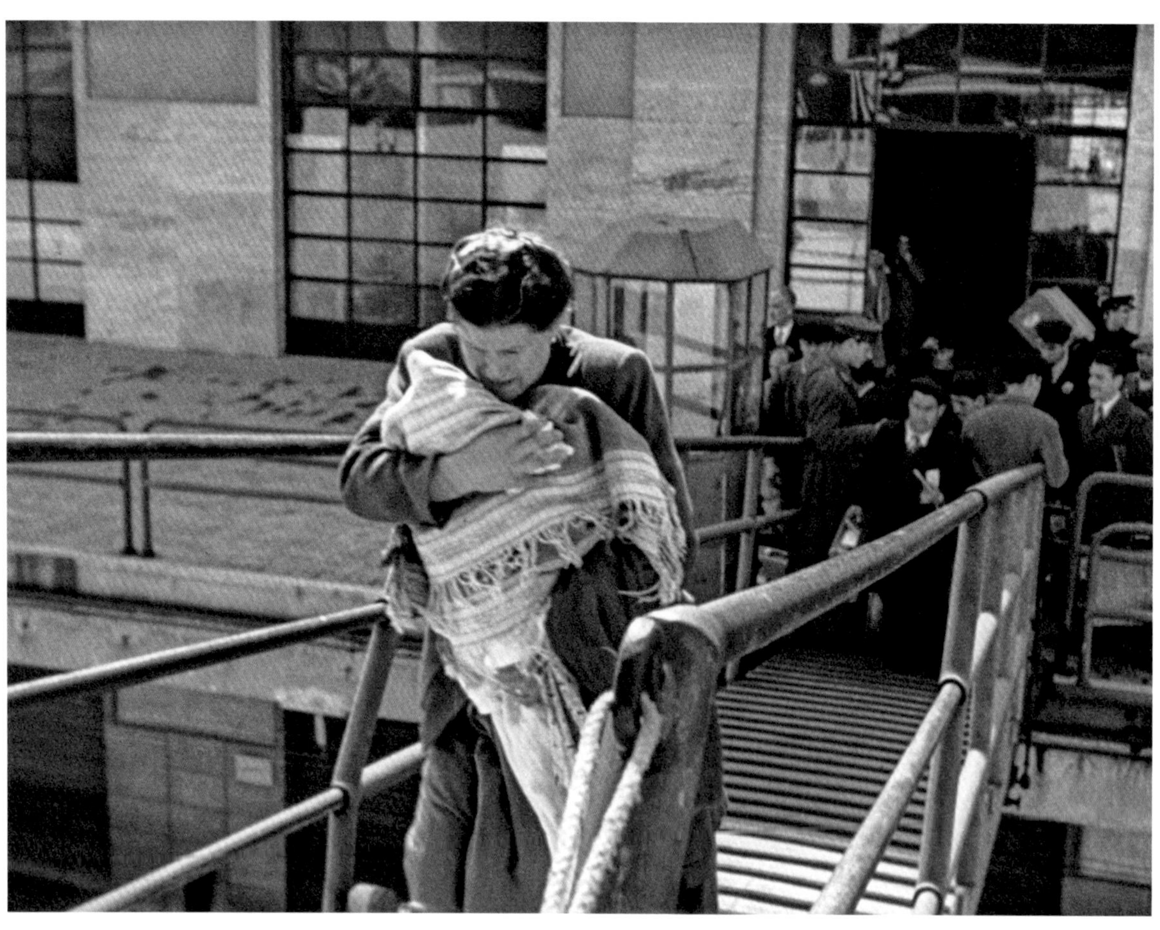

Il viaggio degli emigranti verso le Americhe
Partono i bastimenti, per terre assai lontane.
Archivio Fotografico Luce, Fondo Cinema

Emigrants heading off to the Americas
Ships depart for faraway lands.
Archivio Fotografico Luce, Fondo Cinema

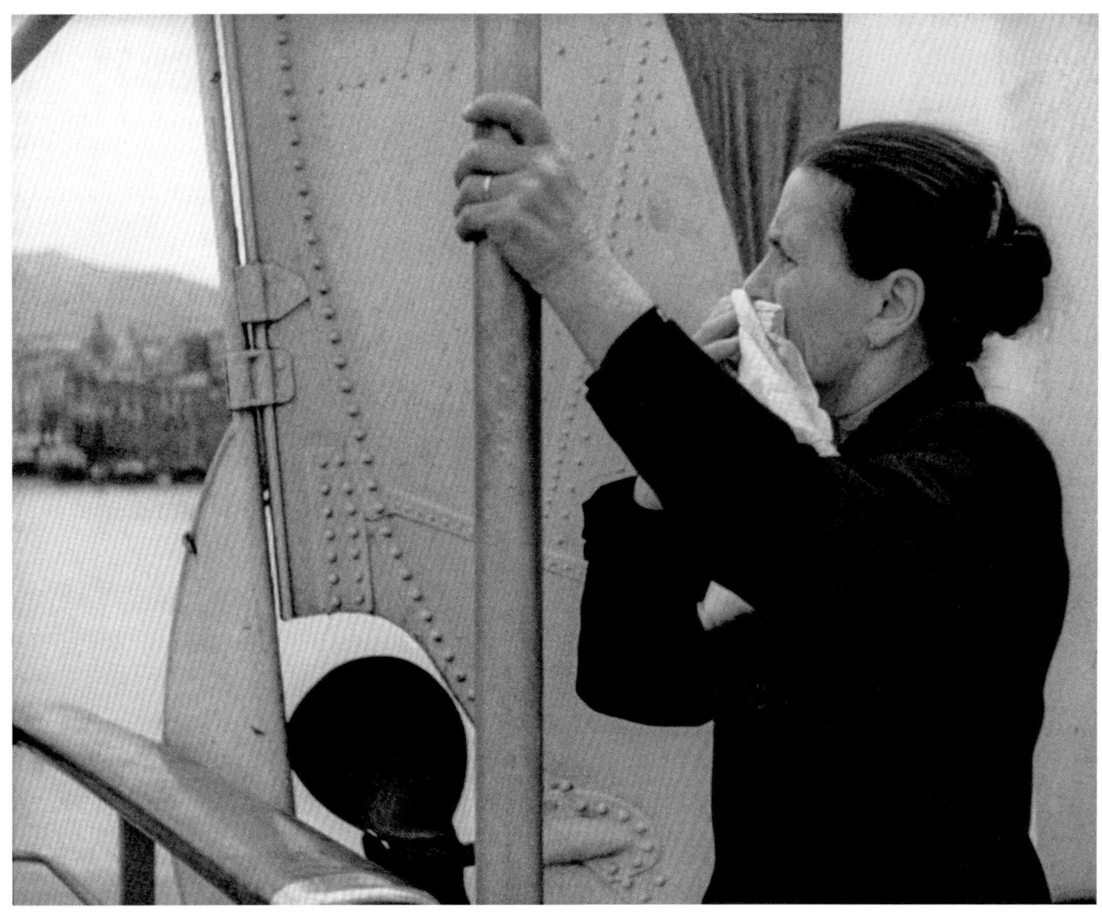

Addio all'Italia
Tornare in patria sarà difficile, quando c'è un oceano di mezzo.
Archivio Fotografico Luce, Fondo Cinema

Farewell to Italy
Returning home will be difficult with an ocean in between.
Archivio Fotografico Luce, Fondo Cinema

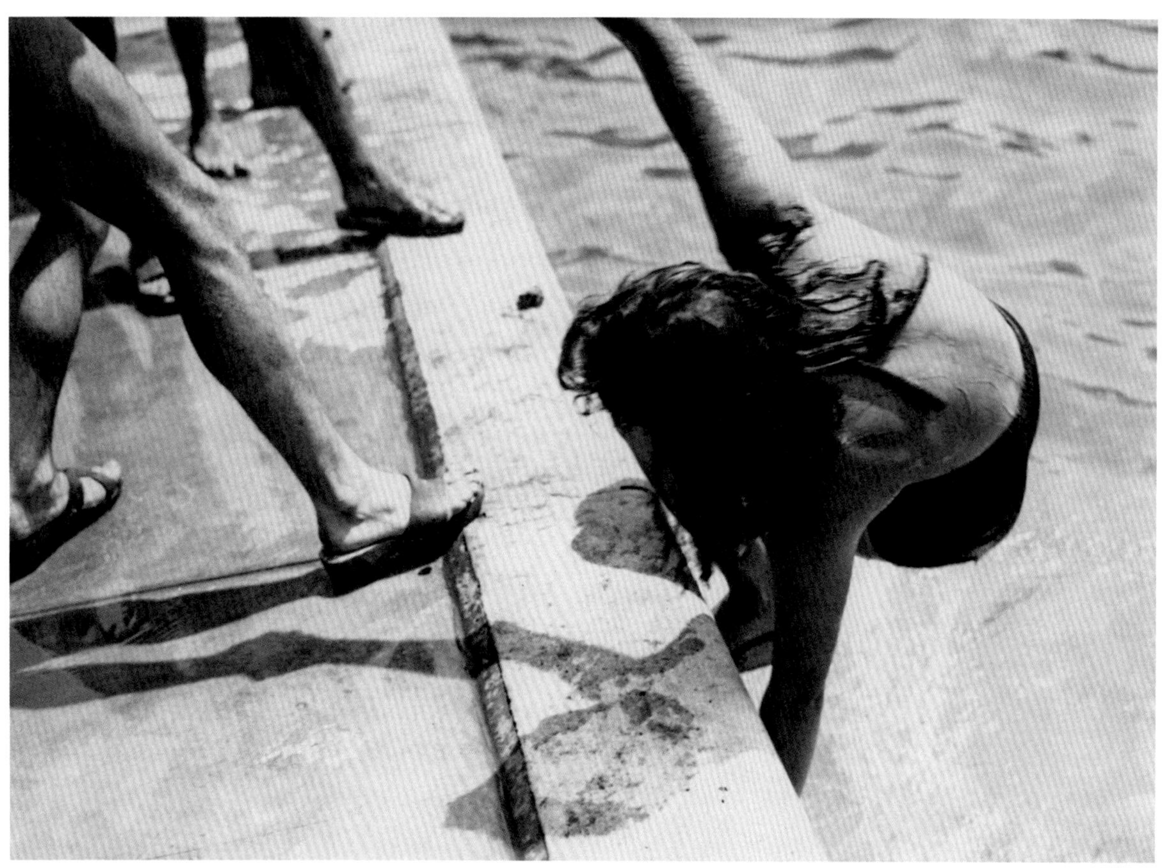

Milano, Estate all'Idroscalo
Per chi non ha il tempo, o i soldi, per andare al mare.
Centro Studi e Archivio della Comunicazione dell'Università di Parma, Fondo Publifoto

Milan, summer at the Idroscalo, former seaplane base
For those who have neither the time nor the money to go to the beach.
Centro Studi e Archivio della Comunicazione dell'Università di Parma, Fondo Publifoto

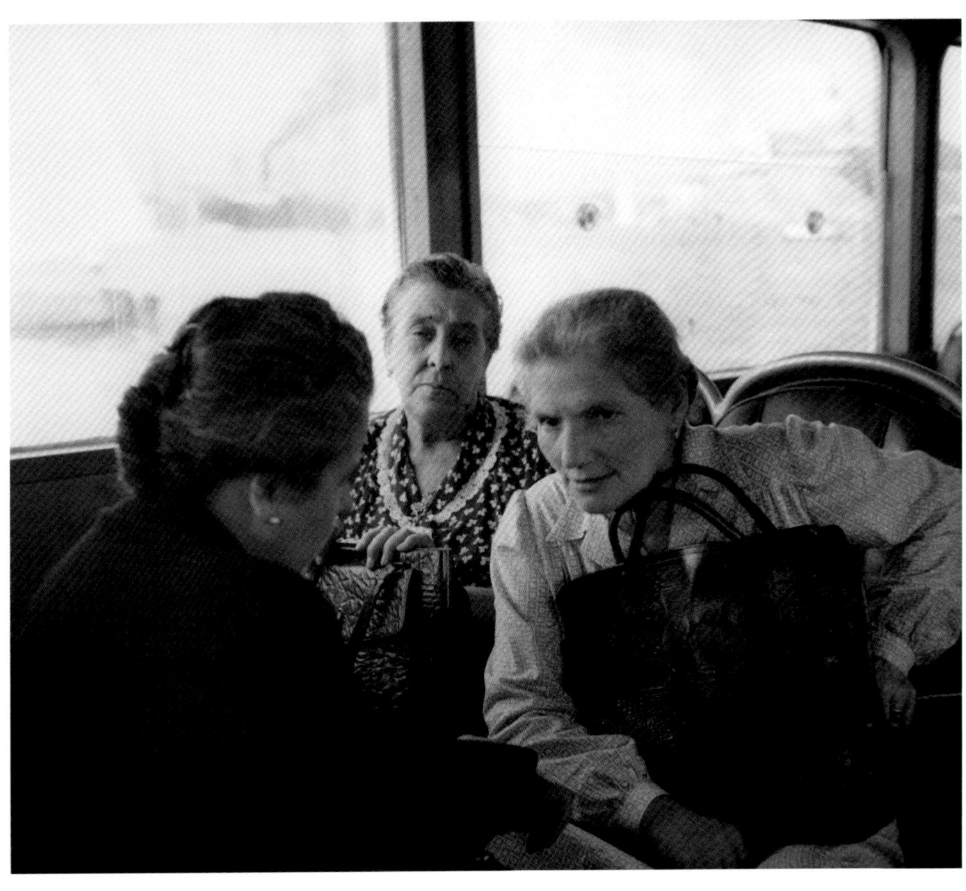

Confidenze sulla motonave per Burano. Venezia
Fotografia di Ferruccio Leiss
Un mondo femminile tradizionale e precluso agli uomini.
Archivi Alinari

Confidences on the ferryboat to Burano. Venice
Photo by Ferruccio Leiss
A traditional female world closed to men.
Archivi Alinari

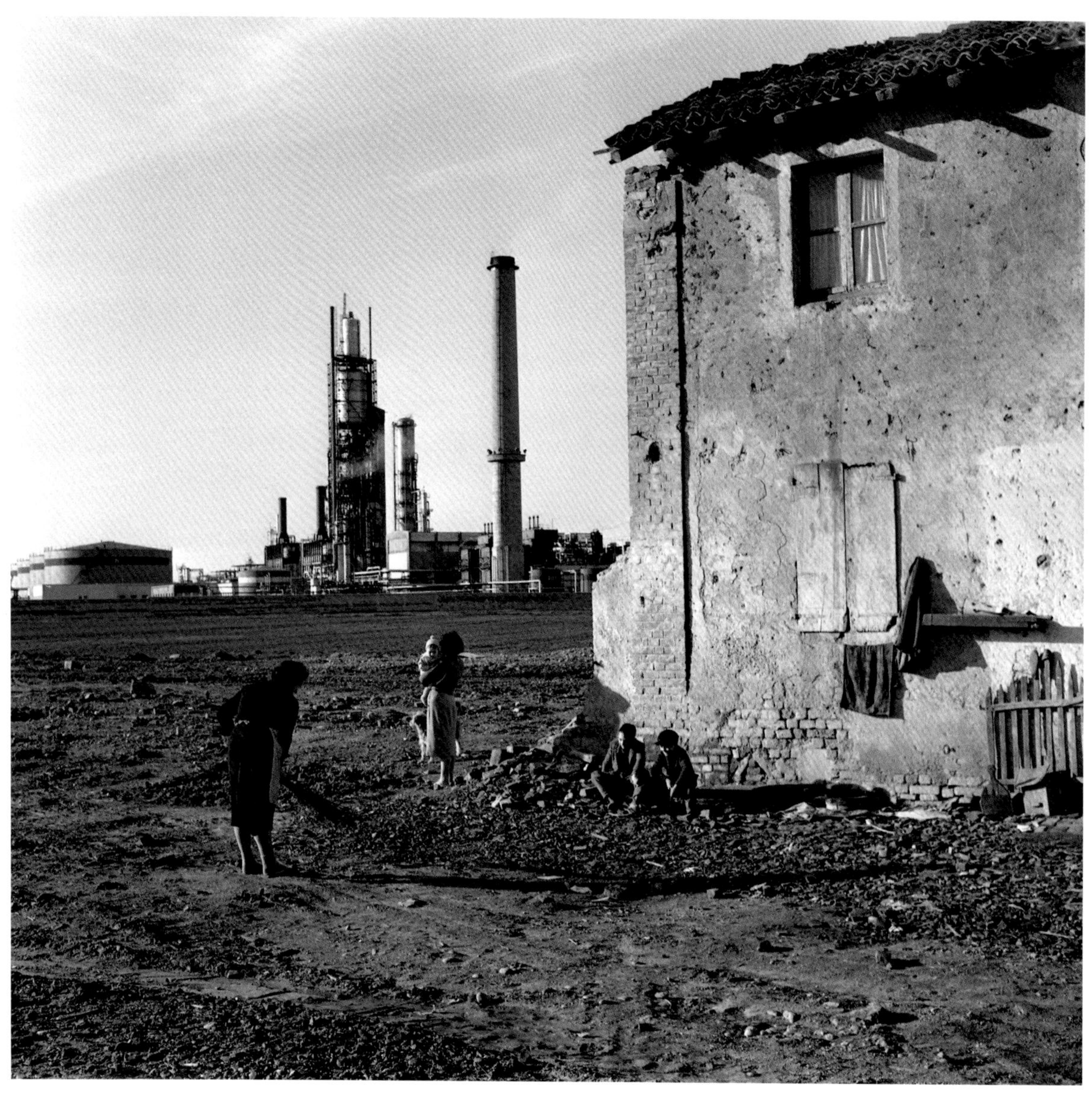

San Donato Milanese, 1955
Fotografia di Cecilia Mangini
Vecchie cascine e vecchi lavori, davanti alle fabbriche.
Cecilia Mangini

San Donato Milanese, 1955
Photo by Cecilia Mangini
Old farmsteads and old jobs, in front of the factories.
Cecilia Mangini

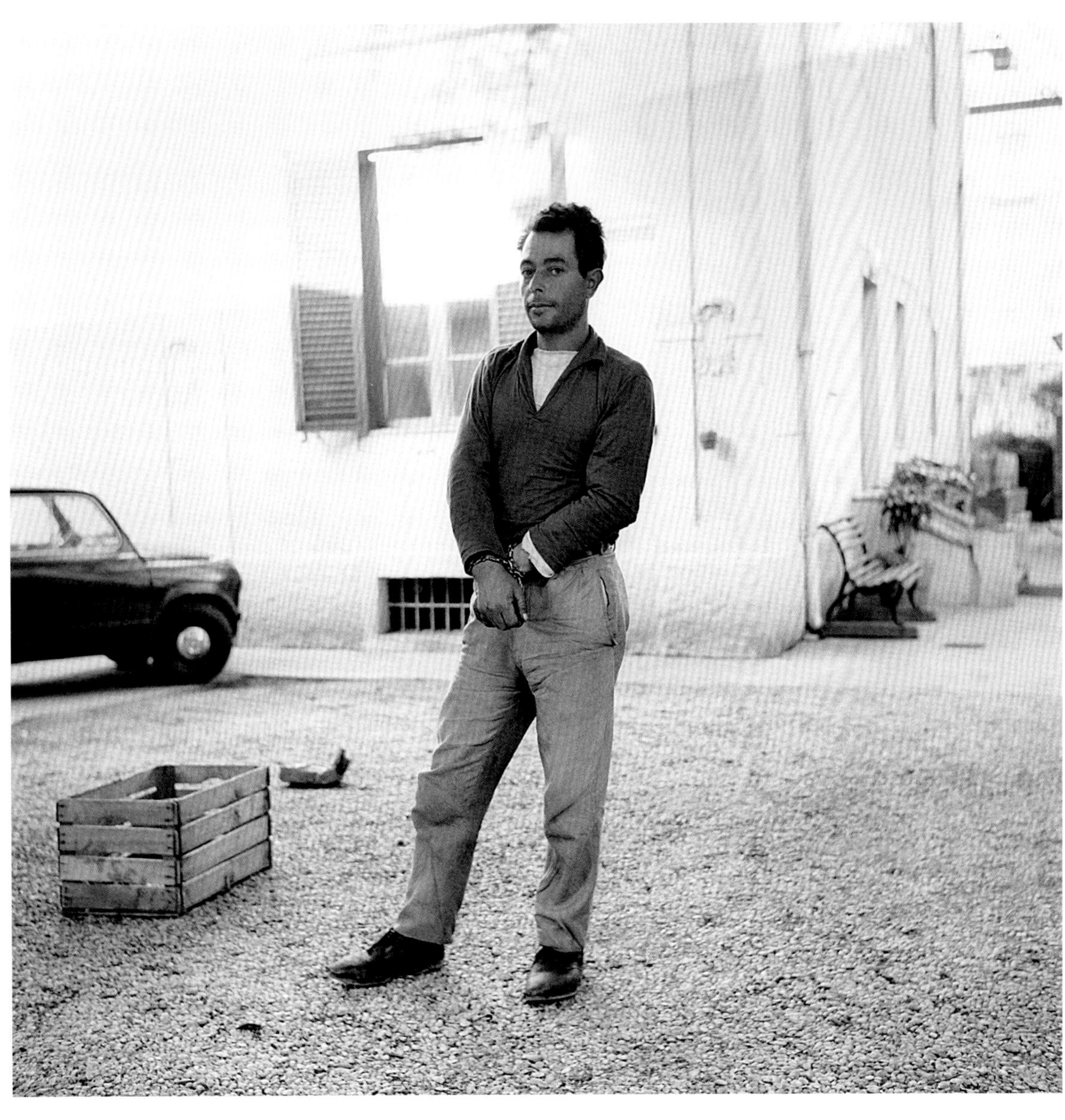

Il bandito sardo Salvatore Cotta in manette
Volontà di non piegarsi.
Archivio Fotografico Luce, Fondo Dial

Sardinian bandit Salvatore Cotta in handcuffs
The will not to bend.
Archivio Fotografico Luce, Fondo Dial

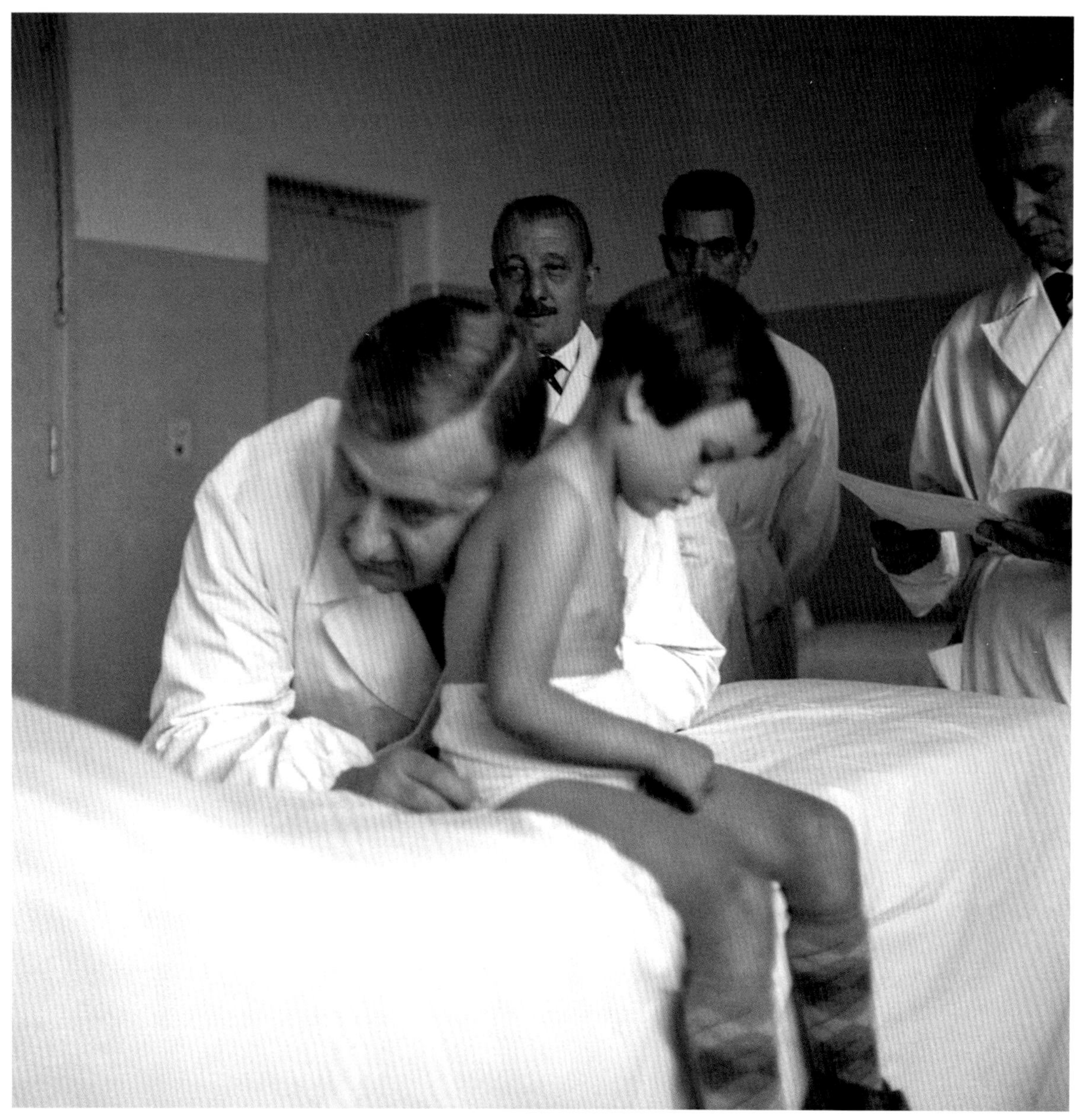

La visita medica, 1956
Il primario, circondato dai suoi assistenti, ausculta la bambina assorta, forse intimidita.
Archivio Fotografico Luce, Fondo VEDO

Medical examination, 1956
Surrounded by his assistants, the head physician examines an absorbed, perhaps intimidated, child.
Archivio Fotografico Luce, Fondo VEDO

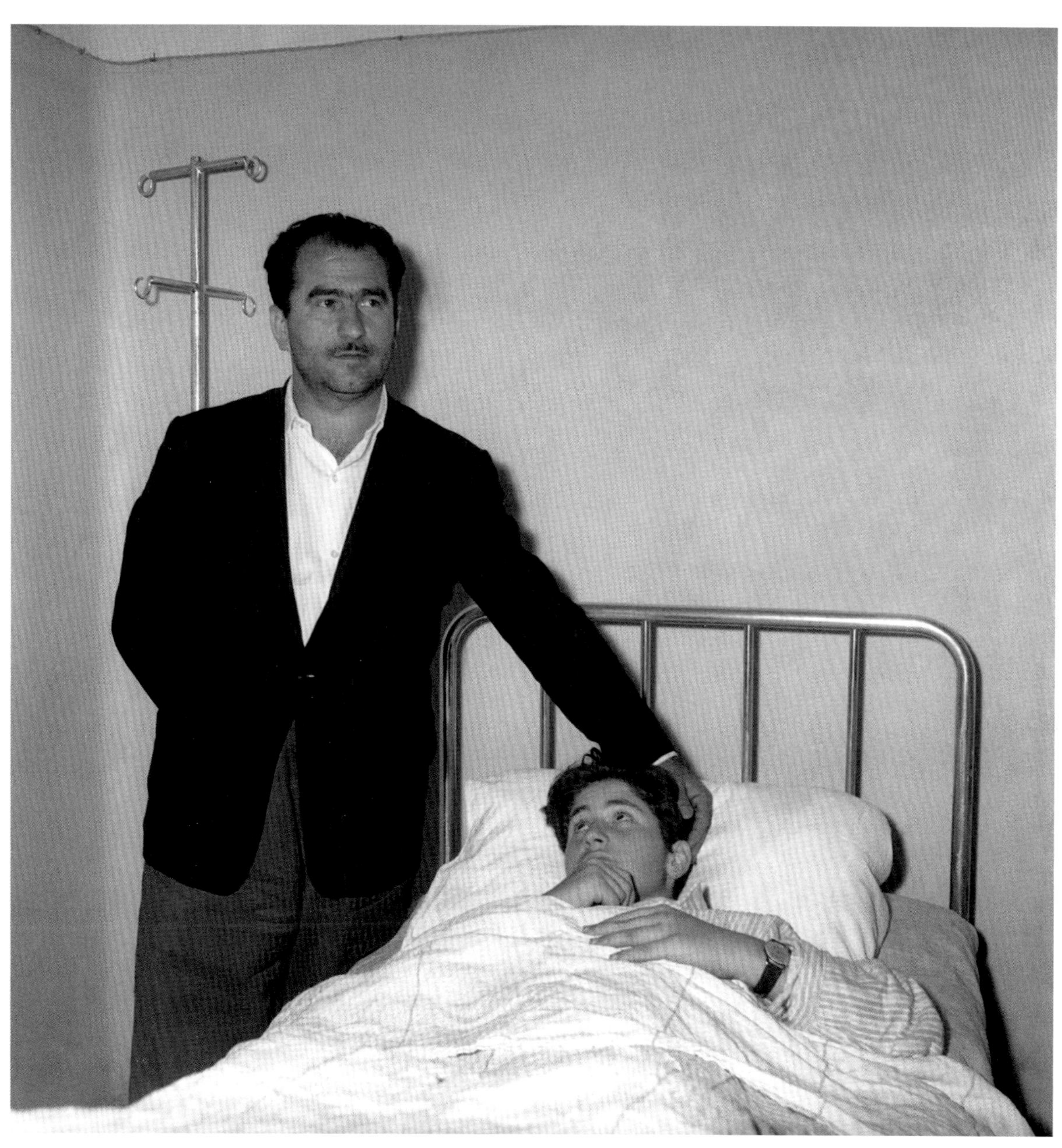

Ospedale. il padre e il figlio infermo, 1963
Quanti pensieri in quello sguardo.
Archivio Fotografico Luce, Fondo VEDO

The hospital. A father with his sick son, 1963
An expression that reveals a thousand worries.
Archivio Fotografico Luce, Fondo VEDO

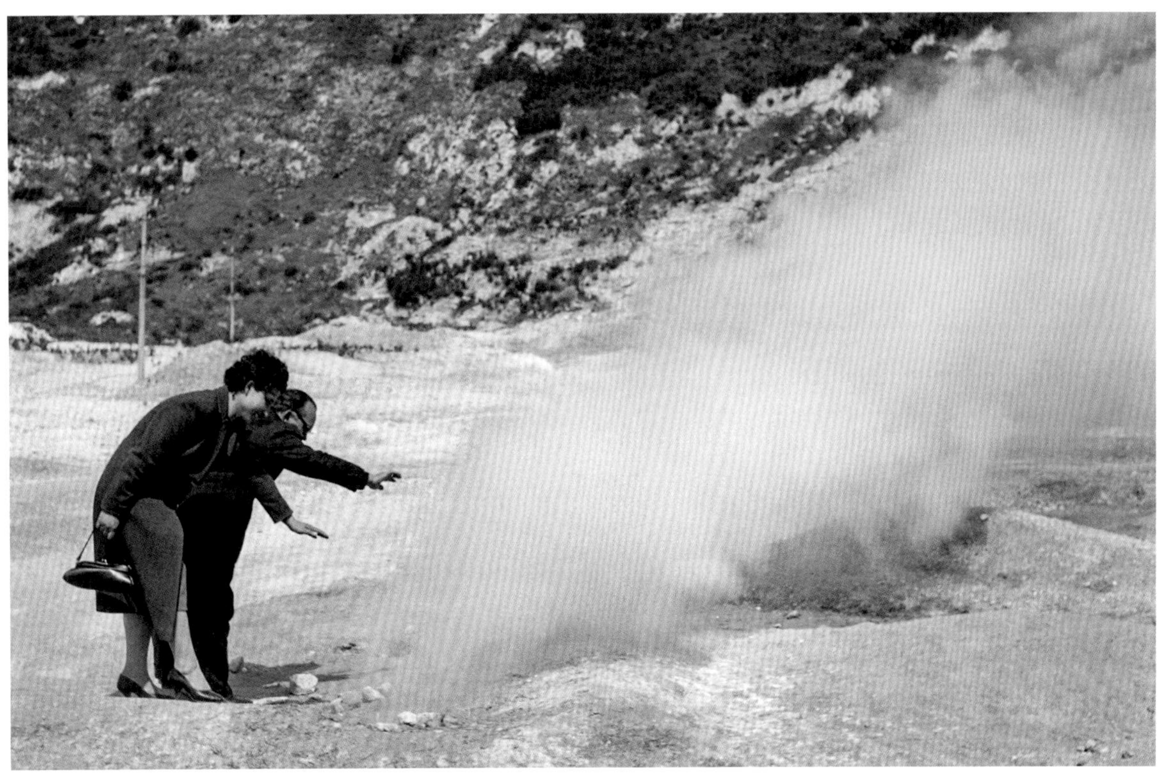

Una nuova bocca si apre alla solfatara di Pozzuoli. Napoli, 1957
Il rischio e la curiosità. Un mondo sotterraneo che si palesa in forme sempre inaspettate.
Centro Studi e Archivio della Comunicazione dell'Università di Parma, Fondo Publifoto

A new crater opens up at the Solfatara volcano in Pozzuoli. Naples, 1957
Danger and curiosity. An underground world reveals itself in unexpected forms.
Centro Studi e Archivio della Comunicazione dell'Università di Parma, Fondo Publifoto

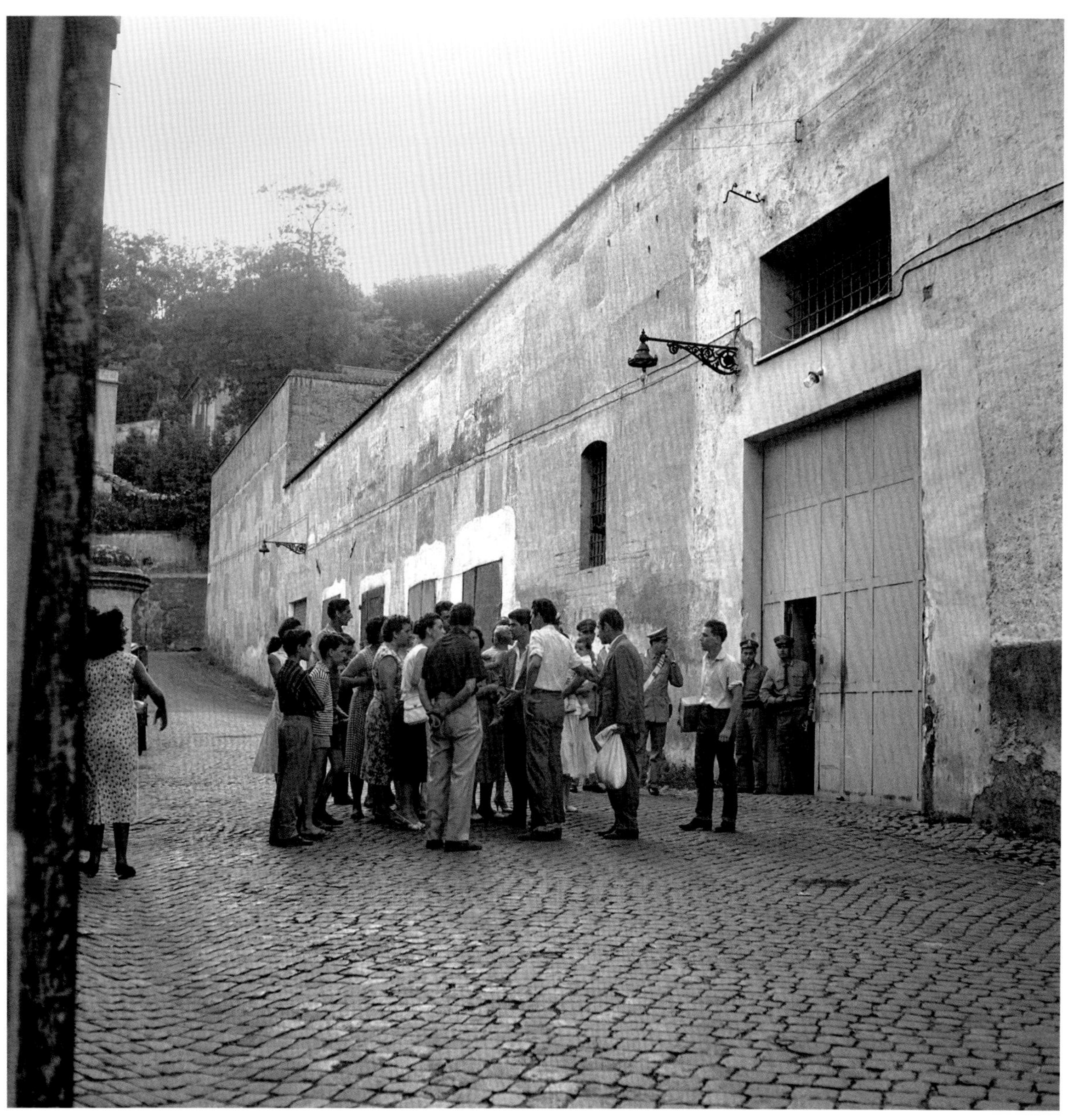

Amnistia. L'uscita dal carcere
Un piccolo gruppo di parenti attende fuori dai cancelli.
Archivio Fotografico Luce, Fondo Dial

Amnesty. Released from prison
A small group of relatives waiting outside the gates.
Archivio Fotografico Luce, Fondo Dial

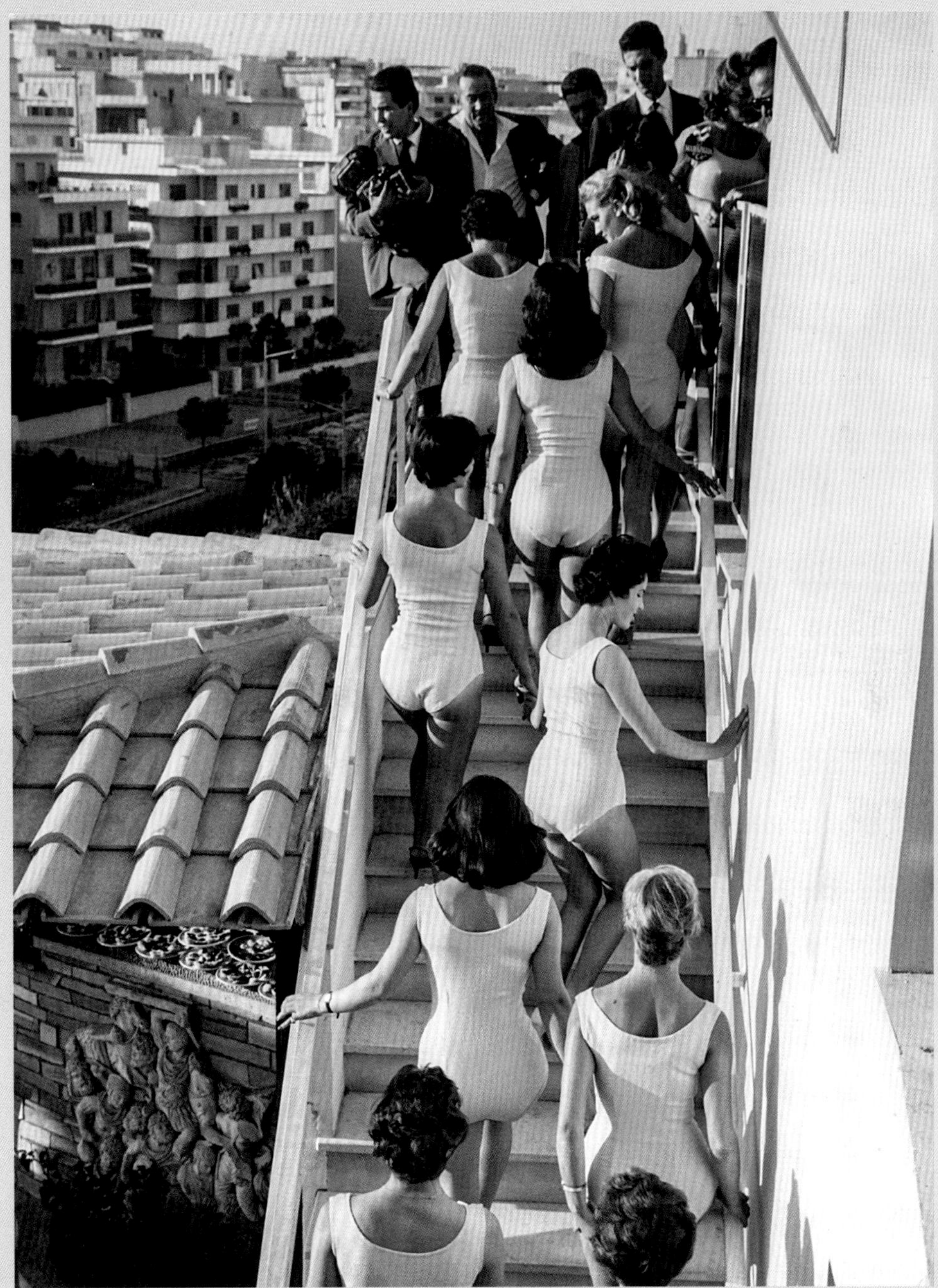

Le belle d'Italia. Roma, 1958
Le miss salgono la scalinata; in cima uomini le attendono. Vedremo qui altre foto in cui suore e maestre salgono scale: verso Dio e verso un lavoro dignitoso e stabile.
Centro Studi e Archivio della Comunicazione dell'Università di Parma, Fondo Publifoto

Italian beauties. Rome, 1958
The beauty queens climb the stairs, awaited by men at the top. We will also see other photos, with nuns and teachers climbing stairs: towards God and towards a worthy and stable job.
Centro Studi e Archivio della Comunicazione dell'Università di Parma, Fondo Publifoto

Comizi d'amore

Sotto la superficie di una morale sessuale ancora rigida, si agitano desideri di trasgressione o più semplicemente l'esigenza di una maggiore libertà e, magari, di un maggior rispetto della dignità femminile. Lo sguardo maschile sulle donne è ancora indagatore, mentre il cinema promuove il corpo di donne definite "maggiorate"; ma nel 1958, dopo un iter decennale, viene approvata le legge, promossa dalla senatrice socialista Lina Merlin, che abolisce le "case chiuse" in cui si esercitava la prostituzione. Degli scandali sessuali si fa un uso politico, come avviene per il "caso Wilma Montesi": una giovane donna trovata morta su una spiaggia del litorale romano (1953) in circostanze mai chiarite e senza trovare un colpevole. Presunte rivelazioni senza prove coinvolsero il musicista Piero Piccioni; fu successivamente scagionato ma suo padre Attilio, ministro degli Esteri, dovette dimettersi. Nella Roma che sarà descritta ne "La dolce vita" di Federico Fellini si balla nelle case nobiliari e nei locali notturni, con la presenza di attrici e attori internazionali richiamati dalla "Hollywood sul Tevere": liti, scambi di pugni e schiaffi con i fotografi sempre in agguato, qualche spogliarello malandrino. Intanto però nei paesi della Calabria gli uomini, nelle feste patronali e in quelle di partito, continuano a ballare in coppia. Le donne ballano solo se sposate, e con il coniuge.

La diversità sessuale rimane in ombra, anche se alcune personalità del mondo dello spettacolo e della moda non negano di essere omosessuali, ma con discrezione. La televisione è afflitta da un certo puritanesimo che la distingue dal cinema, ma poi, dal 1961, farà conoscere agli italiani le gemelle Kessler e lo spettacolo di varietà non sarà più lo stesso.

Love Meetings

Beneath the veneer of a still rigid sexual morality lurks a desire for transgression or, more simply, a need for greater freedom and, perhaps, greater respect for the dignity of women. The male eye still looks on women from an investigatory slant, and the cinema promotes the "buxom" female figure, but in 1958, after a decade of discussion, the bill promoted by Socialist Senator Lina Merlin to abolish the *case chiuse* (brothels) finally becomes law. Sexual scandals are exploited for political ends, as in the "Wilma Montesi affair", concerning a young woman found dead on a beach on the Roman coast (1953) in unexplained circumstances and with no culprit ever being brought to justice. Alleged – but unsubstantiated – revelations implicate musician Piero Piccioni, who was later acquitted, but his father Attilio, Minister of Foreign Affairs, was forced to resign. In the Rome of Federico Fellini's *La dolce vita* we see dancing in the palaces of the nobility and in nightclubs, as many international actors and actresses are drawn to "Hollywood on the Tiber". The ever-lurking photographers spark off arguments, fisticuffs, and slaps, as well as the odd sly striptease. Meanwhile, in the villages of Calabria the men still dance together at patronal festivals or political gatherings, as women may only dance with their husbands.

Sexual diversity remains in the shadows, although some personalities from the worlds of show business and fashion do not hide their homosexuality, nevertheless maintaining a degree of discretion. The television is somewhat puritanical, unlike cinema, but then, as of 1961, after bringing the Kessler twins into Italian homes, the variety show will never be the same again.

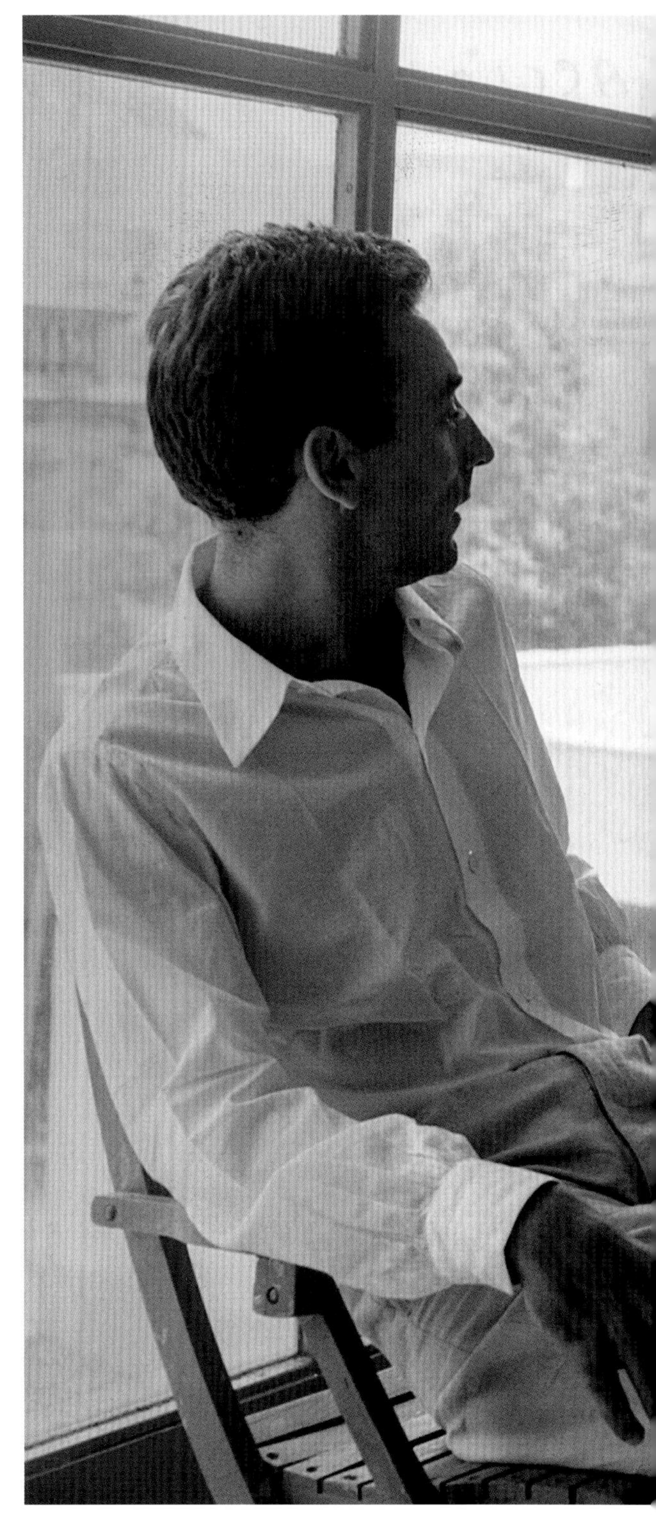

Miss Italia, 1957
Sguardi maschili valutativi.
Centro Studi e Archivio della Comunicazione dell'Università di Parma, Fondo Publifoto

Miss Italy, 1957
Men sizing up the ladies.
Centro Studi e Archivio della Comunicazione dell'Università di Parma, Fondo Publifoto

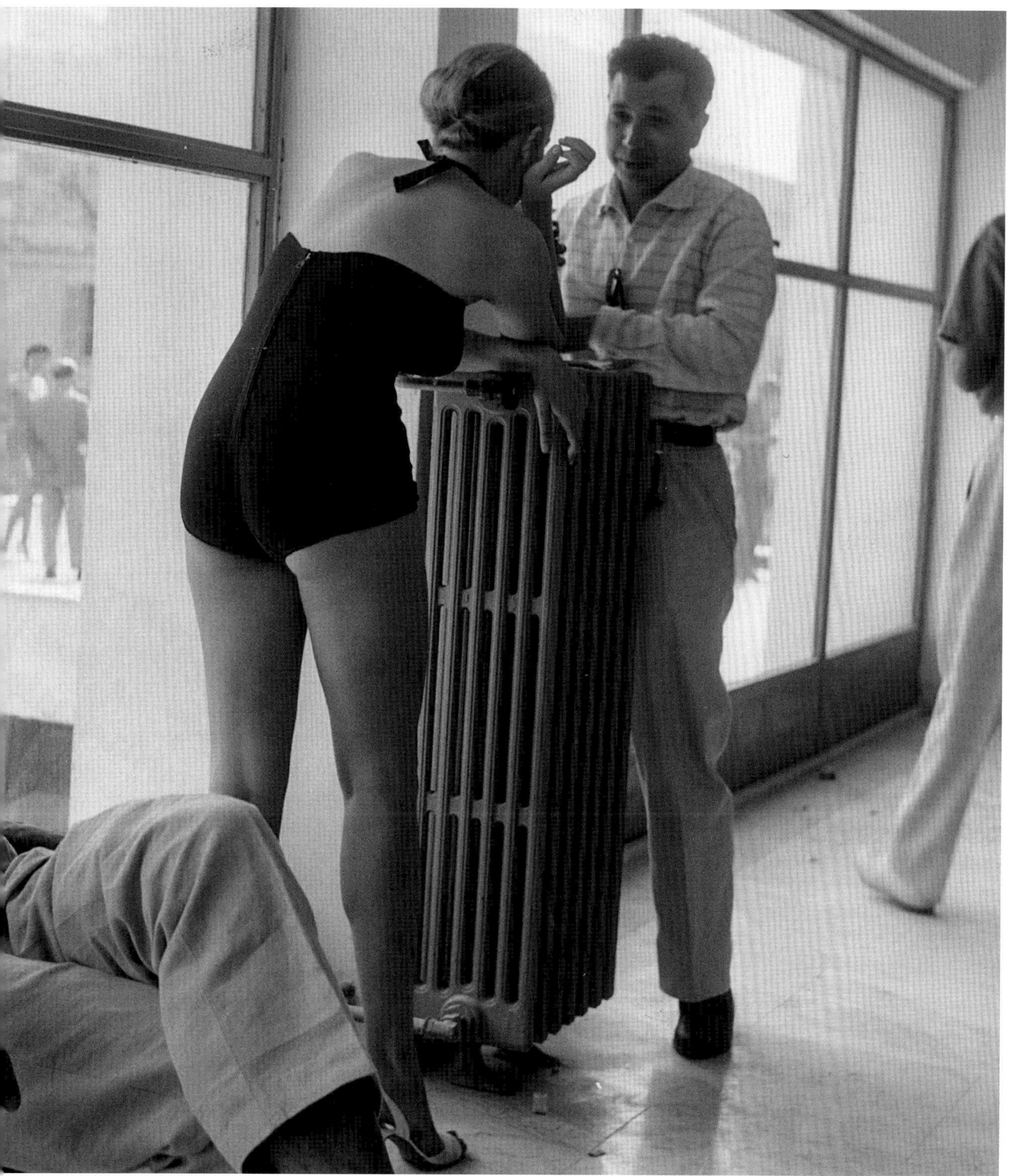

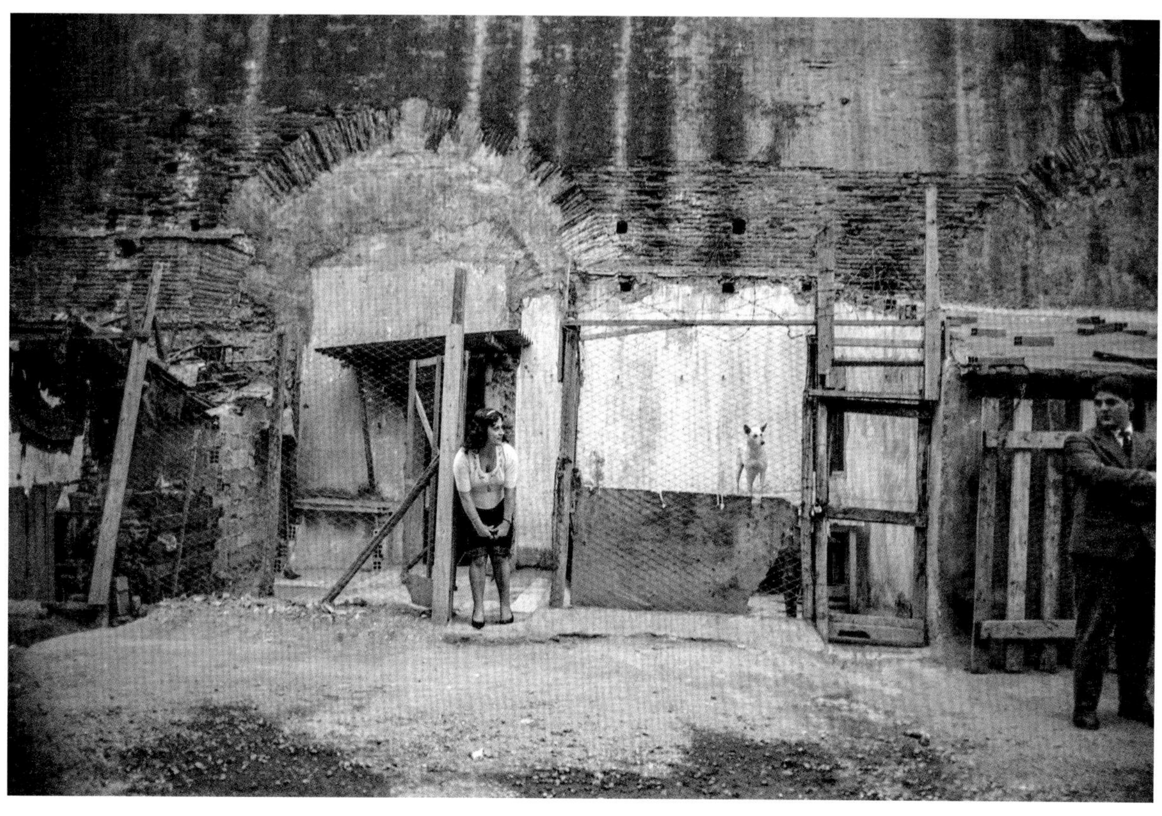

Acquedotto Felice, 1959
Fotografia di Romano Cagnoni
La prostituta, il cliente, il cane tra i ruderi degli acquedotti di Roma antica.
Archivio Romano Cagnoni, Pietrasanta (LU)

The Acqua Felice aqueduct, 1959
Photo by Romano Cagnoni
A prostitute, a client, and a dog among the ruins of the aqueducts of ancient Rome.
Archivio Romano Cagnoni, Pietrasanta (LU)

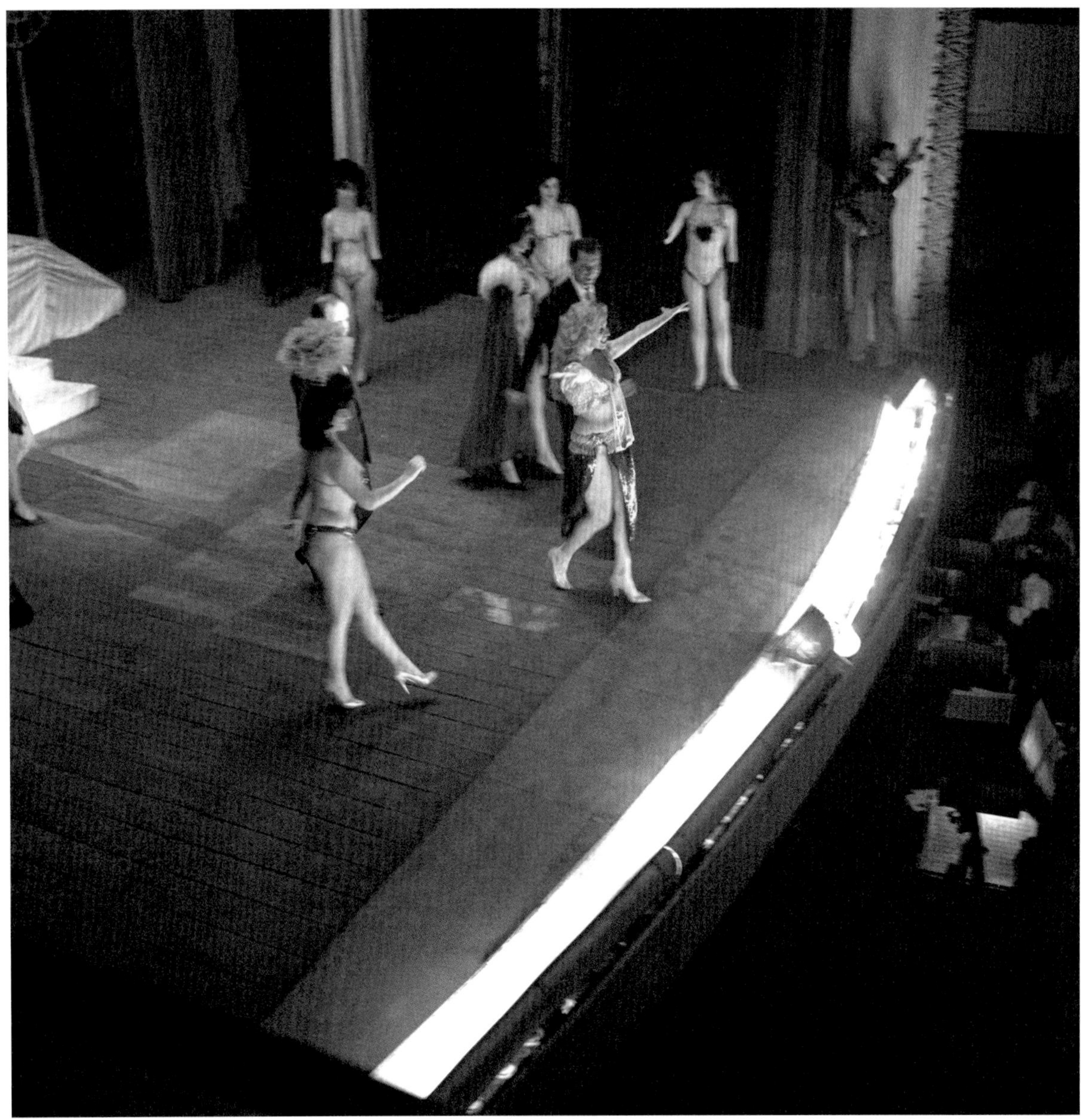

L'avanspettacolo
Un po' di trasgressione alla portata di tutti. In prima fila Aichè Nanà, la ballerina turco-libanese protagonista di un famoso spogliarello a beneficio della Roma bene (1958).
Archivio Fotografico Luce, Fondo Dial

The variety show
A little naughtiness within everyone's reach. In the front row is Aichè Nanà, a Turkish-Lebanese dancer, protagonist of a famous striptease for the benefit of the Rome bourgeoisie (1958).
Archivio Fotografico Luce, Fondo Dial

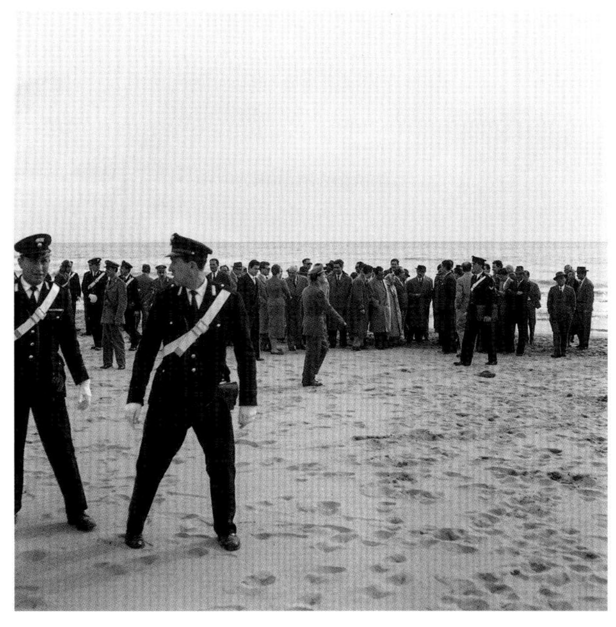

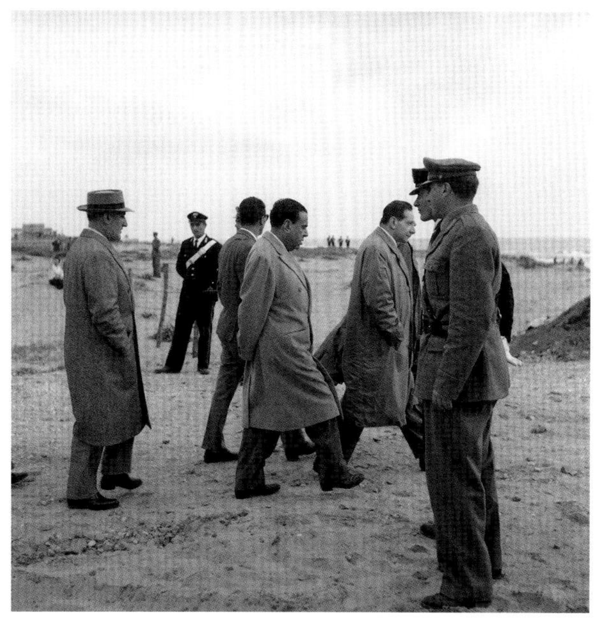

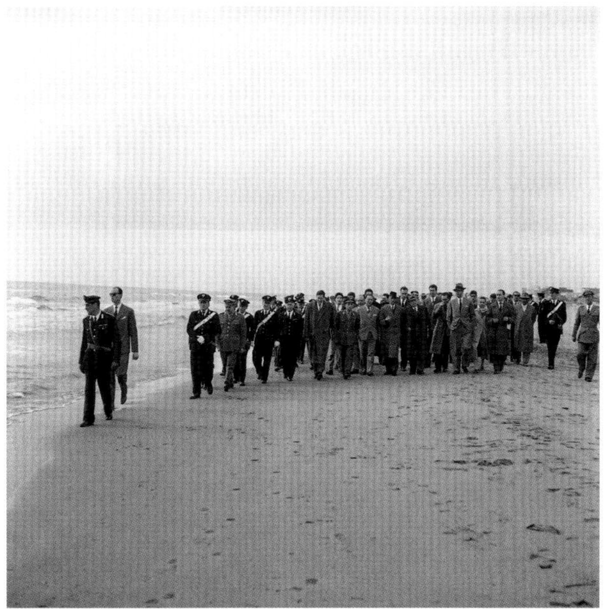

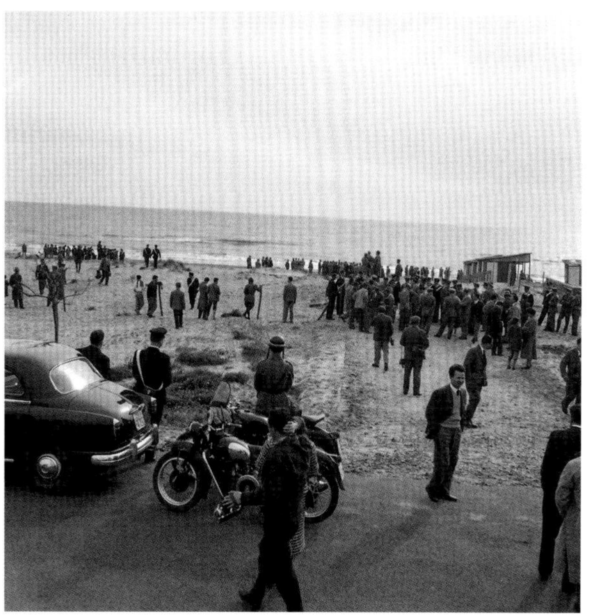

Il caso Montesi. Sopralluoghi, 1957
Una giovane donna è trovata morta sulla spiaggia di Torvajanica, sul litorale romano, senza un perché. È il 1953. Testimonianze e accuse poi riconosciute come inconsistenti. La carriera di un ministro degli esteri, Attilio Piccioni, rovinata da un sospetto sul figlio. Lunghe indagini, nessuna verità.
Archivio Fotografico Luce, Fondo VEDO

The Montesi affair. Inspections, 1957
1953. Inexplicably, a young woman is found dead on the beach of Torvajanica on the Roman coast. Testimonies and accusations later prove to be inconsistent. The career of a foreign minister, Attilio Piccioni, was shipwrecked by suspicions regarding his son. Despite lengthy investigations, the truth was never known.
Archivio Fotografico Luce, Fondo VEDO

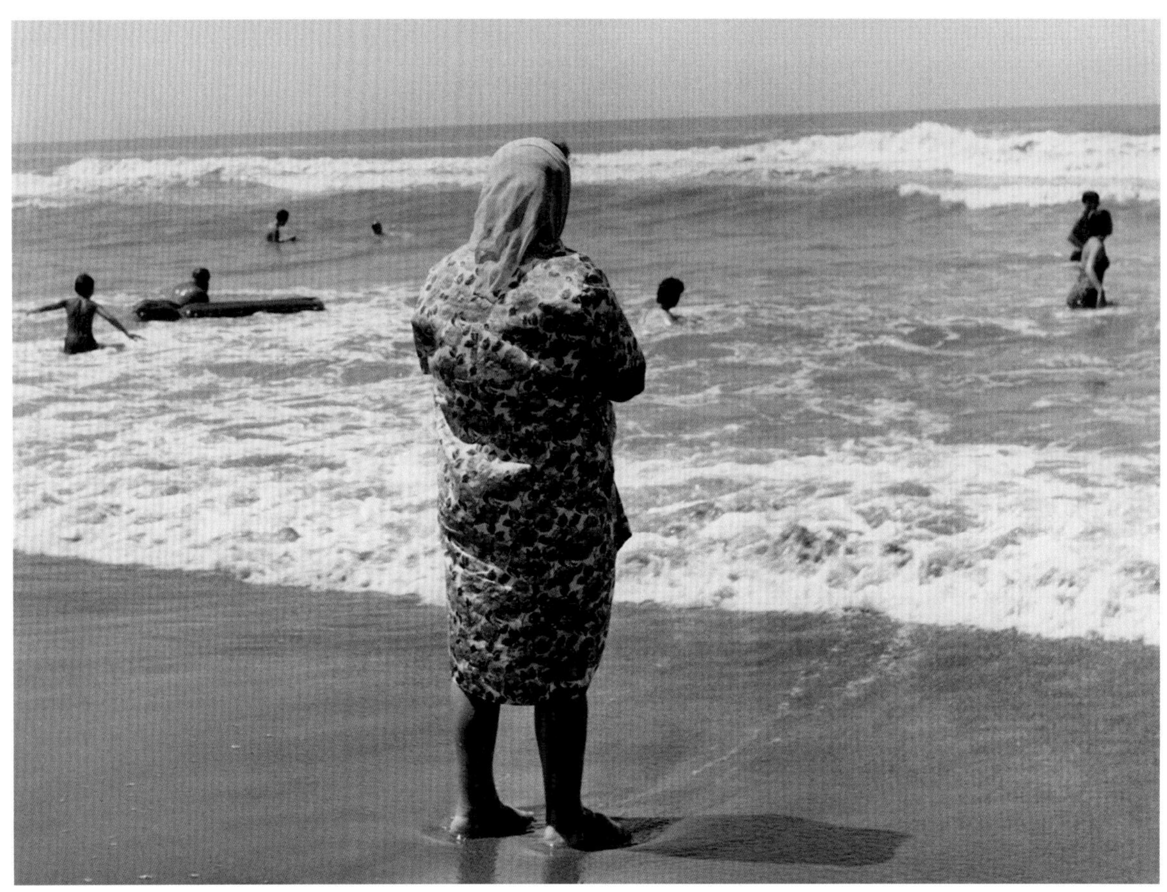

Lo sguardo della madre
Non andare troppo al largo!
Centro Studi e Archivio della Comunicazione dell'Università di Parma,
Fondo Publifoto

The mother's gaze
Don't go too far!
Centro Studi e Archivio della Comunicazione dell'Università di Parma,
Fondo Publifoto

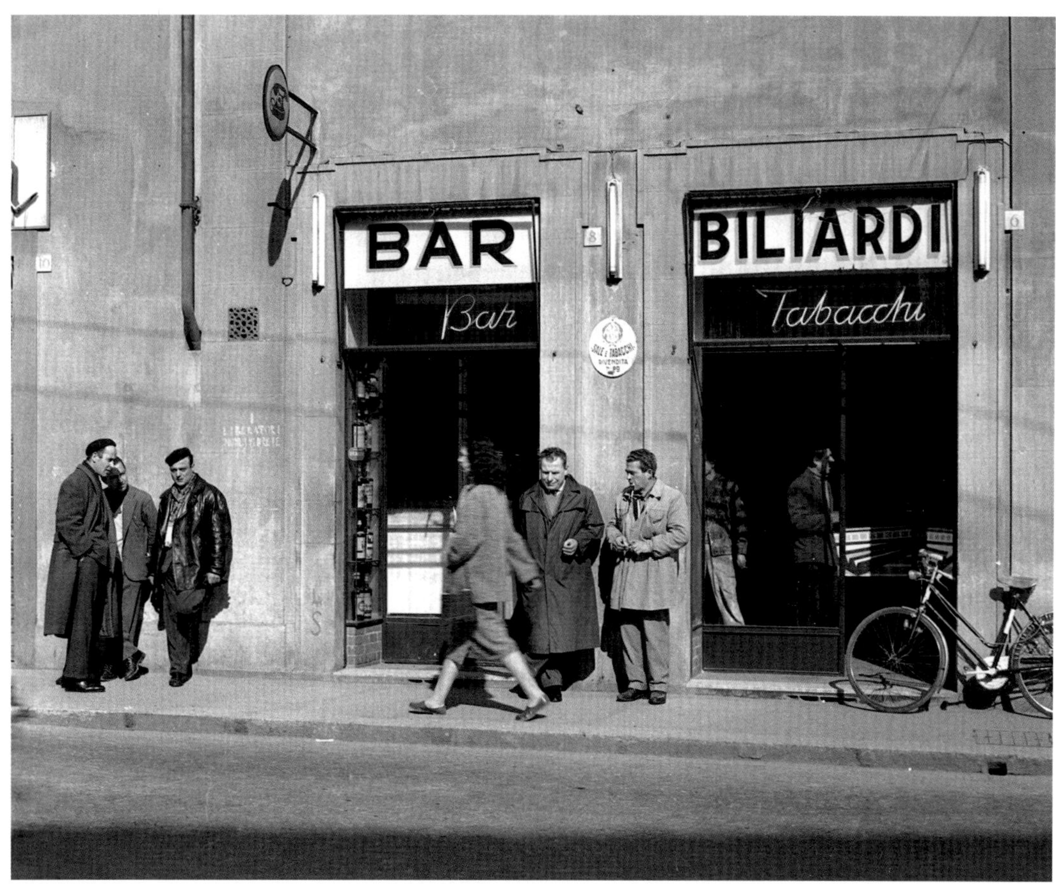

Occhi maschili. Firenze, 1959
Fotografia di Cecilia Mangini
Una giovane donna procede spedita, incurante degli sfaccendati davanti al bar. Sul muro, a sinistra, c'è ancora una scritta sbiadita dell'ultimo fascismo repubblichino: "I liberatori non li vedrete mai".
Cecilia Mangini

Men's eyes. Florence, 1959
Photo by Cecilia Mangini
A young woman walks by quickly, heedless of the layabouts in front of the bar. On the wall, to the left, we still see some faded writing from the late Fascist Republic period. It reads, "You will never see the liberators".
Cecilia Mangini

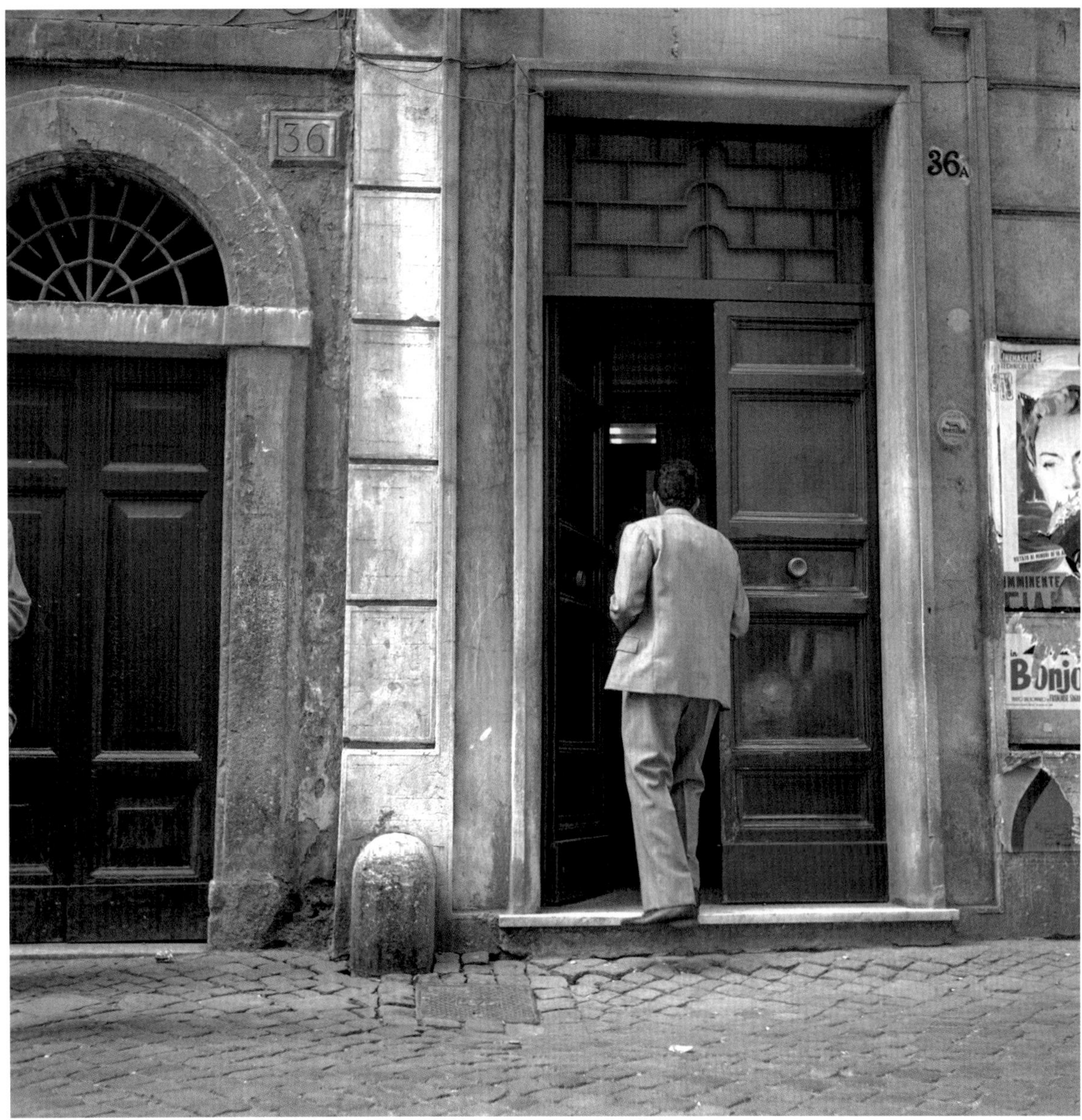

Case chiuse
La prostituzione, ufficialmente esecrata, veniva tollerata (e controllata) attraverso una rete nazionale di "case chiuse", le "case di tolleranza", con una continua turnazione delle loro ospiti, a uso degli uomini.
Archivio Fotografico Luce, Fondo Dial

Brothels
Although prostitution was officially condemned, it was tolerated (and controlled) by means of a national network of "closed houses", or "houses of tolerance" where men were provided with hospitality by a constant turnover of women.
Archivio Fotografico Luce, Fondo Dial

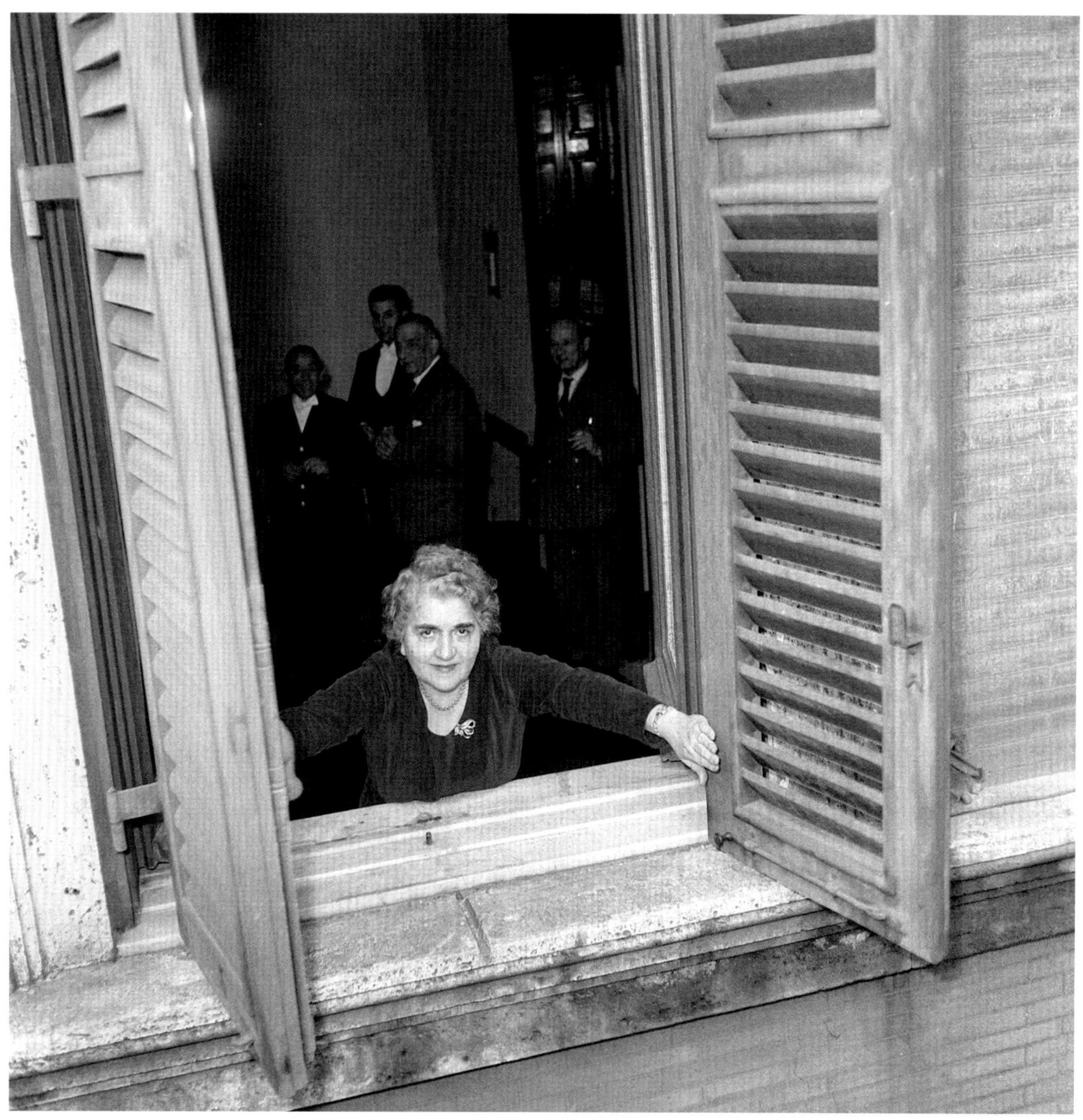

Lina Merlin, prima firmataria del progetto di legge per abolire le case chiuse
Diventerà legge nel 1958 nonostante le lunghe polemiche di un iter decennale.
Archivio Fotografico Luce, Fondo Vedo

Lina Merlin, the first signatory of the bill to abolish brothels
The bill became law in 1958 after a ten-year controversy.
Archivio Fotografico Luce, Fondo Vedo

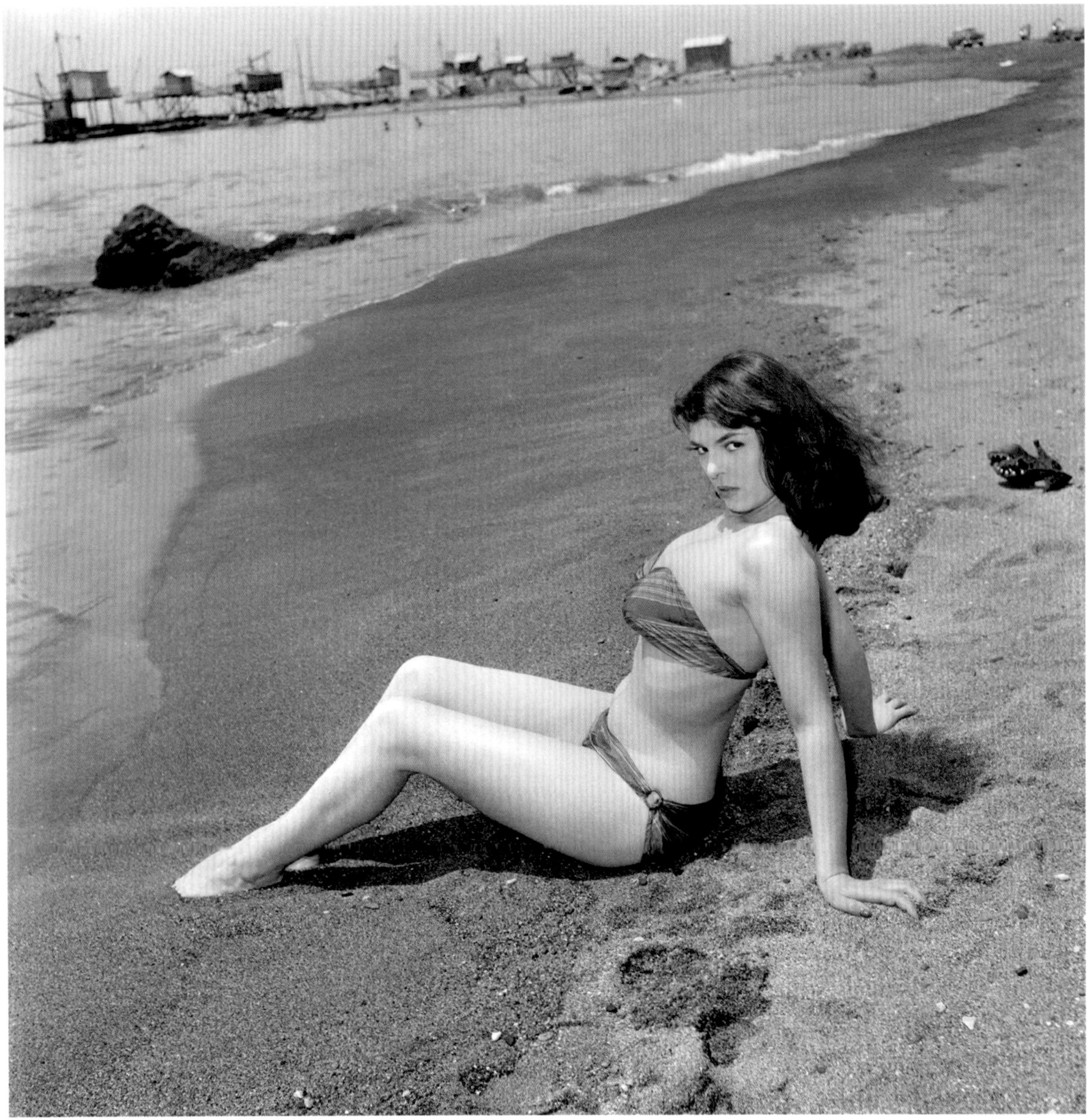

La "maggiorata"
Così erano definite le dive (o aspiranti tali, come in questo caso) di abbondanti proporzioni secondo il gusto maschile dell'epoca.
Archivio Fotografico Luce, Fondo Dial

The "maggiorata" or "full-figured woman"
This is how the generously-proportioned divas (or aspiring divas, as in this case) were described in accordance with the male tastes of the period.
Archivio Fotografico Luce, Fondo Dial

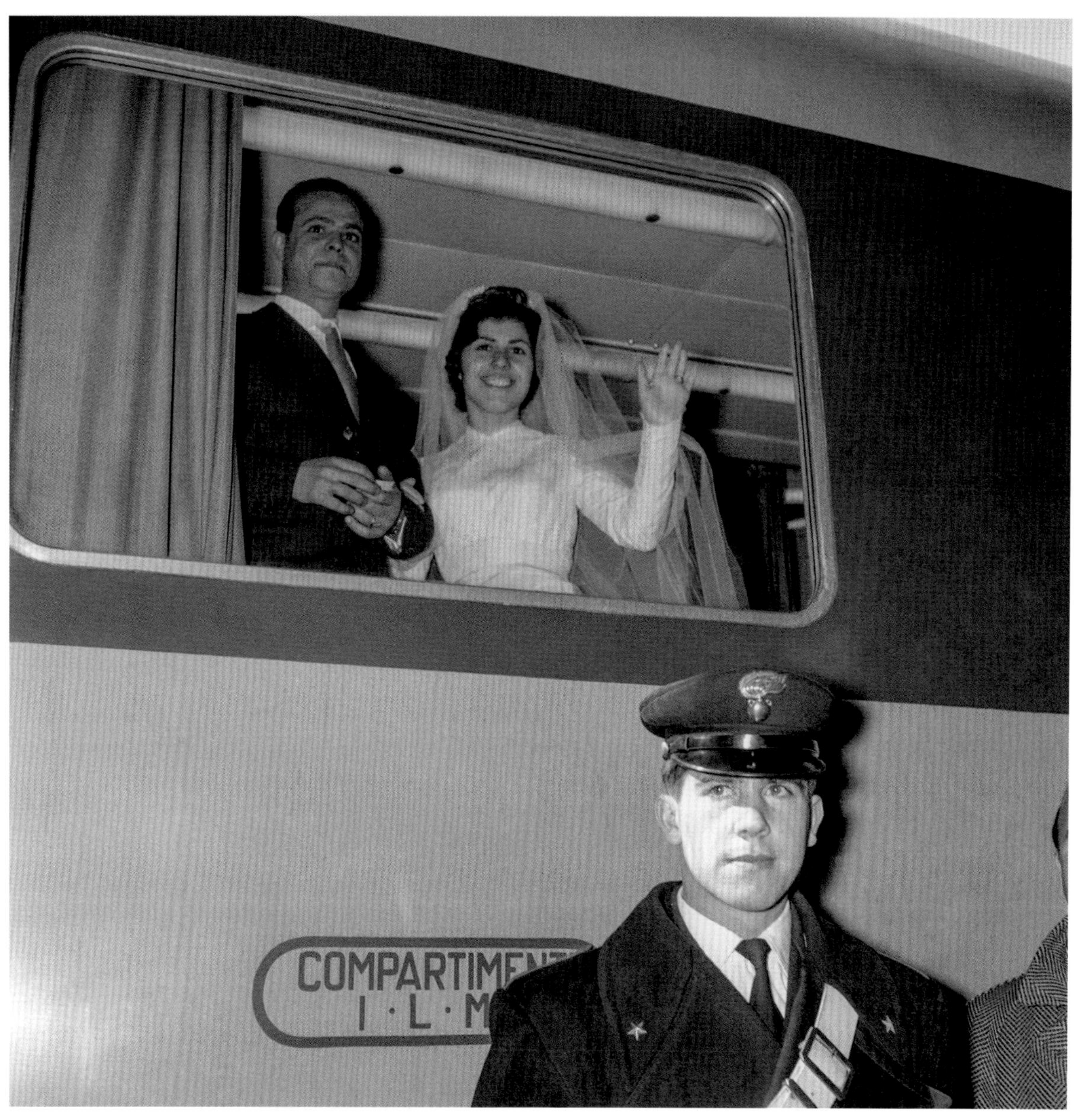

Viaggio di nozze sul "Settebello", 1959
L'elettrotreno di lusso ETR 300 "Il Settebello" (1952), aerodinamico, elegante, con gli interni disegnati da Gio Ponti, era il fiore all'occhiello delle Ferrovie dello Stato. Perfetto per viaggi romantici nelle grandi occasioni. Purtroppo fu costruito in soli tre esemplari.
Archivio Fotografico Luce, Fondo VEDO

A honeymoon on the "Settebello" luxury train, 1959
The aerodynamic and elegant ETR 300 electric train known as "Il Settebello" (1952), with interiors designed by Gio Ponti, was the flagship of the National Railways. It was perfect for romantic trips on special occasions, but unfortunately, only three exemplars were built.
Archivio Fotografico Luce, Fondo VEDO

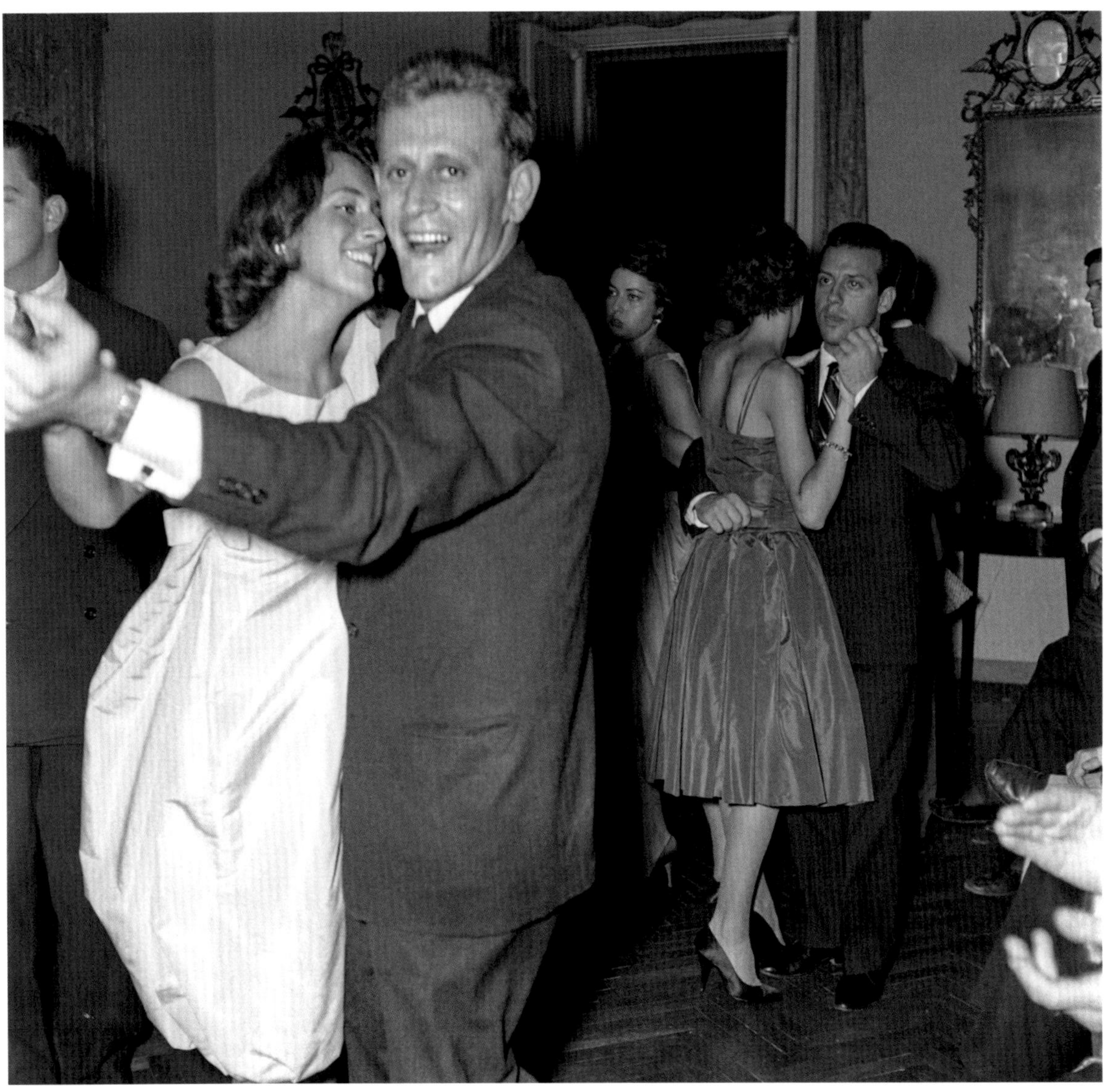

Il ballo dei ricchi, 1958
Questo rito borghese, fondamentale per i giovani prima del matrimonio, si svolge in case eleganti, dotate di ampi saloni (qui l'abitazione del console USA a Roma).
Archivio Fotografico Luce, Fondo VEDO

The rich folk's dance, 1958
This ritual of the middle-classes, a fundamental event for young people before their wedding day, took place in the sizeable lounges of their fine homes (here we see the residence of the US consul in Rome).
Archivio Fotografico Luce, Fondo VEDO

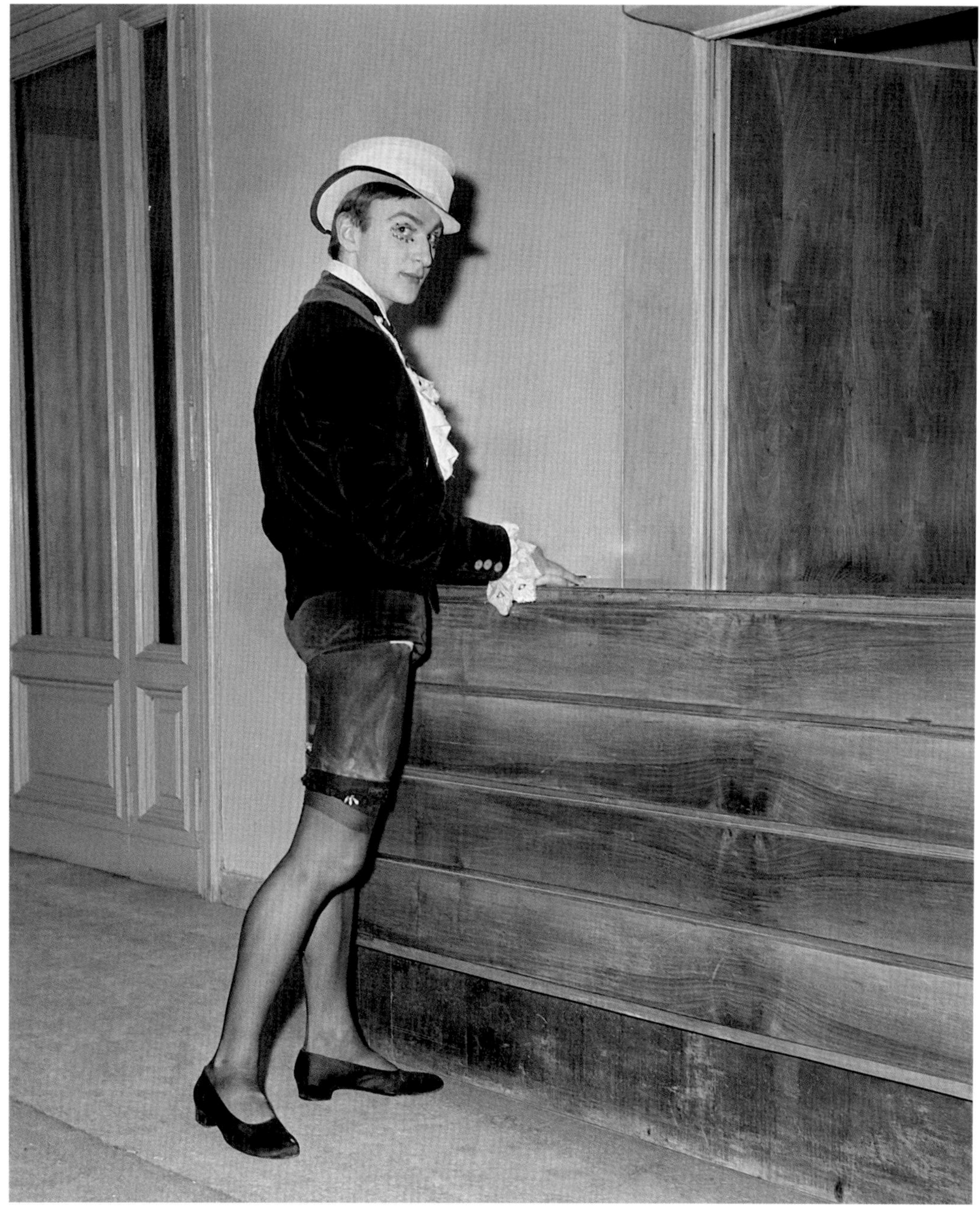

Giò Stajano prima di uno spettacolo, 1957
Il teatro era uno dei pochi luoghi dove il travestito non incorreva nei rigori della legge. Giò Stajano Starace (nipote del gerarca fascista Achille) si opererà a Casablanca negli anni Ottanta cambiando identità.
Archivio Fotografico Luce, Fondo Dial

Giò Stajano before a show, 1957
The theatre was one of the few places where transvestites did not encounter the long arm of the law. Giò Stajano Starace (nephew of Fascist hierarch Achille) would undergo transition surgery in Casablanca in the eighties.
Archivio Fotografico Luce, Fondo Dial

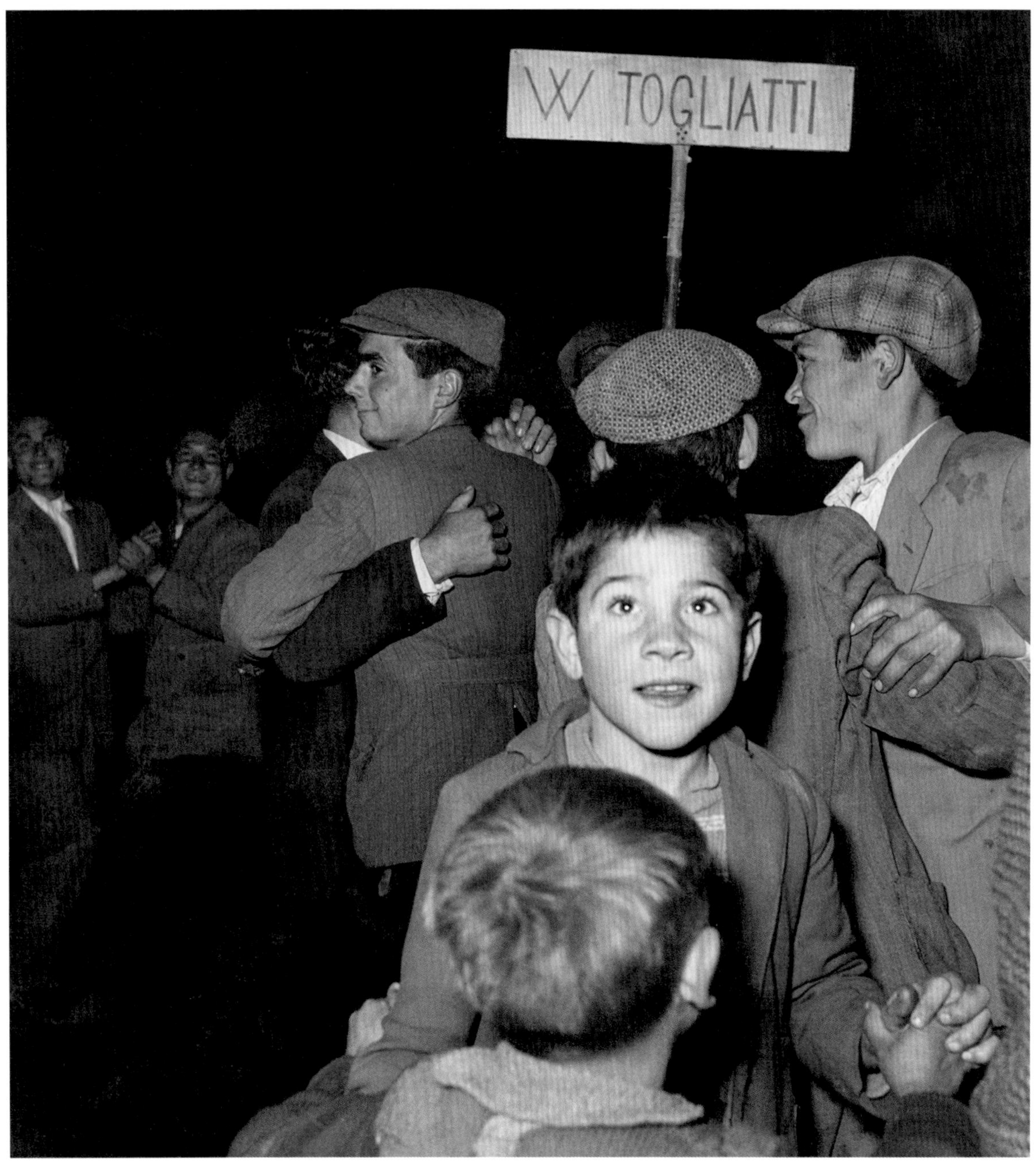

Per soli uomini. Calabria, 1954
Fotografia di Caio Maio Garrubba
Poiché le donne possono ballare soltanto se sposate, e solo con i loro mariti, gli uomini danzano in coppia fra loro. Anche nelle feste di partito.
Archivio Fotografico Luce, Fondo C.M. Garrubba

For Men Only. Calabria, 1954
Photo by Caio Maio Garrubba
As only married women were allowed to dance, and then exclusively with their husbands, men danced in pairs. Even at Party political events.
Archivio Fotografico Luce, Fondo C.M. Garrubba

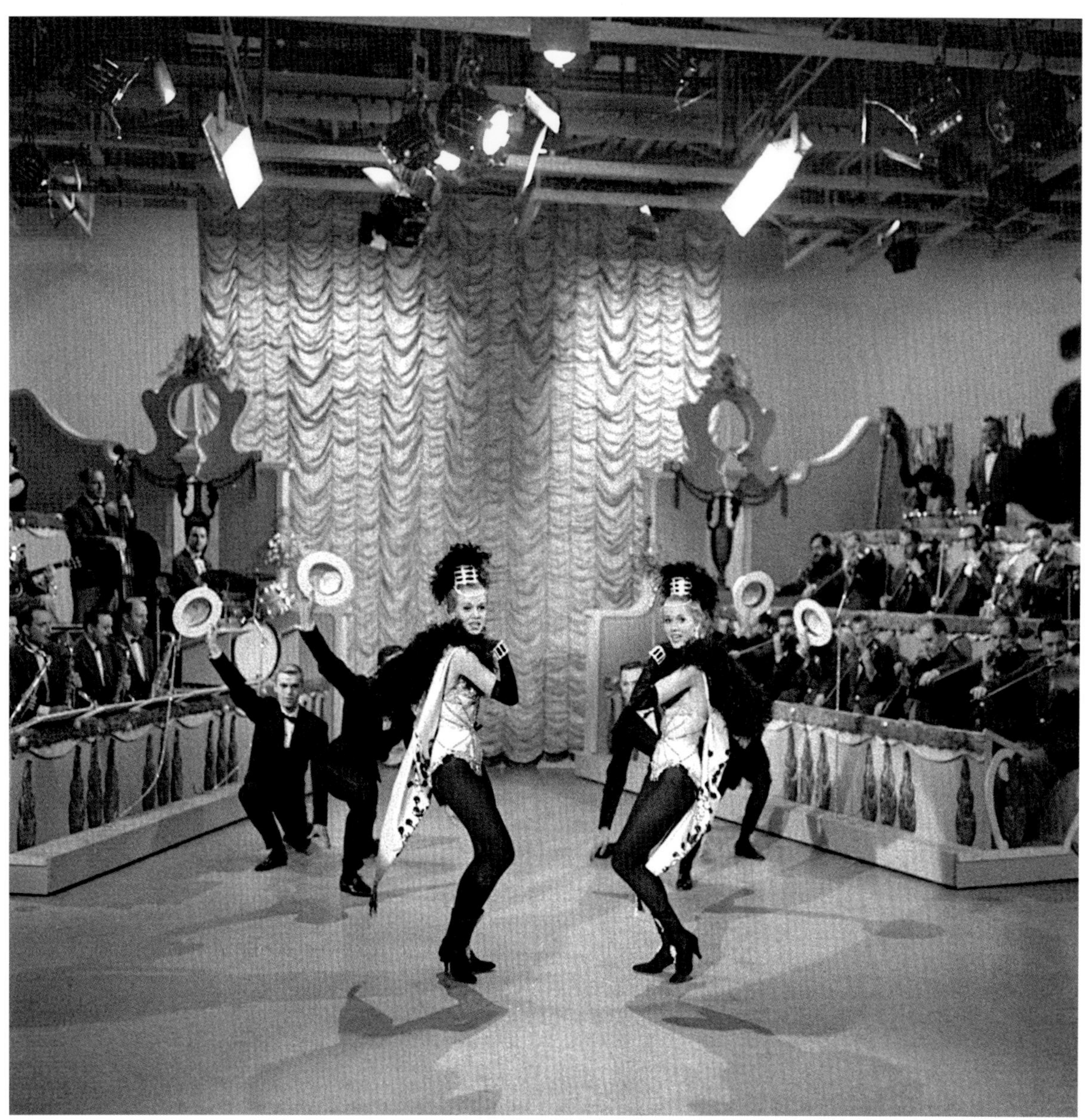

Le gemelle Kessler in "Giardino d'Inverno", 1961
L'esordio sulla tv italiana. Con loro la Rai ammette finalmente, e incorpora nella sua narrazione, la sessualità.
Rai Teche

The Kessler twins in "Winter Garden", 1961
The twins' Italian television debut. In allowing them to appear on screen, the Rai finally allows, and incorporates, sexuality into its narrative.
Rai Teche

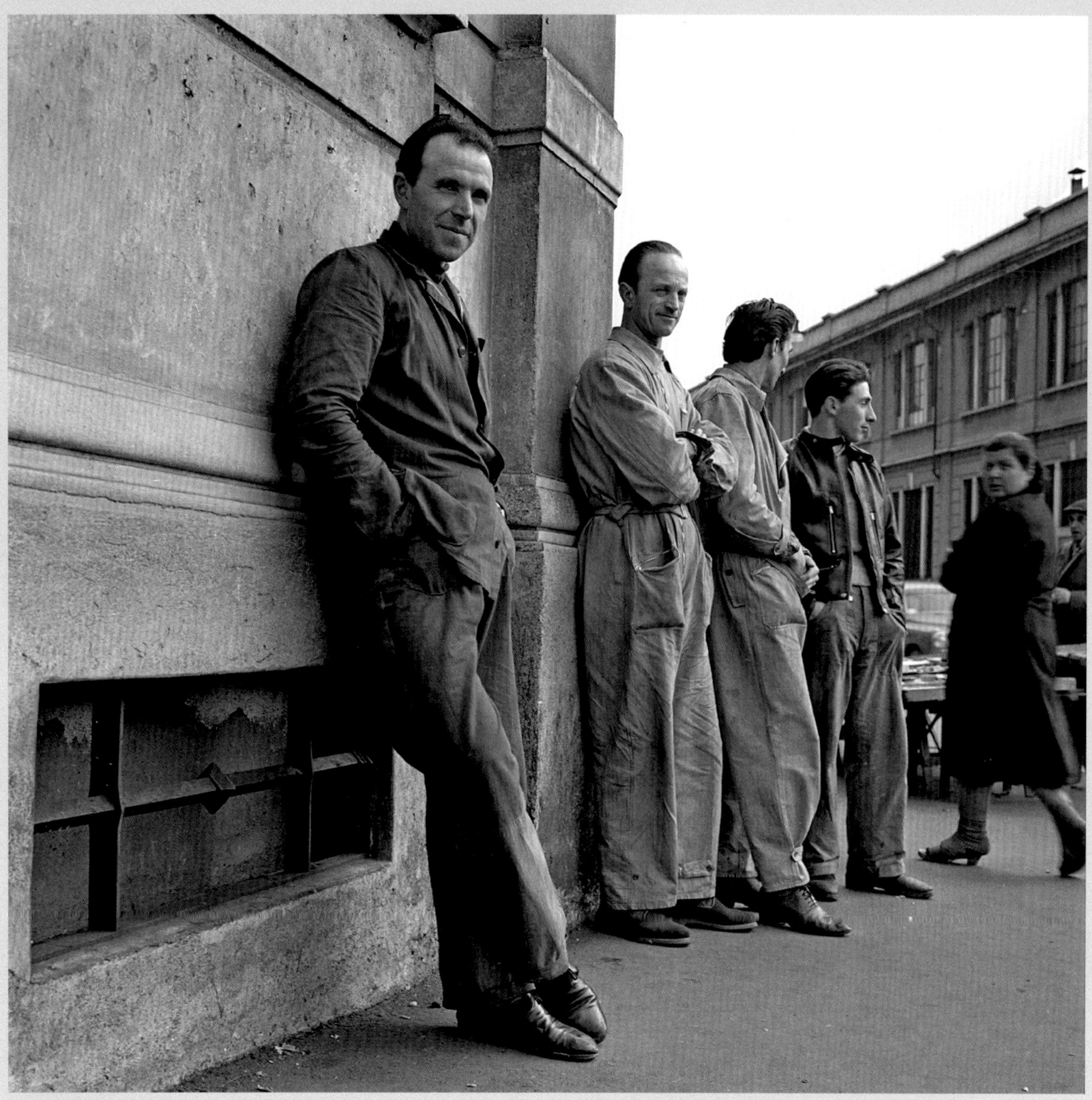

Sesto San Giovanni. Operai
Fotografia di Cecilia Mangini
Centro industriale e operaio, la "Stalingrado d'Italia" fu dal dopoguerra un punto di riferimento simbolico per la sinistra politica italiana.
Cecilia Mangini

Sesto San Giovanni. Workers
Photo by Cecilia Mangini
The Industrial and Workers' Centre, the "Stalingrad of Italy" was a symbolic reference point for the Italian political left from the post-war period onwards.
Cecilia Mangini

Noi credevamo

La grande energia che anima l'Italia di questi anni è connessa anche a fedi granitiche: si crede nel futuro, in Dio e nella Chiesa, nelle virtù della politica. In particolare con l'Anno Santo (1950) e più in generale con il pontificato di Pio XII, la Chiesa cattolica italiana è animatrice di forme associative e di iniziative popolari di massa che abbracciano tutti i campi della vita sociale e politica, ma anche il tempo libero, anche perché si può radicare in una diffusa religiosità popolare e sa utilizzare in forma moderna i media, come il cinema e la televisione. Ne tengono conto anche le grandi industrie, che organizzano pellegrinaggi aziendali.

Il Partito comunista italiano e, in misura minore, il Partito socialista, sono anche "chiese laiche" con i propri rituali, le cerimonie, i cortei, e organizzano l'intera vita del militante e della sua famiglia svolgendo una intensa azione pedagogica. Ogni dibattito politico appare come un confronto tra diverse visioni del mondo e del futuro. Vi sono anche coloro che credono in un passato che può tornare: i nostalgici del fascismo in adunata a Predappio, i monarchici in visita a Umberto II di Savoia esiliato in Portogallo.

We Believed

The great energy spearheading Italy at this time also has to do with unswerving faith: people believe in the future, in God, the Church, and the virtues of politics. During the Holy Year (1950) in particular, and the pontificate of Pius XII in general, the Italian Catholic Church is the driving force behind forms of aggregation and mass popular initiatives that touch on all fields of social and political life including leisure time, not least because it can count on widespread religiosity and is well able to use modern forms of media, such as cinema and television. Large industry also tunes into this reality, organizing company pilgrimages.

The Italian Communist Party and, to a lesser extent, the Socialist Party, are also "secular churches" with their own rituals, ceremonies and processions, and they organize every aspect of the life of militants and their families through an intense educational campaign. Every political debate comes across as a confrontation between different visions of the world and the future. There are also those who believe in a return to the past, such as those nostalgic for Fascism who gather in Predappio, where Mussolini is buried, and the monarchists who travel to visit Umberto II of Savoy exiled to Portugal.

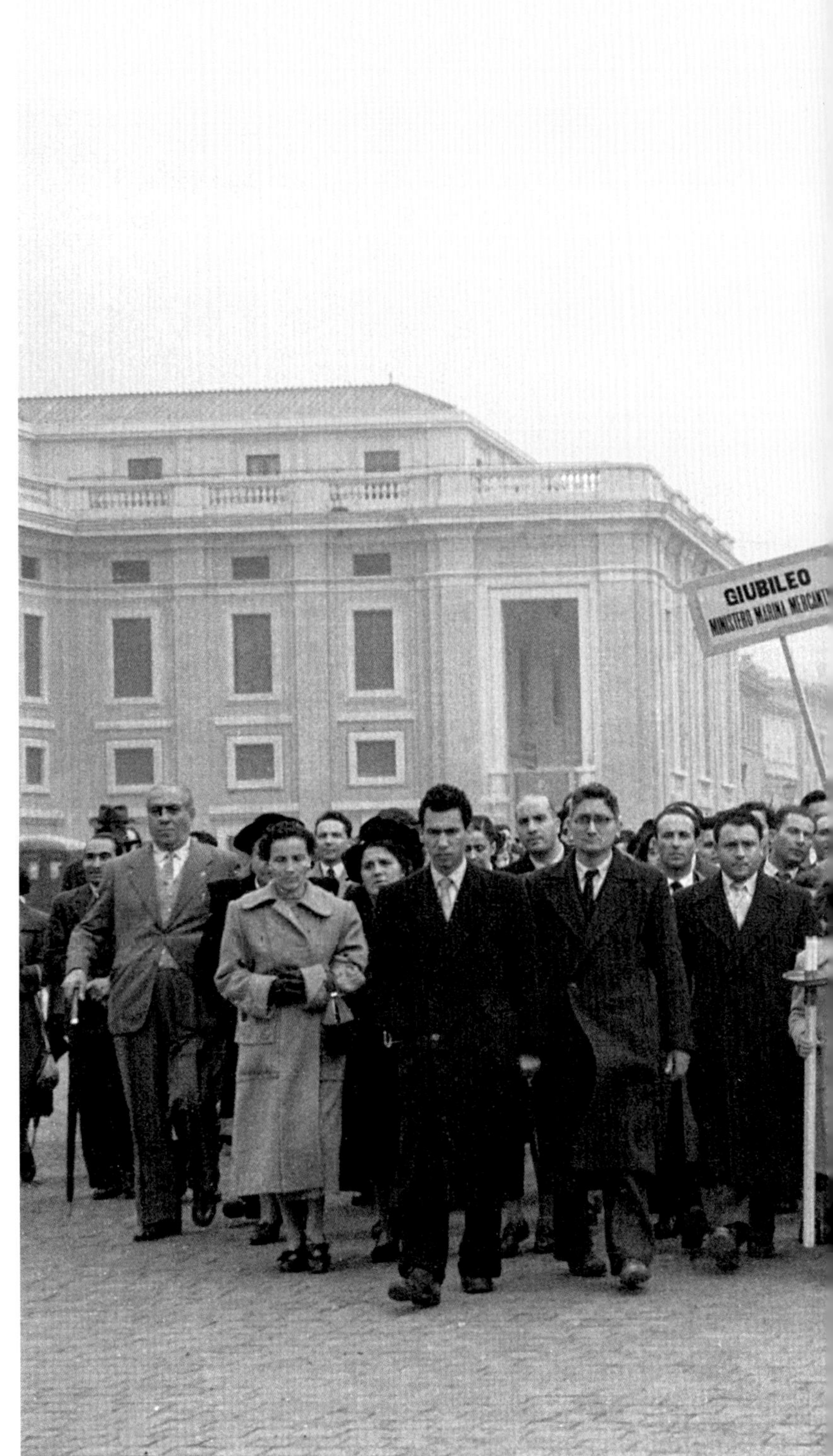

L'avanzata dei cattolici, 1950
Questo "Quarto Stato" dei cattolici italiani, che dopo un ventennio passato in sordina hanno finalmente trovato nella Democrazia cristiana la loro rappresentanza politica, è qui messo in scena dai dipendenti del Ministero della marina mercantile in processione a San Pietro in occasione del Giubileo del 1950.
Archivio Fotografico Luce, Fondo VEDO

The Catholics advance, 1950
This "Fourth Estate" of the Italian Catholics, who had spent twenty years in relative silence under Fascism, at last gained political representation through the Christian Democrats. In the limelight here in the person of the employees of the Ministry of the Merchant Navy in procession to St Peter's for the Jubilee of 1950.
Archivio Fotografico Luce, Fondo VEDO

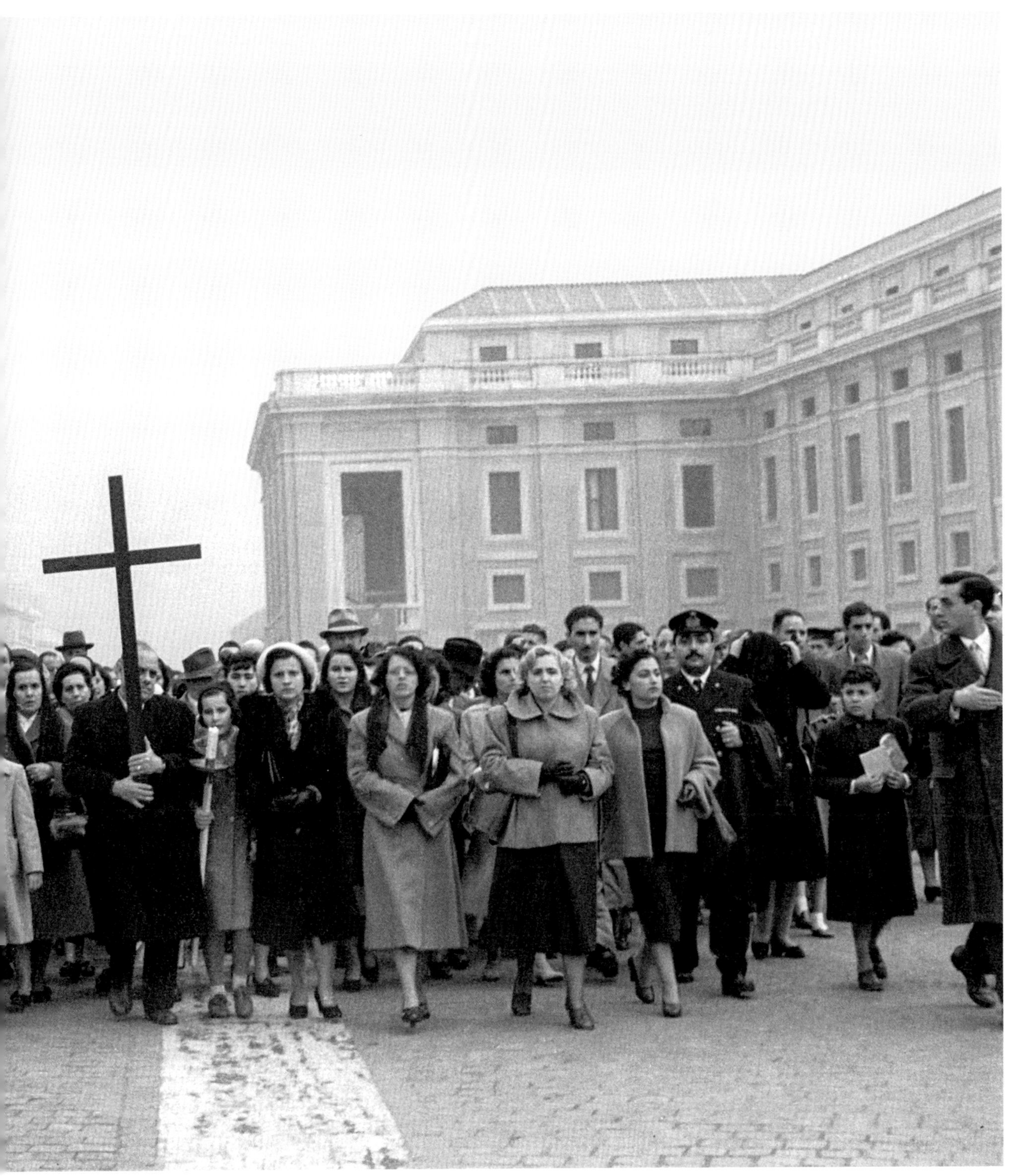

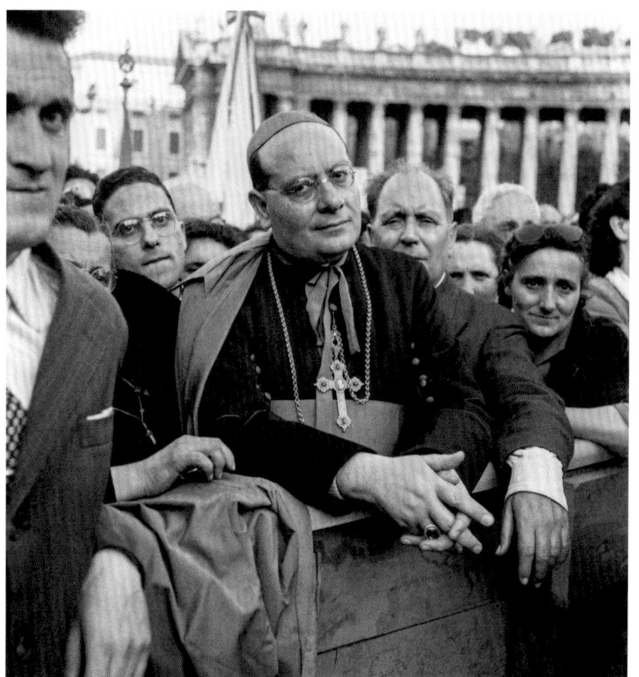

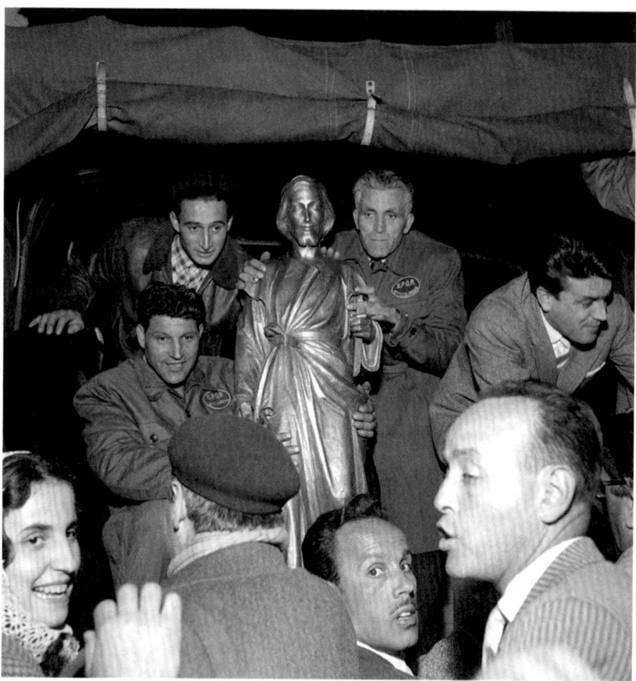

Aspettando il Papa, 1955
Il vescovo accanto ai suoi fedeli: incontro con il papa Pio XII per il decennale delle Acli (Associazioni Cristiane Lavoratori Italiani).
Archivio Fotografico Luce, Fondo VEDO

Waiting for the Pope, 1955
The bishop alongside his faithful: meeting Pope Pius XII for the tenth anniversary of the Acli (Italian Christian Workers' Associations).
Archivio Fotografico Luce, Fondo VEDO

Foto di gruppo con Gesù, 1956
Arriva a San Pietro in elicottero la statua di Gesù falegname; lo spunto sarà ripreso da Federico Fellini nel film forse più rappresentativo di quest'epoca, "La dolce vita" (1960).
Archivio Fotografico Luce, Fondo VEDO

Group photo with Jesus, 1956
The statue of Jesus the Carpenter arrives at St Peter's by helicopter; the idea would be taken up by Federico Fellini in perhaps the most representative film of this period, La dolce vita *(1960).*
Archivio Fotografico Luce, Fondo VEDO

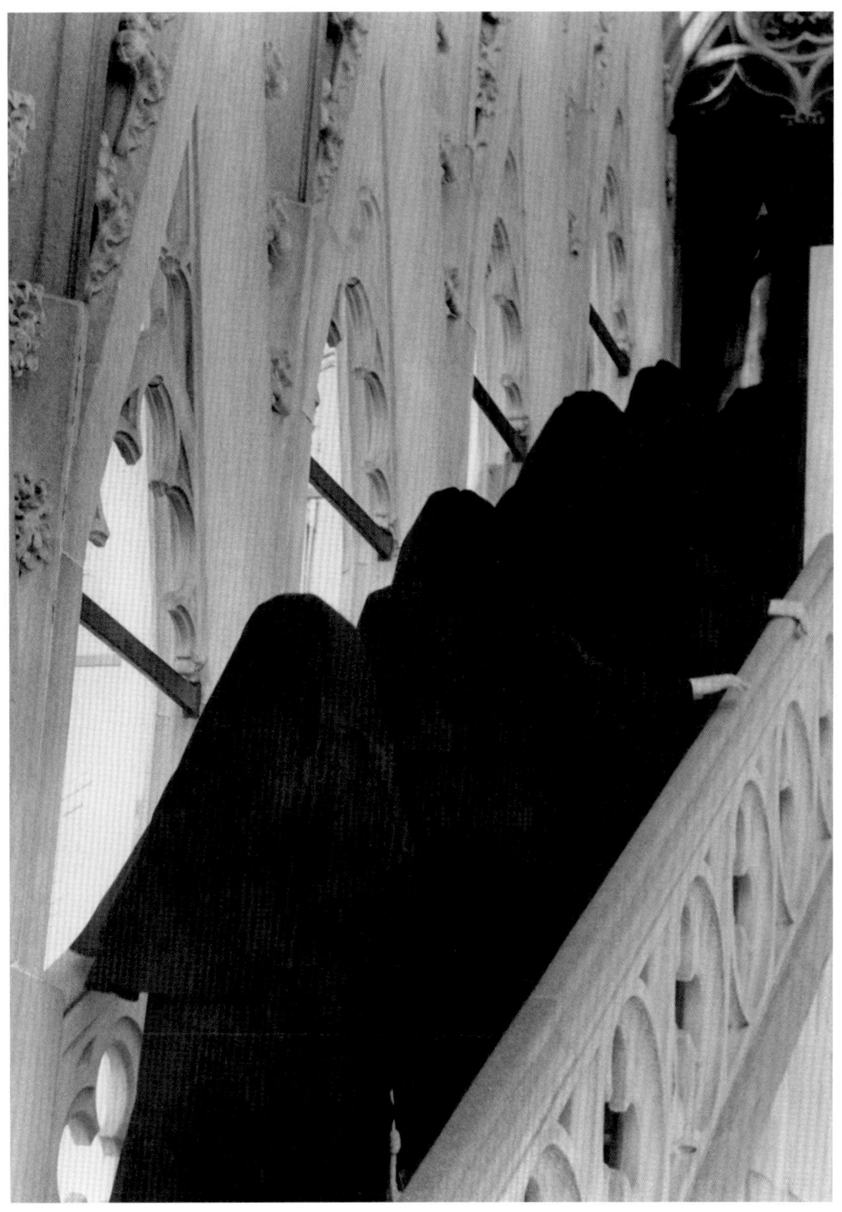

Sulle guglie del Duomo. Milano, 1956
Come un'ascesa verso Dio.
Centro Studi e Archivio della Comunicazione dell'Università di Parma, Fondo Publifoto

On the spires of the Duomo. Milan, 1956
Like ascending towards God.
Centro Studi e Archivio della Comunicazione dell'Università di Parma, Fondo Publifoto

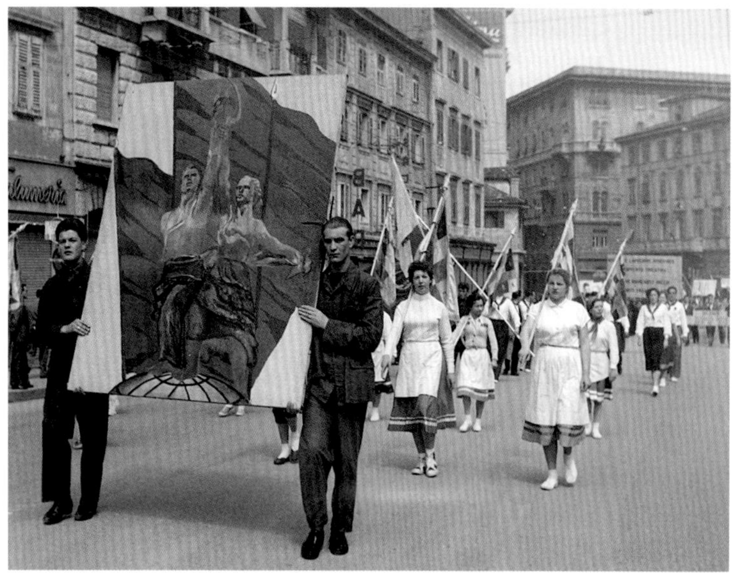

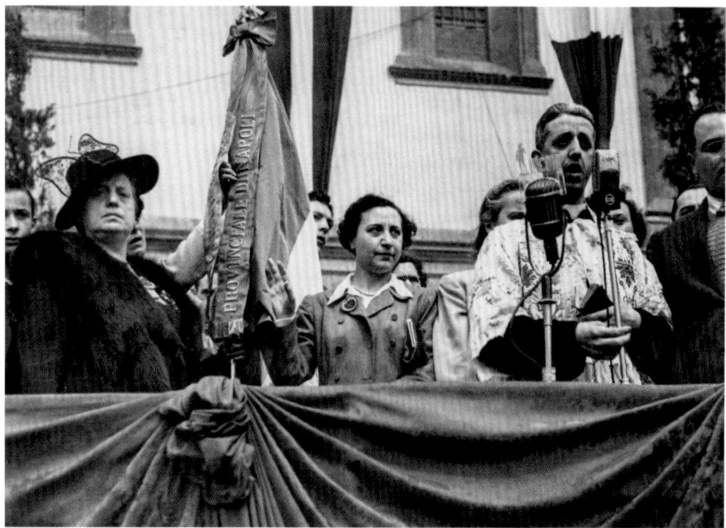

La celebrazione del lavoro. Trieste, 1954
Una delle numerose feste del 1° Maggio in cui la Cgil, così come il Partito comunista a cui era legata, organizzavano sfilate e rituali sul modello sovietico.
Centro Studi e Archivio della Comunicazione dell'Università di Parma, Fondo Publifoto

Celebrating labour. Trieste, 1954
One of the many May 1st celebrations where the CGIL, like the Communist Party to which it was linked, organized Soviet-style parades and rituals.
Centro Studi e Archivio della Comunicazione dell'Università di Parma, Fondo Publifoto

La benedizione della bandiera. Napoli, 1951
La Cisl, il sindacato legato al mondo cattolico, esprime sensibilità per il mondo del lavoro diverse dalla Cgil, allineate anche alle caratteristiche locali. La signora sul palco richiama le cerimonie degli anni Trenta.
Centro Studi e Archivio della Comunicazione dell'Università di Parma, Fondo Publifoto

Blessing the flag. Naples, 1951
The CISL, the trade union close to Catholicism, expressed a different sensitivity to the world of work from that of the CGIL and was also aligned with local sensibilities. The lady on stage recalls ceremonies in the thirties.
Centro Studi e Archivio della Comunicazione dell'Università di Parma, Fondo Publifoto

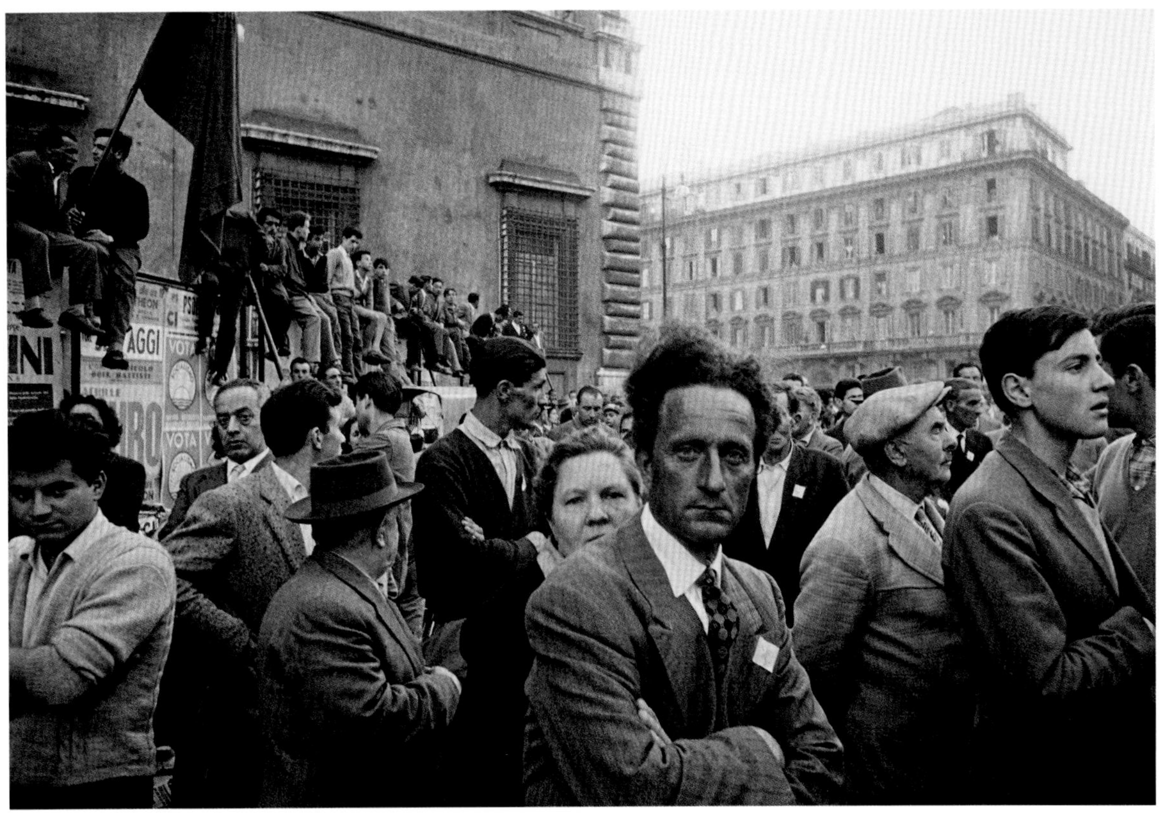

Comizio, 1956
Fotografia di William Klein
Nel comizio l'impegno e la fede del militante, vestito nei suoi abiti da festa, appaiono in modo indelebile in questa commossa immagine di William Klein.

Party Rally, 1956
Photo by William Klein
The commitment and faith of the militant decked out in his best clothes at this rally are indelibly etched in this poignant image by William Klein.

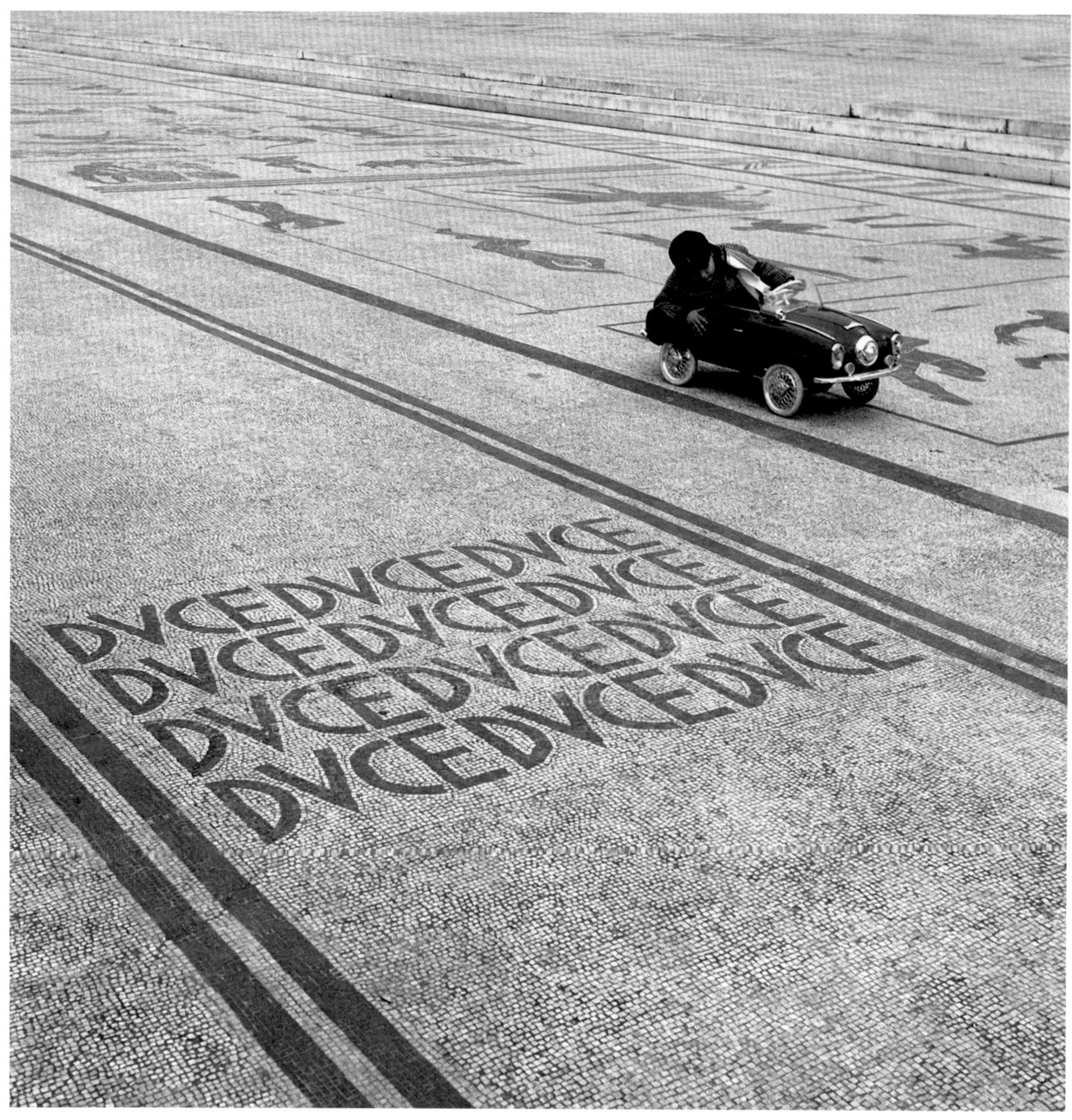

Giochi sul passato. Roma, 1959
Nei giochi dei bambini romani al Foro Italico, negli anni del boom, gli ossessivi slogan fascisti perdono ogni significato.
Archivio Fotografico Luce, Fondo VEDO

Games evoking the past. Rome, 1959
Obsessive Fascist slogans lose all meaning at the Roman children's games held at the Foro Italico during the boom years.
Archivio Fotografico Luce, Fondo VEDO

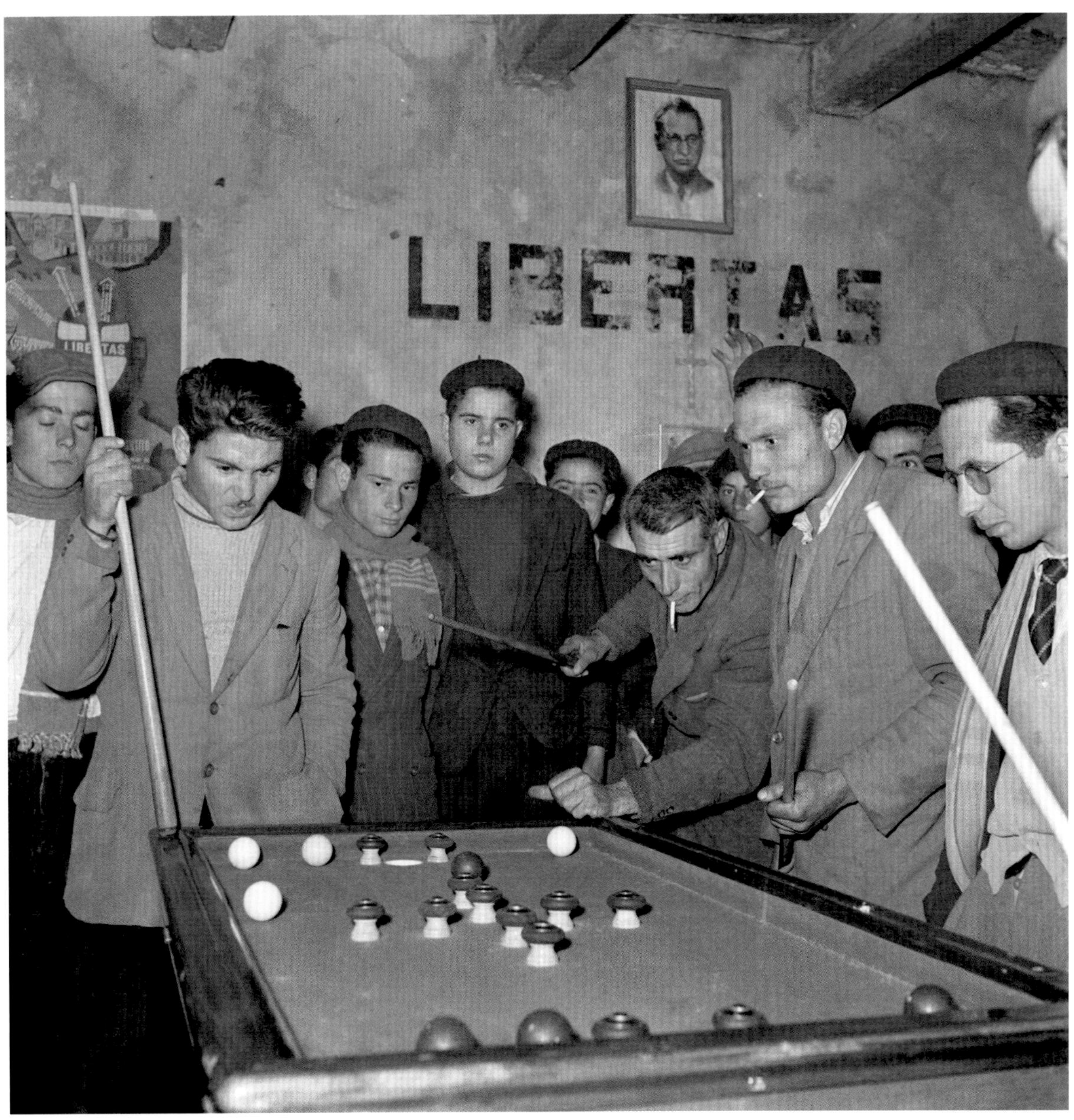

Sotto gli occhi del partito
Fotografia di Caio Mario Garrubba
Una partita di biliardo sotto il ritratto di De Gasperi. I partiti di massa promuovono numerose attività e circoli ricreativi, alla ricerca di un consenso popolare, come questo a Ginza (CZ), 1954.
Archivio Fotografico Luce, Fondo Garrubba

Under the watch of the Party
Photo by Caio Mario Garrubba
A game of billiards beneath the portrait of De Gasperi. Mass political Parties promoted numerous activities and social clubs in an attempt to obtain the consensus of the people. This one is in Ginza (CZ), 1954.
Archivio Fotografico Luce, Fondo Garrubba

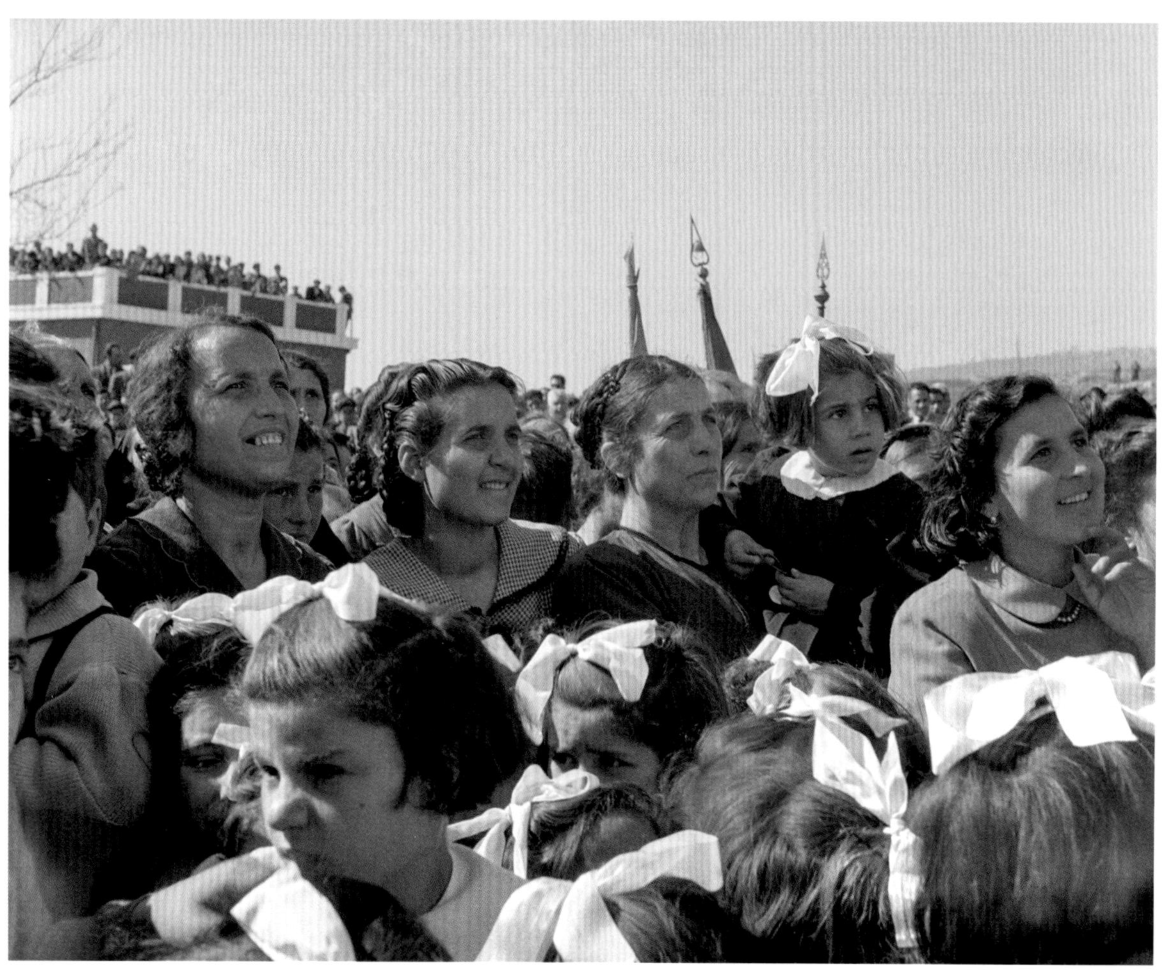

Fede politica
Un comizio di De Gasperi in Calabria, 1952.
Archivio Fotografico Luce, Fondo Attualità

Political Faith
A rally with De Gasperi in Calabria, 1952.
Archivio Fotografico Luce, Fondo Attualità

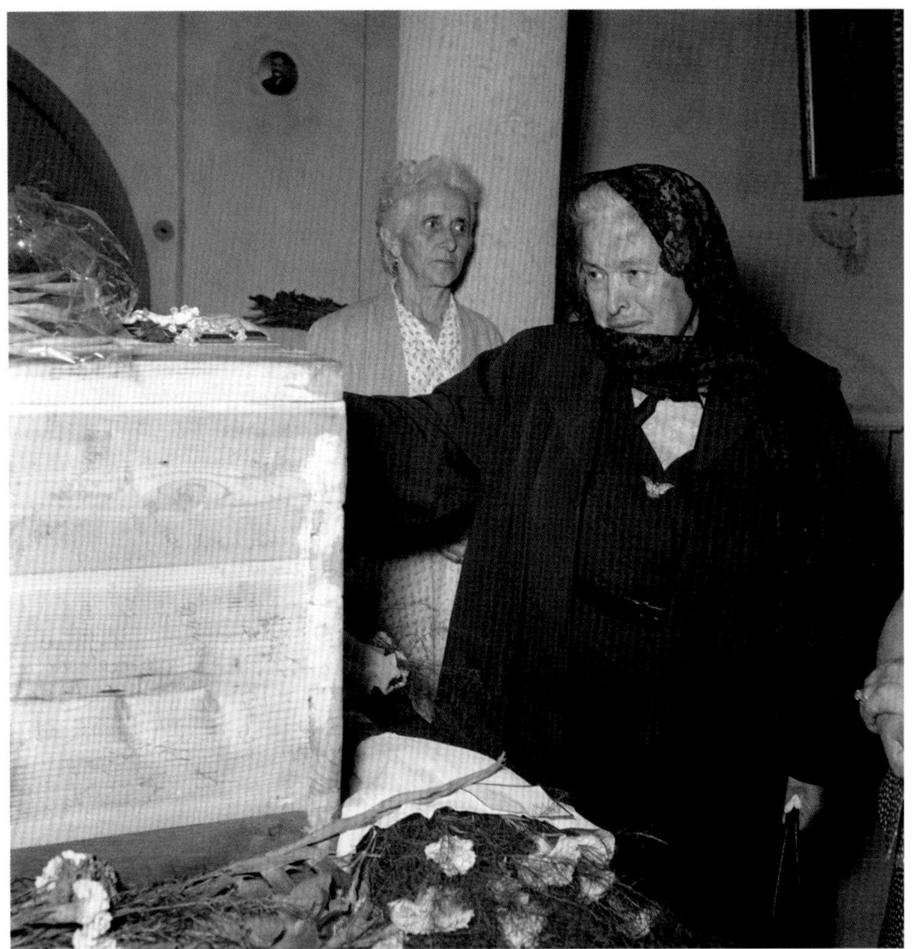

Predappio
Commozione di un'anziana donna sulla tomba di Mussolini dopo la traslazione della salma nel cimitero di San Cassiano, 1957.
Archivio Fotografico Luce, Fondo VEDO

Predappio
An old woman overcome with grief at Mussolini's grave after his body had been transferred to the cemetery of San Cassiano, 1957.
Archivio Fotografico Luce, Fondo VEDO

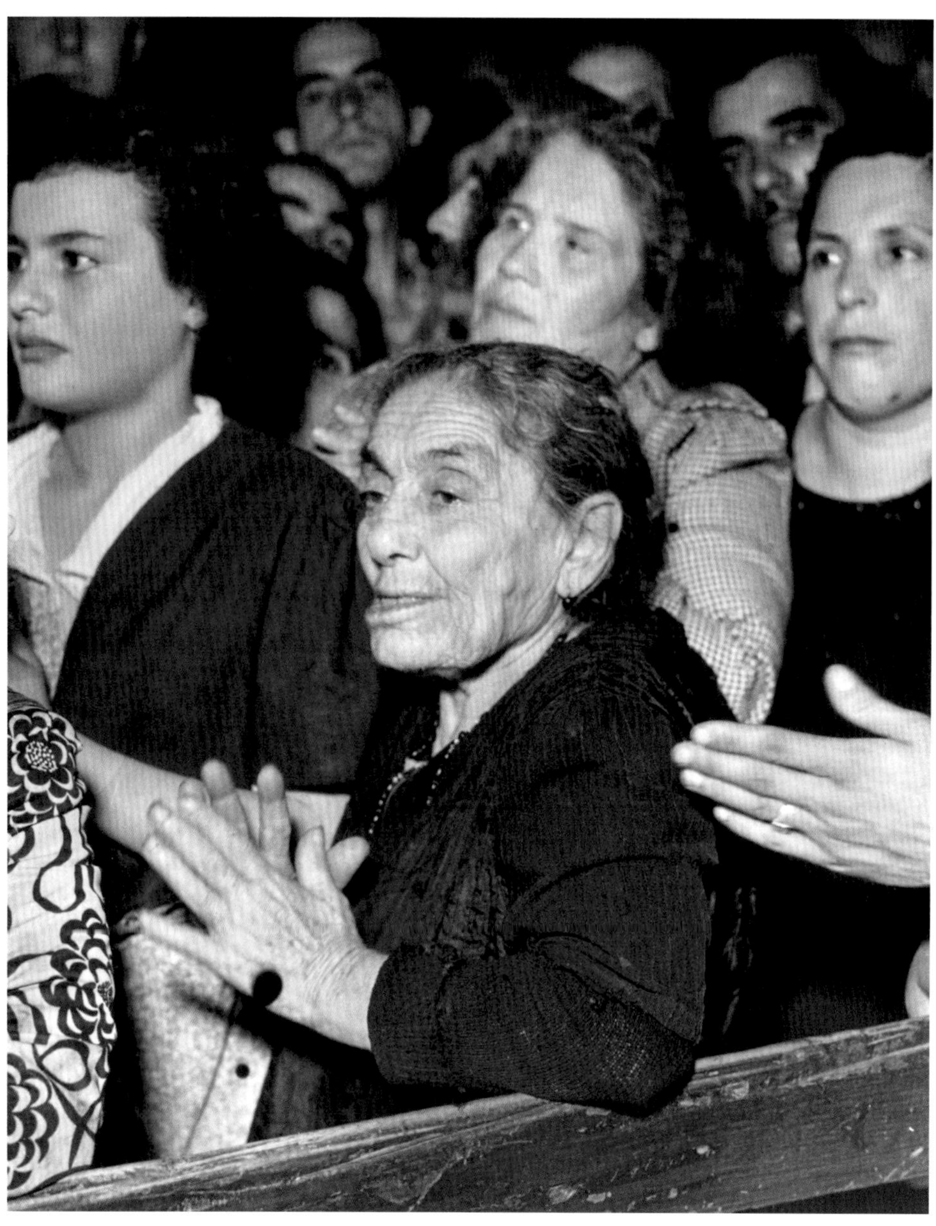

Il miracolo di San Gennaro. Napoli, 1950
Un rito annuale a cui non si può mancare.
Centro Studi e Archivio della Comunicazione dell'Università di Parma, Fondo Publifoto

The miracle of San Gennaro. Naples, 1950
An unmissable annual ritual.
Centro Studi e Archivio della Comunicazione dell'Università di Parma, Fondo Publifoto

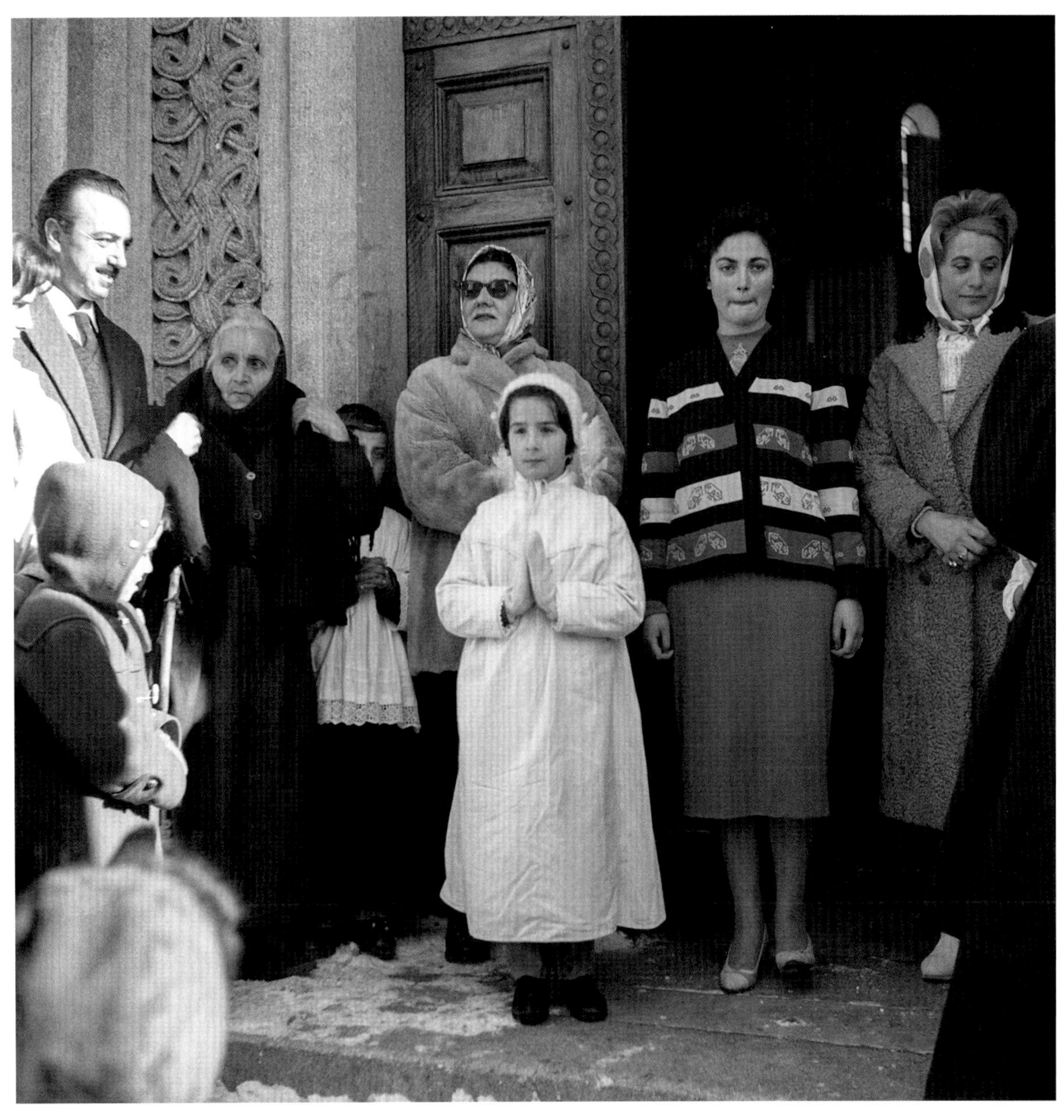

Prima Comunione. Rivisondoli, 1959
In mezzo alla neve dell'inverno montano, un frammento di religiosità popolare.
Archivio Fotografico Luce, Fondo VEDO

First Communion. Rivisondoli, 1959
Amid the mountain snow in winter, a moment of popular religiosity.
Archivio Fotografico Luce, Fondo VEDO

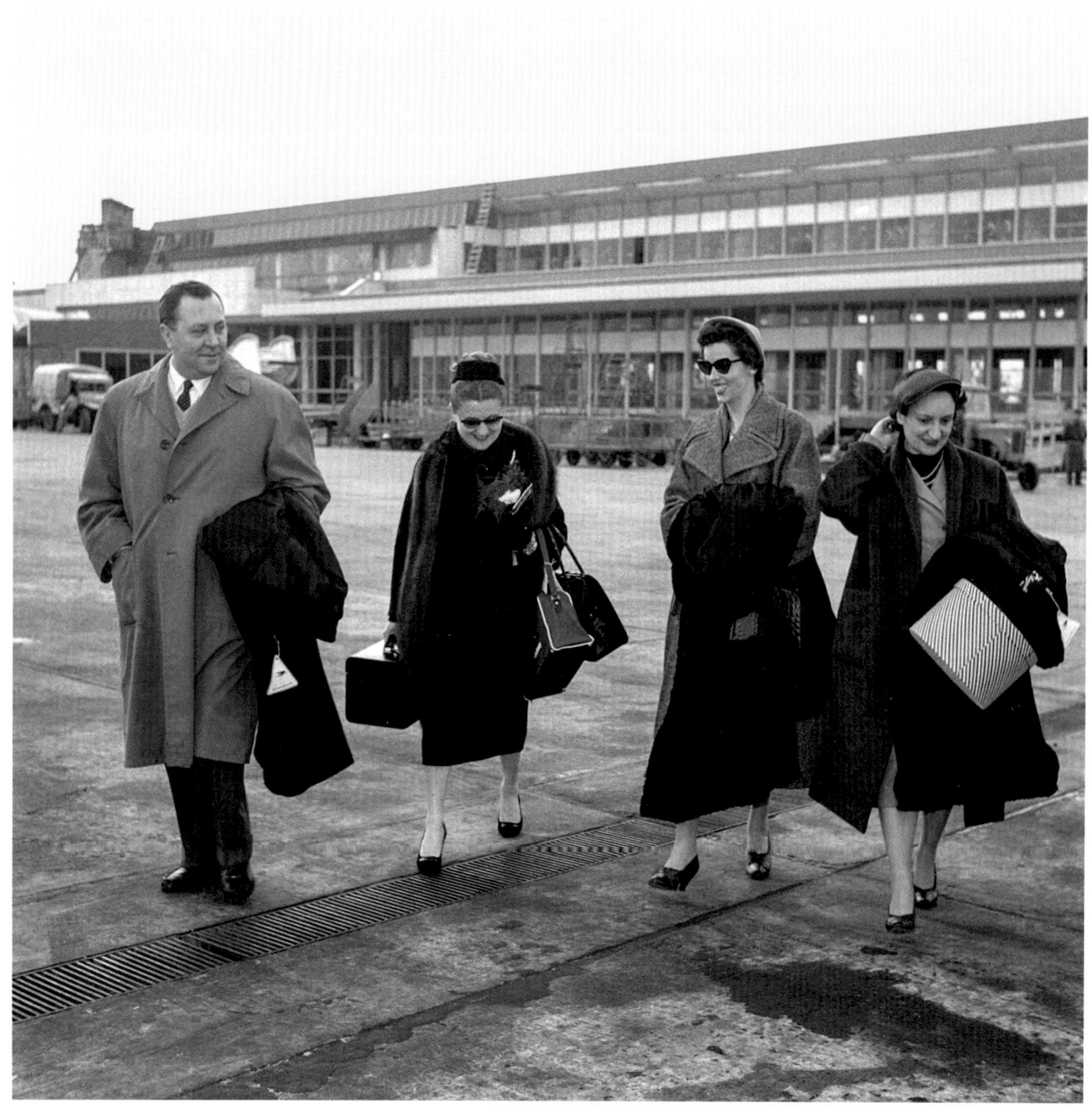

Seguire il re, 1955
Alfredo Covelli, segretario del Partito nazionale monarchico, con alcune dame in partenza per Cascais, in Portogallo, dove vive in esilio Umberto II di Savoia.
Archivio Fotografico Luce, Fondo VEDO

Following the King, 1955
Alfredo Covelli, secretary of the National Monarchist Party, leaving with some ladies for Cascais in Portugal, where Umberto II of Savoy lived in exile.
Archivio Fotografico Luce, Fondo VEDO

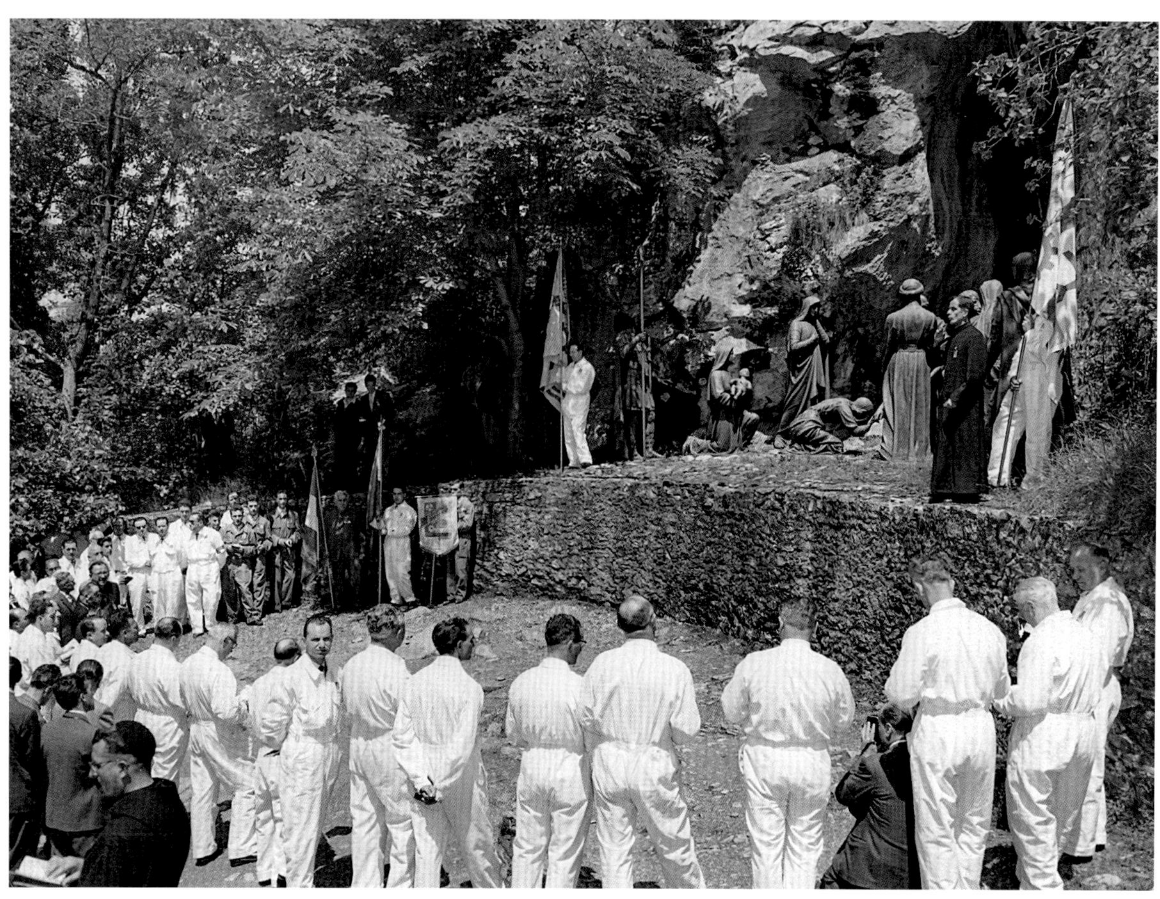

La grotta del miracolo, 1957
Operai FIAT, in tuta candida, in pellegrinaggio aziendale davanti alla grotta di Lourdes.
Centro Storico FIAT

The miraculous grotto, 1957
FIAT workers on pilgrimage to Lourdes. Dressed in white suits, they stand before the miraculous grotto.
Centro Storico FIAT

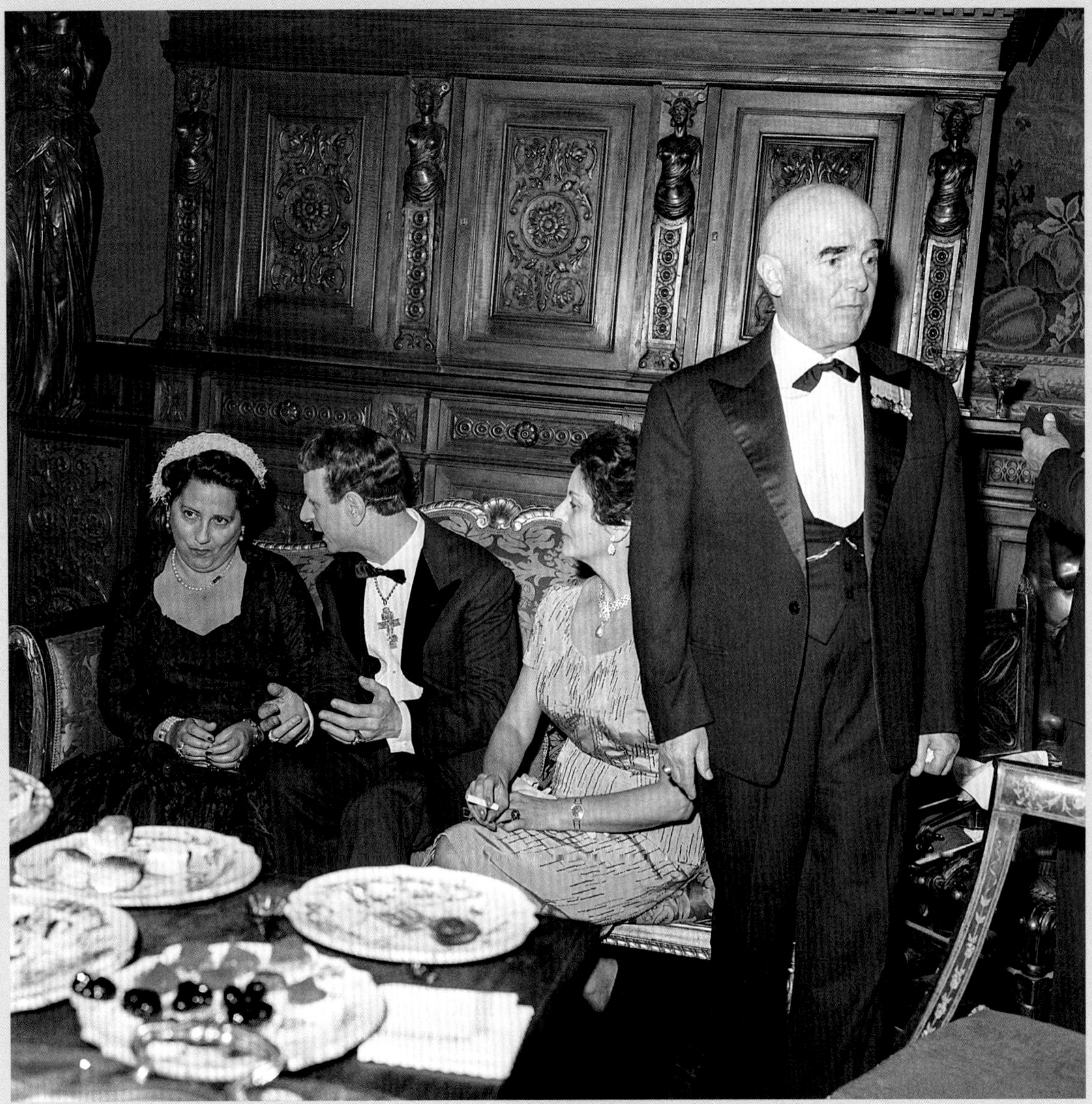

Marziano di Costantinopoli a Roma
Il bel mondo del boom produce, come raccontano i registi della commedia all'italiana, numerosi personaggi da operetta, arrampicatori e millantatori, tra cui aristocratici veri o presunti che organizzano ricevimenti sontuosi. Qui Marziano II di Costantinopoli, 1960.
Archivio Fotografico Luce, Fondo Dial

Marziano of Constantinople in Rome
The beau monde of the boom years produced – as the directors of Italian comedy films tell us – various operetta-style characters, social climbers, and idle boasters, including real or presumed aristocrats organizing lavish receptions. Here we see Marziano II of Constantinople, 1960.
Archivio Fotografico Luce, Fondo Dial

Colpiti da improvviso benessere

Il benessere non è ancora diffuso, ma ampiamente annunciato, in particolare dalla televisione, subito molto popolare anche fra coloro che non posseggono il costoso apparecchio. L'automobile e il televisore, accompagnati dal frigorifero, appaiono congiuntamente come un viatico per l'ingresso nella modernità. Compaiono nuovi oggetti per il divertimento, quasi sempre provenienti dall'America: il juke-box, il flipper, il go kart, il 45 giri e il mangiadischi.

Le vacanze e il viaggio in automobile sono riti nuovi, praticati con zelo e inesperienza. Il consumo più impegnativo e vistoso (i viaggi in aereo, le auto americane, il treno Settebello, gli eleganti motoscafi Riva) rimane il privilegio di un'élite, ma compare ormai largamente nei film, nei settimanali illustrati a rotocalco che progressivamente stanno passando alle foto a colori. È uno stile di vita e di consumo meno sobrio rispetto a quelli tradizionali delle classi elevate e colte, più rumoroso, esibito, mondano. A qualcuno appare effimero e volgare, e sicuramente lo è: ma contiene in sé una prorompente vitalità.

Dazzled by Sudden Prosperity

Prosperity is not yet widespread, but it is extensively propagandized, especially on television, which is an immediate hit even with those who do not own an expensive television set. The car and the television set, together with the refrigerator, seem to be the passport to modernity. New leisure goods begin to appear, including the jukebox, the pinball machine, the go-kart, the 45 rpm, and the portable record player, almost all of them from the USA.

Holidays and car travel are new rites embraced with naïve fervour. A richer and more ostentatious consumer lifestyle (with air travel, American cars, the luxury Settebello train, the elegant Riva motorboats) remains the privilege of the elite, but it now features widely in films and in the glossy weeklies that gradually adopt colour illustrations. This is a less restrained lifestyle and level of consumption than that typical of the traditional upper and educated classes; it is brash, showy, and worldly. To some it appears ephemeral and vulgar – and, of course, it is. But at the same time, it bristles with vitality.

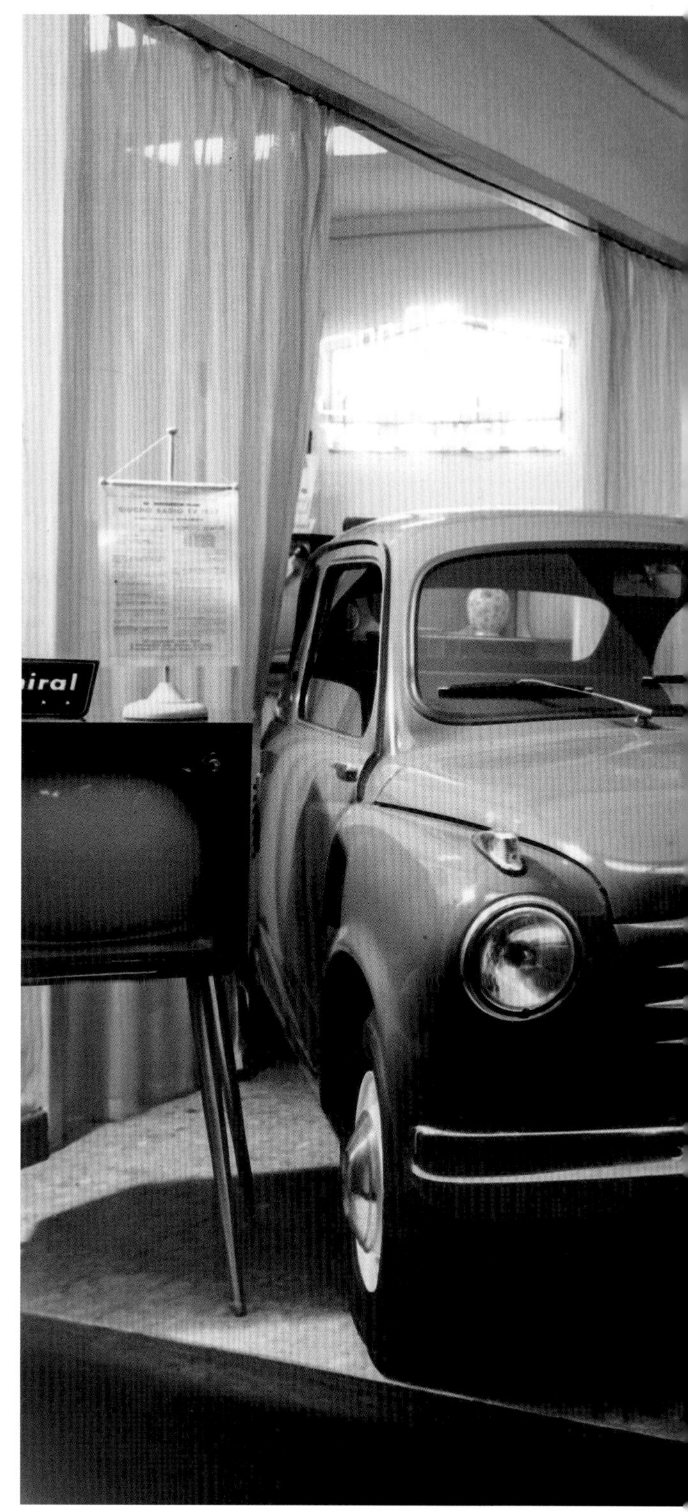

I tre simboli del benessere
Televisore, automobile, frigorifero: insieme formano il perimetro del benessere, qui esibito in occasione della campagna abbonamenti RAI per il 1957.
Archivi Alinari, Archivio Betti Borra

The three symbols of affluence
Television, the car, and the refrigerator: together they form the measure of affluence, on show here for the 1957 RAI subscription campaign.
Archivi Alinari, Archivio Betti Borra

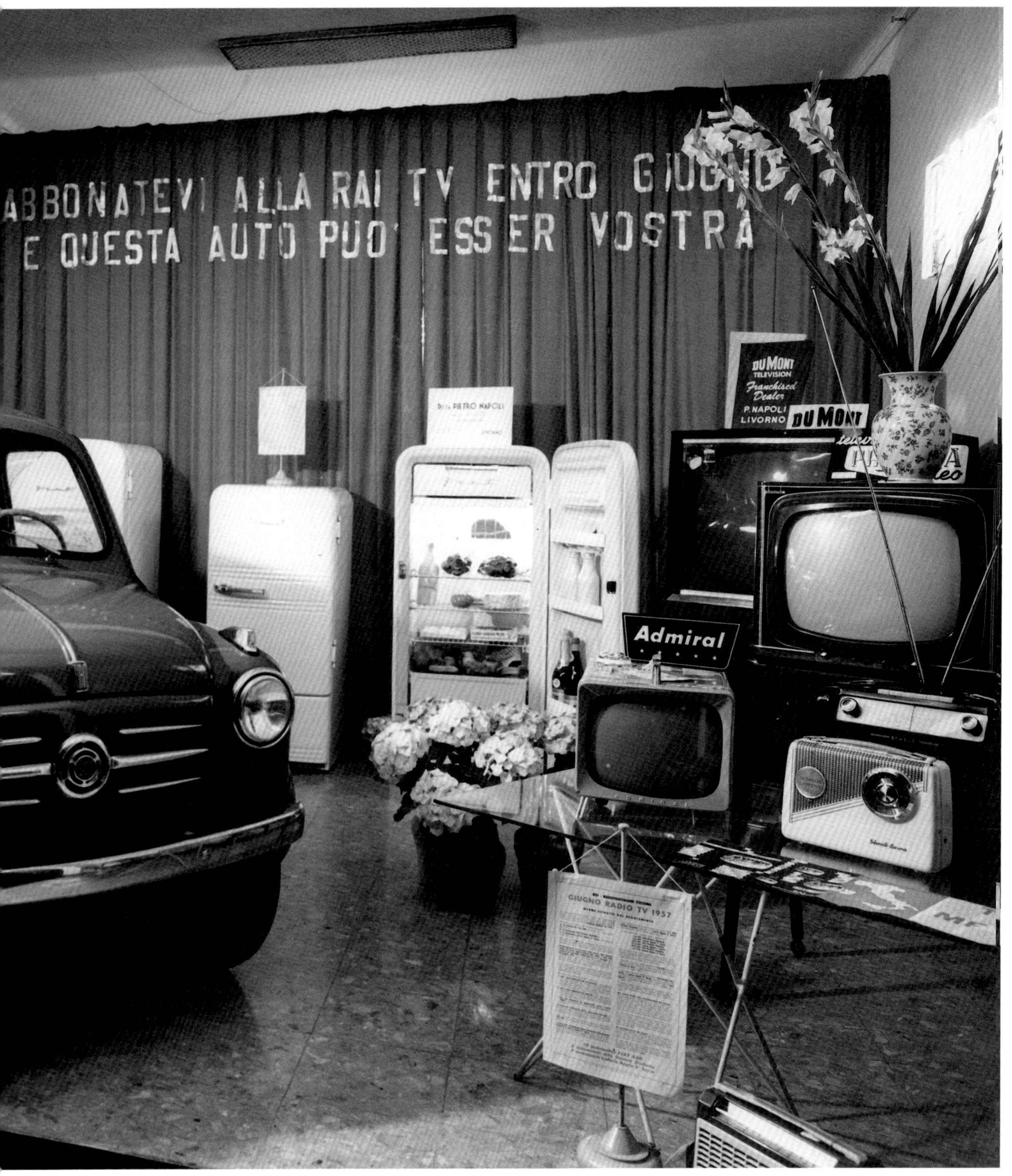
ABBONATEVI ALLA RAI TV ENTRO GIUGNO
E QUESTA AUTO PUO' ESSER VOSTRA
DU MONT
TELEVISION
Franchised Dealer
P. NAPOLI
LIVORNO
DU MONT
Admiral
GIUGNO RADIO TV 1957

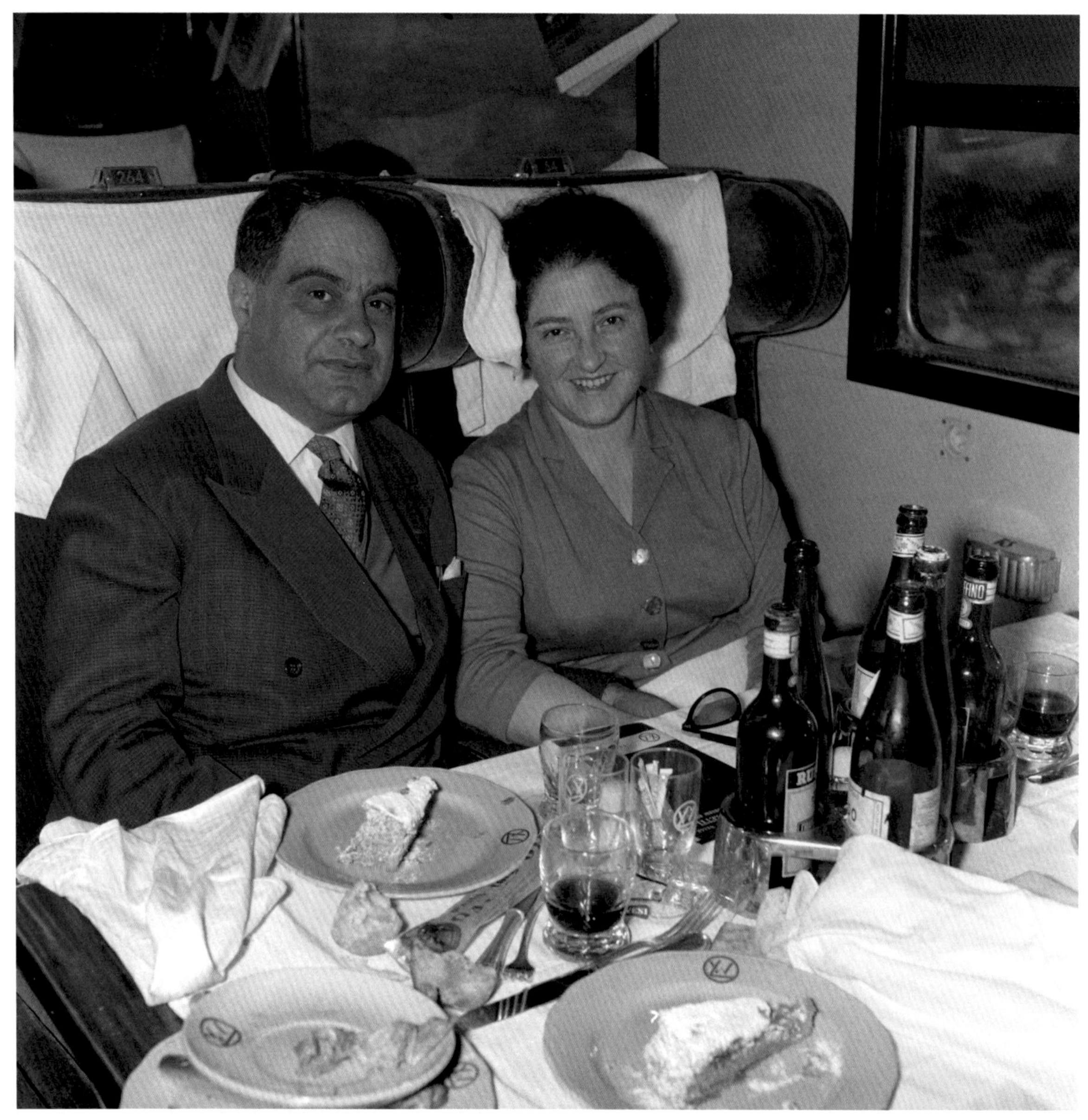

Pranzo sull'elettrotreno, 1959
Tempi di abbondanza, forse eccessiva, di cibi e bevande.
Archivio Fotografico Luce, Fondo VEDO

Lunch on the electric train, 1959
A time of perhaps excessive abundance of food and drink.
Archivio Fotografico Luce, Fondo VEDO

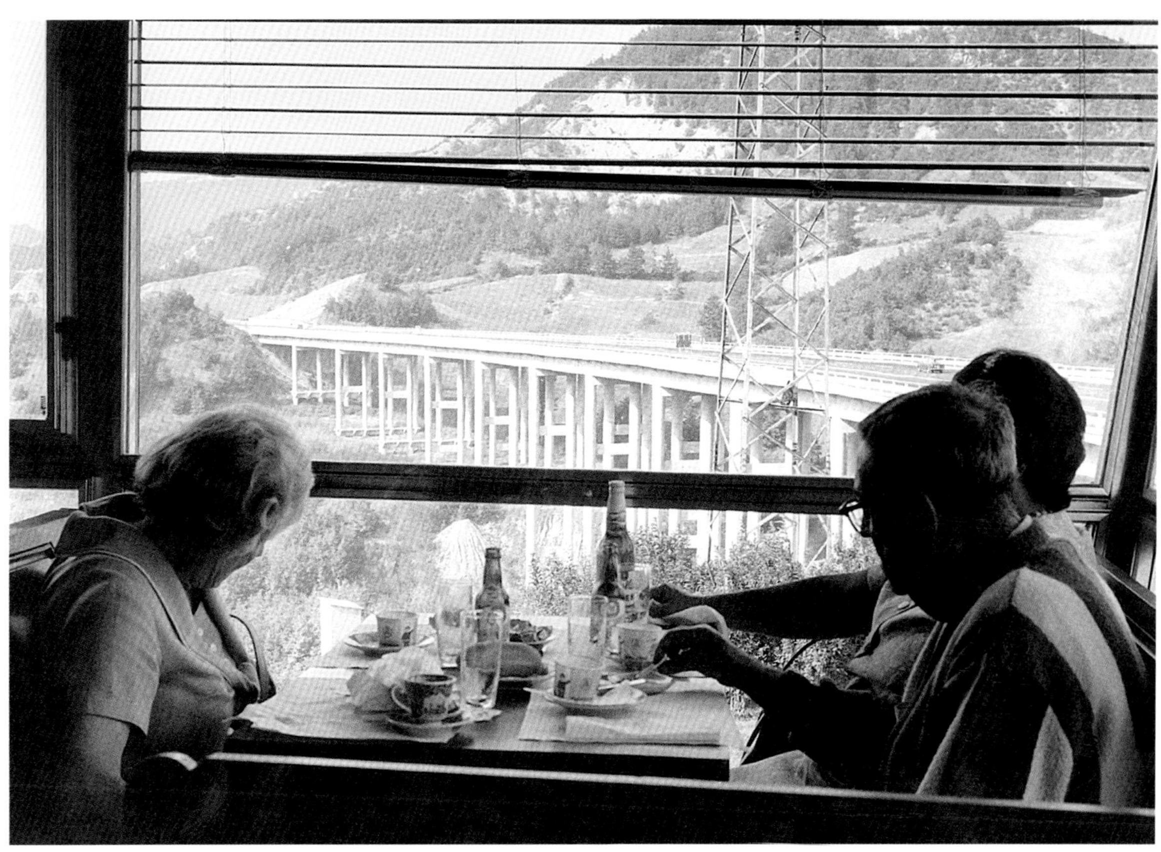

Pranzo all'Autogrill, primi anni Sessanta
Con le autostrade e le vacanze automunite, la sosta mangereccia all'Autogrill diventa un rituale del benessere. Talvolta si prende l'autostrada solo per andarci, e passare lì la domenica.
Centro Studi e Archivio della Comunicazione dell'Università di Parma, Fondo Publifoto

Lunch at the motorway service station, early 1960s
With the advent of motorways and car holidays, eating at the service station became a classic mark of affluence. People would sometimes take the motorway simply to visit one, or to spend their Sundays there.
Centro Studi e Archivio della Comunicazione dell'Università di Parma, Fondo Publifoto

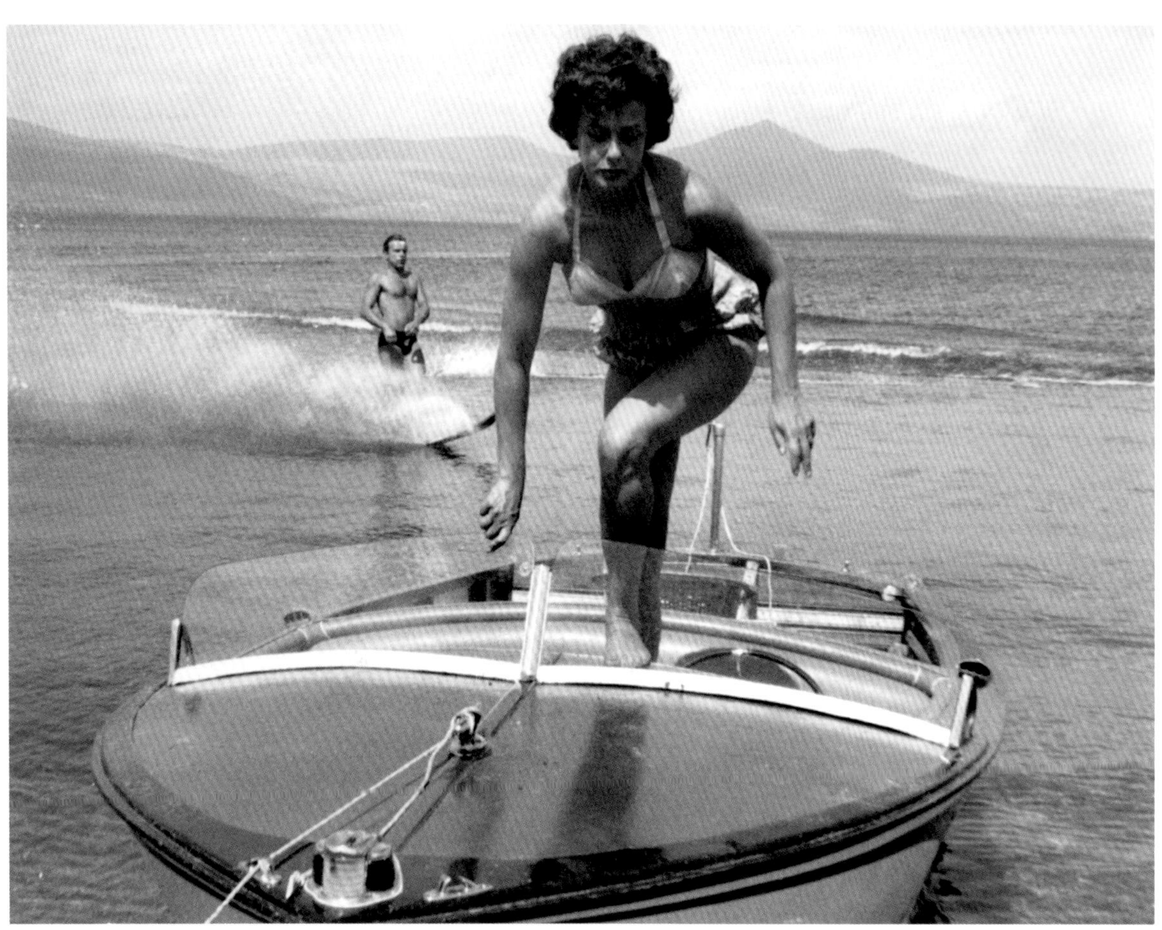

La principessa e il motoscafo, primi anni Sessanta
Al disopra del benessere c'è il lusso, e il motoscafo in legno pregiato ne è marchio inconfondibile. Qui la principessa Doris Pignatelli, campionessa di sci nautico, che appare anche ne "La dolce vita".
Cineteca del Friuli

The Princess and the Motorboat, early 1960s
Above affluence there comes luxury, and the motorboat built in top-quality wood is its unmistakable hallmark. Here we see Princess Doris Pignatelli, champion water-skier, who also appears in La dolce vita.
Cineteca del Friuli

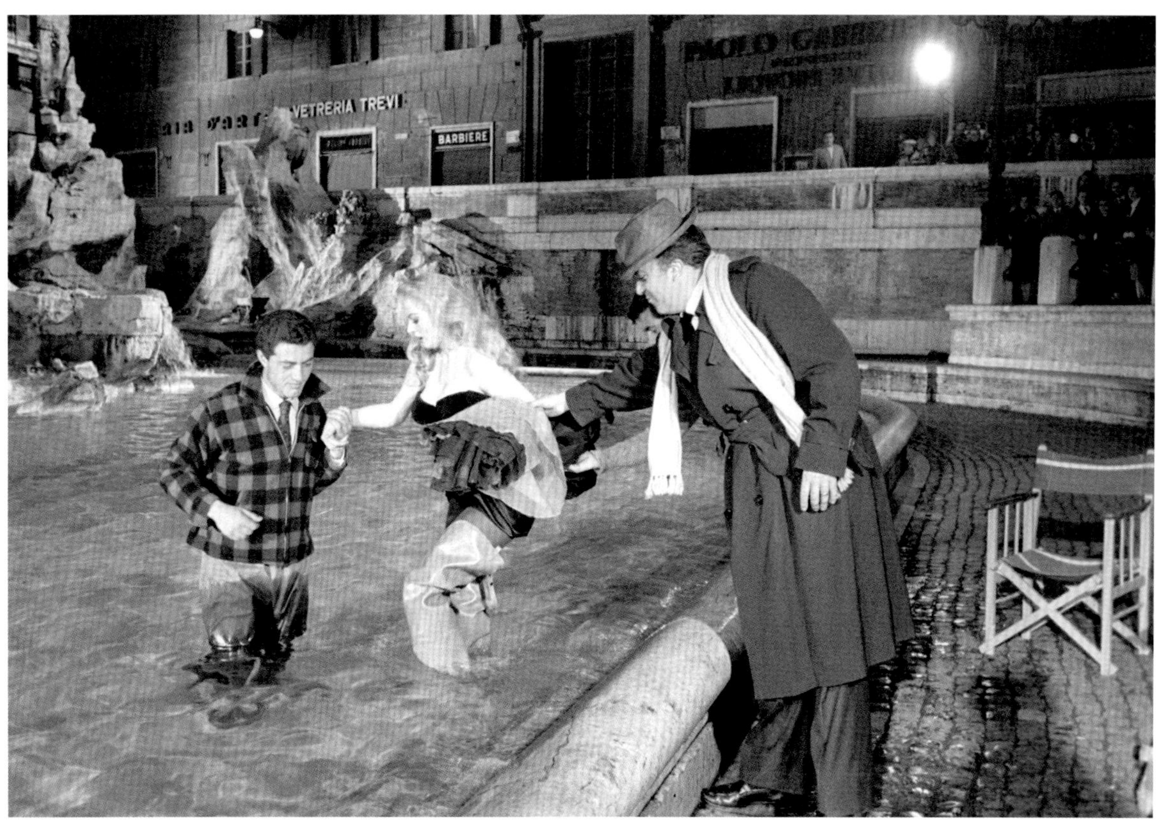

Meglio gli stivaloni
Federico Fellini spiega ad Anita Ekberg la scena della fontana di Trevi, 1959. Con il freddo di marzo, conviene indossare sotto l'abito di scena lunghi stivaloni da pescatore, che il pubblico del film non immagina.
Reporters Associati & Archivi, Roma

Better to wear boots
Filming La dolce vita*, 1959: Federico Fellini explaining the Trevi Fountain scene to Anita Ekberg. Considering the March chill, it would be better for her to wear long fisherman's boots under her dress, something the film audience could never imagine.*
Reporters Associati & Archivi, Rome

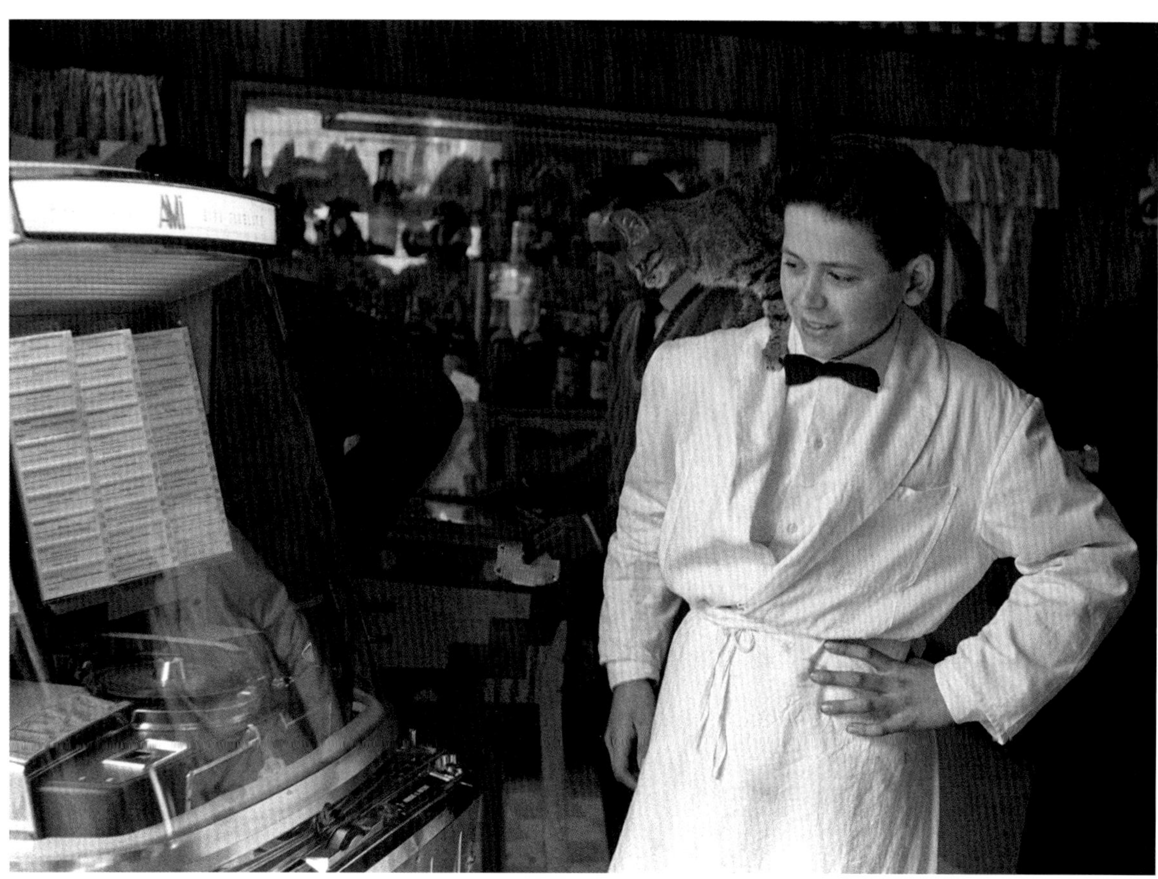

Il Juke Box, 1959
Insieme alla radio a transistor è un elemento fondamentale della sonorizzazione della vita pubblica, con i rumori del traffico in sottofondo, ma anche una scusa per ballare insieme.
Archivio Fotografico Luce, Fondo VEDO

The Juke Box, 1959
Together with the transistor radio, this was an essential fixture in the sound system of public life, with traffic noise in the background, but it was also an excuse to dance together.
Archivio Fotografico Luce, Fondo VEDO

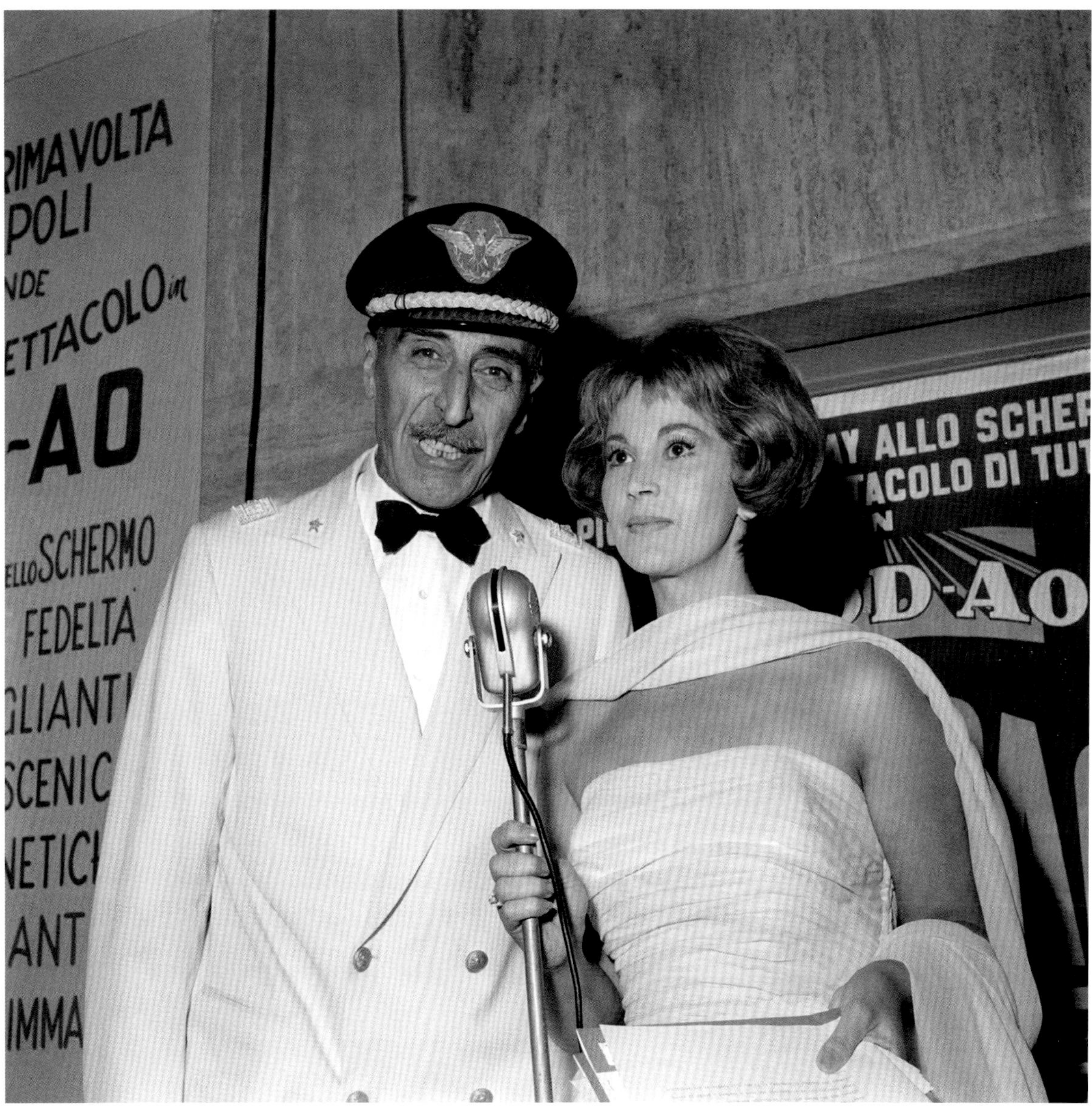

Prima cinematografica. Napoli, 1959
Dove se non a Napoli presentare un film musicale come "South Pacific"? Era stato girato in Todd-AO con pellicola 70 mm, come si legge nel manifesto dietro i personaggi: un esperimento di proiezione ad alta definizione su schermo panoramico. La presentatrice Luisa Rivelli intervista un generale in uniforme da sera.
Archivio Fotografico Luce, Fondo Dial

Film premiere. Naples, 1959
Where else but in Naples could one present a musical film like South Pacific*? It was shot in Todd-AO with 70 mm film, as we can read on the poster behind the characters: an experiment in high-definition projection on a panoramic screen. Presenter Luisa Rivelli interviews a General in gala uniform.*
Archivio Fotografico Luce, Fondo Dial

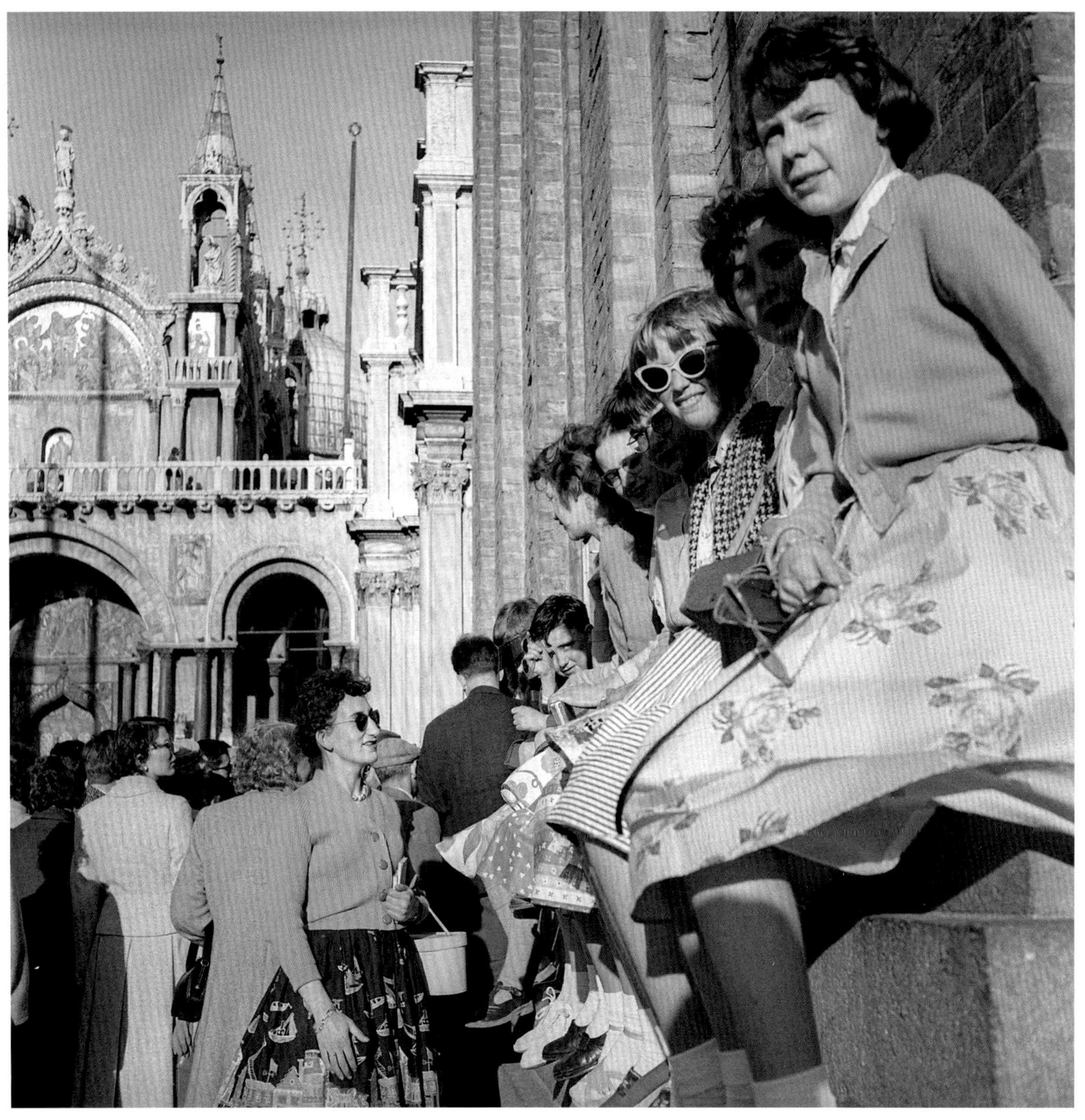

Gita a Venezia, 1958
Un viaggio di formazione obbligatorio per bambini e adolescenti, in attesa di tornarci per il viaggio di nozze.
Archivio Fotografico Luce, Fondo VEDO

A trip to Venice, 1958
A rite of passage for children and teenagers before returning on their future honeymoons.
Archivio Fotografico Luce, Fondo VEDO

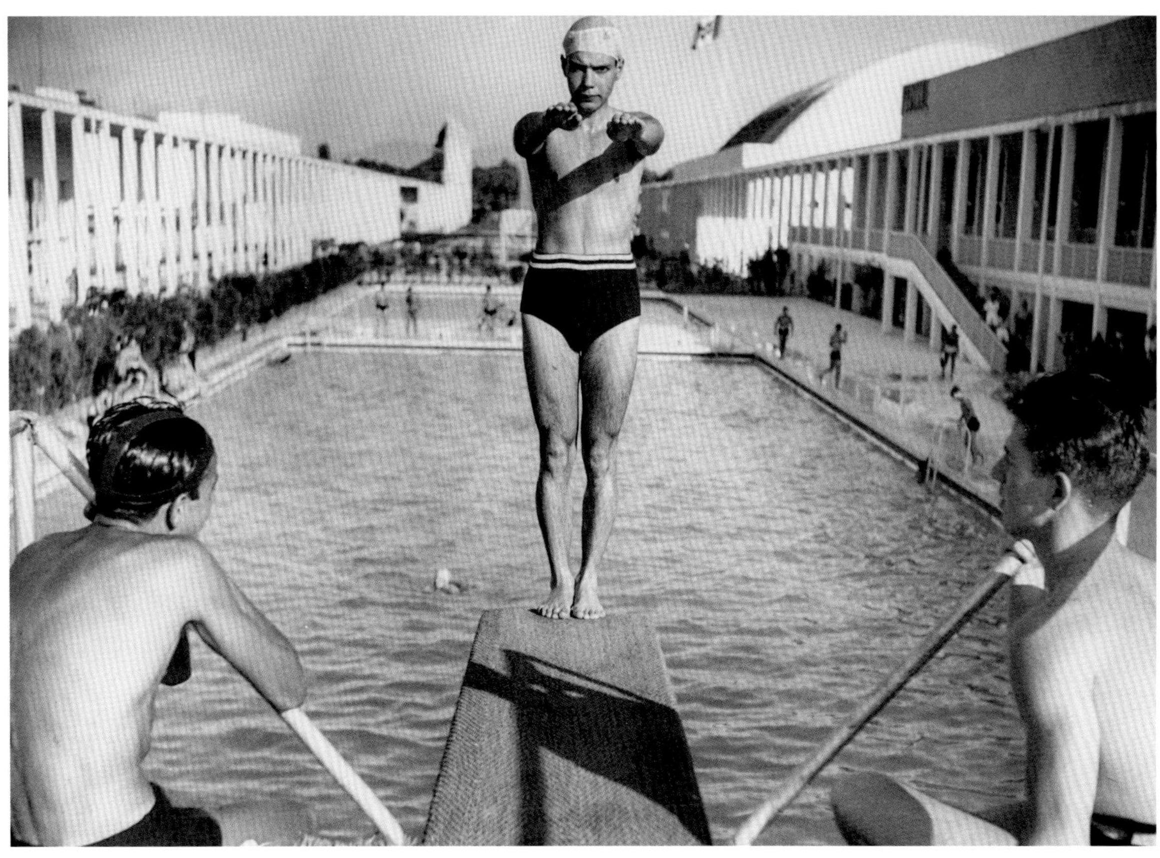

Il tuffo
La piscina non è più solo un impianto per lo sport agonistico, ma un luogo di divertimento e di socialità. Il tuffo dal trampolino, che tutti i presenti possono vedere, fa parte della presentazione di sé dei giovani più intraprendenti.
Centro Studi e Archivio della Comunicazione dell'Università di Parma, Fondo Publifoto

Diving
The swimming pool is no longer simply a facility in which to practise competitive sports; it is also a place for amusement and socializing. Diving from the springboard for all to see is part of the way the most enterprising young people can show off.
Centro Studi e Archivio della Comunicazione dell'Università di Parma, Fondo Publifoto

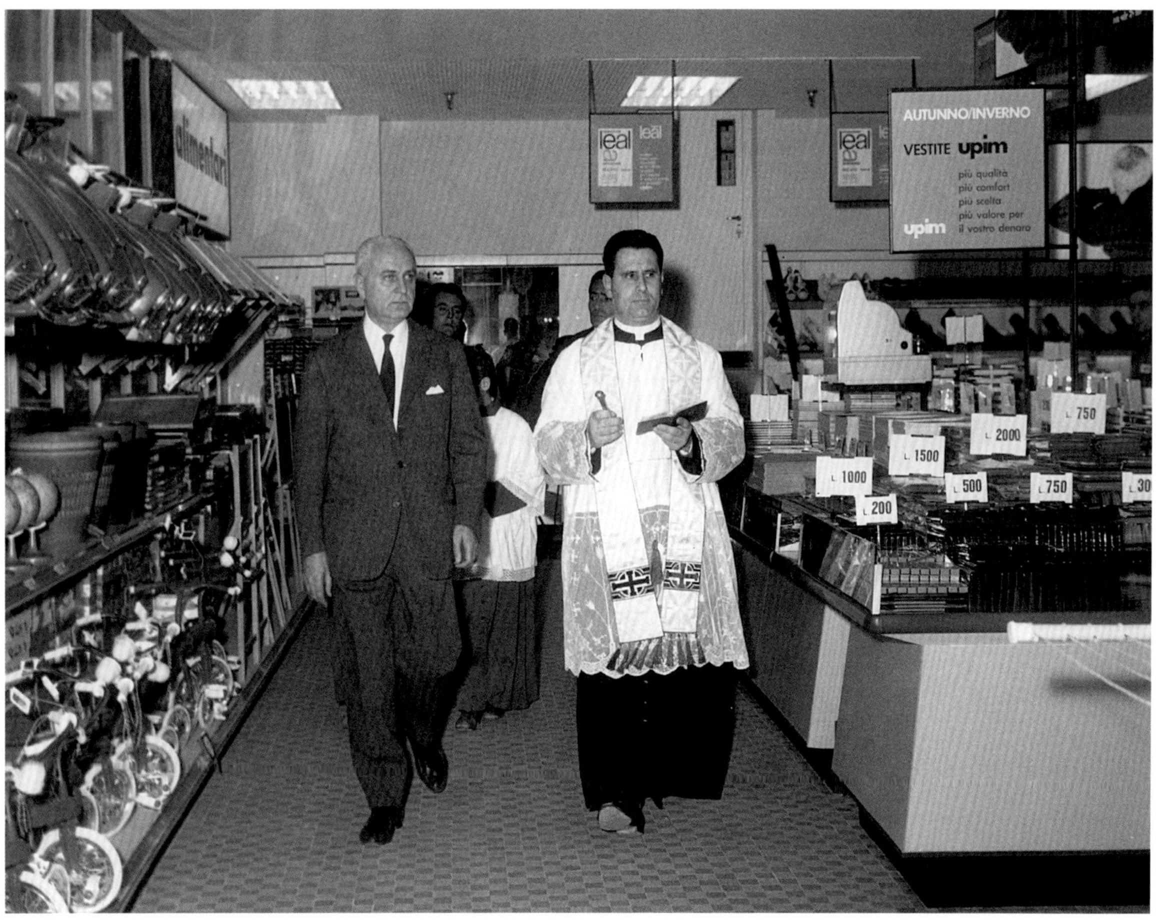

Benedizione alla UPIM
La grande distribuzione si afferma con il miracolo economico come forma preferenziale per molti acquisti (abbigliamento, casalinghi, giocattoli) in cui è importante poter toccare e valutare la merce senza l'intervento dei commessi. I clienti non mancano, ma una benedizione aiuta sempre.
Centro Studi e Archivio della Comunicazione dell'Università di Parma, Fondo Publifoto

Blessing the UPIM
With the economic miracle, the department store became the preferred shopping choice (for clothing, household goods, toys, etc.), a place where it was important to be able to touch and evaluate the goods without involving shop assistants. There was no shortage of customers, but a blessing always comes in handy!
Centro Studi e Archivio della Comunicazione dell'Università di Parma, Fondo Publifoto

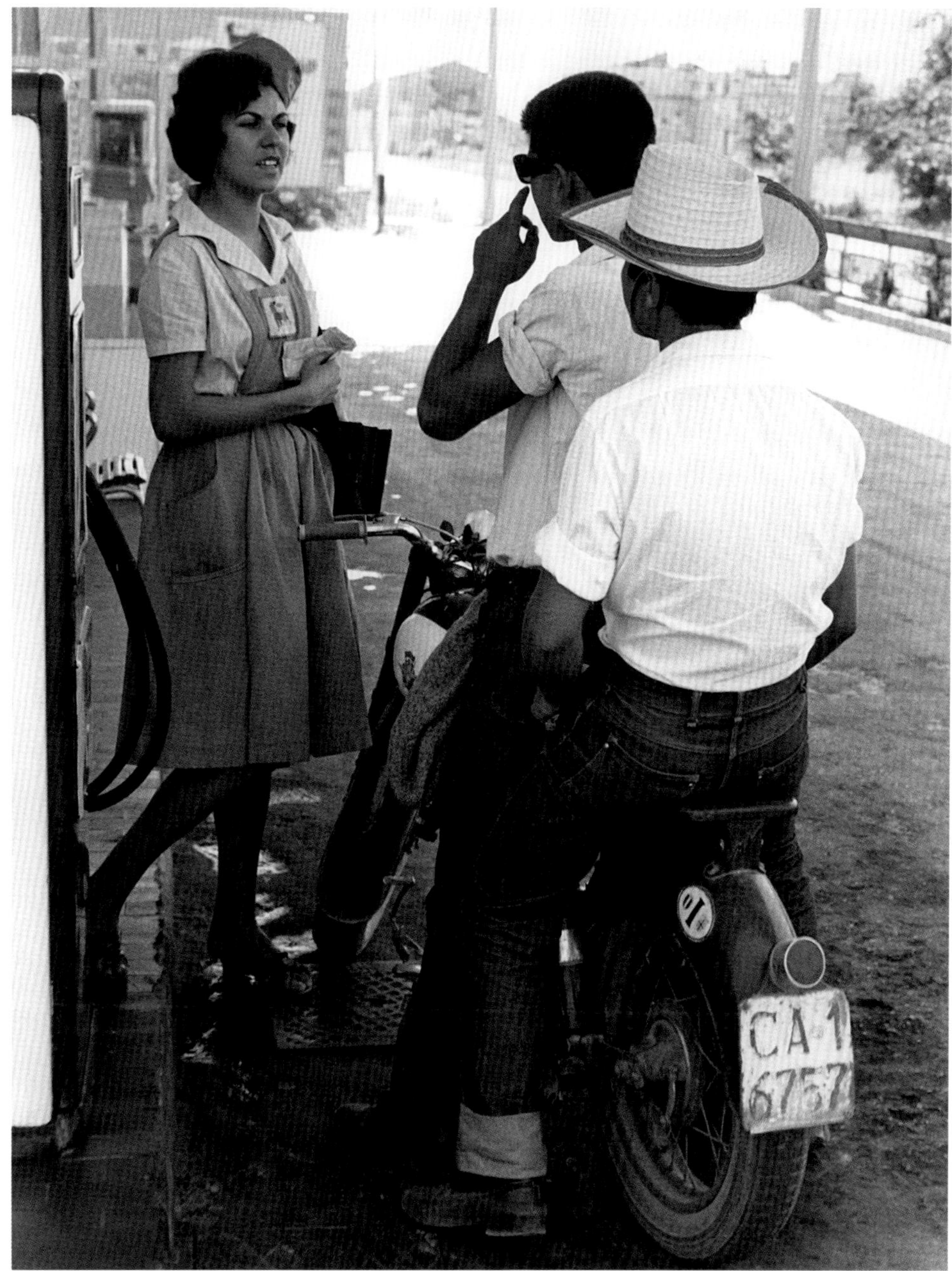

La benzinaia, fine anni cinquanta
Fotografia di Federico Patellani
Nella Sardegna allora considerata arcaica una donna lavora con energia, si relaziona con gli altri, tiene a bada motociclisti dallo sguardo lungo. Un'immagine che vuole connettere sviluppo economico e parità dei sessi, in un'epoca che ancora relega la donna in casa, consigliandole elettrodomestici e detersivi.
Archivio storico Eni

La benzinaia, late fifties
Photo by Federico Patellani
In Sardinia, considered backward at the time, a woman works hard, relates to others, and keeps bikers at bay with a look. The image aims to link economic development and gender equality at a time when women were still relegated to the home, proposing domestic appliances and detergents for their use.
Archivio storico Eni

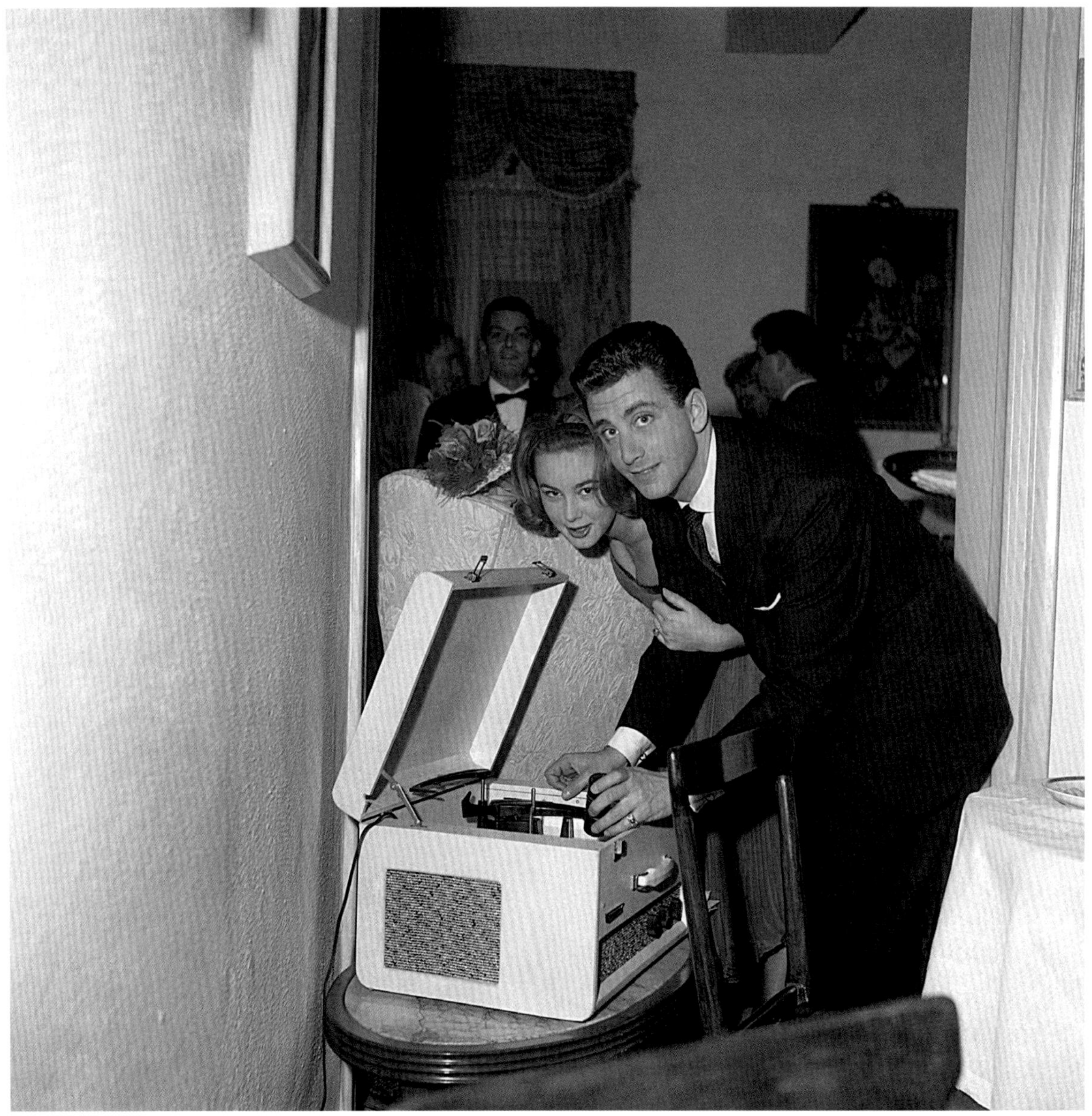

Il giradischi, 1958
La festa danzante nella casa borghese ha nel giradischi un centro di gravità permanente, per mettere la musica, per fare conoscenza, per presentarsi come coppia stabile e serena.
Archivio Fotografico Luce, Fondo Dial

The record player, 1958
The dancing party in the homes of the wealthier classes revolved around the record player, where one could play music, make friends, and show that one was in a stable and happy couple.
Archivio Fotografico Luce, Fondo Dial

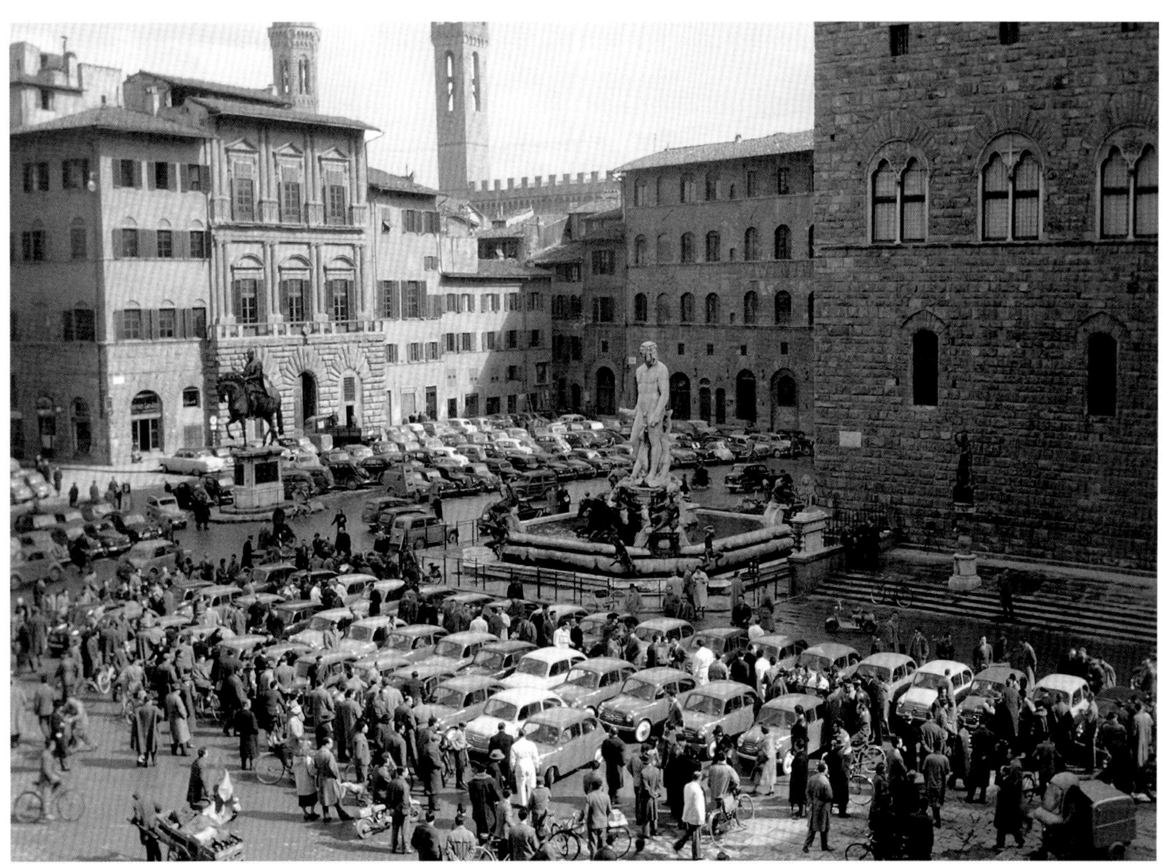

Nuovi modelli Fiat in mostra davanti a Palazzo Vecchio, Firenze
Un popolo in bicicletta contempla gli oggetti del desiderio. La piazza storica è, per l'occasione, un grande parcheggio ma nessuno se ne preoccupa.
Centro storico FIAT

New Fiat models on display in front of Palazzo Vecchio, Florence
A nation of cyclists contemplate their objects of desire. For the occasion, the historic square becomes one big parking area, but no one minds.
Centro storico FIAT

L'arrivo della vedette all'aeroporto. Aeroporto di Ciampino, 1959
Seduta sui suoi numerosi bagagli, in attesa di qualcuno, l'attrice cubana Chelo Alonso posa per i fotografi, che sono lì per divi più importanti di lei. L'arrivo della star internazionale all'aeroporto, con discesa dalla scaletta dell'aereo tra i flash e la calorosa accoglienza del produttore, era un genere cinematografico e fotografico diffuso.
Archivio Fotografico Luce, Fondo VEDO

The star arrives at the airport. Ciampino Airport, 1959
Seated on her numerous bags as she waits for someone, Cuban actress Chelo Alonso poses for photographers who are actually there for more important celebrities than her. The arrival of an international star at the airport, walking down the gangway to flashing cameras and the warm welcome of the producer, was a widespread cinematographic and photographic genre at the time.
Archivio Fotografico Luce, Fondo VEDO

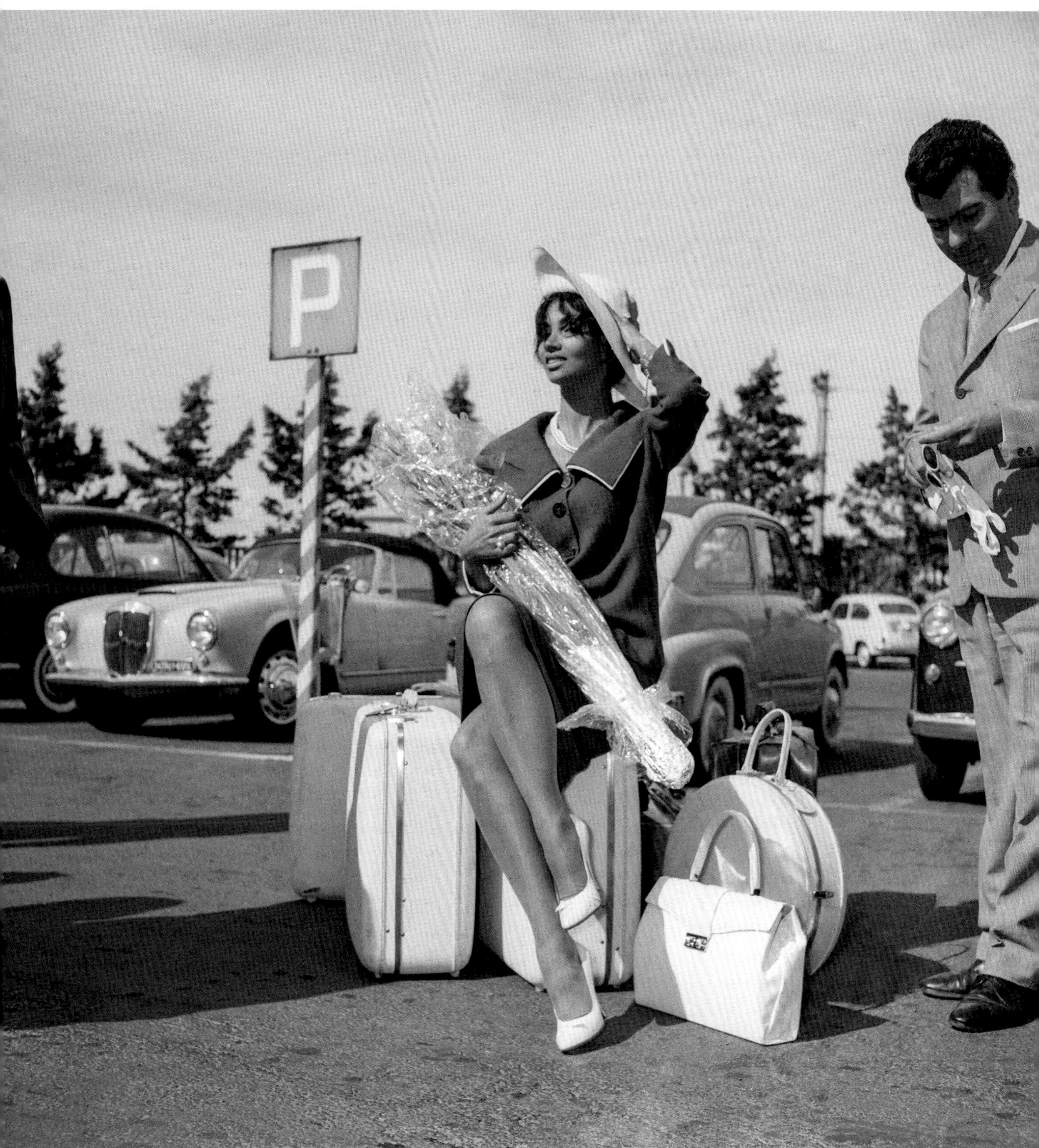
P

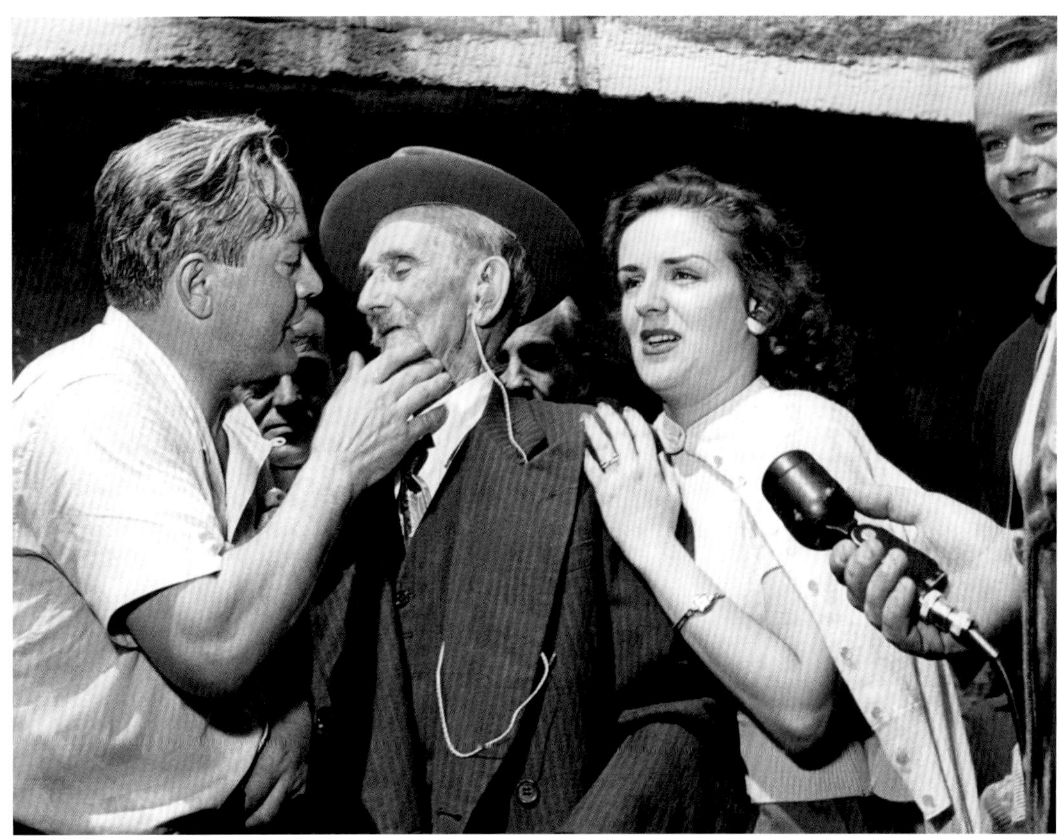

L'emigrante incontra il vecchio padre, 1955
È tornato dall'America il ciabattino italiano che ha fatto fortuna (in questo caso, vincendo un telequiz sull'opera italiana) per abbracciare il vecchio padre, tra scatti fotografici e i microfoni della radio.
Centro Studi e Archivio della Comunicazione dell'Università di Parma, Fondo Publifoto

An emigrant reunited with his elderly father, 1955
An Italian cobbler has returned from America having made his fortune (in this case, winning a television quiz on Italian opera) to embrace his old father amid photographers and radio microphones.
Centro Studi e Archivio della Comunicazione dell'Università di Parma, Fondo Publifoto

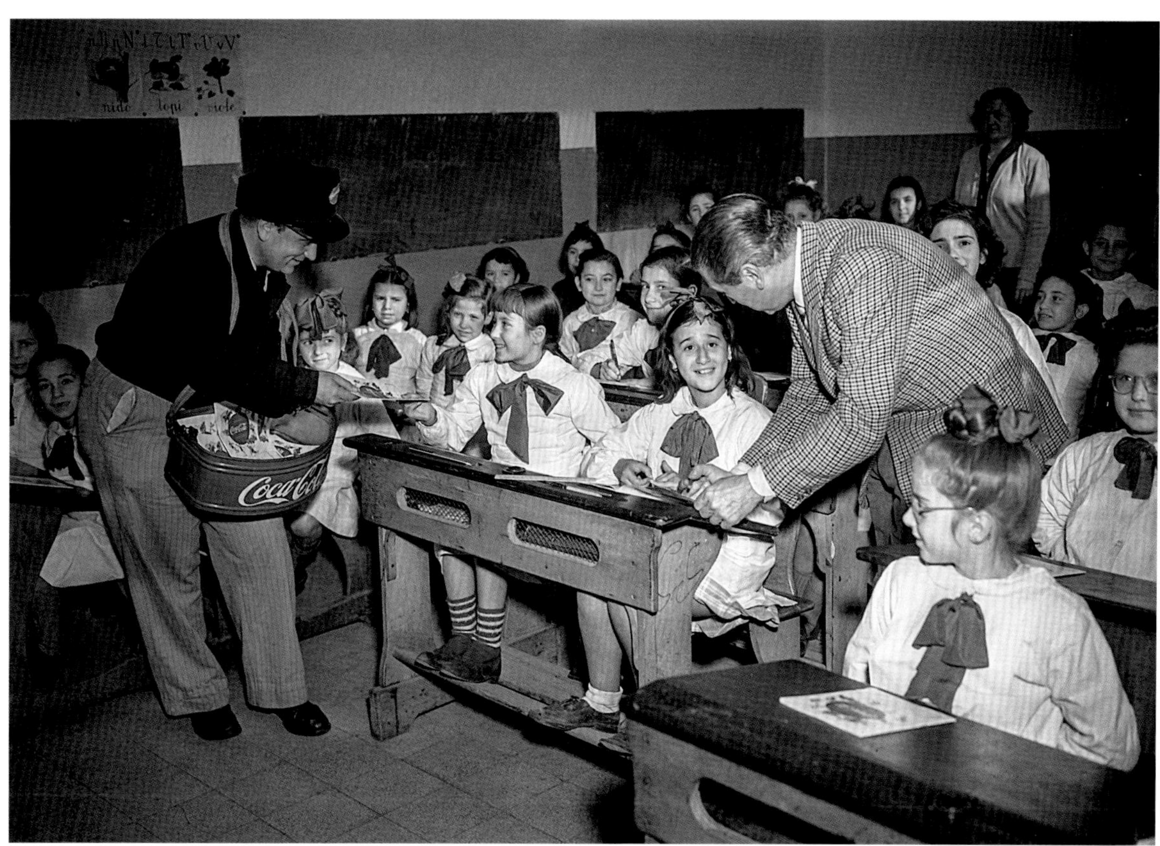

Educazione al consumo, primi anni cinquanta

I propagandisti della Coca-Cola visitano un'aula scolastica. La maestra è confinata in un angolo.

Centro Studi e Archivio della Comunicazione dell'Università di Parma, Fondo Publifoto

Learning consumerism, early fifties

Coca-Cola propagandists visit a classroom. The teacher is confined to a corner.

Centro Studi e Archivio della Comunicazione dell'Università di Parma, Fondo Publifoto

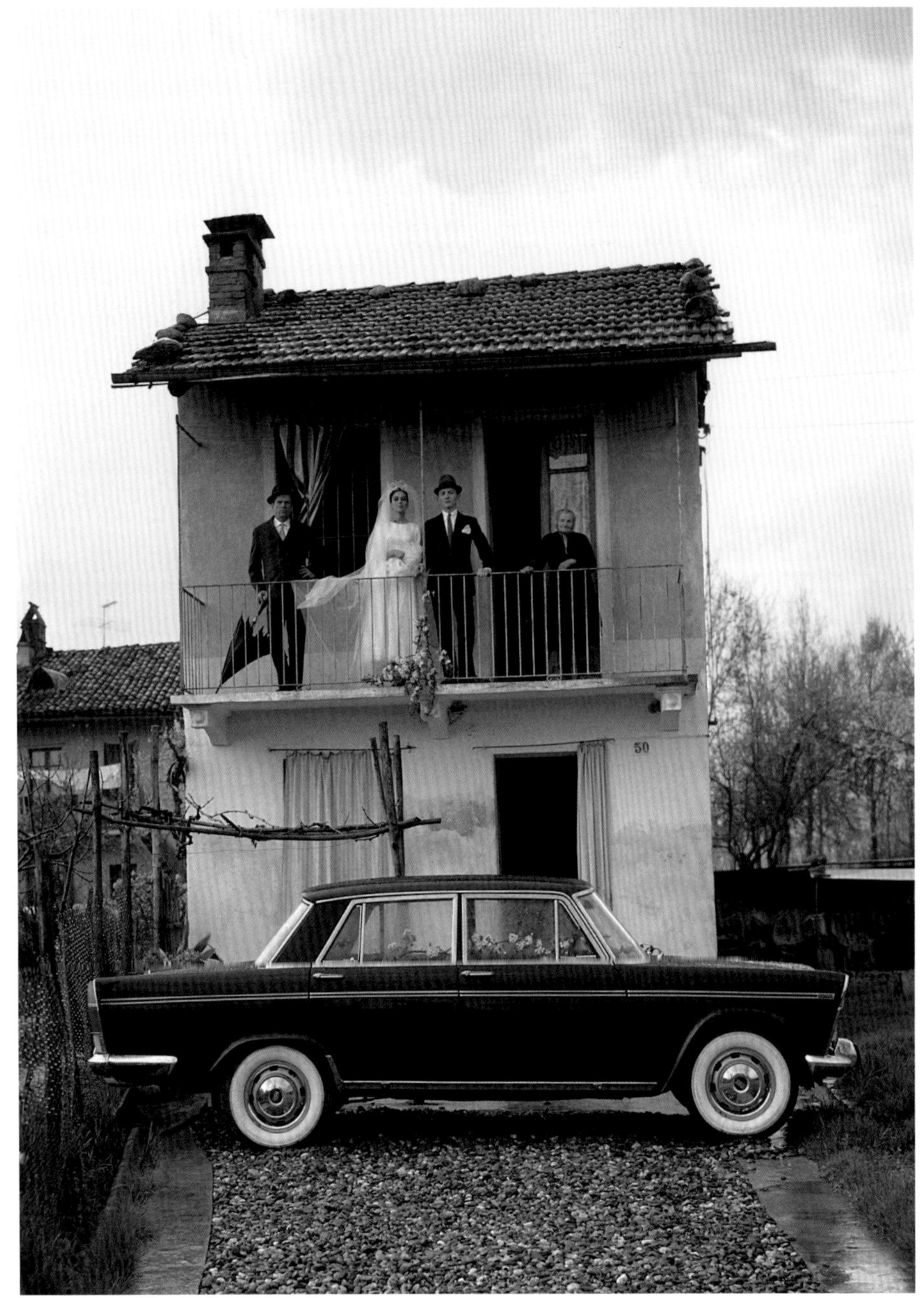

Fiat 2300
Il top di gamma, derivato dalla 1800, viene lanciato nel 1961. Questa immagine promozionale è curiosamente ironica, tra Magritte e Pupi Avati.
Centro storico FIAT

The Fiat 2300
This top-of-the-range model, based on the 1800, was launched in 1961. The promotional image shown here is curiously ironic, a cross between Magritte and Pupi Avati.
Centro storico FIAT

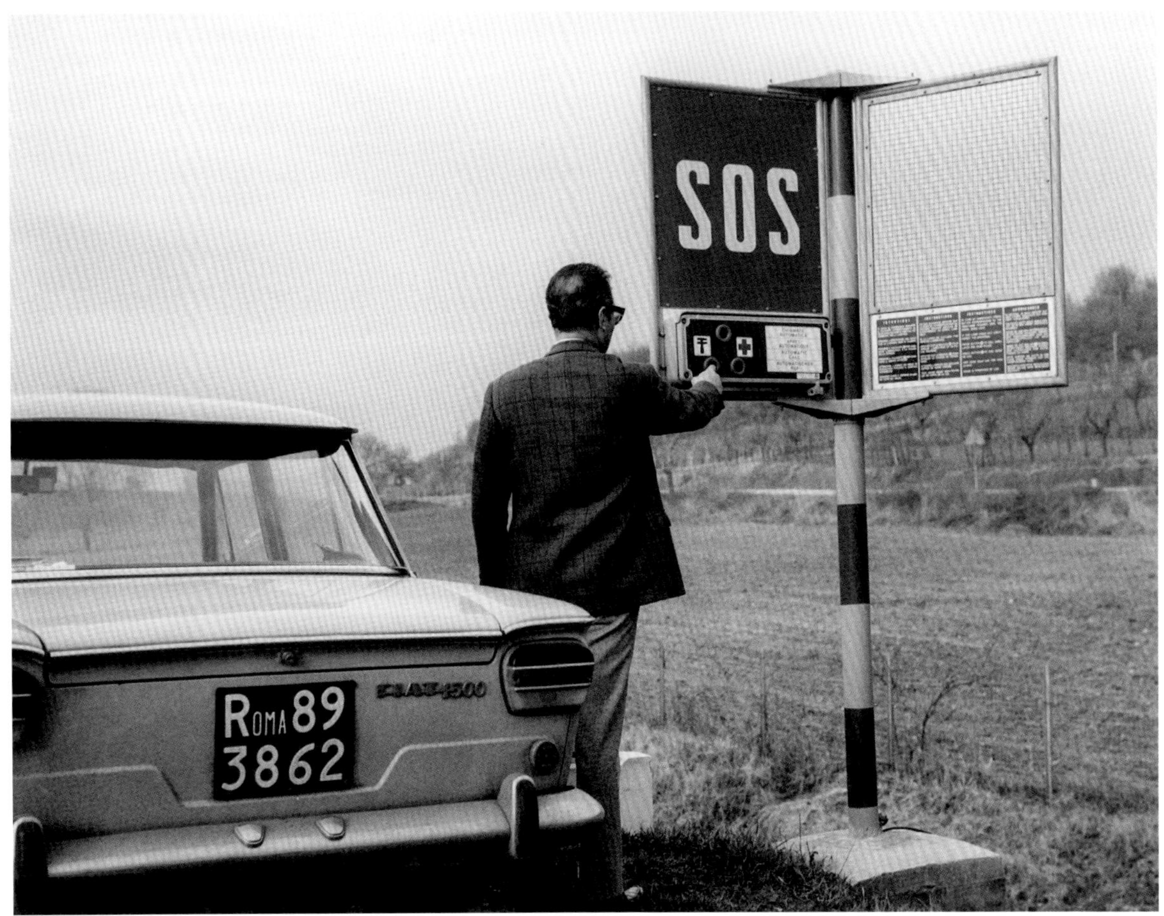

SOS, fine anni Cinquanta
È bello poter chiedere aiuto sull'autostrada, grazie all'apposito dispositivo SOS. Ma arriverà davvero il carro attrezzi arancione? Il fotografo sembra perplesso.
Centro Studi e Archivio della Comunicazione dell'Università di Parma, Fondo Publifoto

SOS, late fifties
It's good to be able to call for help on the motorway using the special SOS device. But will the orange tow truck really arrive? The photographer seems doubtful.
Centro Studi e Archivio della Comunicazione dell'Università di Parma, Fondo Publifoto

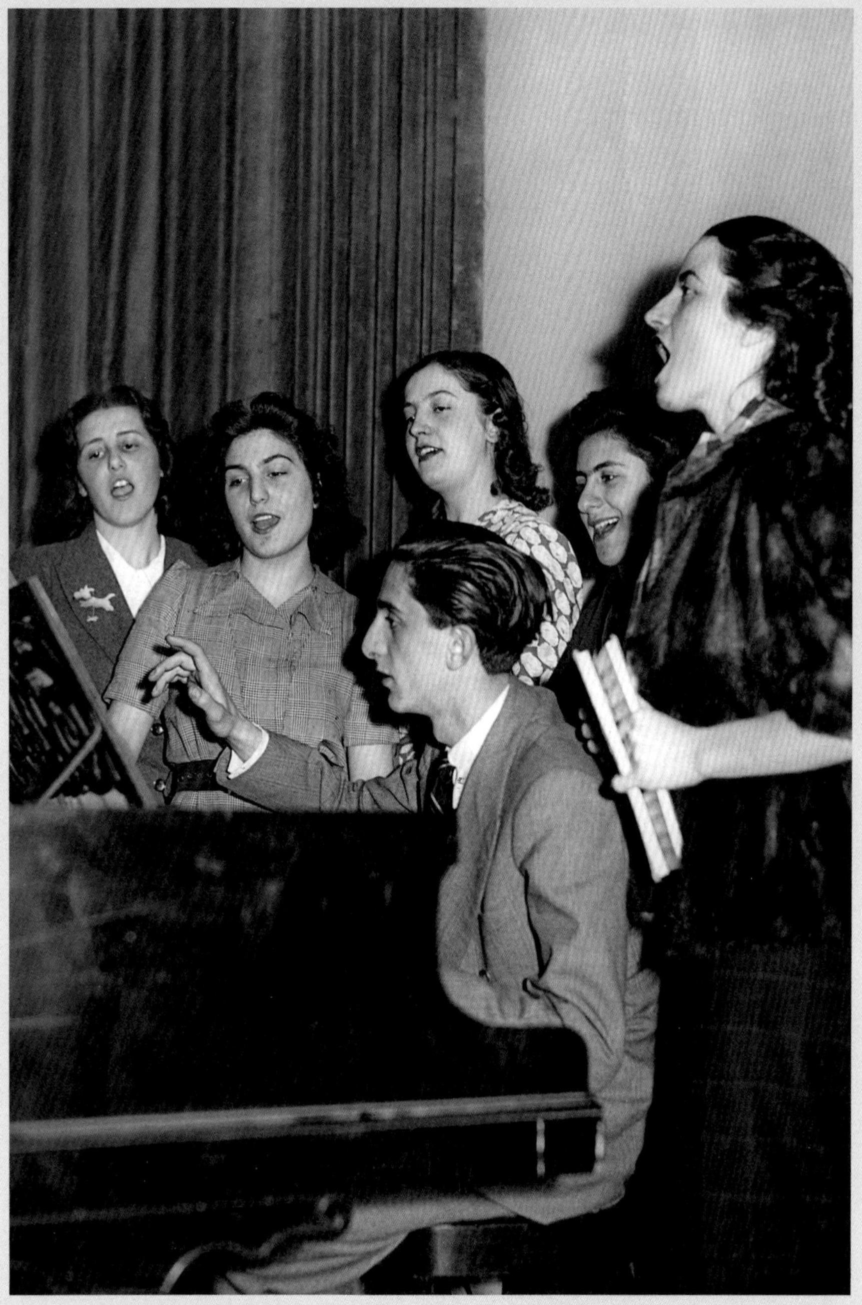

Concorso per cantanti dilettanti del dopolavoro, primi anni cinquanta
La musica è più di un hobby; è un modo di stare in gruppo e una forma di promozione sociale. I concorsi per dilettanti sono tanti, anche nei circoli aziendali.
Centro Studi e Archivio della Comunicazione dell'Università di Parma, Fondo Carrese Attualità Foto

Competition for amateur singers after work, early fifties
Music was more than a hobby; it was a way of being part of a group and a form of social advancement. There were numerous amateur competitions, even in workers clubs.
Centro Studi e Archivio della Comunicazione dell'Università di Parma, Fondo Carrese Attualità Foto

Le magnifiche sorti e progressive

La prima della Scala e i beni culturali vandalizzati, i calcolatori elettronici che la Olivetti esporta nel mondo e una percentuale di analfabeti imbarazzante (12,9% al censimento del 1951), le scuole elementari nelle baracche e una rigida selezione su base classista; iniziative culturali d'avanguardia come il Festival dei due mondi a Spoleto e una università riservata ai figli, prevalentemente maschi, delle classi medie. L'Italia della cultura e dell'arte ha un volto contraddittorio, fatto di nobili tradizioni, immensi giacimenti culturali, grandi slanci, artisti straordinari, e una base ristretta, quasi che la cultura fosse un appannaggio e un segno di distinzione delle classi medie – esibito con un po' di retorica e qualche citazione in latino – rispetto a un popolo ignorante e condannato a restare tale. L'Italia, sostanzialmente, sembra non investire sulla cultura come agente di trasformazione: è all'industria e alla televisione che questo compito viene affidato, con qualche sbrigativa semplificazione. Dovremo aspettare il 1962 per avere una scuola media unica per tutti e l'obbligo scolastico a 14 anni: ma è la storia di un altro decennio.

(Fonte: Istat, Statistiche storiche dell'Italia 1961-1985, Roma, Istat, 1986, p. 27, tabella 2.5)

The Destiny of Culture

Opening nights at La Scala alongside vandalized cultural heritage, electronic computers exported worldwide by Olivetti but disconcerting rates of illiteracy (12.9% according to the 1951 census), elementary schools in run-down shacks coupled with rigid selection processes based on social class; avant-garde cultural initiatives like the Spoleto "Festival dei due Mondi" and university access reserved to the sons (mostly), of the middle classes. The Italy of culture and art is self-contradictory, with its noble traditions and immense cultural deposits, its great élan and extraordinary artists but a narrow base, almost as if culture were the province and mark of distinction of the middle classes – displayed through a touch of rhetoric and the odd quotation in Latin – in opposition to an ignorant populace condemned to remain such. In sum, Italy does not seem to invest in culture as a medium of transformation: this task is entrusted to industry and television, with some rash simplification. We will have to wait until 1962 to see a standardized secondary school for all and compulsory schooling up to the age of 14: but this is the story of another decade.

(Source: Istat, Statistiche storiche dell'Italia 1961-1985, Rome, Istat, 1986, p. 27, table 2.5)

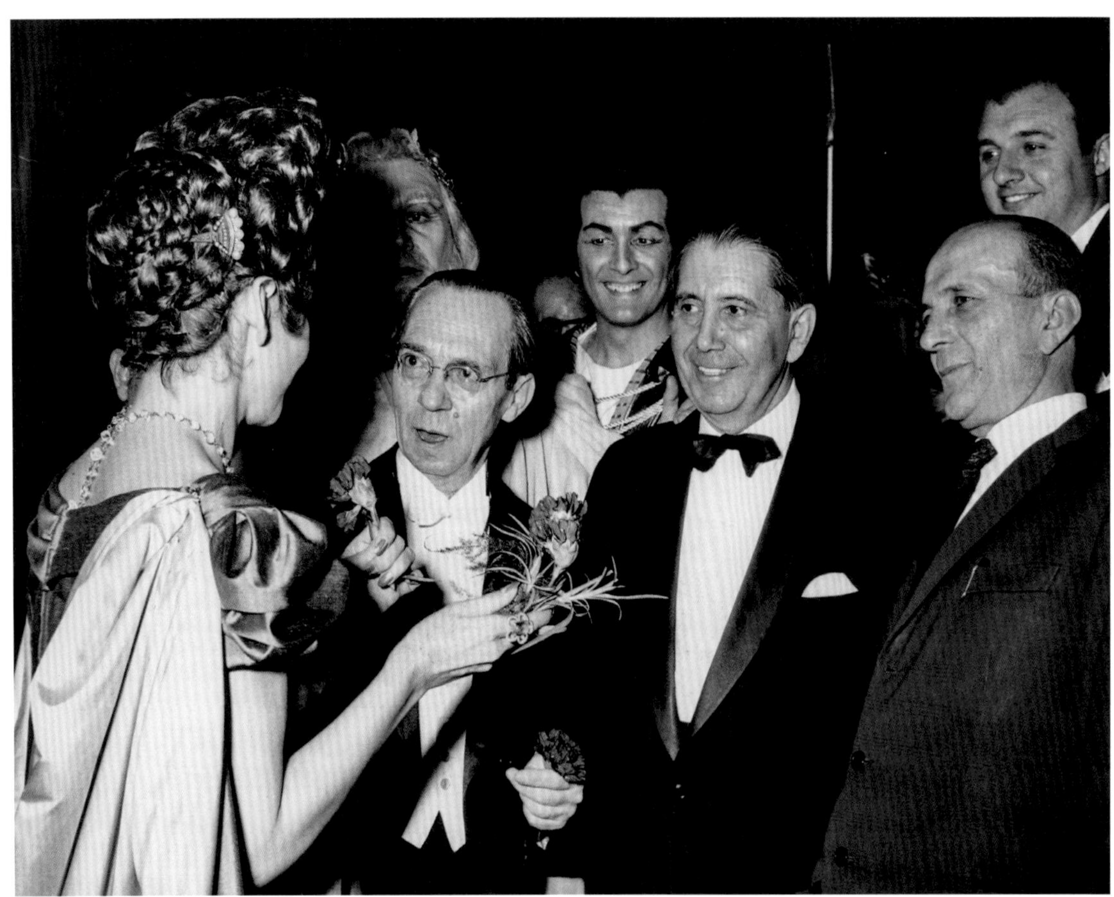

"Prima" della Scala. Milano, 7 dicembre 1960
Poliuto *di Gaetano Donizetti inaugura la stagione scaligera 1960-1961: un punto d'incontro fra cultura e mondanità.*
Centro Studi e Archivio della Comunicazione dell'Università di Parma, Fondo Publifoto

Opening night at La Scala. Milan, 7th December 1960
Gaetano Donizetti's Poliuto *opens the 1960-1961 Scala season: a meeting polint between culture and worldliness.*
Centro Studi e Archivio della Comunicazione dell'Università di Parma, Fondo Publifoto

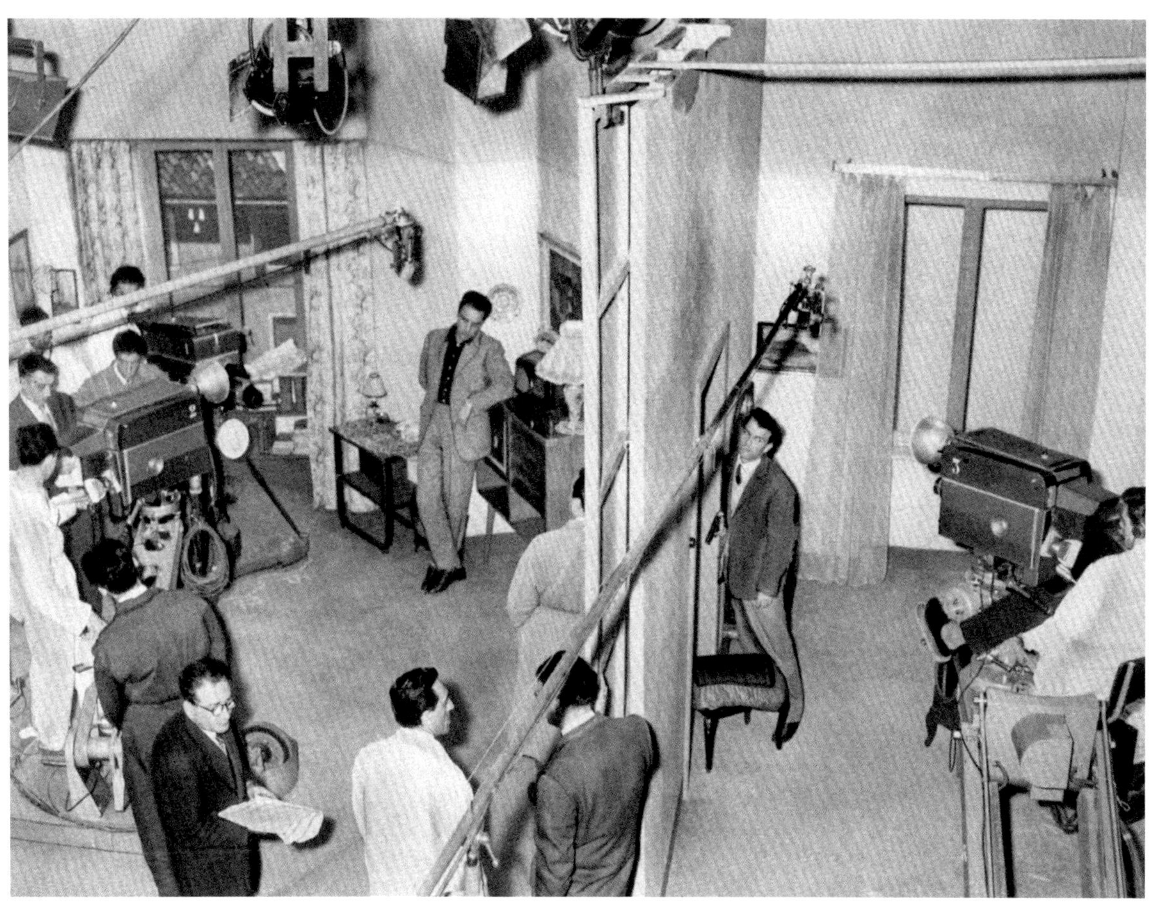

La tv sembra ancora il teatro
Negli studi RAI di Torino si gira l'originale televisivo "Un fatto di cronaca", che andrà in onda il 28 dicembre 1954; il testo è di Renato Venturini, la regia Claudio Fino. L'"originale televisivo" era uno sceneggiato scritto appositamente per la Tv, mentre il "teleromanzo" era ricavato da un'opera letteraria. Entrambi i generi erano ripresi solo in interni con una impostazione spiccatamente teatrale.
Rai Teche

Television still looks like the theatre
The original television film "Un fatto di cronaca" was filmed in the RAI studios in Turin and was broadcast on 28th December 1954; the text was by Renato Venturini, and it was directed by Claudio Fino. The "originale televisivo" was a screenplay written specifically for TV, while the "teleromanzo" was based on a work of literature. Both genres were shot exclusively in studio and had a markedly theatrical look.
Rai Teche

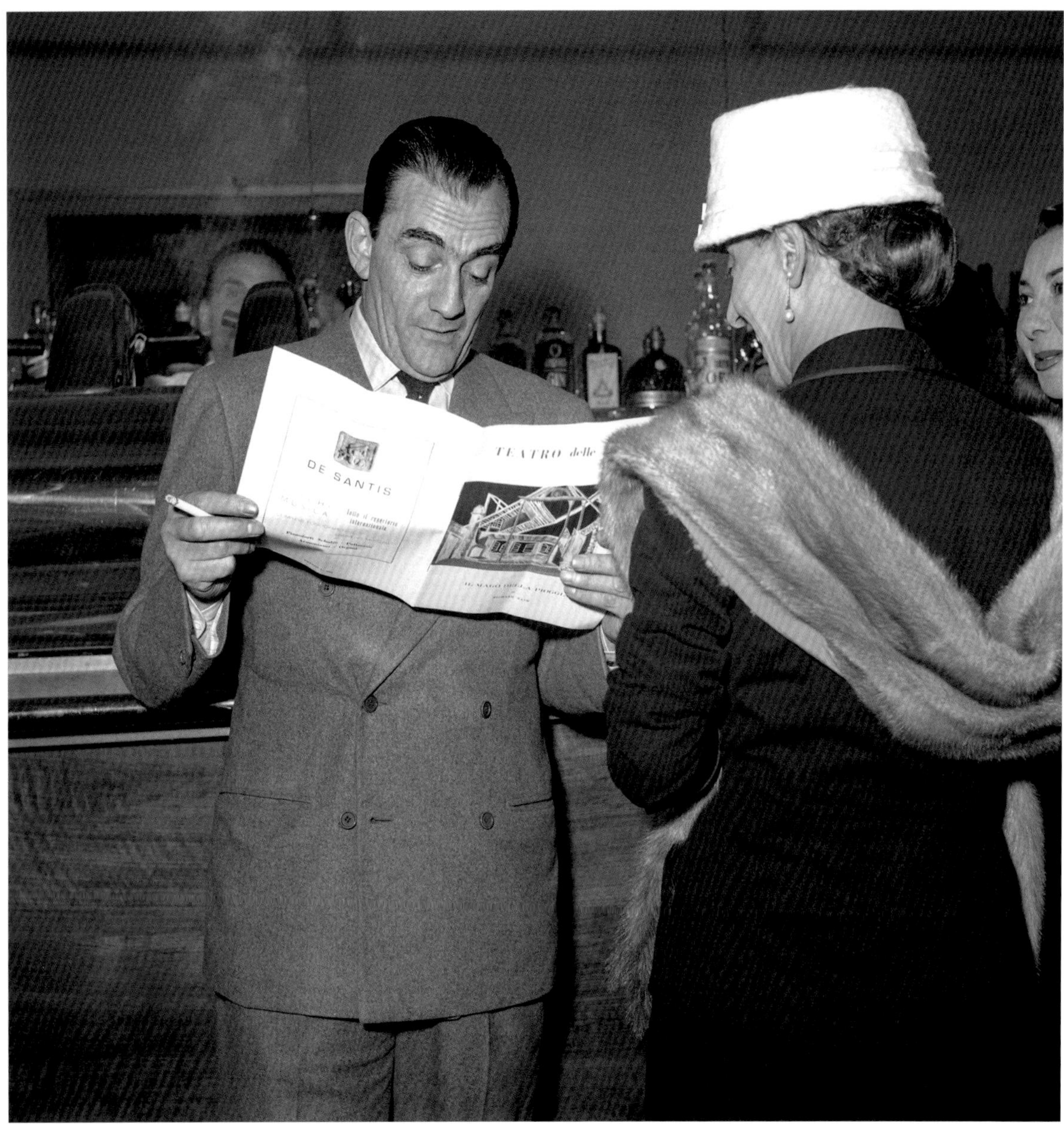

Luchino Visconti e Lilla Brignone al Festival dei Due mondi. Spoleto, 1958
È la prima edizione del Festival, ideato e diretto da Giancarlo Menotti all'insegna del confronto tra i "due mondi", l'Europa e l'America. Per la cultura e lo spettacolo, il luogo più internazionale d'Italia. Lo inaugurò il Macbeth di Verdi, con la direzione di Thomas Schippers e la regia di Visconti.
Archivio Fotografico Luce, Fondo Dial

Luchino Visconti and Lilla Brignone at the Festival dei Due mondi (Festival of the Two Worlds). Spoleto, 1958
This was the first edition of the Festival, conceived and directed by Giancarlo Menotti in the spirit of a comparison between the "two worlds", Europe and America. For culture and theatre, this was the most international space in Italy. It opened with Verdi's Macbeth*, conducted by Thomas Schippers and directed by Visconti.*
Archivio Fotografico Luce, Fondo Dial

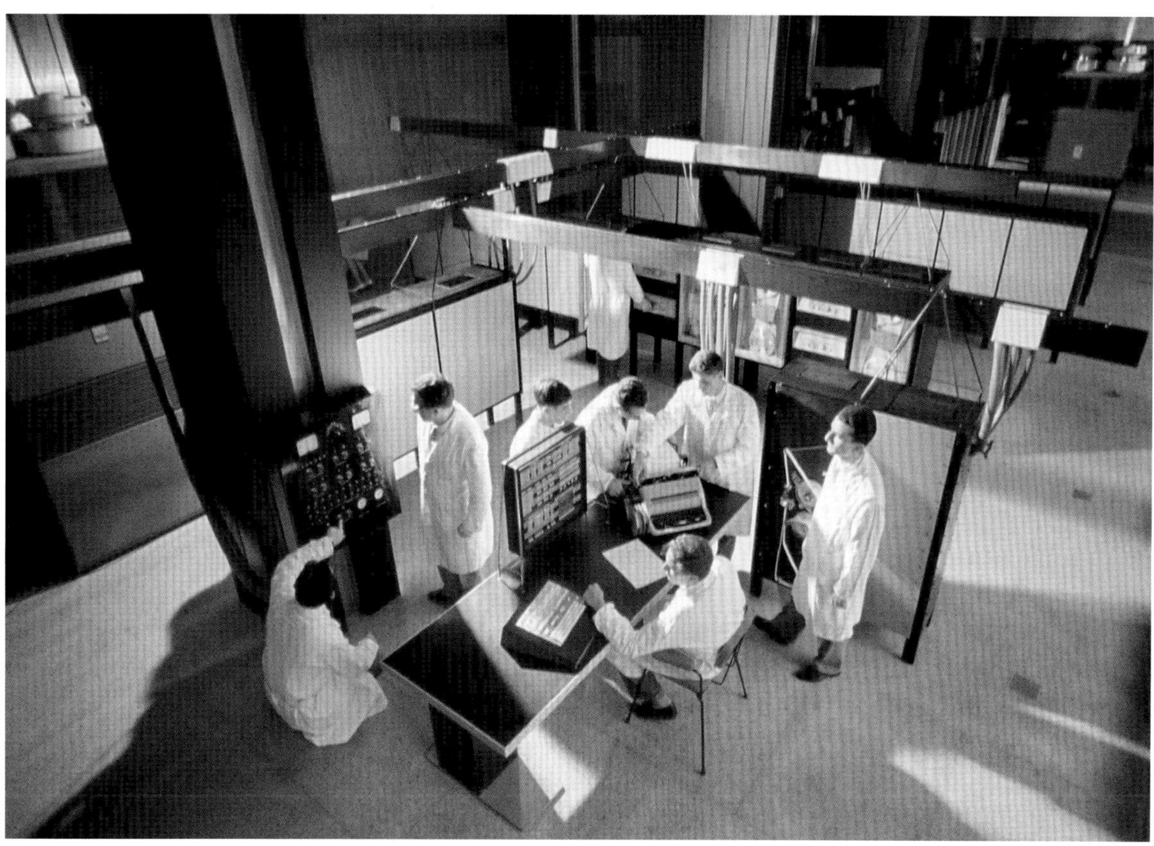

Il computer italiano, 1959
Il primo calcolatore elettronico interamente a transistor Olivetti ELEA 9003: un primato per l'epoca. La foto ne accentua il carattere futuribile, da fantascienza. Ma presto la divisione informatica della Olivetti sarà venduta agli americani: un'occasione perduta (1964).
Archivio Storico Olivetti

The Italian computer, 1959
The first Olivetti ELEA 9003 transistor electronic computer: a record for the time. The photo emphasizes its futuristic, science-fiction character. But Olivetti's computer division would soon be sold to the Americans: a lost opportunity (1964).
Associazione Archivio Storico Olivetti, Ivrea, Italy

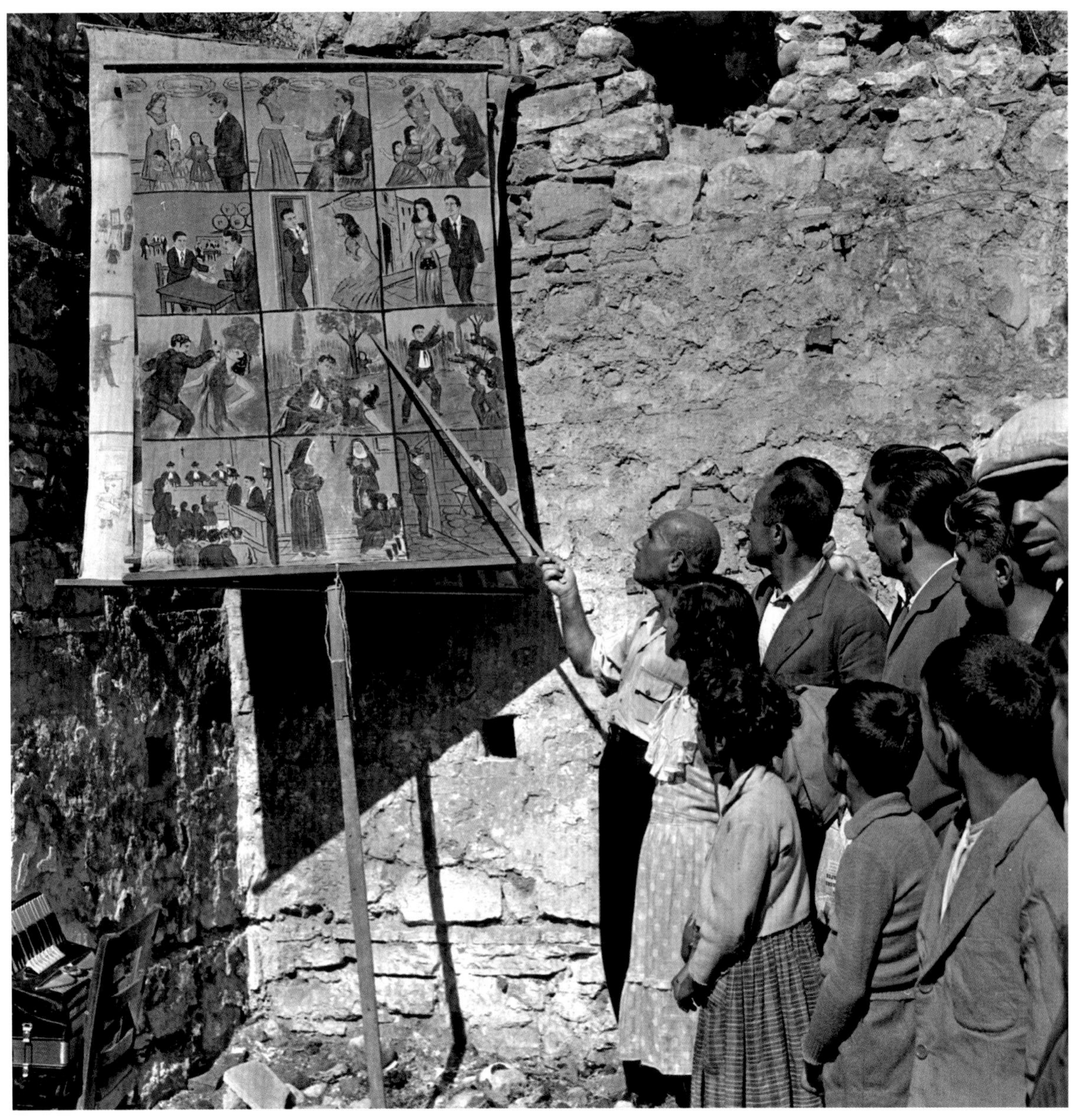

Il cantastorie. Adelfia (Ba), 1956
Fotografia di Cecilia Mangini
L'Italia è ancora un paese di analfabeti. Il cantastorie racconta leggende, delitti e amori ma un tabellone con figure sostituisce, per il suo pubblico, il testo scritto.
Cecilia Mangini

The storyteller. Adelfia (Ba), 1956
Photo by Cecilia Mangini
Italy was still a country of illiterates. The storyteller narrated legends, crime stories and romances, but for his audience there was a board showing figures in the place of a written text.
Cecilia Mangini

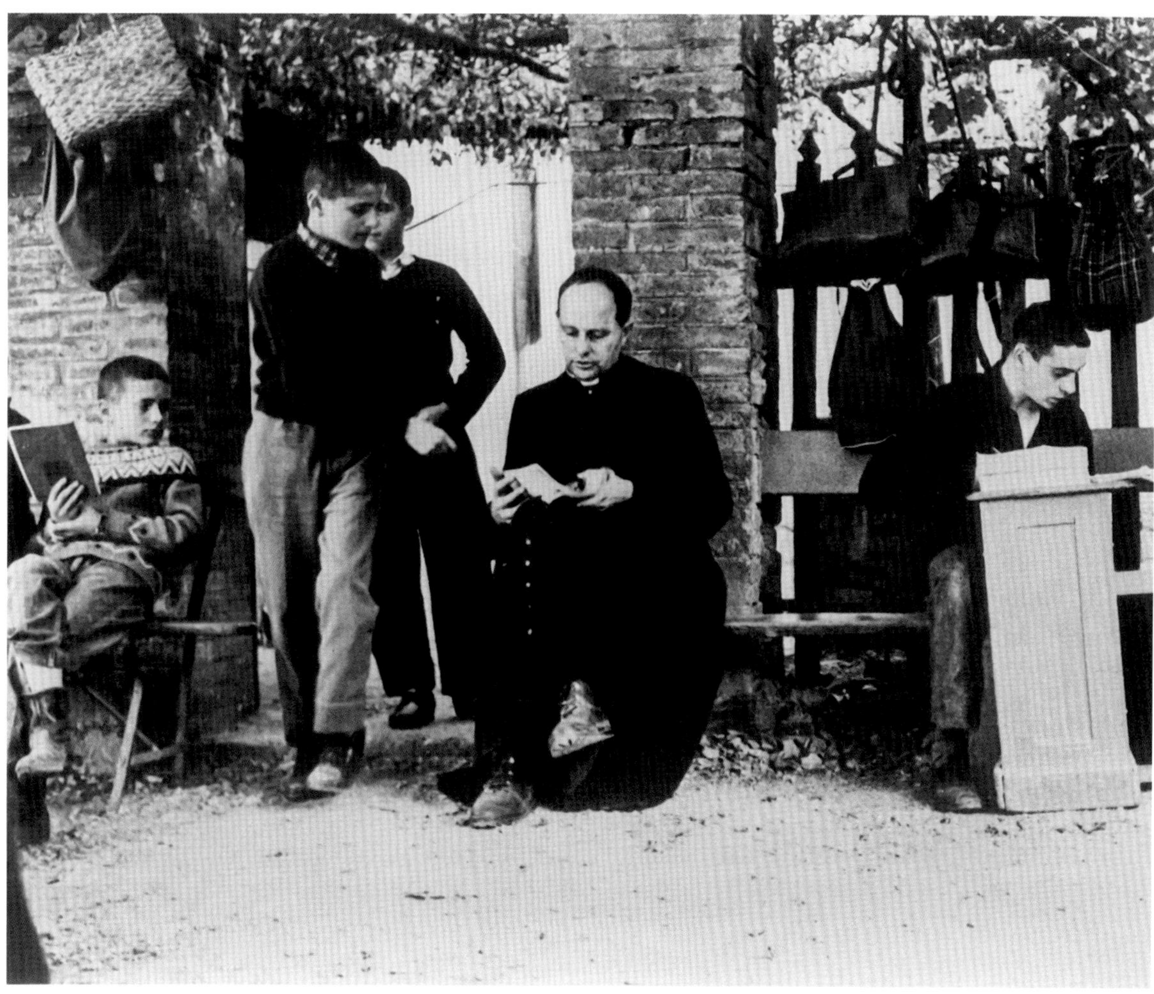

La scuola di Barbiana
In uno sperduto paese dell'Appennino Toscano, Barbiana, don Lorenzo Milani apre una scuola per i bambini che la scuola ufficiale non aiuta, anzi discrimina, perché sono poveri e le loro famiglie non rispondono ai requisiti della cultura ufficiale. L'orario scolastico va dalle 8 del mattino alle ore 7 di sera. È il 1956.
Getty Images, Mondadori Portfolio

The school in Barbiana
In Barbiana, a remote village in the Tuscan Apennines, Don Lorenzo Milani opened a school for children that the official school could not help and even discriminated against because they were poor and their families did not meet the requirements of the official culture. The school ran from 8 am to 7 pm. This was 1956.
Getty Images, Mondadori Portfolio

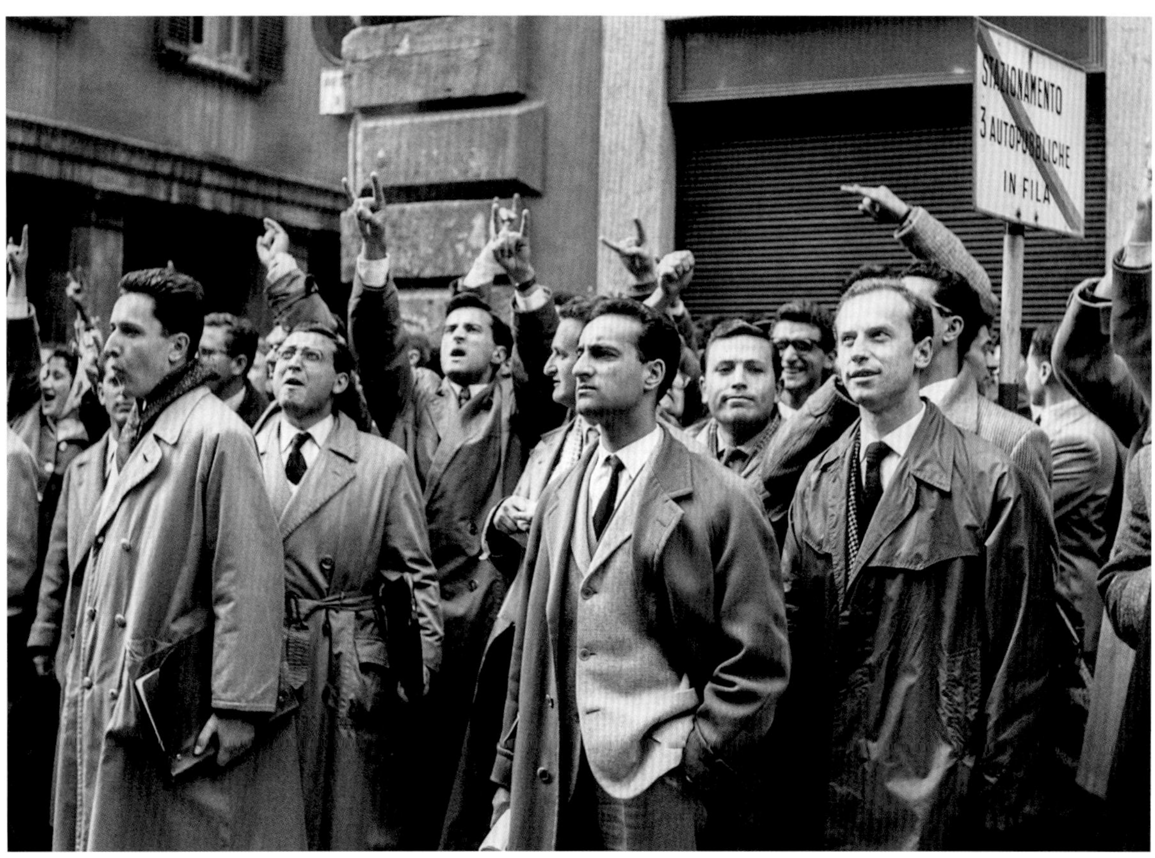

Universitari in sciopero contro l'esame di Stato fanno le corna davanti al Senato
Giacca, cravatta, impermeabile sono la divisa di questi studenti, impegnati in una rivendicazione corporativa. Gli eskimo del '68 sono ancora lontani.
Centro Studi e Archivio della Comunicazione dell'Università di Parma, Fondo Publifoto

University students on strike against the state examination making rude gestures in front of the Senate
Jacket, tie, and raincoat form the uniform of these students engaged in a collective protest. The parka of 1968 was still a long way off.
Centro Studi e Archivio della Comunicazione dell'Università di Parma, Fondo Publifoto

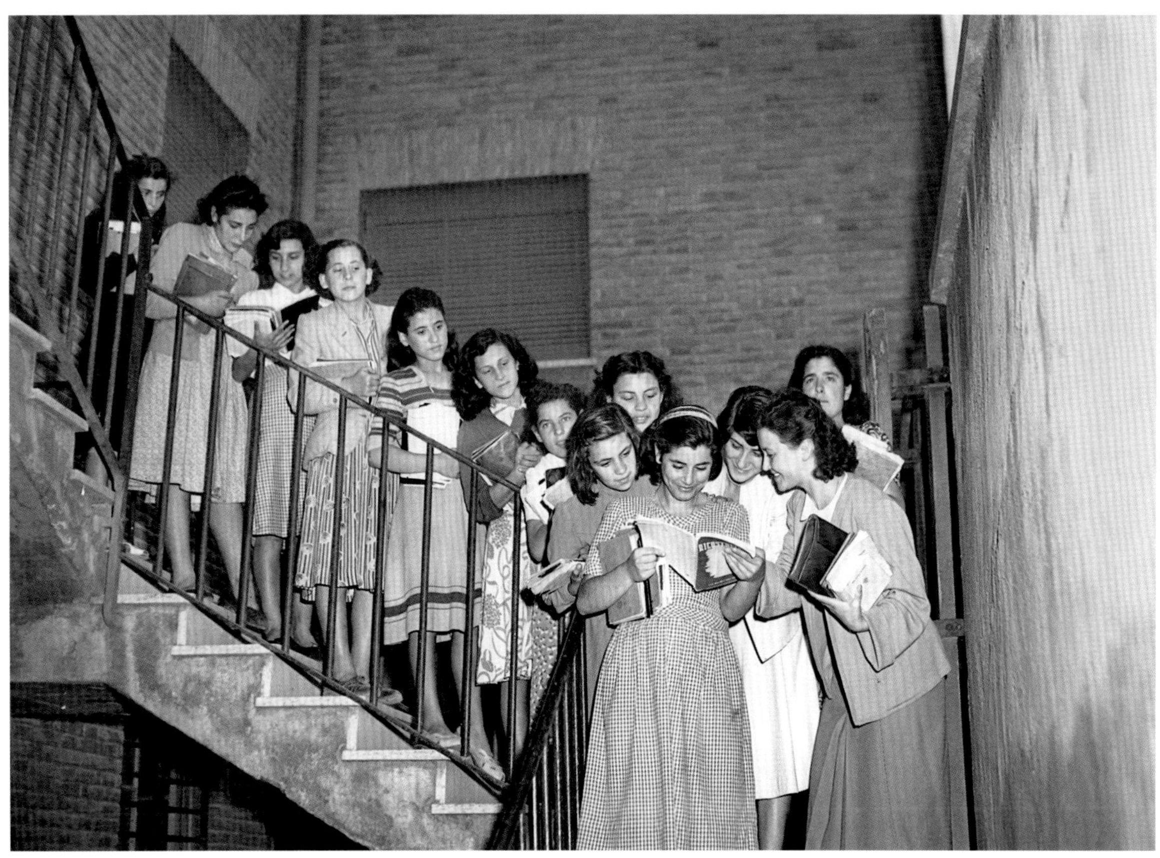

Le future maestre, 1950
Salire le scale: ascendere socialmente e spiritualmente, o avere successo. Maestre, suore, reginette di bellezza. Tre destini diversi che la società dell'epoca sembra indicare alle donne.
Centro Studi e Archivio della Comunicazione dell'Università di Parma, Fondo Publifoto

Future teachers, 1950
Climbing the stairs: rising socially and/or spiritually, or eventually being successful. Teachers, nuns, beauty queens. Three different life-choices that the society of the time seemed to offer women.
Centro Studi e Archivio della Comunicazione dell'Università di Parma, Fondo Publifoto

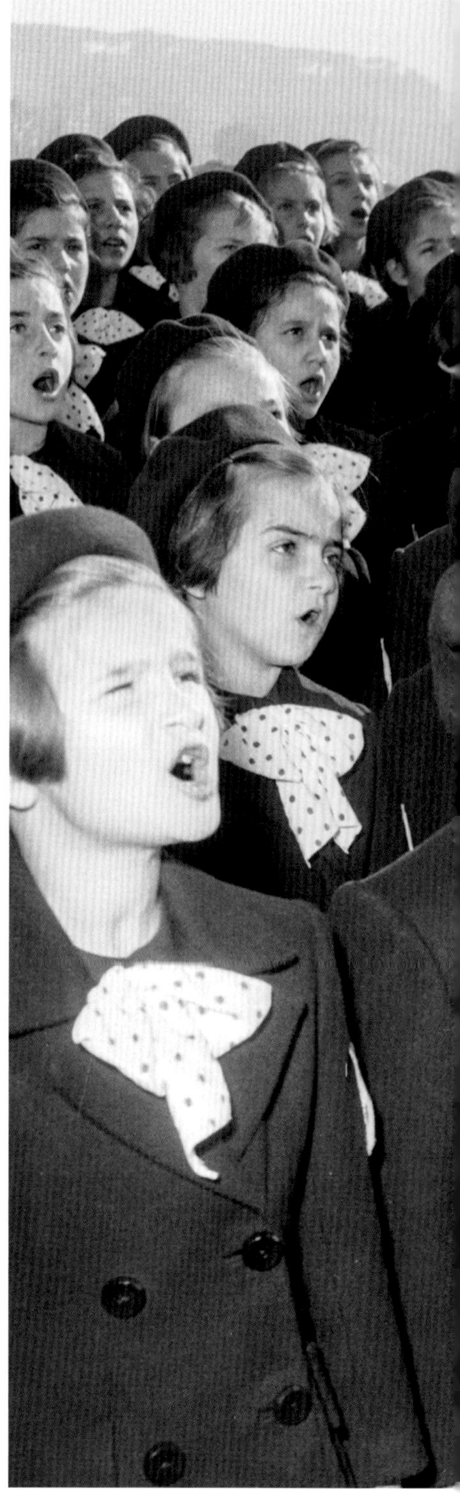

Bambine che cantano
La scuola: stare insieme, imparare, impegnarsi, crescere. Per queste bambine anni Cinquanta il canto corale – in pubblico, in qualche ricorrenza o manifestazione – è una prova da superare.
Archivio Fotografico Luce, Fondo Attualità

Little girls singing
School: being with others, learning, making an effort, growing up. For these little girls in the fifties, choral singing on special occasions or at events – in public – was an ordeal to overcome.
Archivio Fotografico Luce, Fondo Attualità

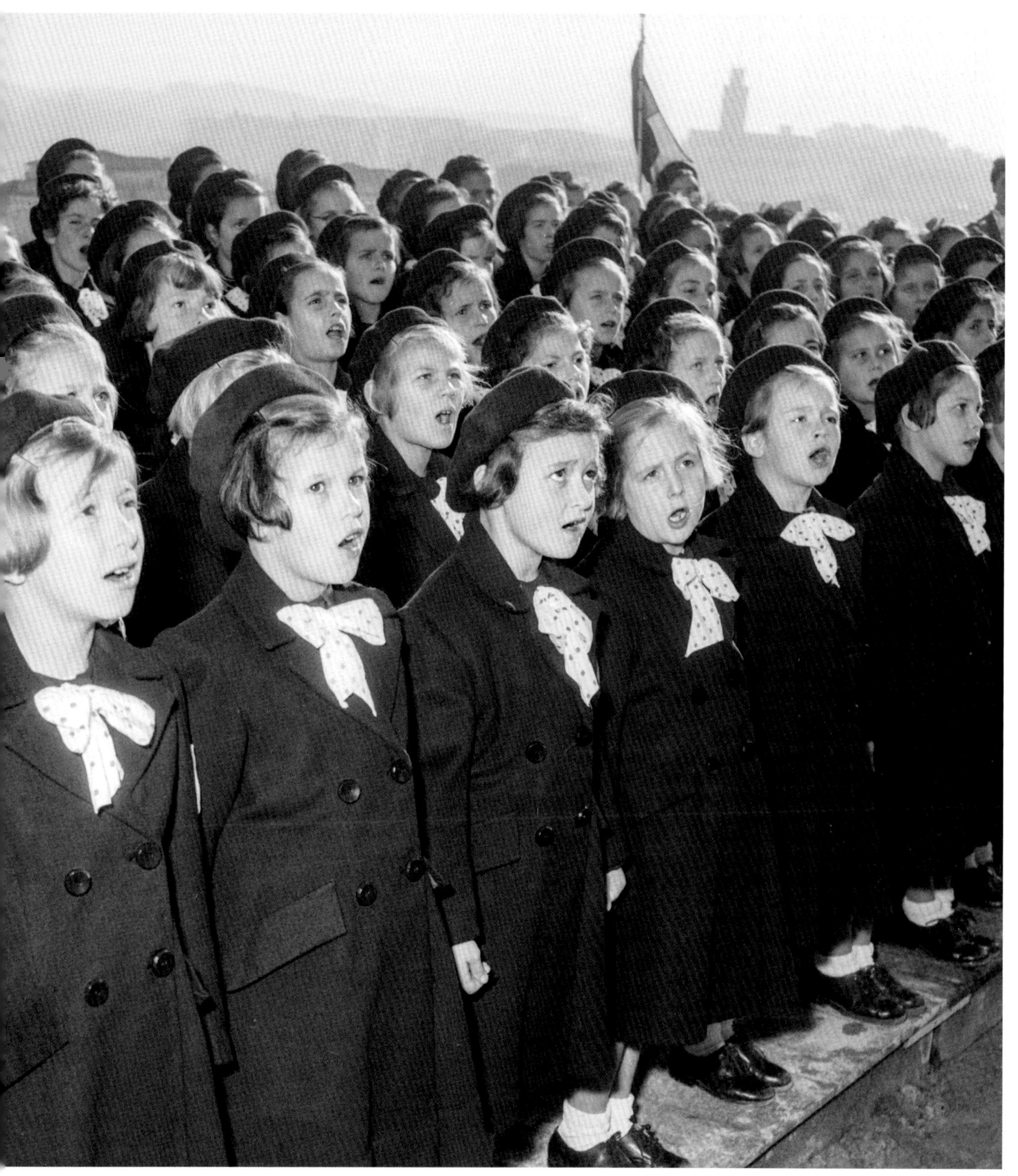

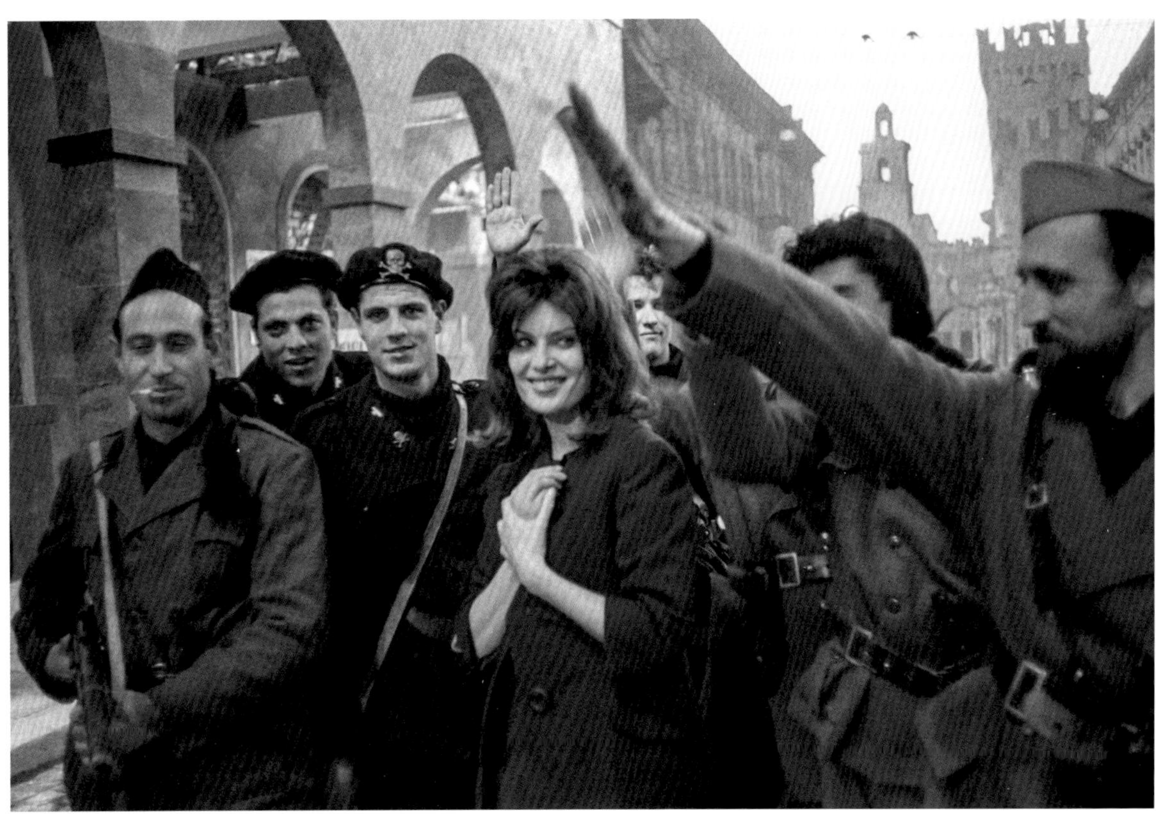

Del fascismo si può adesso (forse) sorridere
L'attrice Belinda Lee e alcune comparse de "La Lunga notte del '43" di Florestano Vancini, tratto dal libro di Giorgio Bassani. Le riprese del film sono terminate e si fa festa. I finti militi fascisti partecipano in allegria con una selva di saluti romani. Ferrara 1960: impensabile dieci anni prima.
Archivio Fotografico Luce, Fondo VEDO

It was now possible to joke about Fascism (perhaps)
Actress Belinda Lee and some extras from La Lunga notte del '43 *(The Long Night of 1943) by Florestano Vancini, from the book by Giorgio Bassani. Filming is over and it is party time. The fake Fascist militiamen merrily greet people with a flurry of Fascist salutes, something that would have been unthinkable ten years earlier. Ferrara 1960.*
Archivio Fotografico Luce, Fondo VEDO

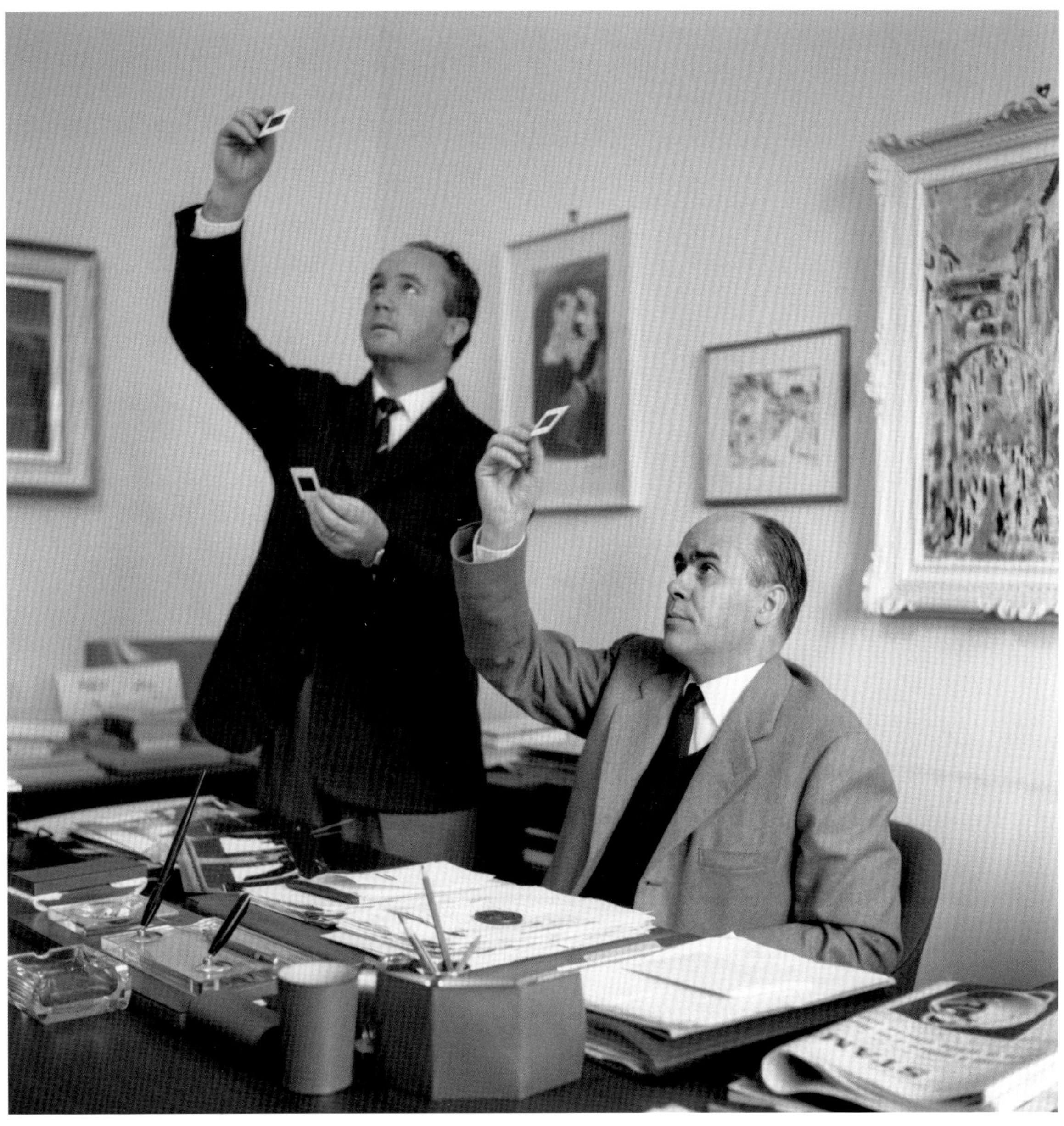

Il potere delle immagini
Fotografia di Walter Mori
Il fotografo Mario De Biasi e il direttore Nando Sampietro (seduto) scelgono le fotografie da pubblicare nella redazione di "Epoca", il settimanale che più di ogni altro ha incarnato il boom, il suo entusiasmo, i suoi colori, lo sguardo internazionale (1961).
Mondadori Portfolio, Getty Images

The power of image
Photo by Walter Mori
Photographer Mario De Biasi and editor Nando Sampietro (seated) choose photographs for publication in the editors' office at Epoca. *This was the weekly magazine that embodied the economic boom more than any other, with its enthusiasm, colours, and international outlook (1961).*
Mondadori Portfolio, Getty Images

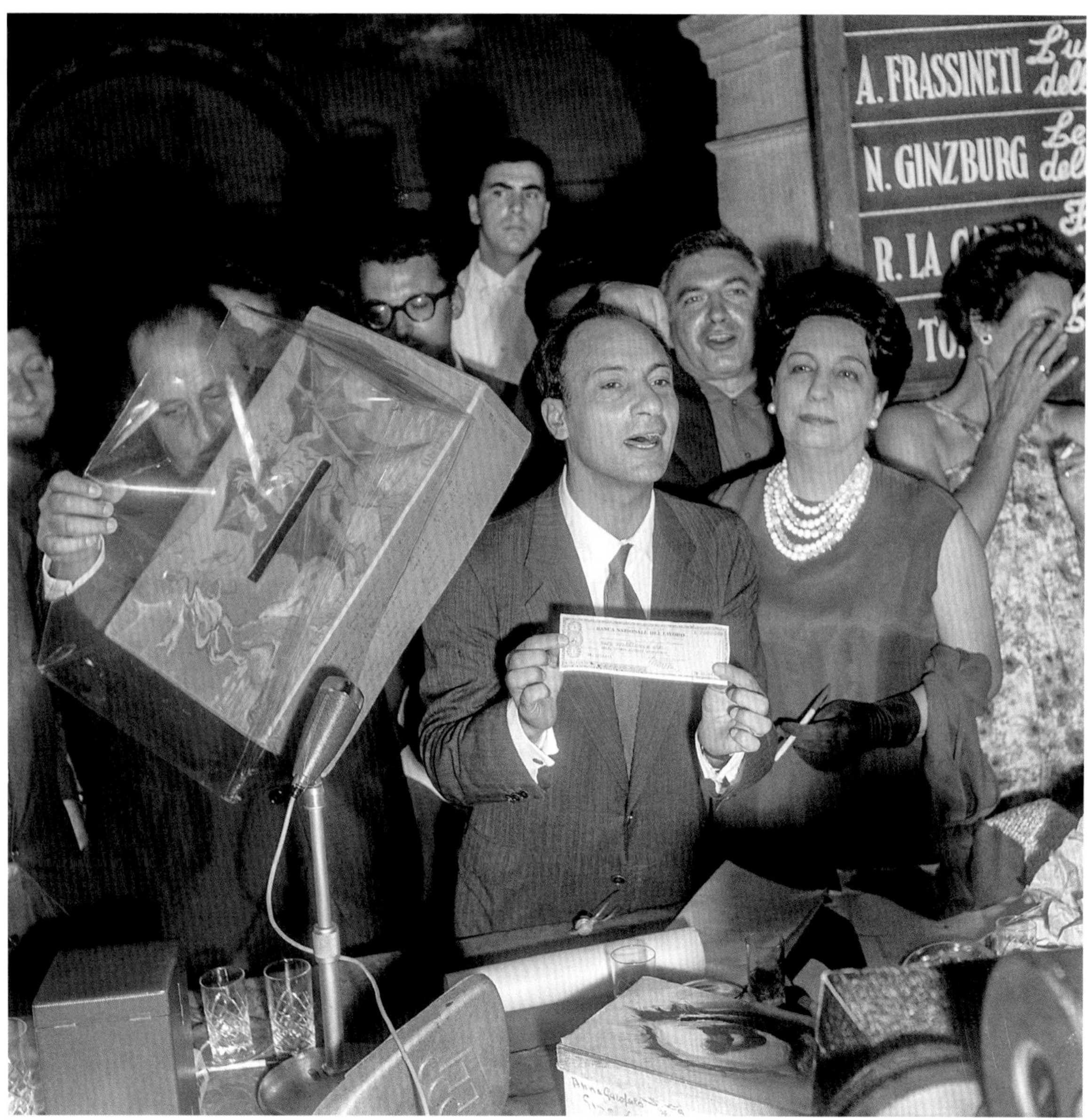

Premio Strega, 1961
Lo scrittore Raffele La Capria, vincitore con il romanzo "Ferito a morte", mostra l'assegno con l'importo del premio (un milione di lire).
Archivio Fotografico Luce, Fondo Dial

The Strega Award, 1961
Writer Raffele La Capria, who won the Strega award for his novel Ferito a morte *(literally, "Fatally Wounded"), shows his cheque displaying the amount of prize money (one million lire).*
Archivio Fotografico Luce, Fondo Dial

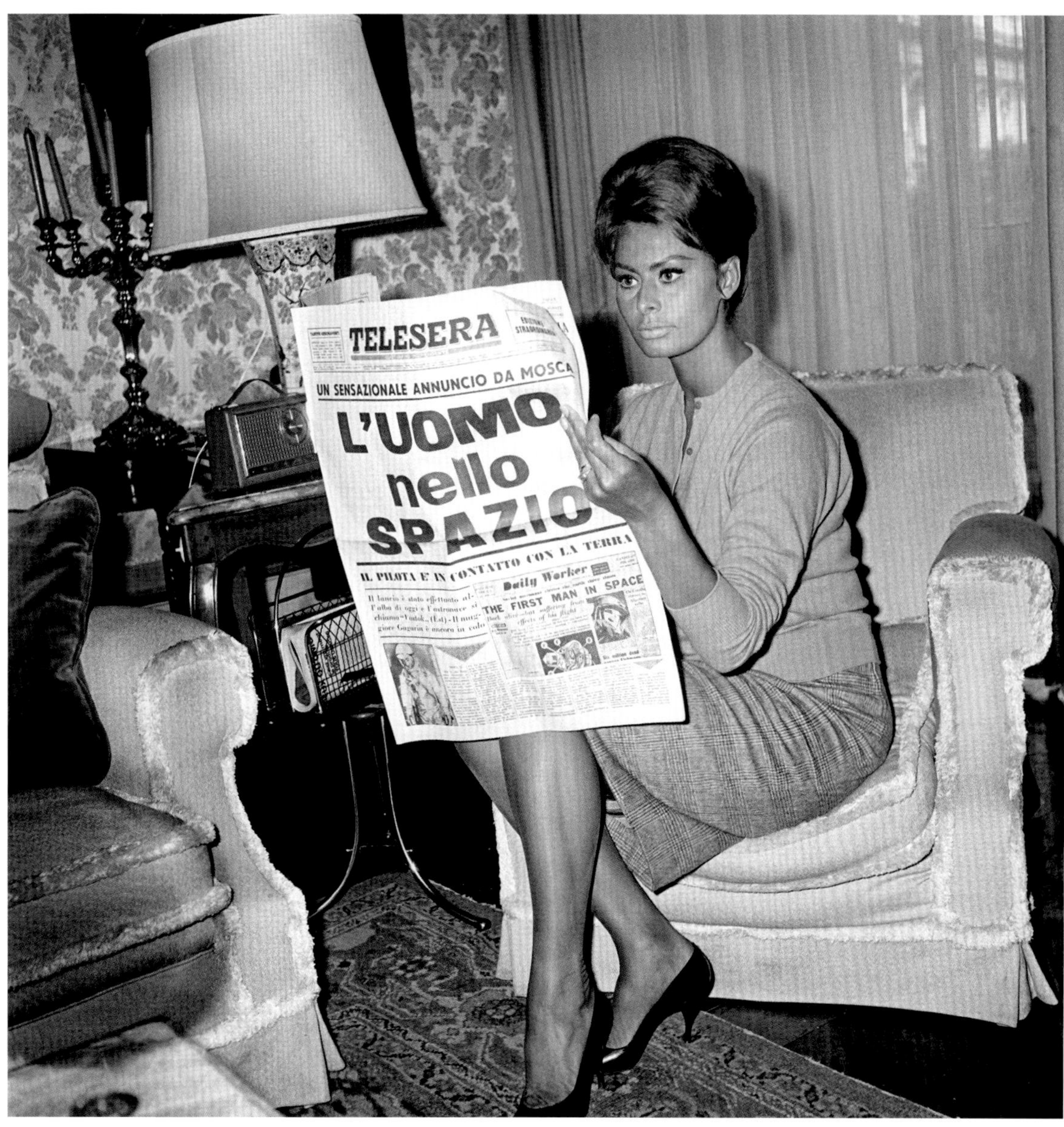

La corsa allo spazio e Sophia
Per il momento la gara spaziale la vincono a sorpresa i russi, con l'orbita intorno alla terra di Jurij Gagarin, 1961: gli americani ce la metteranno tutta per recuperare il ritardo.
Archivio Fotografico Luce, Fondo Dial

The space race and Sophia
For the moment, the Russians are ahead in the space race, taking the world by surprise by sending Yuri Gagarin in orbit around the Earth in 1961: the Americans will do their best to catch up.
Archivio Fotografico Luce, Fondo Dial

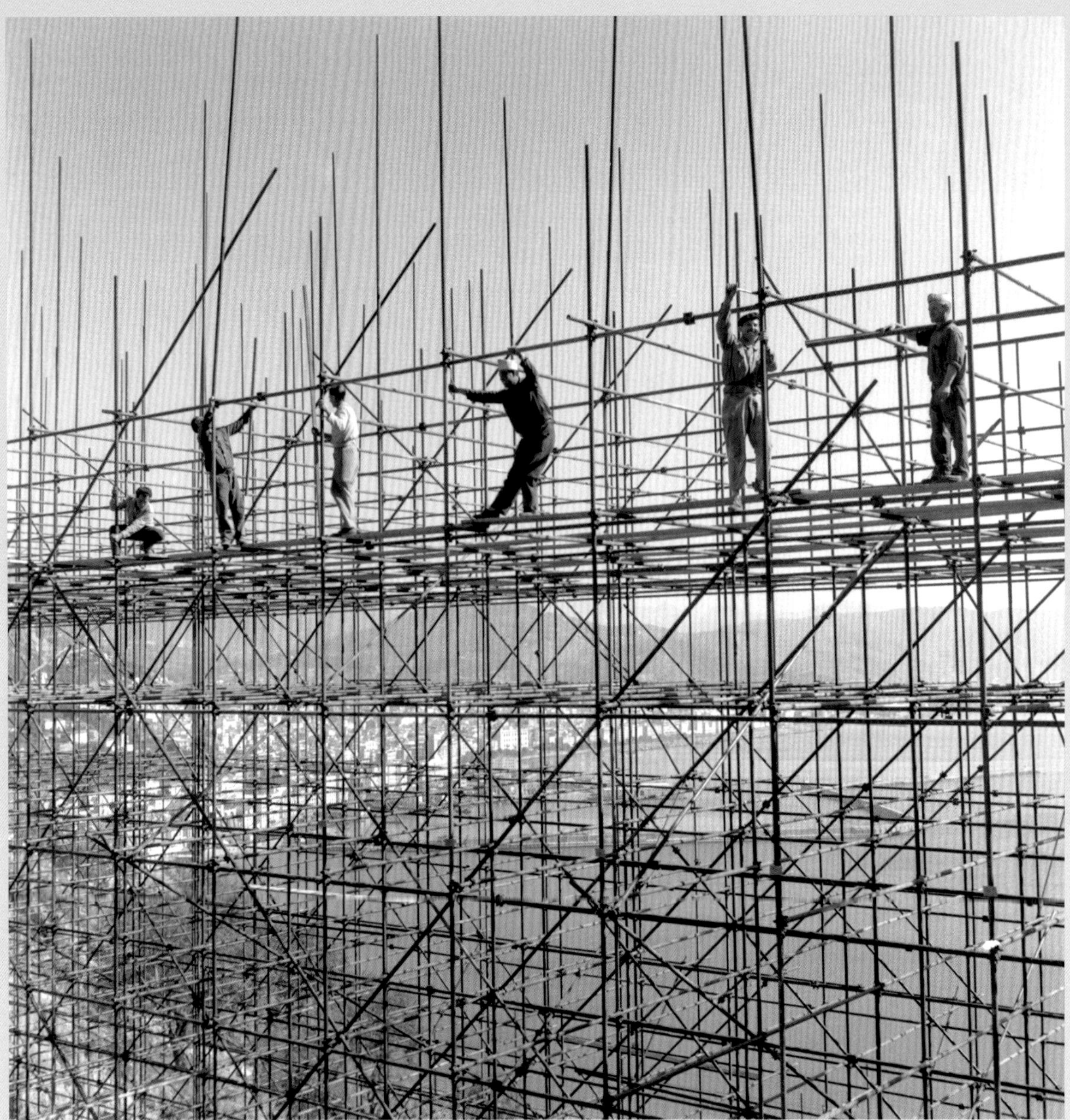

Napoli invasa dal cemento
Il Vesuvio sullo sfondo.
Archivio Fotografico Luce, Fondo Attualità

Naples submerged in cement
Vesuvius in the background.
Archivio Fotografico Luce, Fondo Attualità

Le mani sulla città

Hands on the City

Costruire, costruire, costruire. C'è bisogno di case, tante case, per alloggiare le folle di contadini che dalle campagne e dal sud sono affluiti nelle città, e ora vivono precariamente e promiscuamente in baracche ai margini delle città. Nuovi quartieri, nuove strade, qualche bell'esempio di progetto ma molta speculazione: l'importante è mettere a reddito le aree fabbricabili, i servizi, il verde, i mezzi pubblici possono aspettare. Il lavoro nei cantieri è frenetico, le condizioni di sicurezza sono precarie e, all'occhio di oggi, intollerabili. Gli incidenti sul lavoro anche mortali (rubricati come "dolorosa fatalità" e subito archiviati) sono tanti.

Una crescita sfrenata, nessuna attenzione al paesaggio, alla conservazione di un passato architettonico e urbanistico di grande pregio, agli ingorghi che crea la motorizzazione privata (unico modo per spostarsi quando i mezzi pubblici sono insufficienti), nonostante si moltiplichino tangenziali, viadotti e autostrade, costruiti un po' dappertutto. Negli anni Cinquanta il "Bel Paese" cambia volto, inizia pericolosamente a mostrare il volto congestionato che vediamo oggi.

Build! Build! Build! Housing, a lot of it, is needed to accommodate the crowds of people flooding into the cities from the rural areas and the South, now living precariously in crowded shacks on the outskirts. New neighbourhoods, new roads, and some fine planning projects spring up, but there is also much real estate speculation: what matters is to make the developable areas profitable. Services, green areas, and public transport can wait. Work on construction sites is hectic, and safety conditions are precarious, intolerable by today's standards. Accidents, even deaths, on the work place, (referred to as "regrettable fatalities" and immediately filed) are frequent.

It is a time of unbridled growth with no consideration for the landscape or the preservation of an architectural and urban past of inestimable value, beset by constant traffic jams due to the presence of private vehicles (the only way to move, given the lack of adequate public transport), despite the proliferation of bypasses, flyovers, and motorways springing up more or less everywhere. During the fifties, the "Bel Paese" (*the Beautiful Country*) takes on a new look, perilously beginning to assume the congested appearance we see today.

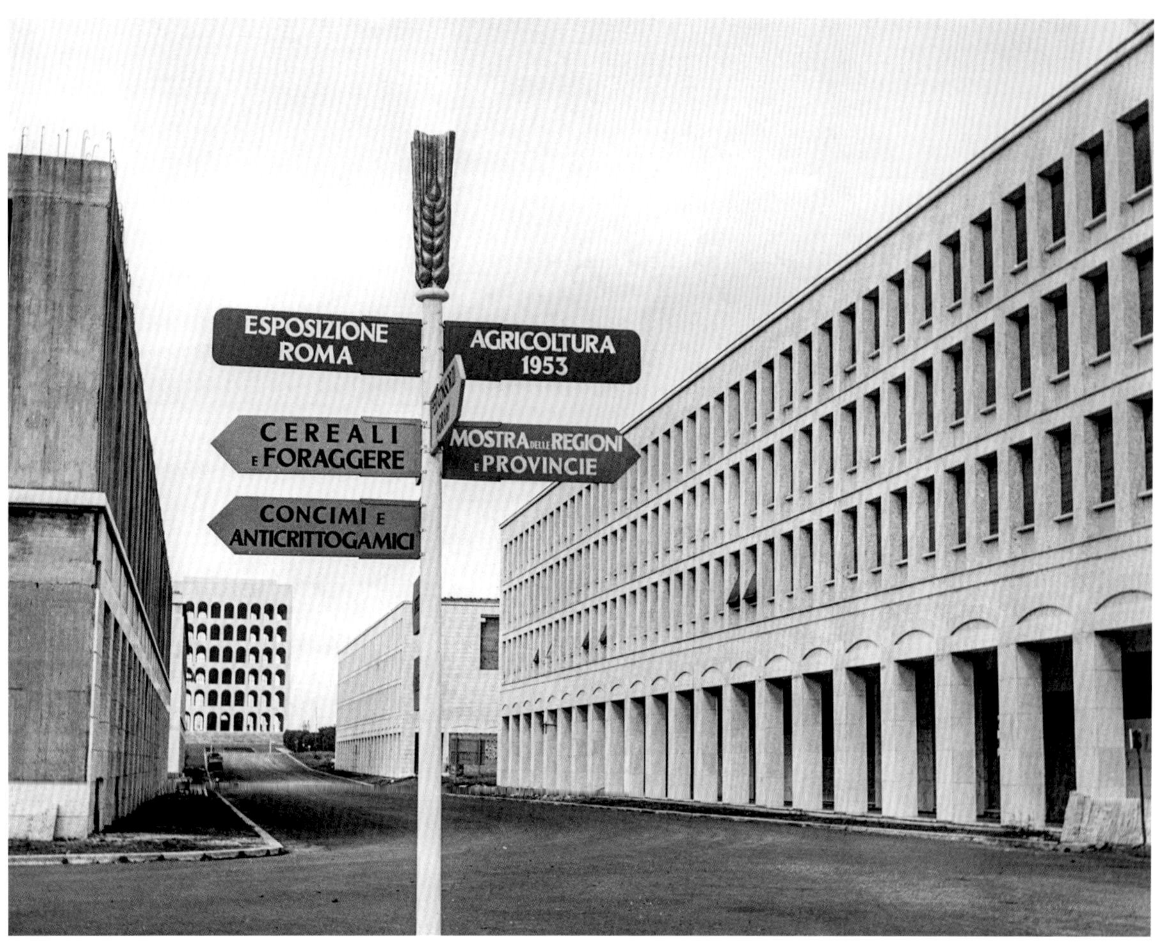

EUR, 1953
Doveva essere la sede dell'Esposizione universale del 1942, che non si terrà mai. È ancora una città fantasma, che si comincia a rianimare con un'Esposizione internazionale di agricoltura. Poi arriverà lo sviluppo, anche in vista delle Olimpiadi del 1960.
Centro Studi e Archivio della Comunicazione dell'Università di Parma, Fondo Publifoto

EUR, 1953
This was to have been the site of the Universal Exhibition of 1942 that was never held. It was still a ghost town, but it began to come to life again with an International Agricultural Exhibition. Then the development started, helped on its way by planning for the 1960 Olympics.
Centro Studi e Archivio della Comunicazione dell'Università di Parma, Fondo Publifoto

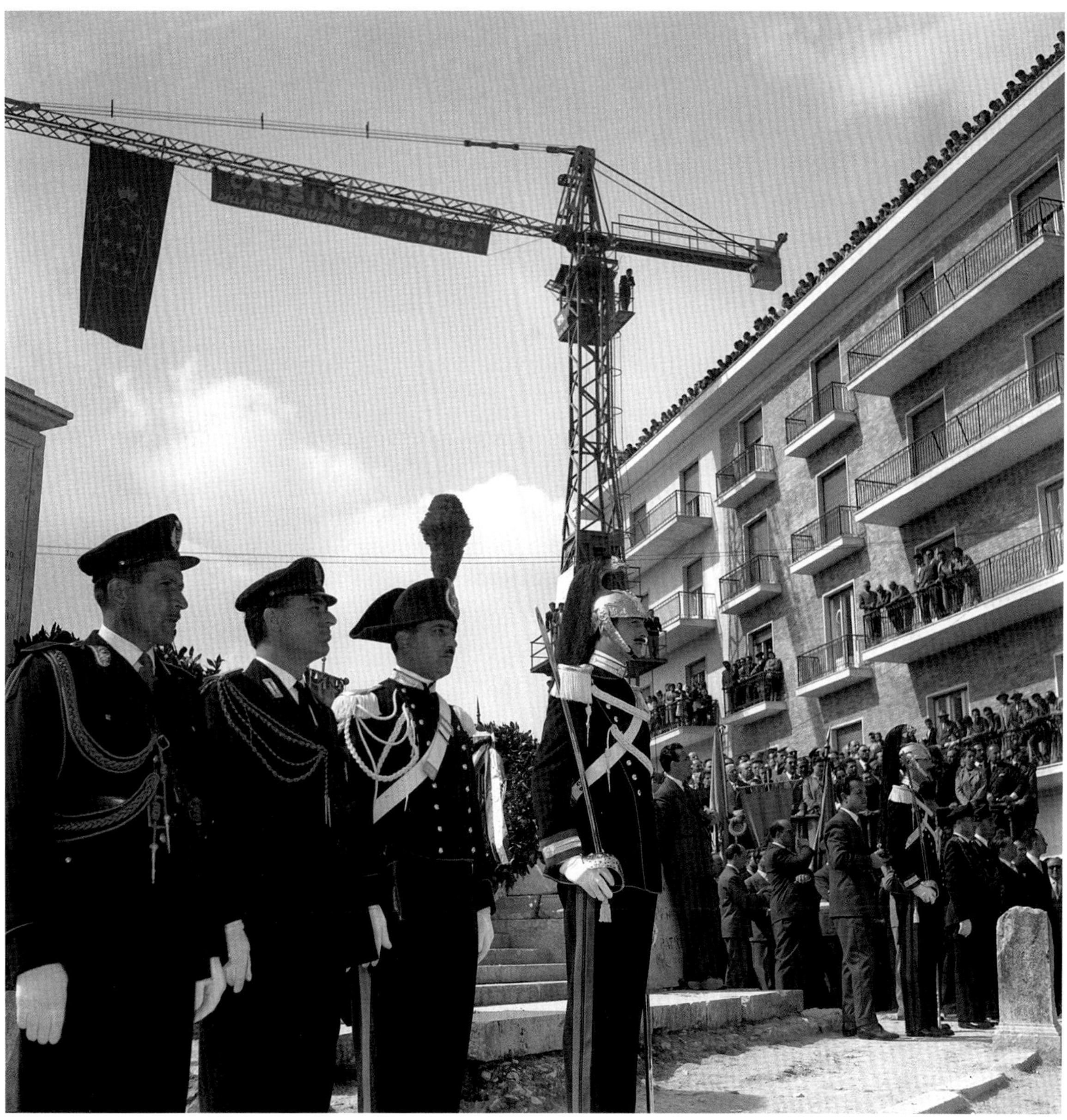

Superare la guerra, 1954
A Montecassino si commemora il passato anche inaugurando il nuovo palazzo delle poste.
Archivio Fotografico Luce, Fondo VEDO

Getting over the war, 1954
The past was also commemorated by the opening of the new Post Office building in Montecassino.
Archivio Fotografico Luce, Fondo VEDO

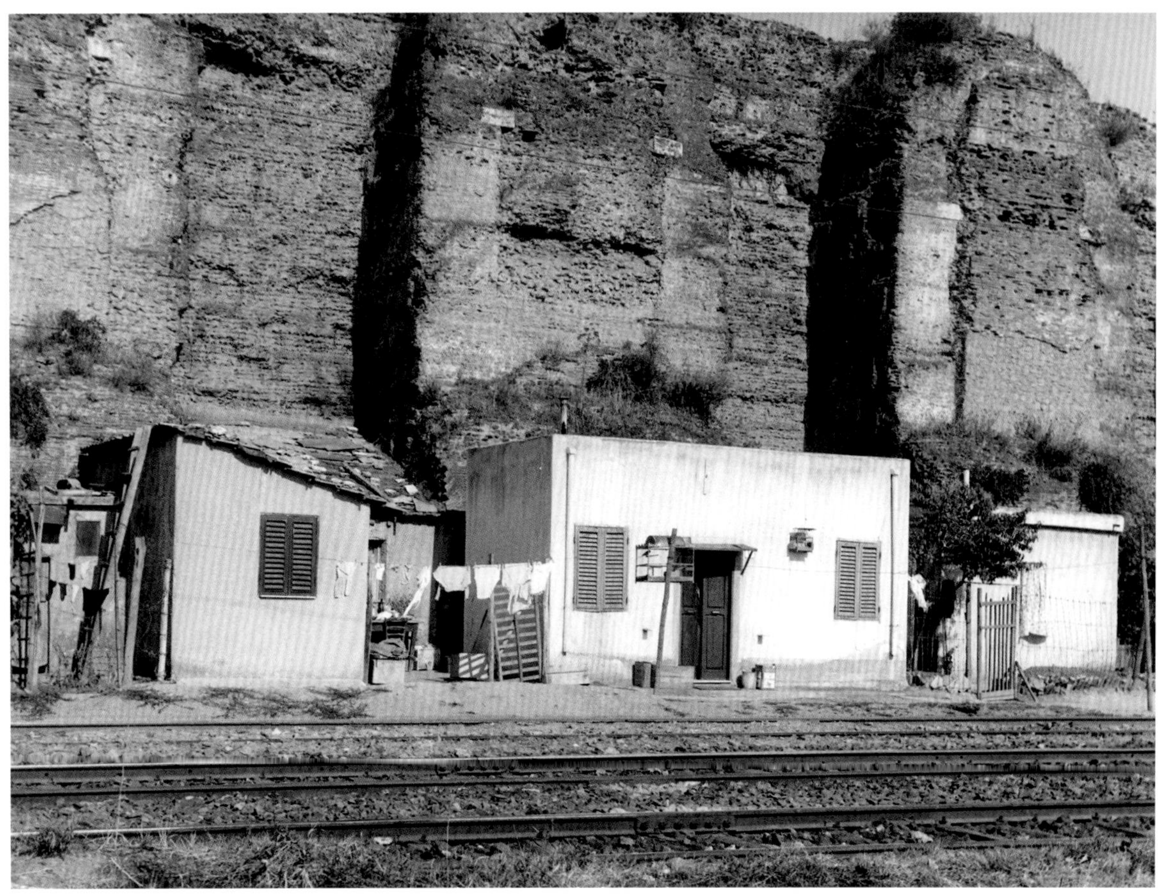

Baracche a ridosso dell'Acquedotto Felice. Roma, 1957
Le baracche delle borgate romane, spesso addossate agli imponenti ruderi dell'antichità, sono state ampiamente descritte con comprensibile sguardo critico. Un'edilizia di necessità, affacciata sui binari del treno.
Centro Studi e Archivio della Comunicazione dell'Università di Parma, Fondo Publifoto

Shacks near the Acqua Felice aqueduct. Rome, 1957
The shacks set up in the outskirts of Rome, often propped up against the imposing ruins of the ancient city, were extensively described from an understanding, yet critical, viewpoint. These were emergency constructions built practically alongside the railway tracks.
Centro Studi e Archivio della Comunicazione dell'Università di Parma, Fondo Publifoto

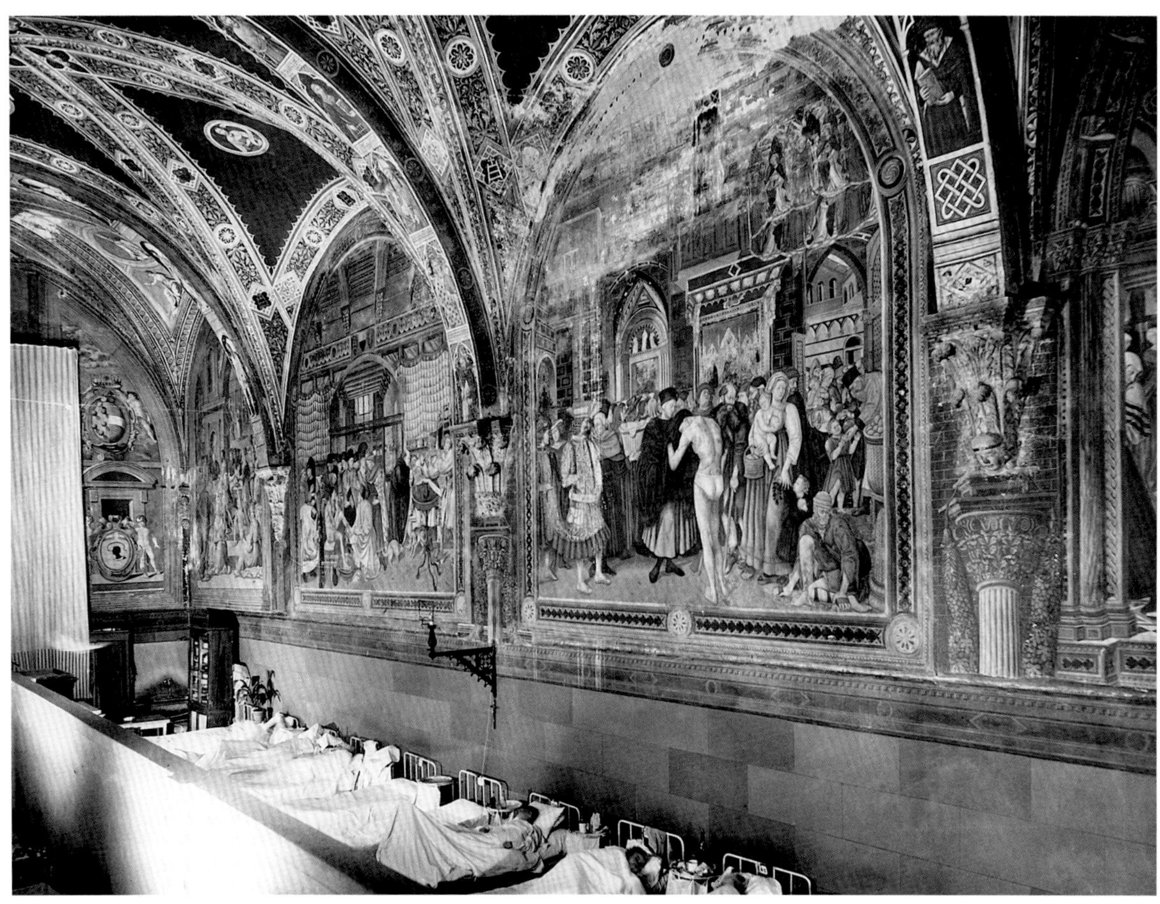

In corsia tra gli affreschi, anni Sessanta
L'Ospedale di Santa Maria della Scala a Siena, un edificio medievale affrescato, di cui vediamo il Pellegrinaio, restò in attività fino al 1995.
Touring Club Italiano, Gestione Archivi Alinari

A frescoed hospital ward, sixties
The Pellegrinaio, frescoed part of the medioeval Hospital of Santa Maria della Scala in Siena. It remained in operation until 1995.
Touring Club Italiano, Gestione Archivi Alinari

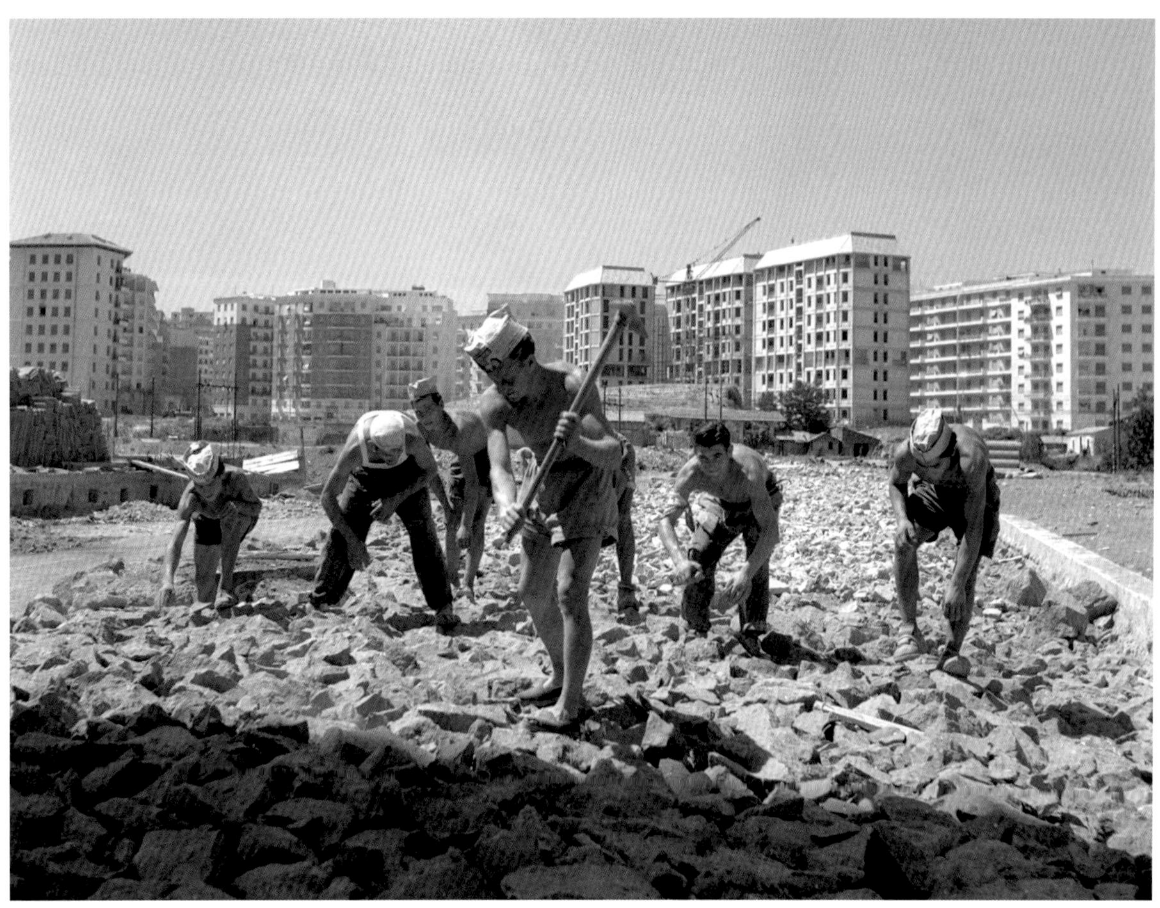

Muratori sul cantiere, primi anni Sessanta
Si lavora senza sosta per costruire nuove case, demolendo tutto quello che ostacola l'edificazione dei nuovi quartieri.
Archivio Fotografico Luce, Fondo Attualità

Workmen on a building site, early sixties
Work on the construction of new houses, demolishing everything that hinders the construction of new neighbourhoods, is tireless.
Archivio Fotografico Luce, Fondo Attualità

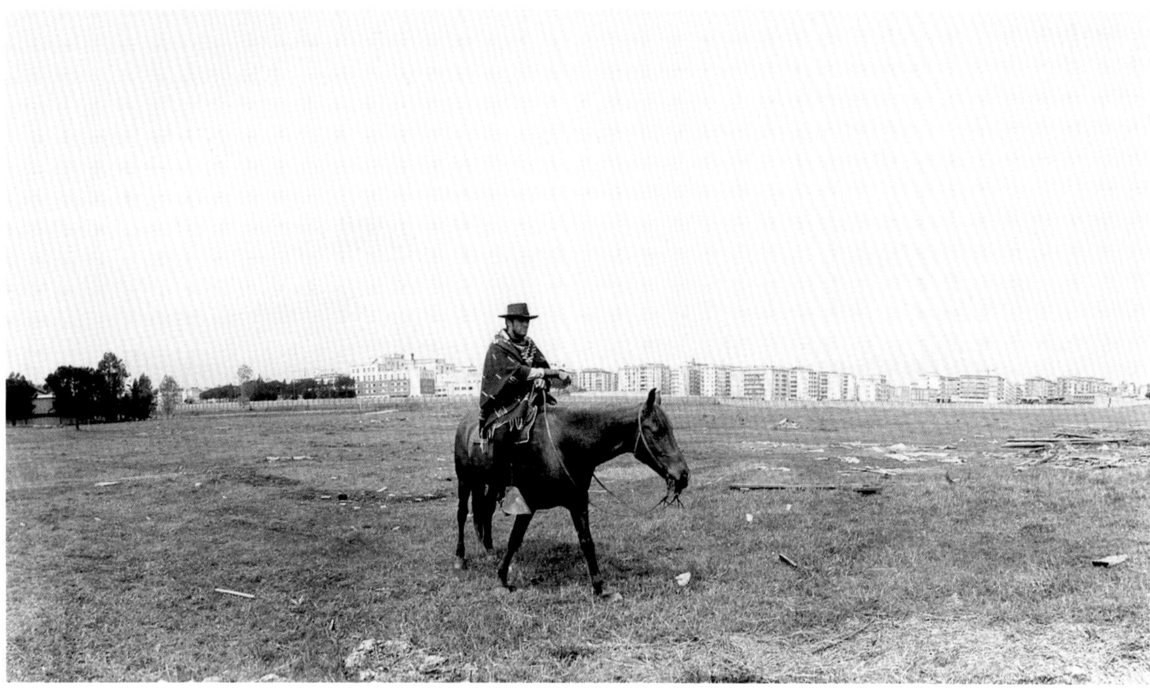

Clint Eastwood nella campagna attorno a Cinecittà
La periferia della città è sullo sfondo, ma nel western non la vedremo.
Archivio Tazio Secchiaroli, Roma

Clint Eastwood in the countryside around Cinecittà
The outskirts of the city are visible in the background, but we don't see them in the western.
Archivio Tazio Secchiaroli, Rome

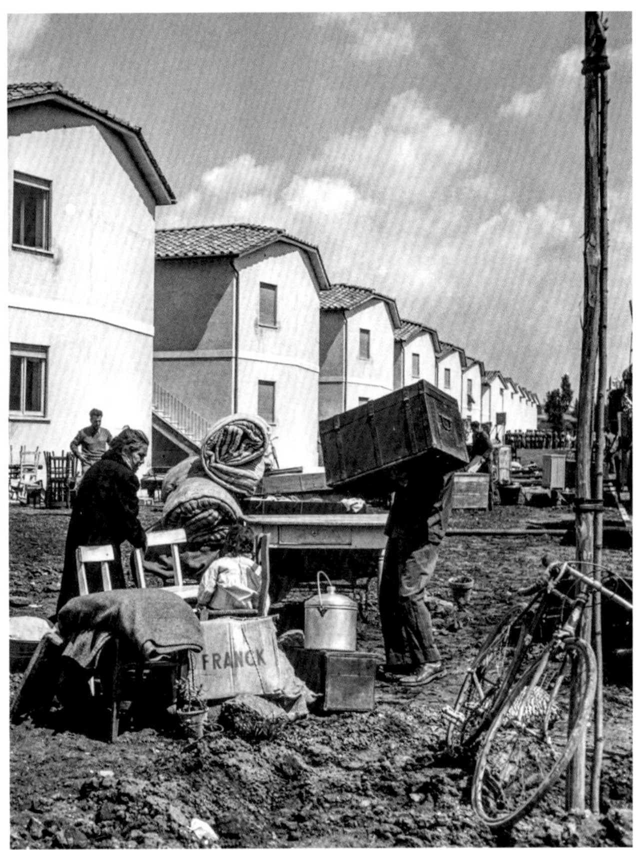

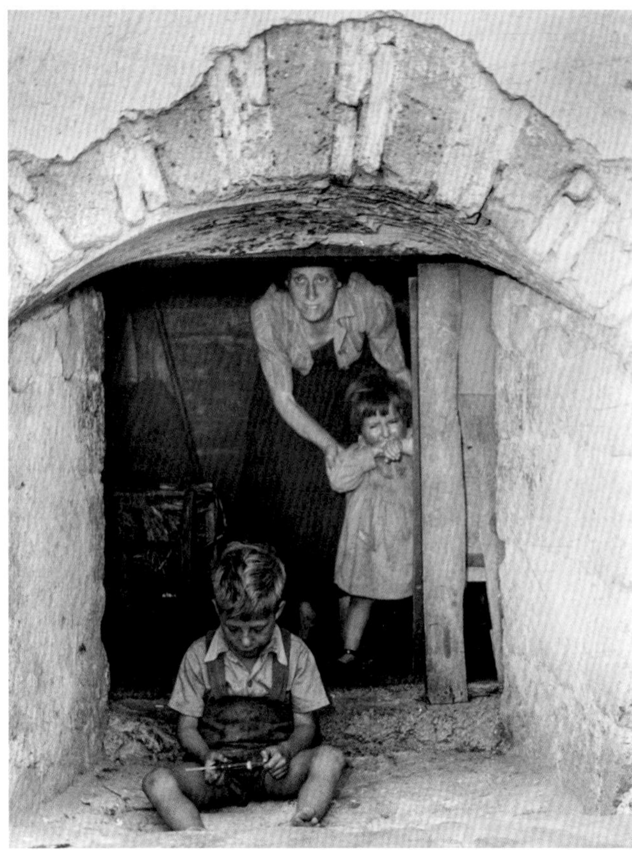

Case popolari. Acilia (Roma), anni Cinquanta
Si trasloca con povere cose (pentole, coperte, scatoloni) nelle nuove case.
Centro Studi e Archivio della Comunicazione dell'Università di Parma, Fondo Publifoto

Social Housing. Acilia (Rome), fifties
People move into their new homes with their few meagre possessions (pots, blankets, boxes).
Centro Studi e Archivio della Comunicazione dell'Università di Parma, Fondo Publifoto

Cinque famiglie per vano
Il quartiere di Sant'Erasmo ai Granili, nell'area portuale di Napoli, era abitato da operai e disoccupati ammassati in baracche ed edifici danneggiati dai bombardamenti dell'ultima guerra. Negli anni Sessanta la situazione era cambiata di poco.
Centro Studi e Archivio della Comunicazione dell'Università di Parma, Fondo Publifoto

Five families per room
The Sant'Erasmo ai Granili district by the port in Naples was inhabited by workers and the unemployed crowded into shacks and buildings damaged by air raids during the last war. The situation was largely unchanged even in the sixties.
Centro Studi e Archivio della Comunicazione dell'Università di Parma, Fondo Publifoto

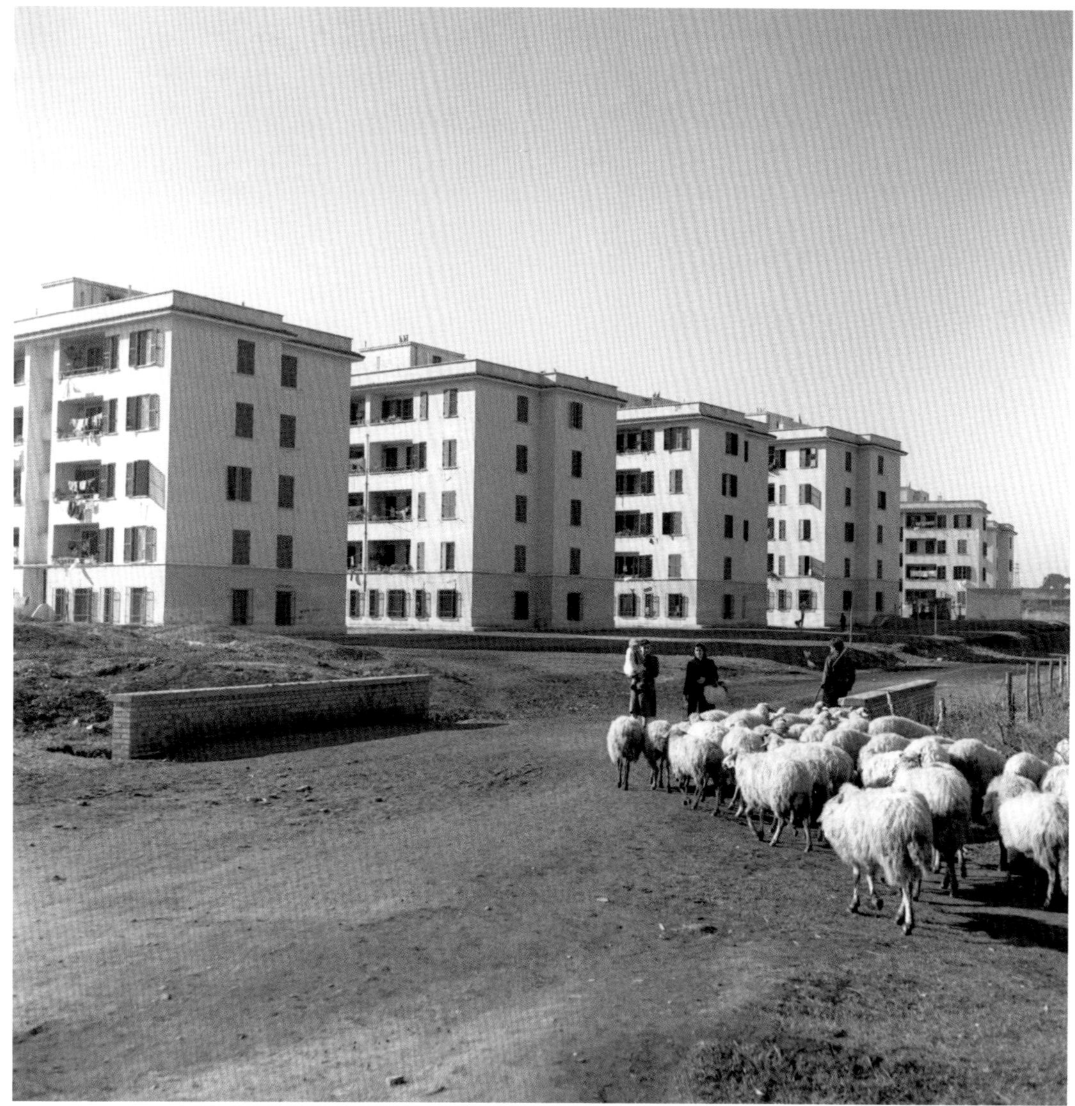

Case nuove e greggi antiche, 1953
Nel quartiere romano di Torpignattara, come in molti altri della periferia, luoghi di confine incerto tra città e campagna, era facile incontrare greggi di pecore accanto ai nuovi edifici generati dall'espansione incontrollata della città.
Roma Capitale, Gabinetto del Sindaco

New houses and old flocks, 1953
In the district of Torpignattara in Rome, as in many other areas on the outskirts, where the distinction between the city and the country was somewhat blurred, it was no rarity to encounter flocks of sheep beside the new buildings springing up thanks to uncontrolled urban expansion.
Roma Capitale, Gabinetto del Sindaco

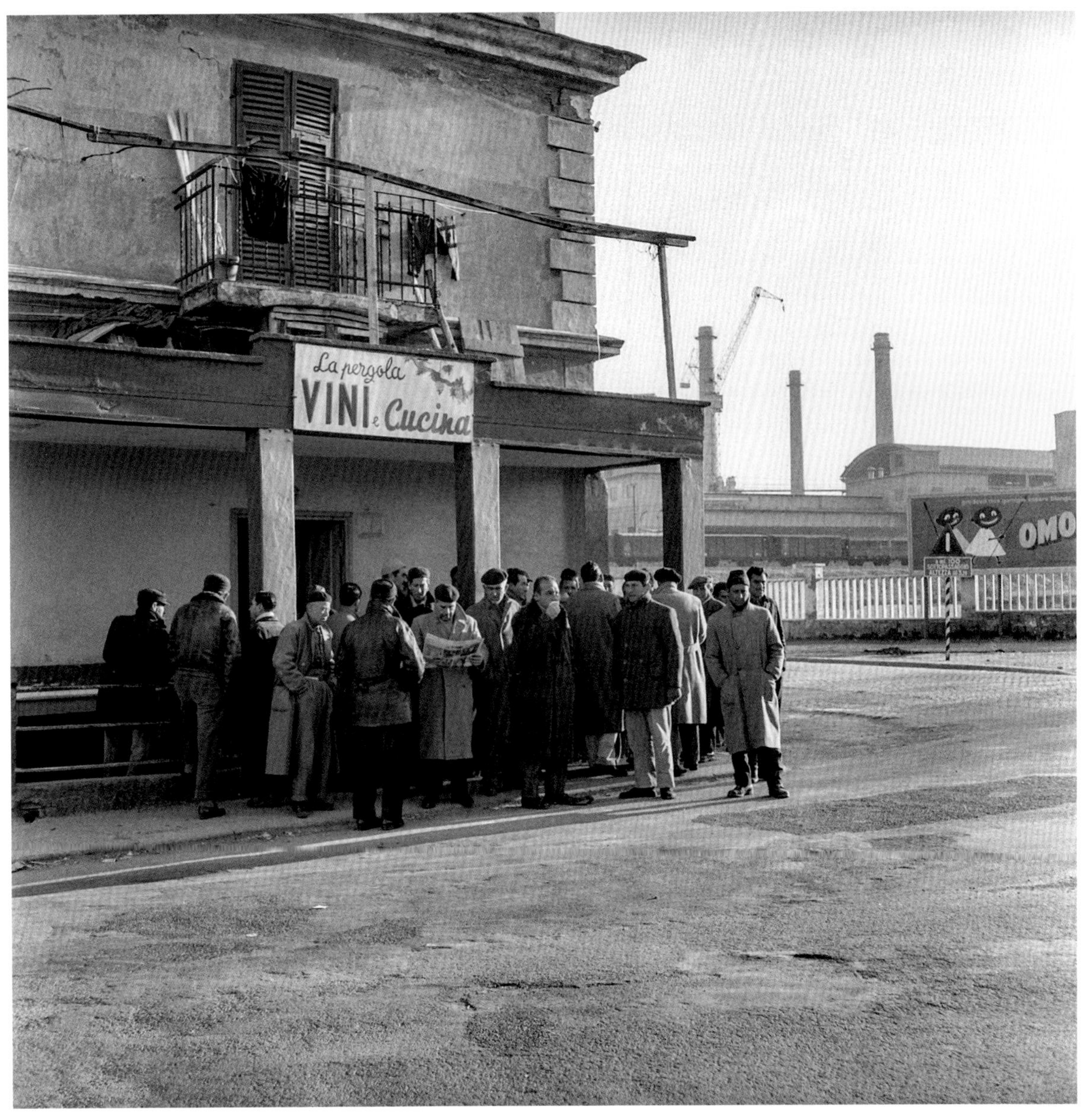

Vini e cucina. Civitavecchia, 1959
Frammenti di vita operaia tra fabbriche e vecchie case.
Archivio Fotografico Luce, Fondo VEDO

Wine and cooking. Civitavecchia, 1959
Moments of working life at the factory and in the old houses.
Archivio Fotografico Luce, Fondo VEDO

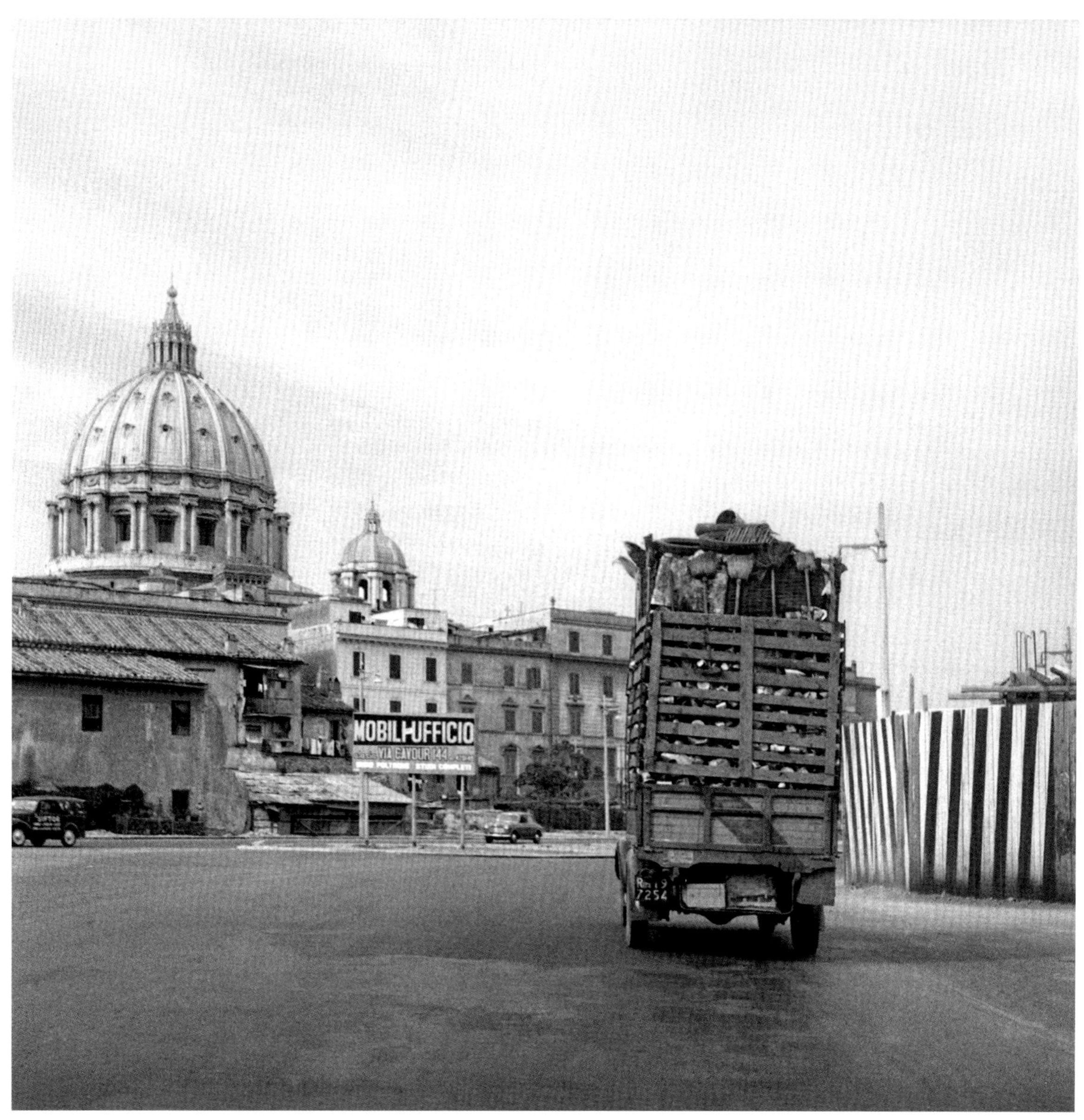

Roma capitale e periferia, 1956
La cupola di San Pietro, cantieri, magazzini. Una periferia informe a pochi passi dal centro.
Archivio Fotografico Luce, Fondo VEDO

Rome, the capital city and its suburbs, 1956
The dome of St Peter's, building sites, and warehouses. A formless suburb a stone's throw from the centre.
Archivio Fotografico Luce, Fondo VEDO

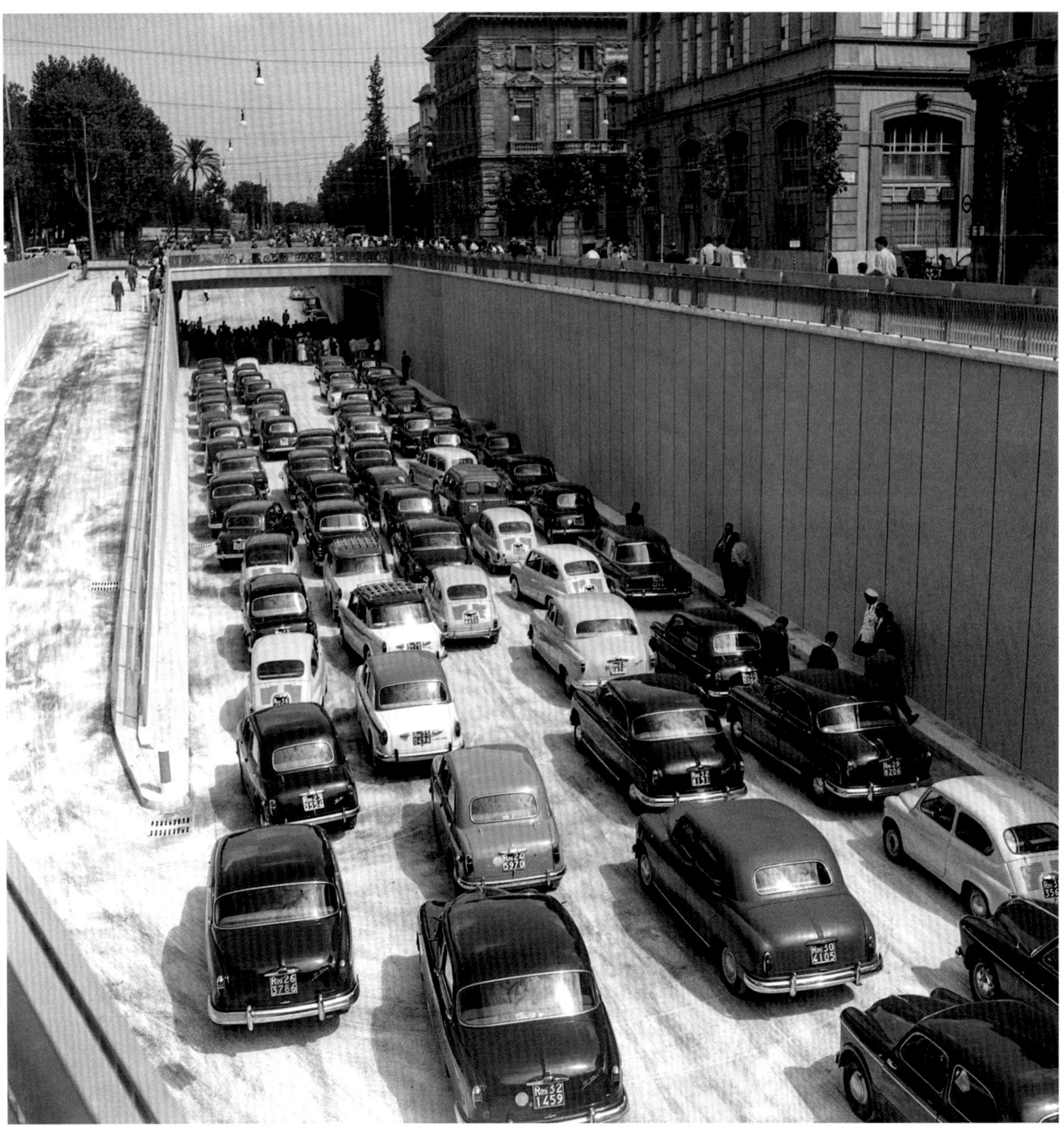

L'ingorgo, 1960
I sottopassaggi sono ideati per snellire il traffico, che la motorizzazione di massa ha gonfiato a dismisura. Ma il rimedio funziona poco, perché il numero delle auto private cresce continuamente.
Archivio Fotografico Luce, Fondo VEDO

Traffic jam, 1960
Subways were designed to streamline the traffic that mass motorization had inflated out of all proportion. But the solution proved inadequate due to the constant increase in the number of private vehicles.
Archivio Fotografico Luce, Fondo VEDO

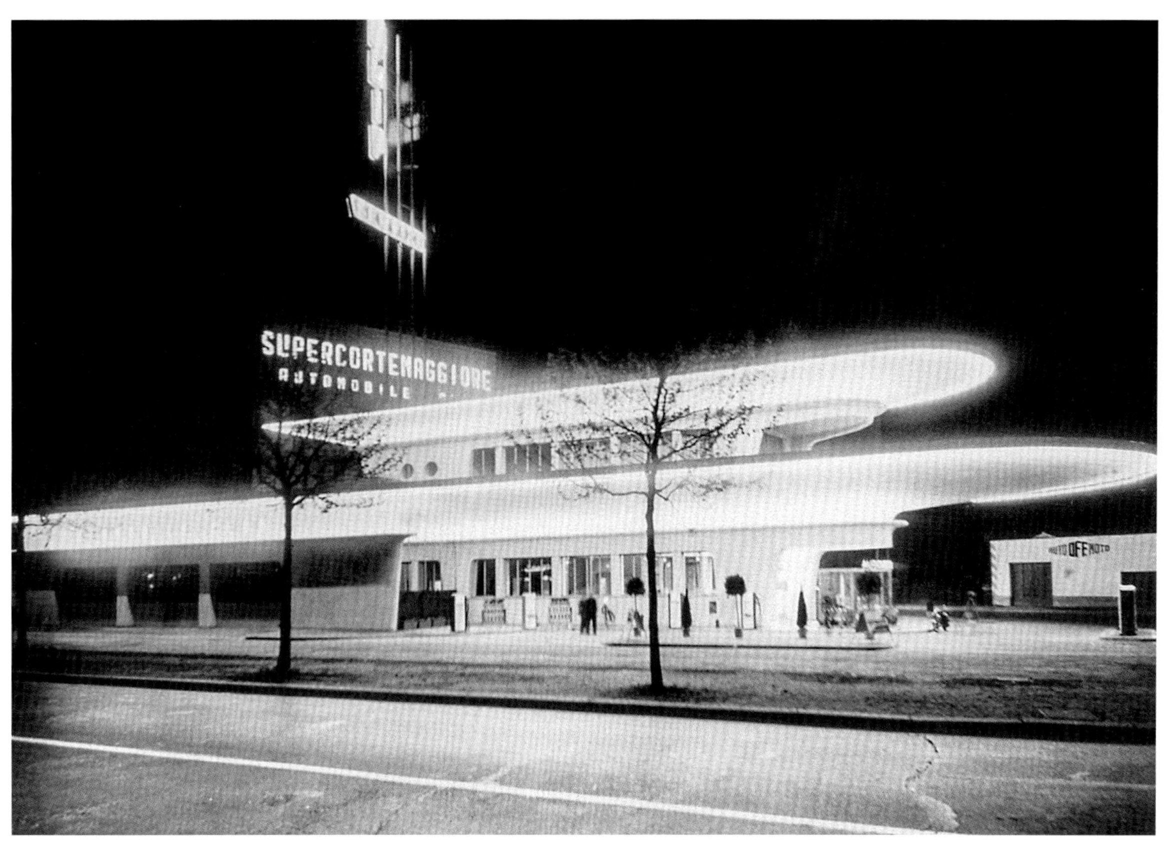

Supercortemaggiore, 1954
L'architetto Mario Bacciocchi progetta per l'Agip distributori di benzina dalla forma dinamica e futuribile, come questa stazione di servizio a Moncalieri (Torino). Gli idrocarburi scoperti a Cortemaggiore (Piacenza) porteranno a definire "Supercortemaggiore", il carburante erogato sotto la celebre insegna del cane a sei zampe.
Archivio Storico ENI

Supercortemaggiore, 1954
Architect Mario Bacciocchi designed dynamic and futuristic petrol stations for Agip, like this service station in Moncalieri (Turin). The oil and gas discovered at Cortemaggiore (Piacenza) would lead to the fuel sold with the famous trademark of the six-legged dog being known as "Supercortemaggiore".
Archivio Storico ENI

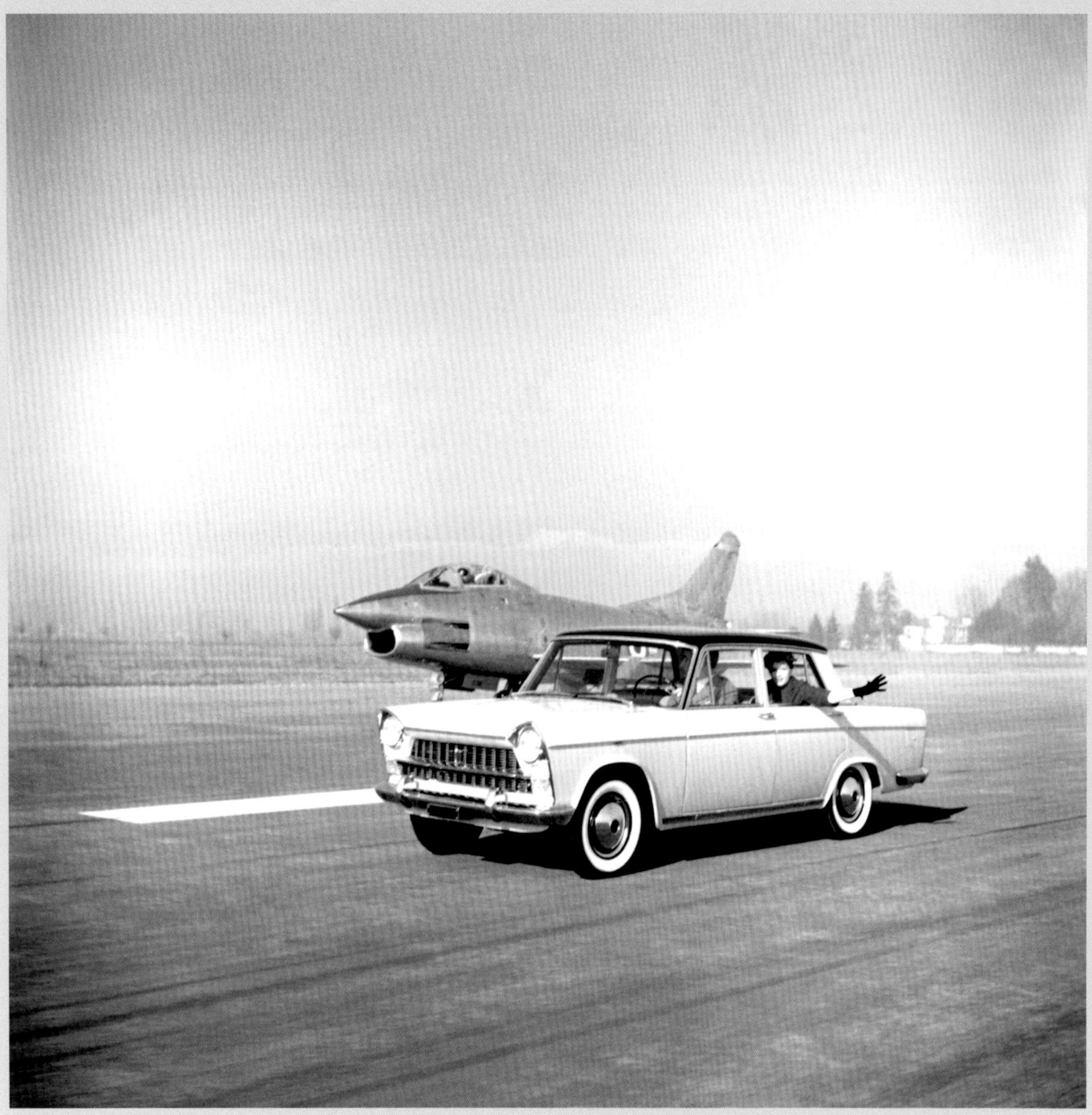

Terra Mare Cielo, fine anni Cinquanta
Il Fiat G 91 fu un aereo da caccia di successo, adottato dalla Nato e prodotto su licenza anche in Germania; la 1800 una macchina borghese ai confini dell'agiatezza. Qui sono entrambi sulla pista di Caselle, nella periferia di Torino. Allora uno slogan della Fiat era "Terra Mare Cielo", evocando le sue molteplici attività.
Centro storico FIAT

Land, Sea, and Sky, late fifties
The Fiat G 91 was a successful fighter plane, adopted by NATO and also produced under licence in Germany; the 1800 was a car for the better-off middle classes. We see both here on the runway at Caselle, on the outskirts of Turin. At the time, "Terra Mare Cielo" ("Earth, Sea, and Sky") was one of Fiat's slogans, evoking its many activities.
Centro storico FIAT

Il sorpasso

La vitalità di questo quindicennio è stata indirizzata soprattutto, e consapevolmente, a "produrre", oltrepassando i propri antichi limiti e guadagnando posizioni rispetto agli altri paesi europei: nel 1957, con i trattati di Roma, l'Italia sarà la sede di fondazione della Comunità europea.

Non si possono e non si devono nascondere i limiti e le storture di questo sviluppo, ma le sue dimensioni sono ragguardevoli. L'Italia è diventata una potenza industriale medio-grande, in particolare nella meccanica e nel tessile. Le sue automobili, i tessuti, le macchine da scrivere e le calcolatrici, gli scooter, gli elettrodomestici bianchi si diffondono in tutto il paese e si esportano in Europa e nel mondo.

C'è un senso di sfida e di rivalsa in questa crescita prolungata e continua (eravamo noi i cinesi dell'epoca) che, fortunatamente, non assume, negli anni che abbiamo ripercorso, i tratti di autocompiacimento e di narcisismo che avrà, vent'anni dopo, quando ormai la crescita inizia a rallentare, fino a fermarsi.

Molto di questo quindicennio importante è rimasto nel carattere degli italiani: non più l'"arte di arrangiarsi" con tanta buona volontà e qualche approssimazione, non più solo "brava gente", ma un gusto (e un "piacere") della qualità, del design e dell'originalità che ci permette ancora oggi di competere nel mondo. E magari, anche di rimediare ad antiche carenze, lasciate da parte nella furia di costruire e produrre.

Overtaking

The vitality of these fifteen years has been geared principally, and consciously, to "production", breaking down historical restrictions and gaining ground against other European countries: in 1957, with the Treaty of Rome, Italy will become the site for the founding of the European Community.

The limitations and the faults inherent in this development cannot, and must not, be glossed over, but its scale is truly considerable. Italy has become a middle-to-large industrial power, particularly in the mechanical and textile sectors. Its cars, fabrics, typewriters and calculators, scooters, and white goods are spread across Italy and exported to Europe and the world.

There is a sense of challenge and redress in this prolonged and unceasing growth (*the Italians* were the Chinese of the time) that fortunately does not assume, in the years we have discussed here, the traits of complacency and narcissism that will emerge twenty years on, when growth starts to dwindle and stop.

Much of this significant fifteen-year period has left its mark on the Italian character: it is no longer a question of "getting by" with a dose of good will and a touch of approximation, no longer just "decent folk", but a taste for (and a "pleasure in") quality, design and originality that still allow us to be competitive on the world stage. And perhaps even to remedy old shortcomings, brushed to one side in a frenzy of building and production.

L'affondo
Fotografia di Wanda Wultz
Irene Camber, medaglia d'oro di fioretto individuale alle Olimpiadi di Helsinki del 1952.
Archivi Alinari

The lunge
Photo by Wanda Wultz
Irene Camber, gold medallist in individual foil at the Helsinki Olympics in 1952.
Archivi Alinari

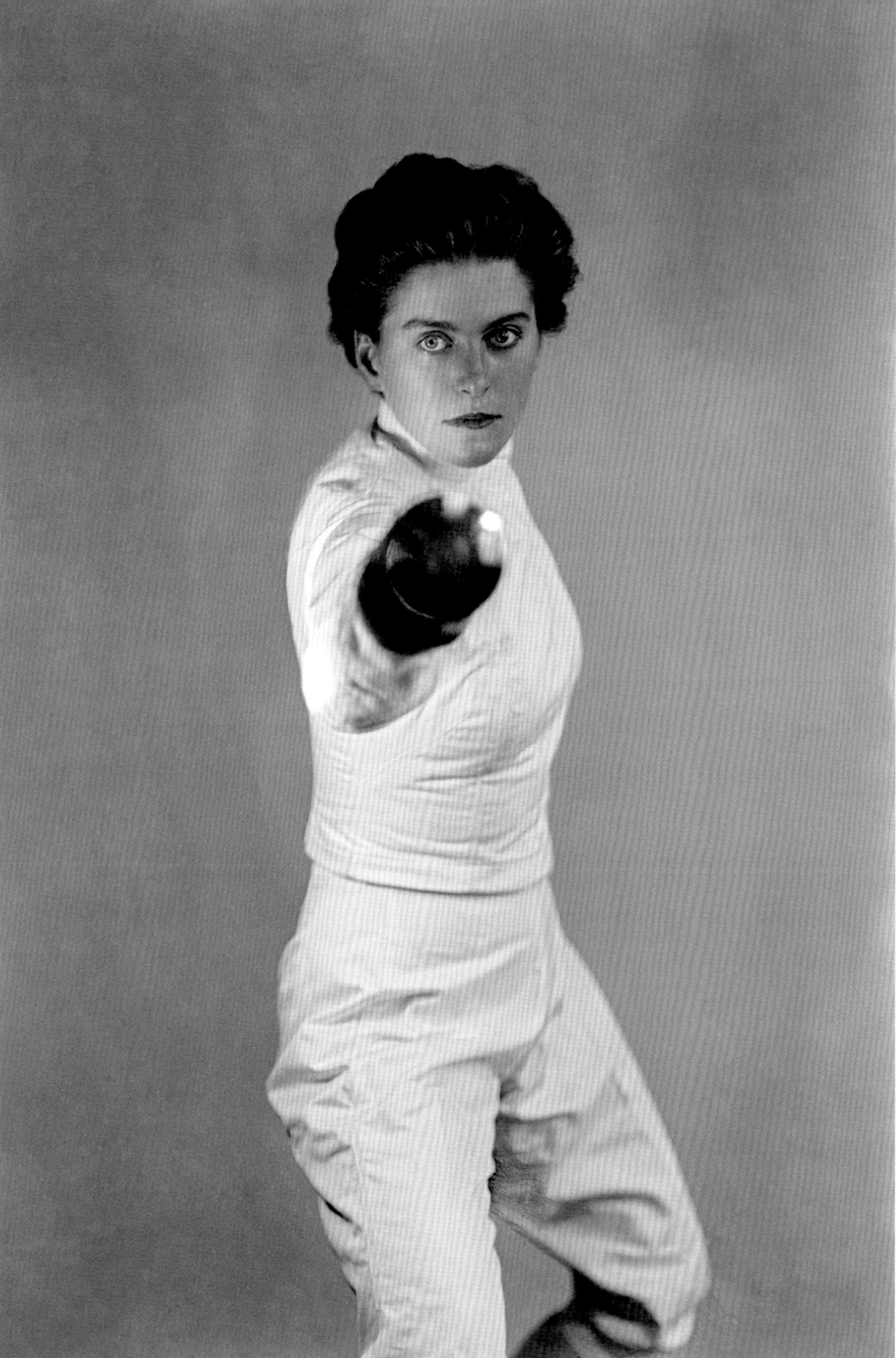

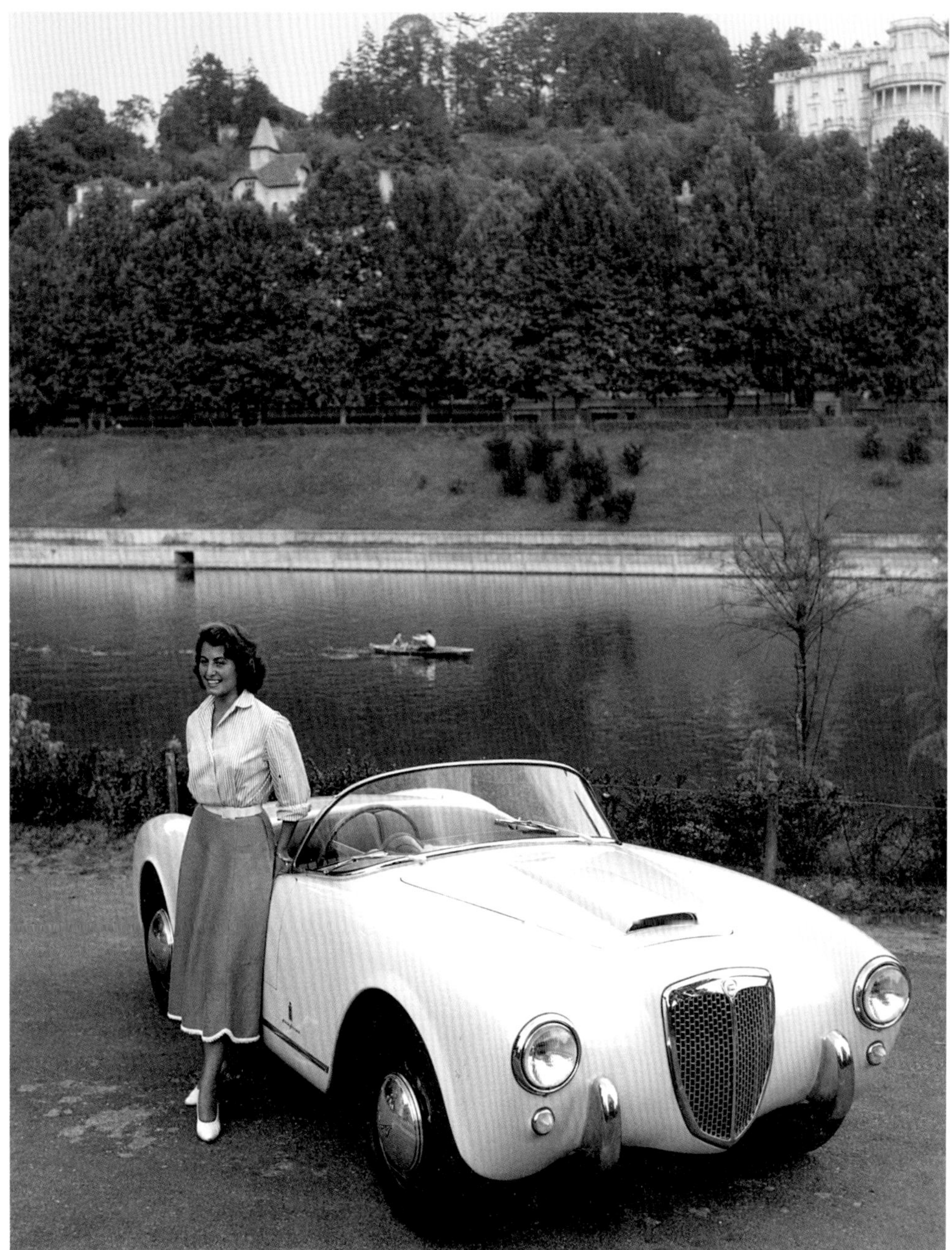

Il boom d'élite
Prototipo della Lancia Aurelia B24, prodotto nel 1954, che, con alcune modifiche, diventerà l'auto protagonista, insieme a Vittorio Gassman e Jean-Louis Trintignant, del film "Il sorpasso" di Dino Risi (1962).
Centro Storico Fiat

The "élite" boom
The prototype of the Lancia Aurelia B24, produced in 1954, with some modifications. This car would become the star, with Vittorio Gassman and Jean-Louis Trintignant, of the film Il sorpasso *(The Easy Life) by Dino Risi (1962).*
Centro Storico Fiat

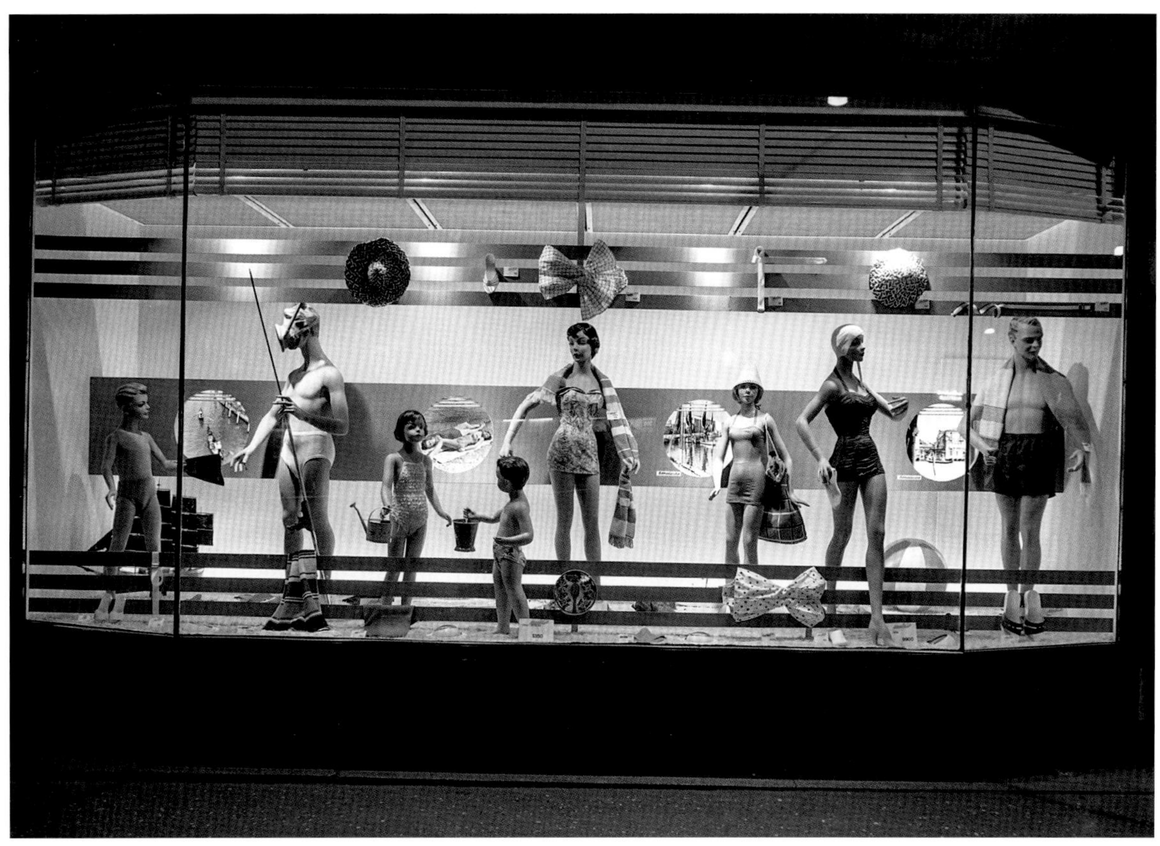

Moda mare alla Rinascente, anni cinquanta
La Rinascente è il grande magazzino di fascia alta, che propone nuovi stili di vita e di consumo, nell'abbigliamento e nella casa, con una particolare cura per le vetrine, la grafica, il packaging.
Centro Studi e Archivio della Comunicazione dell'Università di Parma, Fondo Publifoto

Beachwear at La Rinascente, fifties
La Rinascente was the high-end department store, offering new lifestyles and levels of consumption, in both clothing and home furnishings. Particular attention was paid to window dressing, graphics, and packaging.
Centro Studi e Archivio della Comunicazione dell'Università di Parma, Fondo Publifoto

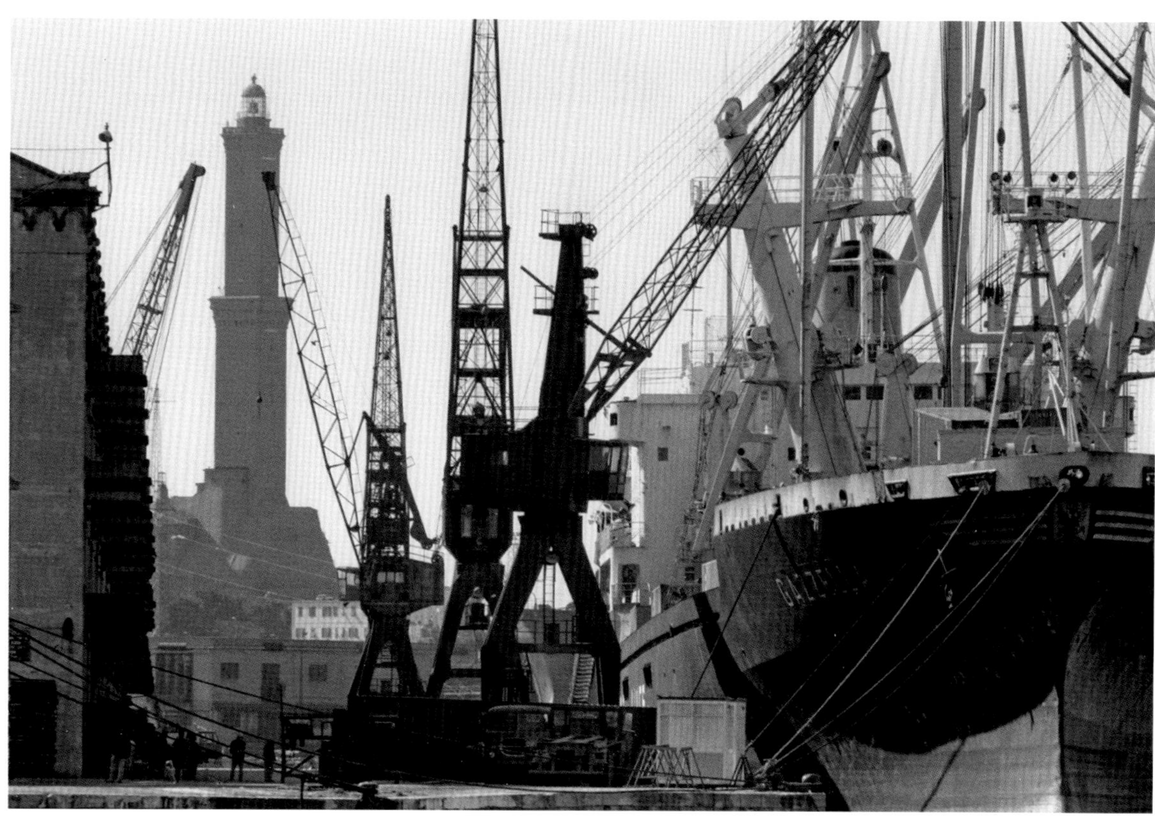

Genova, il porto
Fotografia di Gianni Berengo Gardin
Genova non è soltanto lo sbocco al mare del "Triangolo Industriale" (con Milano e Torino), della Pianura padana e anche della Svizzera, ma un fortissimo insediamento produttivo (siderurgia, cantieristica, chimica, meccanica) a cui si aggiungono gli armatori e le compagnie di navigazione. Gli scaricatori del porto (camalli) e gli operai delle grandi fabbriche hanno una capacità di mobilitazione che si farà sentire in tutti i momenti chiave della vita politica nazionale.
Contrasto Progetti per la fotografia

Genoa, the port
Photo by Gianni Berengo Gardin
Genoa is not only the seaport to the "Industrial Triangle" (Genoa, Milan, Turin) of the Po Valley and Switzerland but a vibrant centre of production (iron and steel, shipbuilding, chemicals, mechanics); it is also home to shipowners and shipping companies. The stevedores (camalli) and the workers in the large factories represent a trade union force that will be felt at all key moments of national political life.
Contrasto Progetti per la fotografia

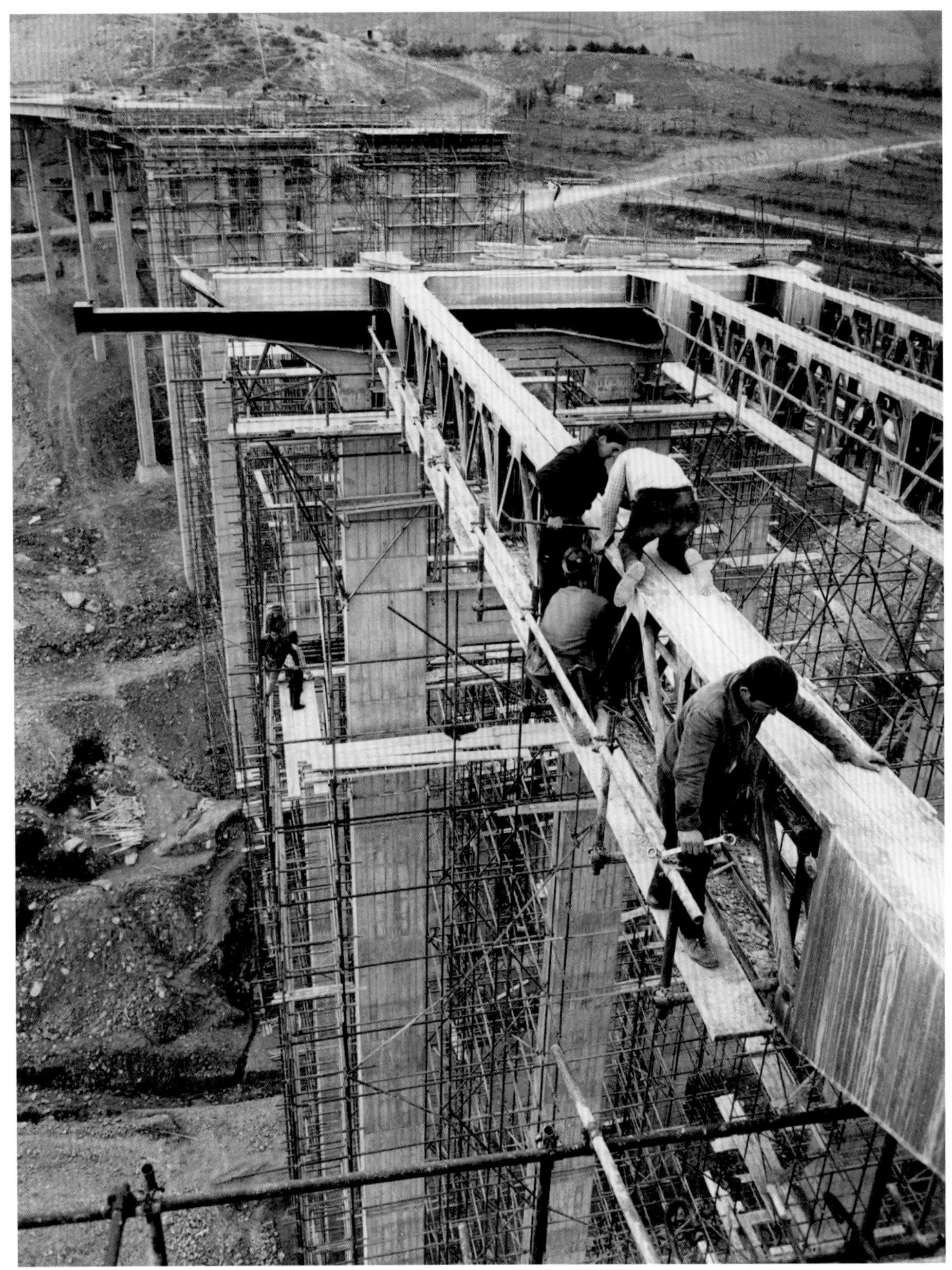

Il rischio, 1959
Operai al lavoro (senza misure di sicurezza) sul viadotto Aglio dell'Autostrada del Sole: iniziata nel 1956 e inaugurata nel 1964, divenne un simbolo della nuova Italia e dei governi a guida democristiana che la condussero nell'era del benessere.
Archivio Ing. Luciano Righetti

Taking risks, 1959
Labourers at work (without safety measures) on the Aglio flyover on the Autostrada del Sole motorway. Construction began in 1956, and it was opened in 1964; it became a symbol of the new Italy and the Christian Democrat Governments that led the country into the new age of affluence.
Archivio Ing. Luciano Righetti

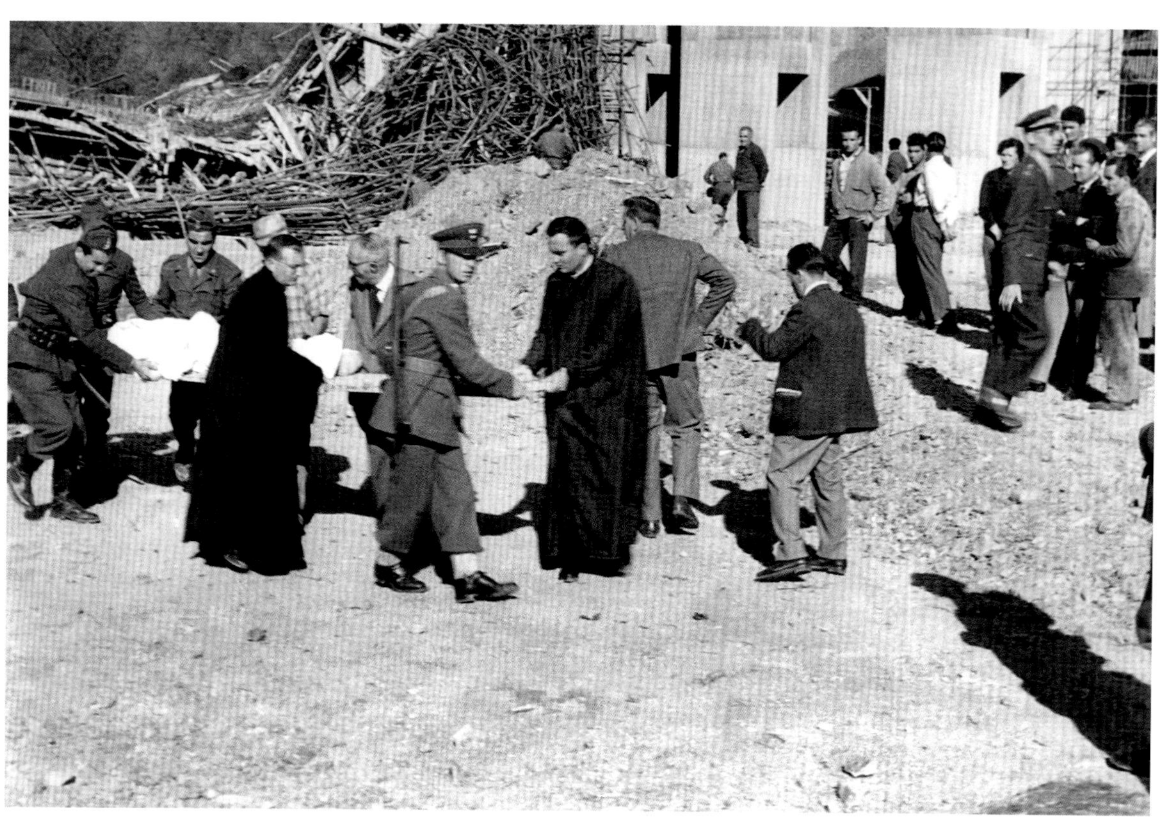

Infortunio sul lavoro sull'Autostrada del Sole
Il 29 ottobre 1959 una campata del viadotto Molinuccio in costruzione, sulla Bologna-Firenze, crollò mentre la gru la collocava al suo posto, travolgendo quattro operai che persero la vita: Umberto Parrini, Italo Berni, Orfeo Ceccarelli e Archimede Zecchini.
Archivio Ing. Luciano Righetti

Accident at work on the Autostrada del Sole motorway
On 29th October 1959, a span of the Molinuccio flyover being built over the Bologna-Florence stretch collapsed while the crane was positioning it, hitting four workers who lost their lives: Umberto Parrini, Italo Berni, Orfeo Ceccarelli, and Archimede Zecchini.
Archivio Ing. Luciano Righetti

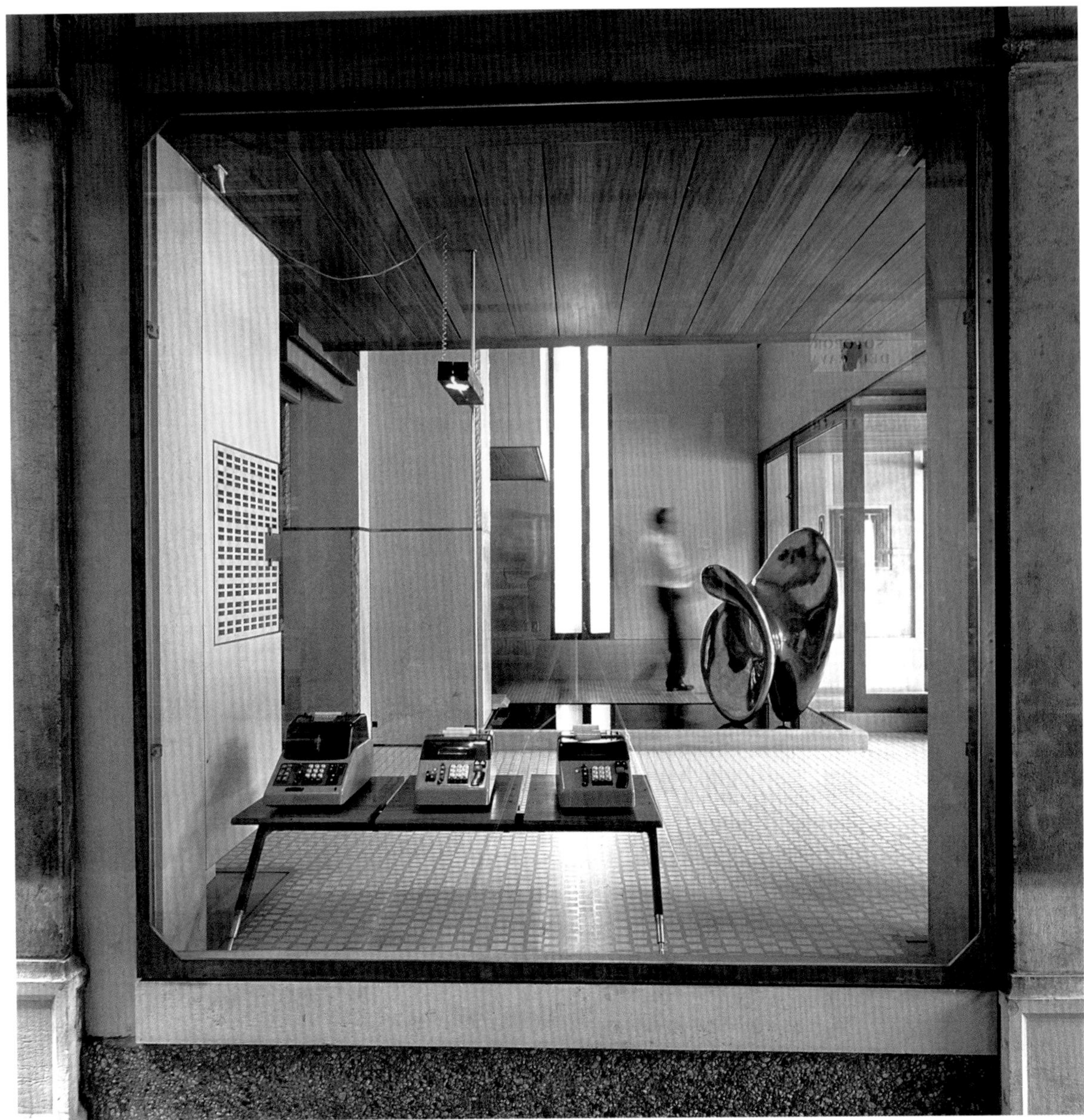

Negozio Olivetti, progetto di Carlo Scarpa. Venezia, 1958
L'elegantissimo locale tra Bacino Orseolo e Piazza San Marco è già uno showroom, una vetrina prestigiosa per esporre i prodotti Olivetti per la scrittura e il calcolo, come quello che l'azienda di Ivrea aprirà a New York sulla Fith Avenue.
Archivio Storico Olivetti

The Olivetti store, designed by Carlo Scarpa. Venice, 1958
The elegant store situated between Bacino Orseolo and Piazza San Marco was already a showroom, a prestigious showcase for Olivetti's writing and calculation products like the one this Ivrea-based company would open on New York's Fifth Avenue.
Associazione Archivio Storico Olivetti, Ivrea, Italy

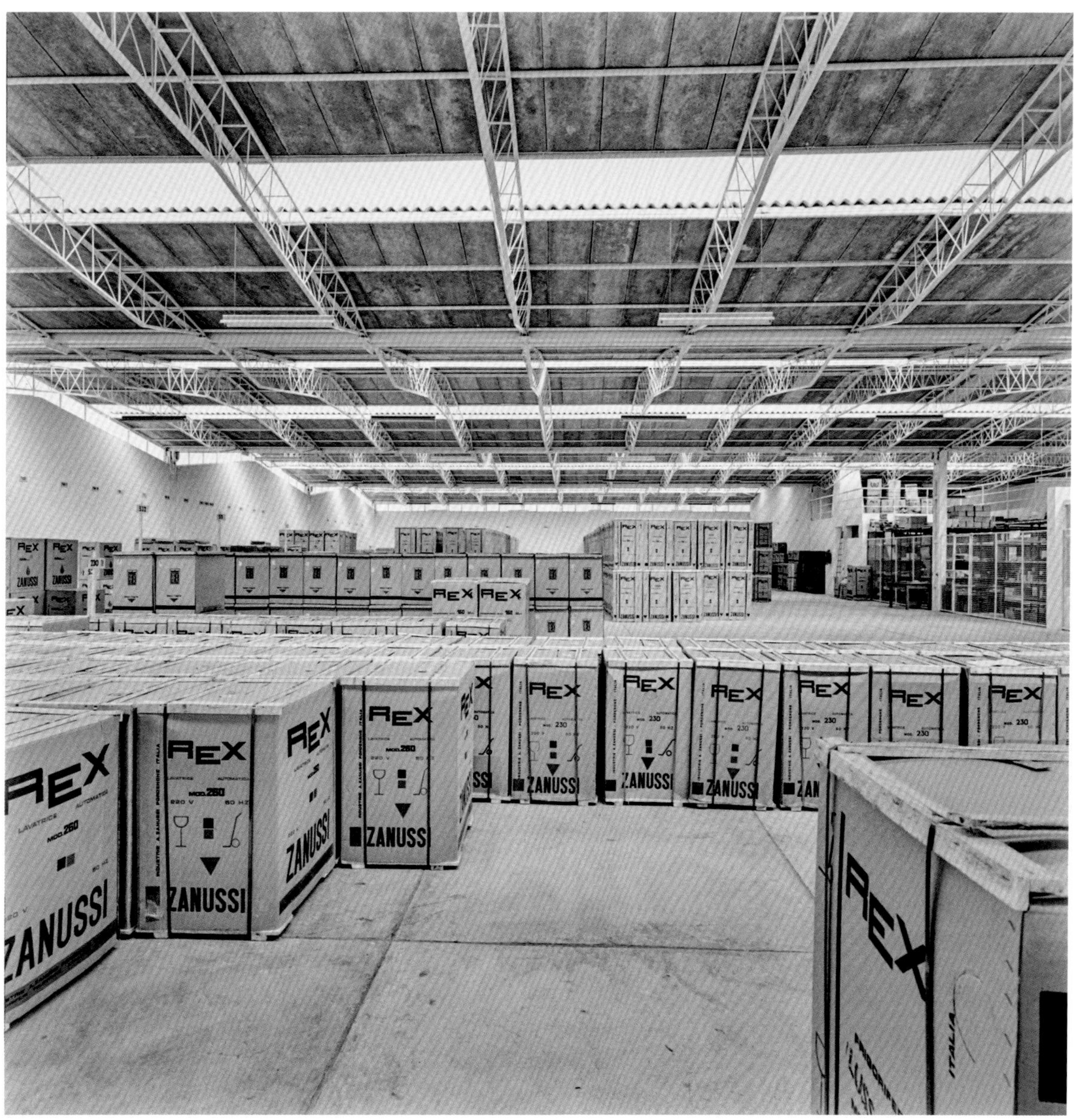

Il marchio italiano. Udine, 1963
Fotografia di Italo Zannier
Gli elettrodomestici bianchi sono stati una specialità italiana. Qui un magazzino dell'industria di elettrodomestici Rex-Zanussi.
Archivi Alinari

The Italian brand name. Udine, 1963
Photo by Italo Zannier
White goods were an Italian specialty. Here we see a warehouse for household appliances belonging to Rex-Zanussi.
Archivi Alinari

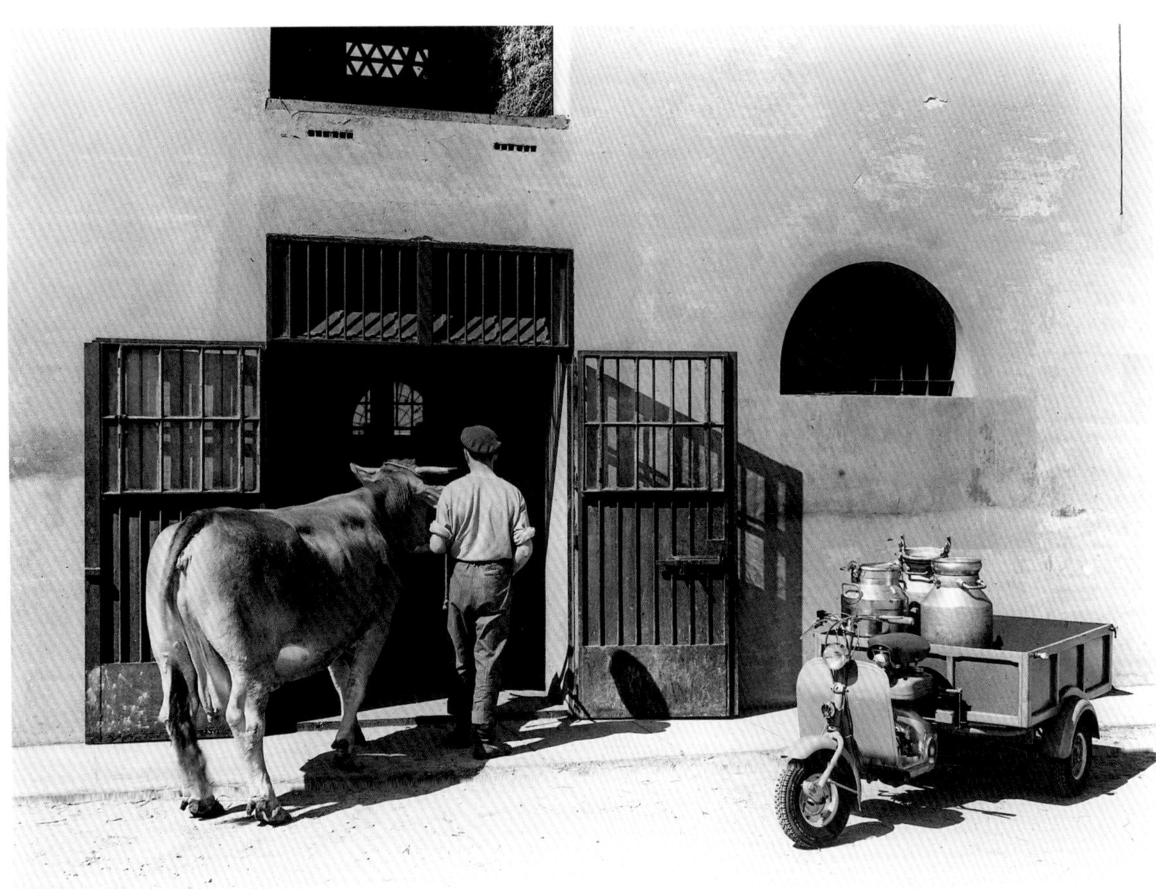

La vacca e il motocarro, primi anni Cinquanta
La Lambretta, lo scooter italiano prodotto dalla milanese Innocenti a partire dal 1947, è, insieme alla Vespa, l'inizio della motorizzazione prima di arrivare all'automobile. Da Vespa e Lambretta discenderanno due motocarri, rispettivamente l'Ape e il Lambro, che qui si candida a trasportare i bidoni di latte in città.
Centro Studi e Archivio della Comunicazione dell'Università di Parma, Fondo Studio Villani

The cow and the three-wheeler, early fifties
The Lambretta – the Italian scooter produced by Milanese company Innocenti since 1947 – was, together with the Vespa, the first stage of motorization before working one's way up to the automobile. Two motorized three-wheelers were developed from the Vespa and the Lambretta: the Ape and the Lambro respectively, seen here transporting milk cans across the city.
Centro Studi e Archivio della Comunicazione dell'Università di Parma, Fondo Studio Villani

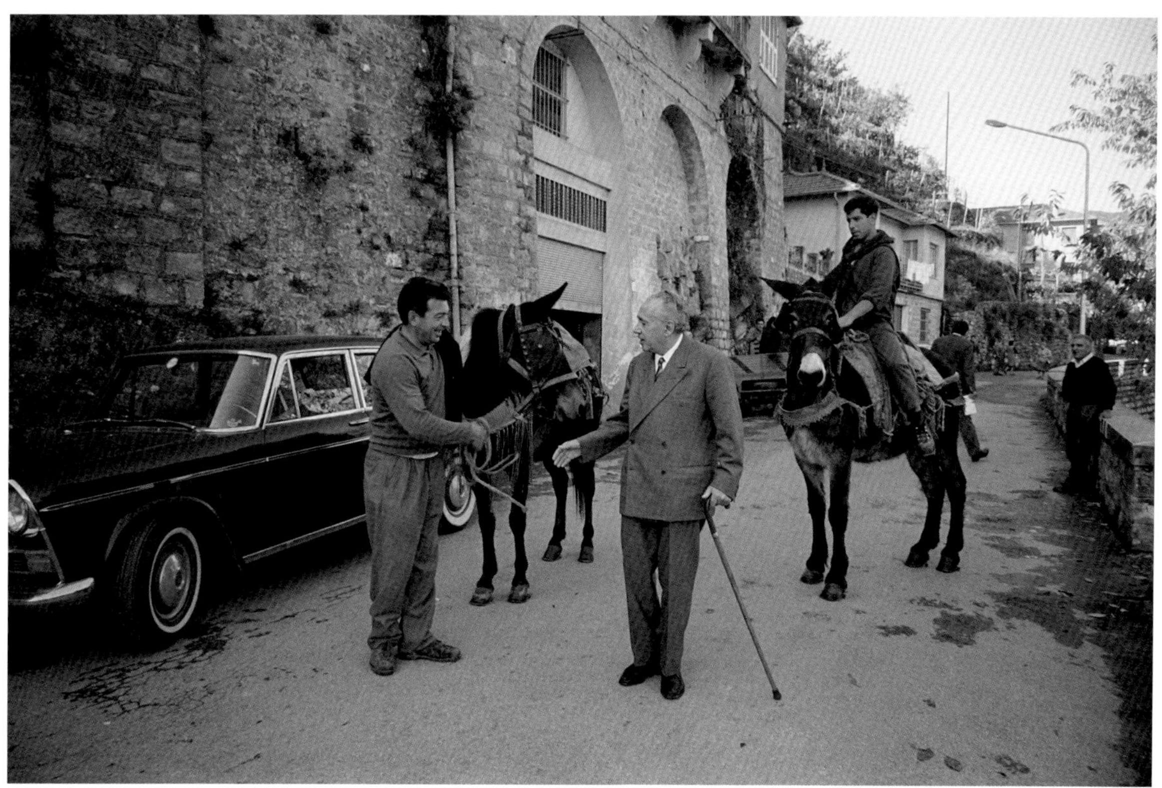

Due montanari salutano Giulio Natta, anni Sessanta
Con le sue ricerche sui polimeri l'ingegnere chimico italiano, premio Nobel per la chimica nel 1963, ebbe un ruolo centrale nello sviluppo delle materie plastiche, inventando per la Montecatini il Moplen. Siamo nell'entroterra ligure, di fronte sono il vecchio e il nuovo, dove la novità è impersonata da un anziano e distinto signore col bastone che ha inventato il Moplen.
Getty Images

Two mountain dwellers greet Giulio Natta, sixties
With his research on polymers, the Italian chemical engineer and 1963 Nobel prize winner for chemistry played a central role in the development of plastics, inventing Moplen for Montecatini. Here, we are in the Ligurian hinterland; in front of us are the old and the new, where innovation is embodied by a distinguished elderly gentleman with a stick – the man who invented Moplen.
Getty Images

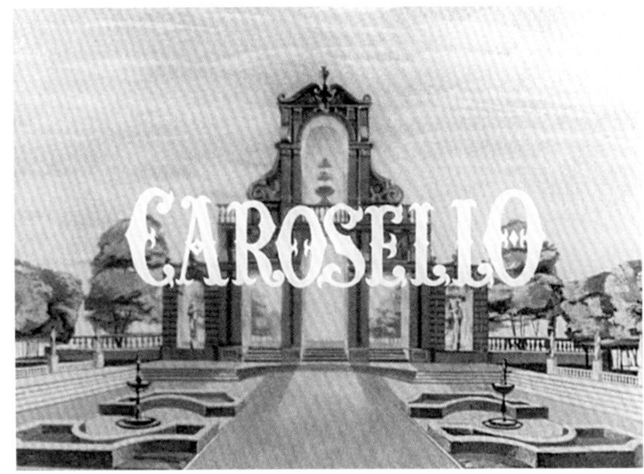

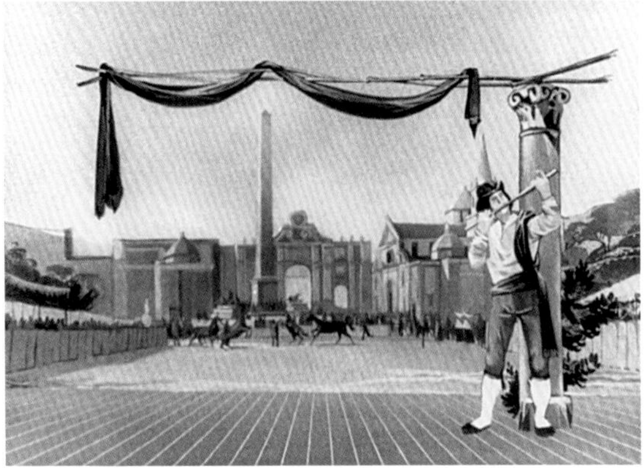
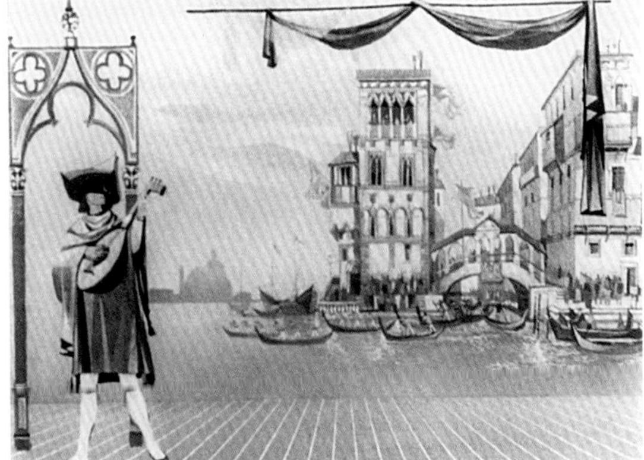
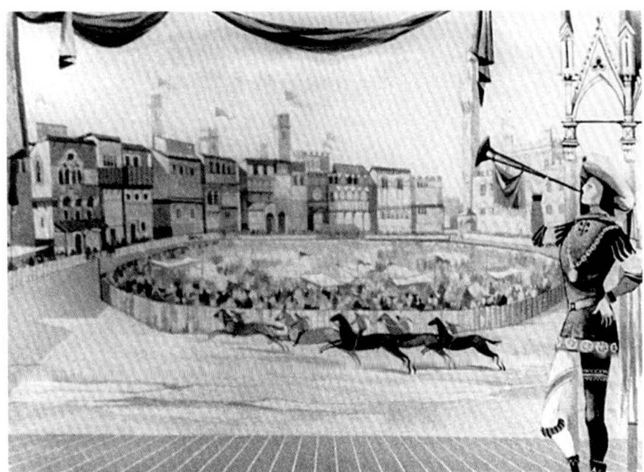

Carosello
La storica sigla del programma italiano dedicato alla pubblicità, in onda sulle reti del servizio pubblico televisivo dal 1957 al 1977, quando non erano previste interruzioni pubblicitarie degli altri programmi.
Rai Teche

Carousel
The historical intro to the Italian programme dedicated to advertising, broadcast on the public service television network from 1957 to 1977, at a time when no programmes were interrupted by commercials.
Rai Teche

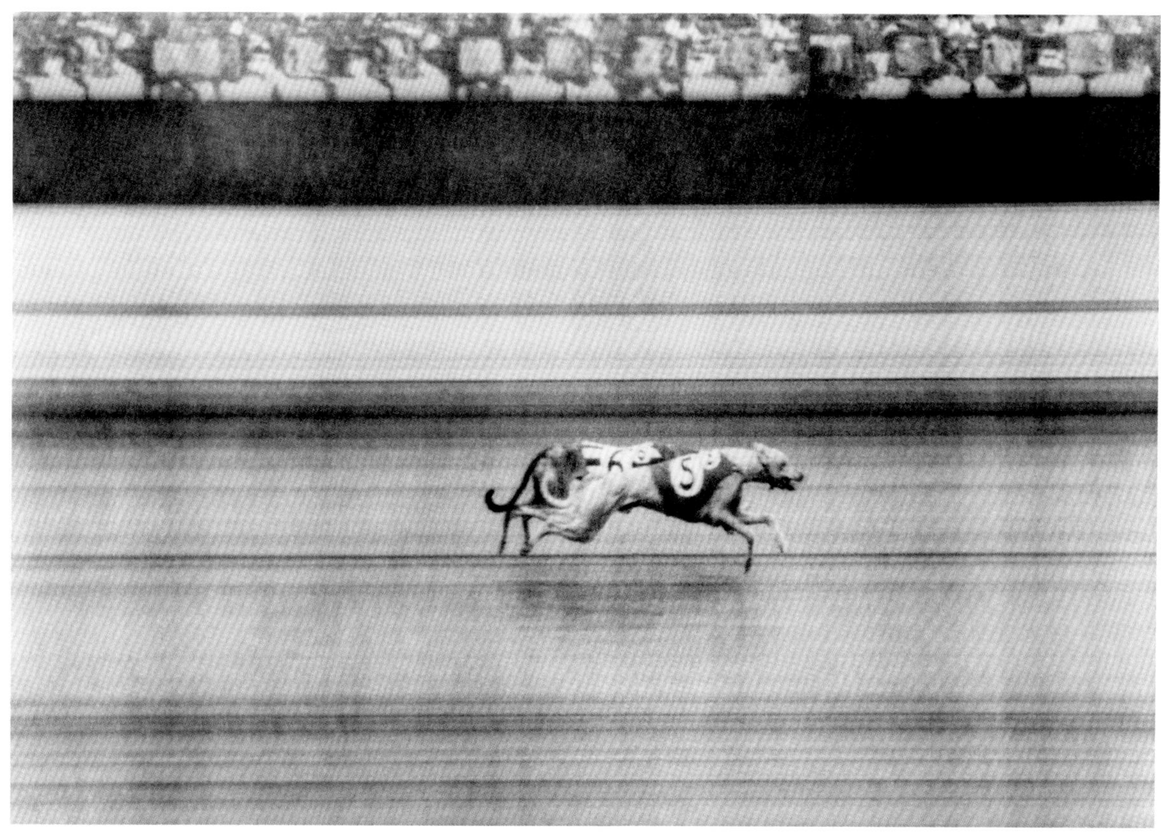

Sorpasso canino
All'Esposizione Internazionale Canina di Roma del 1953, il levriero Minosse supera e conquista il traguardo.
Archivi Alinari

Canine overtaking
At the International Dog Show in Rome in 1953, Minos the greyhound overtakes all his competitors and crosses the finishing line to victory.
Archivi Alinari

L'Archivio fotografico dell'Istituto Luce

Il servizio fotografico dell'Istituto Nazionale Luce fu creato nel 1927 con lo scopo di coprire, insieme al cinegiornale, nato nello stesso anno, gli avvenimenti di "attualità". Le foto venivano inviate alla stampa sia italiana che estera. Nel 1928 il Luce prese in carico i fondi del Gabinetto fotografico della Direzione generale delle Belle Arti, proseguendone l'attività di documentazione dei beni culturali italiani fino al 1943. Il corpus "storico" dell'Archivio, articolato in diversi fondi (Attualità, Serie L, Reparto Guerra, Africa Orientale, Albania, Spagna, Roberto Amoroso, Fondo Teatrale), è costituito da immagini degli anni tra il 1927 e il 1956. A questo si sono aggiunti nel tempo numerosi materiali sulla cronaca, la politica, lo sport, lo spettacolo tra gli anni Venti e gli anni Ottanta (Adolfo Porry Pastorel, Dial Press, Agenzia Foto VEDO, Master Photo). Recenti acquisizioni sono i fondi Pino Settanni e Caio Mario Garrubba. L'Archivio fotografico Luce conserva circa 3 milioni di fotografie, i cui fondi più significativi sono interamente consultabili on line.

L'archivio fotografico del CSAC

Il Centro Studi e Archivio della Comunicazione (CSAC) è un centro di ricerca dell'Università di Parma fondato dal professor Arturo Carlo Quintavalle nel 1968. Fin dai suoi primi anni l'attività è volta alla costituzione di una raccolta di arte, fotografie, disegni di architettura, design, moda e grafica, e all'organizzazione di numerose esposizioni e alla pubblicazione dei cataloghi. È strutturato in cinque sezioni (Arte, Fotografia, Media, Progetto, Spettacolo). L'archivio fotografico raccoglie oltre 300 fondi, con più di 9 milioni di immagini, tra queste gli oltre 2 milioni di Publifoto Roma, da cui provengono quelle qui pubblicate.

The Istituto Luce Photographic Archive

The photographic service of the Istituto Nazionale Luce was set up in 1927, alongside the newsreel of the same year, with the aim of covering current events. The photos were sent to both the Italian and foreign press. In 1928, Luce took over the collections of the Photographic Office of the Directorate General of Fine Arts, continuing to document Italian cultural heritage until 1943. The "historical" corpus of the Archive, divided into various collections (News, Series L, War Department, East Africa, Albania, Spain, Roberto Amoroso, and the Theatre Collection), consists of images from the years between 1927 and 1956. Over time, material regarding news, politics, sport, and entertainment were added between the 1920s and the 1980s (Adolfo Porry Pastorel, Dial Press, Agenzia Foto VEDO, and Master Photo). Recent acquisitions are the Pino Settanni and Caio Mario Garrubba Collections. The Luce Photographic Archive preserves approximately three million photographs, and the most important collections are fully available online.

The CSAC photographic archive

The Centro Studi e Archivio della Comunicazione (CSAC) is a research centre at the University of Parma founded by Professor Arturo Carlo Quintavalle in 1968. Since the very start, it has worked to build up a collection of art, photographs, architectural drawings, design, fashion, and graphics, and to organize numerous exhibitions and publish catalogues. It is divided into five sections (Art, Photography, Media, Design, and Entertainment). The photographic archive brings together more than 300 collections, with over nine million images, including over 2 millions in the Publifoto Roma Archive, source of those published in this catalogue.

Enrico Menduni è professore ordinario di Cinema, fotografia, televisione presso l'Università Roma Tre. Giornalista professionista, ha curato mostre fotografiche, realizzato documentari e programmi televisivi e radiofonici. Tra le sue pubblicazioni *Videostoria. Gli italiani e la TV* (Bompiani 2018), *Radio e televisione nel XX secolo* (Laterza 2016), *Entertainment* (Il Mulino 2013). E inoltre *L'Autostrada del sole* (1999) e *Andare per treni e stazioni* (2017), entrambi presso Il Mulino.

Gabriele D'Autilia insegna Fotografia, cinema, media e culture visuali presso l'Università di Teramo ed è stato curatore di diversi volumi e mostre per istituzioni pubbliche e private (tra cui l'Istituto Luce, la Camera dei Deputati, l'Istituto dell'Enciclopedia Italiana, l'Archivio audiovisivo del movimento operaio e democratico). Tra le sue pubblicazioni, *L'indizio e la prova. La storia nella fotografia* (2001) e *Storia della fotografia in Italia dal 1839 a oggi* (2012), e la curatela per Einaudi de *L'Italia del Novecento. Le fotografie e la storia* (2005) e dell'edizione italiana del *Dizionario della fotografia*, Oxford University Press (2008).

Enrico Menduni is full professor of Cinema, Photography and Television at Roma Tre University. As a professional journalist, he has organized photographic exhibitions as well as making documentaries and programmes for television and radio. His publications include *Videostoria. Gli italiani e la TV* (Bompiani 2018), *Radio e televisione nel XX secolo* (Laterza 2016), *Entertainment* (il Mulino 2013). He has also authored *L'Autostrada del sole* (1999) and *Andare per treni e stazioni* (2017), both with il Mulino.

Gabriele D'Autilia teaches Photography, Cinema, and Media and Visual Culture at the University of Teramo and has been responsible for numerous books and exhibitions for public and private institutions (including the Istituto Luce, the Chamber of Deputies, the Italian Encyclopedia Institute, the Audiovisual Archive of the Worker and Democratic Movement). His publications include *L'indizio e la prova. La storia nella fotografia* (2001) and *Storia della fotografia in Italia dal 1839 a oggi* (2012); he is editor of *L'Italia del Novecento. Le fotografie e la storia* (2005) for Einaudi and Italian edition of the *Oxford Companion to Photography*, Oxford University Press (2008).